HEYNE
BÜCHER

D1700406

In der gleichen Reihe ist bereits erschienen:

LOHNSTEUERBERATER *1990*
Band 9234

mit

– Lohnsteuer-Jahresausgleich 1989 –

DIPLOM-VOLKSWIRT JOACHIM BREDE

EINKOMMENSTEUER-BERATER FÜR ARBEITNEHMER 1990

– Veranlagung 1989 und Lohnsteuerfreibetrag 1990 –
– Musterbeispiele auf den neuen amtlichen Vordrucken –
– Einkommensteuer-Jahrestabellen 1989 –
(mit Vergleichswerten je DM 500 für 1990)
– Neue Monatslohnsteuertabelle 1990 –
– Neue Tabelle Vorsorge-Pauschalen –
– ausführliches Register –

Originalausgabe

WILHELM HEYNE VERLAG
MÜNCHEN

HEYNE-RATGEBER
Nr. 08/9235

3. Auflage

Printed in Germany 1990
Umschlag: Atelier Ingrid Schütz, München
Gesamtherstellung: Ebner Ulm

ISBN 3-453-03442-2

Inhalt

Im Text enthalten:

Musterbeispiele auf den *neuen* Antragsformularen
- Einkommensteuer-Veranlagung 1989
- Lohnsteuer-Ermäßigung 1990
- Überleitungs-Tabelle für Beamte zur Anwendung der *allgemeinen* Lohnsteuer-Tabelle (neu für 1990 auf Seite 163)

Abkürzungen

AO	Abgabenordnung
BerlinFG	Berlinförderungsgesetz
BFH	Bundesfinanzhof
BFM	Bundesminister der Finanzen
BKGG	Bundeskindergeldgesetz
BStBl	Bundessteuerblatt
BUKG	Bundesumzugskostengesetz
ErbStG	Erbschaftssteuer- und Schenkungssteuergesetz
EStDV	Einkommensteuer-Durchführungsverordnung
EStG	Einkommensteuergesetz
EStR	Einkommensteuer-Richtlinien
InvHG	Investitionshilfegesetz
LStDV	Lohnsteuer-Durchführungsverordnung
LStR	Lohnsteuer-Richtlinien
SparPG	Spar-Prämiengesetz
VermBDV	Verordnung zur Durchführung des Vermögensbildungsgesetzes
VermBG	Gesetz zur Durchführung der Vermögensbildung der Arbeitnehmer (Vermögensbildungsgesetz)
VStG	Vermögensteuer-Gesetz
WoPG	Wohnungsbau-Prämiengesetz

Vorwort

Dieser Berater basiert auf dem sich Mitte Oktober 1989 ergebenden neuesten Stand der Steuergesetzgebung und der veröffentlichten Steuer-Rechtsprechung des BFH. *1990 bringt eine Vielzahl von Steuer-Änderungen, die in diesem Buch bereits voll mit Vergleichen zum Jahre 1989, neuen Tabellen und Beispielen sowie neugefaßten Kapiteln integriert sind.* Die *neuen* Antragsformulare sind wieder mit Musterbeispiel versehen.

Es ergeben sich u. a. folgende Änderungen ab dem Jahre 1990:

Neu

- Pflege-Pauschbetrag *für Pflege* eines Hilfsbedürftigen.
- Begrenzte Abzugsmöglichkeit als Sonderausgaben von Kosten für ein hauswirtschaftliches Beschäftigungsverhältnis bei Kindern bzw. einem Kind *unter* 10 Jahren im Falle Alleinstehender oder einem Hilflosen im Haushalt.

Verbesserungen

- Anhebung Tarif-Grundfreibeträge/Milderung Steuerprogression.
- Erhöhung der Grenzen für eine Einkommensteuer-Veranlagung.
- Erhöhte Kinderfreibeträge.
- Anhebung Haushaltsfreibetrag Alleinstehende mit Kind.
- Anhebung Höchstbetrag für Unterhaltsleistungen und gleichzeitig der Grenze für Eigenverdienst des Bedürftigen.
- Anhebung »Baukindergeld« bei Eigenheim *ab 1990.*
- Verdoppelung »Sparer-Freibetrag« *(bereits ab 1989).*
- Ausbildungsfreibetrag bis 29. Jahr *nach* Wehr-/Zivildienst.
- Höhere Grenze für Altersentlastungsbetrag.
- Weitere Erhöhung km-Satz für Fahrten Wohnung–Arbeit.
- Arbeitnehmer-Pauschbetrag *bei geringen Werbungskosten.*
- Höhere Vorsorgepauschalen in bestimmten Bereichen.

Verschlechterungen

- Altersfreibetrag aufgehoben.
- Freibetrag zur Pflege »Eltern-Kind-Verhältnis« entfällt.
- Kürzung »Sonderausgaben-Pauschbetrag«.
- Arbeitnehmer-Pauschbetrag *bei höheren Werbungskosten*
- Verminderte Steuerfreiheit auf Arbeitszuschläge.
- Herabsetzung der steuerfreien Belegschaftsrabatte.
- Bausparkassenbeiträge nur noch mit 50% abzugsfähig.
- Kosten für hauswirtsch. Ausbildung keine Sonderausgaben.
- Erstattung Fahrtkosten »Wohnung–Arbeit« steuerpflichtig.

Ein Vergleich der Besteuerung von Arbeits-Bezügen zeigt anhand der allgemeinen Jahreslohnsteuertabellen für 1989 (nach Abzug »Weihnachtsfreibetrag«) *und 1990* folgendes Bild in DM:

Lohn	StKl I + IV/0		StKl II/0,5		StKl III/0		StKl III/2	
	1989	*1990*	*1989*	*1990*	*1989*	*1990*	*1989*	*1990*
30000	4524	3871	3043	2250	2922	2142	1830	964
35000	5944	5202	4252	3464	3920	2972	2828	1756
40000	7611	6504	5717	4659	4966	3828	3872	2576
45000	9262	7897	7201	5943	5916	4806	4824	3510
48000	10375	8757	8216	6739	6554	5426	5440	4104
51000	11532	9660	9281	7576	7196	6106	6036	4758
54000	12710	10574	10375	8426	7892	6992	6680	5378
60000	15199	12518	12710	10239	9488	8234	8196	6802

Dieser Vergleich hinkt allerdings insoweit, als Werbungskosten nicht mehr in dem Maße wie bisher zu Steuerminderungen führen können. Dies ist um so bedeutsamer, als mit Beginn des Jahres 1990 Fahrtaufwendungen zur und von der Arbeitstätte *nicht mehr steuerfrei* vom Arbeitgeber erstattet werden dürfen und diese vom Arbeitnehmer nur noch als Werbungskosten geltend gemacht werden können. Bisher führten über DM 564,– liegende Werbungskosten zur Steuervergünstigung, nunmehr *ab* 1990 erst dann, wenn sie *über* dem in den Lohnsteuertarifen bereits berücksichtigten Arbeitnehmer-Pauschbetrag von DM 2000,– liegen!

Die Lohnsteuer-Richtlinien 1990 und die zu erwartende neue LSt-Durchführungsverordnung waren bei Redaktionsschluß für diesen Berater noch nicht veröffentlicht. Insoweit sind noch Änderungen in der Bezifferung der Abschnitte und gegebenenfalls noch kleine, hier nicht berücksichtigte Korrekturen zu erwarten.

Im Anhang stehen die Einkommensteuer-Tabellen 1989 bis zu DM 101 700,–, *mit Vergleichswerten 1990* in Stufen zu je DM 500,– Einkommen, und die *allgemeine* Monats-Lohnsteuertabelle *bereits für 1990* bis DM 6500,– und bis zu 3,0 Kinderfreibeträgen.

Joachim Brede

A. Lohnsteuer auf Arbeitnehmer-Bezüge

I. Lohnsteuerpflichtige Bezüge

(§§ 2, 3, 19, 24 EStG., §§ 1–4 LStDV., Abschn. 1–21, 50–58 LStR)

Lohnsteuerpflichtige Bezüge sind alle (Brutto-)Einnahmen und Vorteile, die aus einer *nicht*selbständigen Arbeit, d. h. aus einem Dienstverhältnis, bei dem die Weisungen des Arbeitgebers maßgebend sind, im Bundesgebiet* einschl. Berlin-West** (Inland) zufließen bzw. gewährt werden. Es können laufende oder einmalige Geld-, Sachbezüge und Vorteile sein; insbesondere fallen hierunter:

- Gehälter, Löhne, Tantiemen, Gratifikationen und andere Bezüge und Vorteile aus einem (auch früherem) Dienstverhältnis;
- Wartegelder, Ruhegelder, Witwen- und Waisengelder sowie andere Bezüge und Vorteile aus früheren Dienstleistungen (soweit *nicht* mindestens zum Teil auf *eigenen* Beiträgen beruhend).

*Sachbezüge**** sind z. B. freie Kost und Wohnung, Deputate (wie Lebensmittel) und freie oder verbilligte Essen im Betrieb****.

Der steuerpflichtige Arbeitslohn umfaßt auch Arbeitnehmeranteile zur Sozialversicherung und zusätzliche Ausgaben für die Zukunftssicherung des Arbeitnehmers, die der Arbeitgeber im gegen-

*) Aufgrund BFH-Urteile v. 14. 11. 86 und 2. 3. 88 (BStBl 1989 II, S. 351 + 1988 II, S. 768) hat der BFM mit Schreiben v. 18. 4. 89 (BStBl 1989 I, S. 164) seine bisherige Auffassung dahingehend korrigiert, daß deutsche Lehrer im Ausland als *beschränkt* steuerpflichtig anzusehen sind, wenn sie ihren entspr. Arbeitsvertrag mit dem Träger einer deutschen Auslandsschule und *nicht* mit einer inländischen Behörde geschlossen haben. Im übrigen wurde klargestellt, daß eine vom Bundesverwaltungsamt an Lehrer im Ausland gezahlte und teilweise steuerfrei gelassene Ausgleichszulage nicht als Werbungskostenersatz zu werten ist, andererseits aber Werbungskosten nur im Verhältnis des steuerpflichtigen Teils zur gesamten Ausgleichszulage anzuerkennen sind.

**) Für Bezüge eines im Inland (Bundesrepublik oder Berlin-West) wohnenden Arbeitnehmers aus einer Tätigkeit in der DDR oder Berlin-Ost tritt *ab 1989* gemäß Neufassung des § 3 Nr. 63 EStG die Steuerfreiheit nur noch ein, wenn sie *dort* zu einer unserer Einkommensteuer entspr. Steuer auch tatsächlich herangezogen werden.

***) Einzelheiten über die Bewertung von freier Kost und Wohnung ergeben sich für 1989 aus der geänderten Sachbezugsordnung vom 6. 12. 1988 (BStBl 1988 I, Seite 583). Danach werden u. a. für einen Beschäftigten mit eigenem Wohnraum pro Monat unterschiedlich nach Bundesländern DM 520,– bis DM 535,– angesetzt. Dieser Monatsbetrag verteilt sich mit 34 % auf den Wohnraum, 10 % auf Heizung, 2 % auf Beleuchtung, 12 % auf Frühstück und jeweils 21 % auf Mittag- und Abendessen.

****) Laut Schreiben des BFM vom 14. 12. 1988 (BStBl 1988 I, S. 584) werden 1989 als Wert für *eine* Mahlzeit unterschiedlich nach Bundesländern DM 3,70 und DM 3,80 angesehen. Für Jugendliche unter 18 und Auszubildende ermäßigen sich diese Sätze auf DM 3,10 bzw. DM 3,20. Davon sind *letzmalig* 1989 DM 1,50 pro Tag lohnsteuerfrei.

seitigen Einvernehmen trägt. Letztere sind *ab 1990 nicht mehr* bis DM 312,– pro Jahr steuerfrei. Gemäß § 40 b EStG können aber noch bestimmte Zukunftsleistungen bis DM 2400,–, *ab 1990 DM 3000,–* im Durchschnitt pro Jahr und Arbeitnehmer pauschal mit nur 10 % (bzw. 10,7 %), *ab 1990 mit 15 %* versteuert werden.
Gesetzliche Arbeitgeberanteile für die Zukunftssicherung und Krankenversicherung bleiben *steuerfrei*. Gleiches gilt bei Befreiung von der Renten- oder Krankenversicherung für die Arbeitgeberzuschüsse zur ersatzweise abgeschlossenen Lebensversicherung oder bei privater Krankenversicherung, soweit sie sowohl den prozentualen Anteil als auch den Höchstbetrag des Arbeitgeberanteils bei Bestehen der Versicherungspflicht *nicht* übersteigen.

Nicht zum steuerpflichtigen Arbeitslohn gehören unter anderem:

- Abfindungen wegen Auflösung eines Arbeitsverhältnisses durch den Arbeitgeber* oder aufgrund gerichtlicher Entscheidung bis zu generell DM 24 000,–. Bestand des Arbeitsverhältnis 15 Jahre und hat der Arbeitnehmer das 50. Lebensjahr vollendet, gilt ein Höchstbetrag von DM 30 000,–, bei Vollendung des 55. Lebensjahres und einem Dienstverhältnis von 20 Jahren DM 36 000,–. Abfindungen sind Entschädigungen, die als Ausgleich für den Verlust des Arbeitsplatzes oder für andere mit der Auflösung des Dienstverhältnisses verbundene Nachteile gezahlt werden. *Hierunter fallen nach Zahlungen aufgrund des Vorruhestandsgesetzes v. 13. 4. 1984.* Nach der Rechtsprechung des BFH kann auch die Abgeltung vertraglicher Ansprüche, wie Lohn bis zum Ablauf der Kündigungsfrist oder Urlaubsausgleich oder Gratifikationsanteil usw. in die steuerfreie Abfindung einbezogen werden. Eine ausschlaggebende Bedeutung hat dabei der Zeitpunkt der rechtswirksamen Auflösung eines Arbeitsverhältnisses, sei es durch das Arbeitsgericht oder durch Vergleich bzw. gegenseitige Vereinbarung. Nach diesem Zeitpunkt hat der Arbeitnehmer keinen rechtlichen Anspruch mehr auf Entlohnung, so daß für die Zeit danach gezahlte Beträge auch *keine* Abgeltung bereits vertraglich erlangter Ansprüche vorliegen kann und insoweit im Rahmen der Höchstgrenzen eine steuerfreie Abfindung gegeben ist. Auch fortlaufende Leistungen nach

*) Ebenso dann, wenn die entscheidende Ursache beim Arbeitgeber liegt und eine weitere Zusammenarbeit unzumutbar ist. (BFH v. 17. 5. 77 – BStBl 1977 II, S. 735).

Beendigung eines Arbeitsverhältnisses schließen eine steuerfreie Abfindung* *nicht* aus. Wenn Entlassungs-Abfindungen über den steuerfreien Höchstbeträgen liegen, können sie insoweit noch als Entschädigungen für entgehende Einnahmen oder die Aufgabe einer Tätigkeit im Sinne § 24 Ziff. 1 EStG und Abschn. 4 LStR als außerordentliche Einkünfte zu einer Steuerbegünstigung (Hälfte des durchschnittlichen Steuersatzes) gemäß § 34 EStG führen; hier erforderlich Antrag auf ESt-Veranlagung.

- Aufwandsentschädigungen, Reisekosten und Umzugsvergütungen aus öffentlichen Kassen (§ 3 Ziff. 12, 13 EStG).
- Zahlungen an im privaten Arbeitsverhältnis stehende Personen für Reisekosten und dienstlich veranlaßte Umzugskosten, soweit sie die dadurch bedingten zusätzlichen Ausgaben, bzw. bei Verpflegungsmehraufwendungen die in § 5 LStDV festgelegten Höchstsätze nicht überschreiten (vgl. ab Seite 91).
- Beihilfen und Unterstützungen in besonderen Notfällen, wie Krankheit und Unglück, aus öffentlichen Kassen. Unterstützungen privater Arbeitgeber bei folgenden Voraussetzungen:
  1. Zahlung aus einer mit Mitteln des Arbeitgebers für Fälle der Not und Arbeitslosigkeit geschaffenen Einrichtung, auf deren Verwaltung er keinen maßgebenden Einfluß hat;
  2. Zahlungen aus dem Betriebsrat oder sonstigen Arbeitnehmervertretern seitens des Arbeitgebers zum Zwecke von Unterstützungen überlassenen Beträgen, auf deren Verwendung der Arbeitgeber keinen maßgebenden Einfluß hat;
  3. Zahlung durch den Arbeitgeber selbst nach Anhörung des Betriebsrates oder sonstiger Vertreter der Arbeitnehmer bis zu DM 1000,– im Jahr. In besonderen Notfällen auch höher.

*) Im Falle einer Flugbegleiterin ist auch die mit der Ausübung des tarifvertraglich eingeräumten Optionsrechtes für die Lösung des Arbeitsverhältnisses nach Vollendung des 32. Lebensjahres verbundene Abfindung als steuerbegünstigte Entschädigung (halber Steuersatz) anerkannt worden (BFH v. 8. 8. 1986 – BStBl 1987 II, S. 106).
Bei vom Arbeitgeber veranlaßter Auflösung des Arbeitsverhältnisses ist eine *steuerfreie* Abfindung auch dann anzuerkennen, wenn die Bemessungsgrundlage dem Lohn entspricht, den der Arbeitnehmer ansonsten ohne vorzeitige Vertragsbeendigung erhalten hätte. Ein *neues Dienstverhältnis mit dem gleichen Arbeitgeber*, das neu mit anderen Bedingungen abgeschlossen wird, steht der steuerfreien Abfindung *nicht* entgegen. Eine andere Beurteilung hätte sich bei einer Änderungskündigung mit nahtloser Weiterbeschäftigung ergeben (BFH v. 10. 10. 86 – BStBl 1987 II, S. 186).
Als steuerbegünstigte Entschädigung (halber Steuersatz) hat der BFH am 13. 2. 87 (BStBl 1987 II, S. 386) die *gemäß Arbeitsvertrag* einem ausscheidenden Verkaufsberater für ein zeitlich (1 Jahr) begrenztes Wettbewerbsverbot gezahlte Abfindung anerkannt.

- Zuschläge* für Sonntags-, Feiertags- und Nachtarbeit können gesetzliche und tarifliche, aber auch frei vereinbarte oder andere im einzelnen nachgewiesene sein. Die Steuerfreiheit ist *ab 1990* durch Neu- und Übergangsregelung** eingeschränkt worden. Zum Vergleich die steuerfreien Zuschläge bis 1989:

  50 % bei Sonntagsarbeit
  125 % bei gesetzlichen Feiertagen incl. Sonntagen
  150 % bei Weihnachtsfeiertagen und 1. Mai
  30 % bei gelegentlicher und
  15 % bei regelmäßiger Nachtarbeit (ab 20 bis 6 Uhr)

- Heiratsbeihilfen bis DM 700,– und Geburtsbeihilfen ebenfalls bis 700,– (1989 = DM 500,–); nur ein Mehrbetrag ist steuerpflichtig (§ 3 Ziff. 15 EStG). Gilt für *jedes* Arbeitsverhältnis.
- Geschenke bei einem Arbeitsjubiläum*** von 10 Jahren DM 600,–, 25 Jahren DM 1200,– und 40, 50 oder 60 Jahren DM 2400,–, wenn der Arbeitgeber nach einheitlichen Grundsätzen verfährt; gleiches gilt für Geschenke anläßlich eines 25jährigen (oder durch 25 teilbaren) Geschäftsjubiläums, bis zu einem Monatslohn, maximal DM 1200,–. Einbeziehung früherer Mitarbeiter und Hinterbliebener möglich. Einzelheiten, auch über den zeitlichen Zusammenhang (*ab* dem 40. Arbeitsjubiläum bis zu 5 J. vor dem Ereignis zahlbar), stehen in § 4 LStDV und Abschn. 16 LStR.

*) Als Feiertagszuschläge werden auch solche für Arbeiten am 24. und 31. 12., jeweils *nach* 14 Uhr, anerkannt (BFH-Urteil v. 3. 8. 84 – BStBl 1984 II, S. 809).

**) Steuerfreie Lohnzuschläge im *jeweiligen Lohnzahlungszeitraum* sind *ab 1990* gemäß § 3b EStG wie folgt *neu* geregelt:

- Für Nachtarbeit 25 v. H., bei mehr als 50 % Nachtarbeit von 0–4 Uhr = 40 % v. H.;
- für Sonntagsarbeit 50 v. H.; bei mehr als 50 % Sonntagsarbeit gilt dies auch von 0–4 Uhr des Folgetages;
- für ges. Feiertage + 31. 12. ab 14 Uhr = 125 v. H., bei mehr als 50 % Feiertagsarbeit gilt dies auch von 0–4 Uhr des Folgetages;
- für 24. 12 ab 14 Uhr + 25. + 26. 12. + 1. Mai = 150 v. H., bei mehr als 50 % Feiertagsarbeit gilt dies auch von 0–4 Uhr des Folgetages.

Übergangsregelung: Soweit die nach Gesetz oder Tarif gezahlten Zuschläge höher liegen und die steuerfreien Zuschläge *im Lohnzahlungszeitraum* um mehr als 6 % den Grundlohn übersteigen, bleibt im Jahre 1990 der jeweilige *Mehrbetrag* ebenfalls noch steuerfrei; in den Folgejahren erhöht sich die Zahl 6 um jeweils 4, d.h., im Jahre 1992 ist beispielsweise eine Zuschlagsdifferenz nur noch dann zusätzlich steuerfrei, wenn sie 14 % vom Grundlohn übersteigt.

***) Jubiläumszahlungen können nur steuerfrei sein, wenn sie *nicht* in die Bezüge einbezogen werden, auf die ein Rechtsanspruch besteht. Möglicherweise läßt aber eine Jubiläumszuwendung den tarifvertraglichen Anspruch auf Weihnachtsgratifikation bzw. den 13. Monatslohn *nicht* entstehen (BFH v. 31. 10. 86 – BStBl 1987 II, S. 139).

- Ein Weihnachtsfreibetrag von DM 600,– im 1. Dienstverhältnis, *letztmals 1989; ab 1990 einbezogen in den neuen Arbeitnehmer-Pauschbetrag von DM 2000 im Jahr.*

Einige Beispiele aus Rechtsprechung und LStR zeigen, wie flüssig die Grenzen zwischen steuerfreiem und steuerpflichtigem Lohn sind:

Steuerfreie Bezüge:

- Zinsersparnisse aufgrund eines Darlehens, wenn dieses bei Lohnzahlung DM 5000,– nicht übersteigt. Sie werden erst bei einem Zinssatz *unter* 4 % angenommen (Abschnitt 50 Abs. 2/5 LStR).
- Sachzuwendungen bei Betriebsveranstaltungen* werden bis zu DM 60,– pro Person und Veranstaltung als üblich angesehen, jedoch auch höher möglich.
- Trinkgelder bis DM 1200, *ab 1990 bis DM 2400* im Jahr.
- Zins-Zuschüsse und -Ersparnis bis DM 2000 im Jahr für Darlehen zur Errichtung/Erwerb eines Eigenheims; gilt bis zum Jahr 2000 für *vor dem Jahr 1989* vom Arbeitnehmer erhaltene Darlehen. Entsprechende Vorteile aus Neu-Darlehen ab 1989 sind steuerpflichtig.
- Warenbezug vom Arbeitgeber zum verbilligten, jedoch nicht unter den Großabnehmer-Preisen liegendem Wert, soweit dadurch nicht übergroße Vorteile, wie beim Eigenheim oder durch Weiterveräußerung, gegeben sind. *Ab 1990* besteht ein Sachbezugs-Vorteil *bei Warenabgabe unter 4 % vom Endpreis* und die Steuerfreiheit wird auf DM 2400 im Jahr begrenzt.

*) Übliche, ein- bis zweimal im Jahr stattfindende Betriebsveranstaltungen werden in der Regel *ohne* Entlohnungsabsicht durchgeführt, denn sie liegen überwiegend im Eigeninteresse des Arbeitgebers und dienen der Kontaktpflege sowie einer Förderung des Betriebsklimas; insoweit können Aufwendungen hierfür *nicht* zum Arbeitslohn führen, auch dann nicht, wenn die in den Lohnsteuer-Richtlinien (Abschnitt 20) bislang festgelegte Freigrenze von DM 50,– für Sachzuwendungen überschritten wird. Diese Entscheidung traf der BFH *entgegen seiner bisherigen Rechtsprechung* mit 2 Urteilen v. 22. 3. 85 (BStBl 1985 II, S. 529–534). Dieser Beurteilung steht die Mitnahme von Ehegatten zum Betriebsfest *nicht* entgegen, *wenn* dies allen Mitarbeitern möglich ist, *ebenso* nicht die Übernahme der Fahrkosten zu einem Ausflugslokal, die Anmietung einer Kegelbahn beim Gaststättenbesuch usw. Auch ein zum Programm des Betriebsfestes gehörender Theaterbesuch kann unschädlich sein (BFH-Urteil v. 21. 2. 86; BStBl 1986 II, S. 406). Ein anderer Sachverhalt, bei dem die Entlohnungsabsicht unterstellt wird, ergibt sich u. a. für *mehrtägige* Veranstaltungen, für Betriebsfeste in sehr teuren Lokalen oder mit sehr aufwendigen Besonderheiten und für Veranstaltungen, zu denen nur eine Auswahl von Mitarbeitern eingeladen wird. Auch in mehr als 2 Veranstaltungen im Jahr für denselben Personenkreis (über das Übliche hinaus) kann eine besondere Entlohnungsabsicht gesehen werden (BFH v. 18. 3. 86; BStBl 1986 II, S. 575).

- Die Erstattung von Einrichtungskosten für einen ausschließlich oder ganz überwiegend im Arbeitgeberinteresse gelegten Telefonanschluß ist steuerfrei; gleiches gilt für die Monatsrechnungen bei entspr. Nutzung, wobei in die Beurteilung auch die ankommenden Gespräche einzubeziehen sind. Im übrigen sind auch beruflich veranlaßte Telefonkosten vom Privatapparat steuerfrei zu erstatten oder sie sind beim Arbeitnehmer Werbungskosten. Sie beziehen sich auf Telefoneinheiten, anteilige Grundgebühren und ggf. Einrichtungskosten. Aufzeichnungen (für mindestens 3 Monate) werden verlangt, andernfalls eine Schätzung des steuerfreien Anteils erfolgt, wobei dann aber in der Regel mind. 50 % der Grundgebühren und ggf. Einrichtungskosten als privat veranlaßt angesehen werden.
- Aufwandsentschädigungen bis DM 2400,– für bestimmte nebenberufliche Tätigkeit*.

*Steuerpflichtige Bezüge**:*

- Geldgeschenke und ganz generell Gelegenheitsgeschenke (auch bei Ausscheiden wegen Alters oder Invalidität) sind gemäß BFH-Urteil v. 17. 7. 81 (BStBl 1981 II, Seite 773), zu versteuern.
- Geldwerte Vorteile aus der Überlassung von Firmenwagen, soweit sie privat oder zwischen Wohnung und Arbeitsstätte genutzt werden (vgl. Fußnote S. 80 und Nr. 24 Abs. 7 LStR).

*) Einnahmen aus einem Nebenberuf als Ausbilder, Erzieher usw. im gemeinnützigen, mildtätigen oder kirchlichen Interesse, können gemäß § 3 Nr. 26 EStG bis zu DM 2400,– im Jahr als Aufwandsentschädigung steuerfrei sein. Mit BFH-Urteil v. 23. 1. 86 (BStBl 1986 II, S. 398) wurde diese Steuerfreiheit einem Rektor zuerkannt, unter dessen Regie Lehrveranstaltungen einer Volkshochschule stattfanden, der aber selbst *nicht* unterrichtete. *Über* DM 2400,– liegende Einnahmen sind hier steuerpflichtig, ein Abzug von Werbungskosten ist dann nur möglich, wenn sie selbst höher als DM 2400,– nachgewiesen werden (BFH v. 30. 1. 86; BStBl 1986 II, S. 401). Für Einnahmen (als Aufwandsentschädigungen bezeichnet) aus *mehreren* nebenberuflichen Tätigkeiten als Ausbilder, Übungsleiter etc. gemäß § 3 Nr. 26 EStG kann *nur insgesamt* die Steuerfreiheit von DM 2400,– im Jahr beansprucht werden. Hierunter wurde im Streitfall auch die Tätigkeit eines Finanzbeamten als Mitglied im Prüfungsausschuß für Steuerberater eingestuft (BFH-Urteil v. 23. 6. 88 – BStBl 1988 II, Seite 890).

**) Zum steuerpflichtigen Arbeitslohn gehört auch eine Lehrabschluß-Prämie (BFH-Urteil v. 22. 3. 85; BStBl 1985 II, S. 641), ebenso Geschenke oder Zuwendungen an Arbeitnehmer anläßlich Konfirmation oder Kommunion seiner Kinder (BFH v. 9. 8. 85; BStBl 1986 II, S. 95). *Nicht* davon betroffen sind kleine Aufmerksamkeiten aus besonderem Anlaß (Blumen, Buch, Pralinen) im Wert bis DM 30,– (Schreiben des BFM v. 28. 10. 85; BStBl 1985 I, S. 645).
Auch für ältere Arbeitnehmer vom Arbeitgeber übernommene Kurkosten sind steuerpflichtiger Arbeitslohn (BFH-Urteil v. 31. 10. 86 – BStBl 1987 II, S. 142).

- Bei endgültigem Verzicht auf Kaufpreisforderung gegenüber einem Arbeitnehmer handelt es sich um einen steuerpflichtigen geldwerten Vorteil (BFH v. 26. 4. 85; BStBl 1985 II, S. 467).
- Vermögenswirksame Leistungen gemäß dem 5. VermBG. Die hierfür gewährten Sparzulagen sind jedoch steuerfrei*.
- Streik- und Aussperrungsunterstützungen der Gewerkschaft ersetzen entgangene Einnahmen und sind nach § 24 EStG *steuerpflichtige* Entschädigungen (Urteile des BFH v. 30. 3. 82 – BStBl 1982 II, Seiten 552–556). Sie können zur ESt-Veranlagung führen; *auf Antrag Versteuerung mit dem halben Steuersatz* gemäß § 34 EStG.

Versorgungsbezüge

(§ 19 Abs. 1 und 2 EStG; § 2 Abs. 2 Ziff. 2 LStDV; Abschn. 58 LStR)
Hierunter fallen Bezüge und Vorteile aus ehemaligen Dienstleistungen, denen eigene Beiträge *nicht* zugrunde liegen und die
- als Ruhegehalt, Witwen- oder Waisenrente, Unterhaltsbeiträge usw. aufgrund beamtenrechtlicher oder analoger Vorschriften bzw. nach gleichen Grundsätzen von Körperschaften, Anstalten, Stiftungen oder Verbänden des öffentlichen Rechts oder
- ansonsten wegen Berufs- oder Erwerbsunfähigkeit, als Leistungen an Hinterbliebene oder ab bestimmter Altersgrenze gewährt werden, *wobei steuerlich Alters-Versorgungsbezüge erst vorliegen, wenn der Steuerpflichtige das 62. oder, wenn er Schwerbeschädigter ist, das 60. Lebensjahr vollendet hat.*

Von diesen Bezügen bleiben 40 %, höchstens DM 4800,– pro Jahr, als Versorgungs-Freibetrag lohnsteuerfrei. Zu diesen steuerbegünstigten Versorgungsbezügen gehören u. a. bestimmte Sterbegelder, Übergangsgelder etc., vgl. 27 Positionen unter Abschn. 58 LStR. Auch ein Sterbegeld von 3 Gehältern nach dem Bundes-Angestelltentarifvertrag ist Versorgungsbezug für die Hinterbliebenen. Gleiches gilt für Übergangsgelder gemäß §§ 62–64 dieses Tarifvertrages wegen Berufsunfähigkeit oder Altersgrenze. Werden Versor-

*) Voraussetzung bis 1989 ein zu versteuerndes Einkommen von nicht mehr als DM 24000,– bei Alleinstehenden und DM 48000;– bei gemeinsam versteuerten Eheleuten ohne Kinder. Pro Kind kommen noch bei einem voll mit DM 2484,– zustehenden Kinderfreibetrag DM 1800,– und bei einem zur Hälfte (DM 1242,–) zustehenden DM 900,– hinzu. Ansonsten ist mit einer Rückforderung der Sparzulage zu rechnen. *Ab 1990* sind zwar die Einkommensgrenzen heraufgesetzt auf DM 27 000 bzw. DM 54 000, doch bleiben Kinder unberücksichtigt und die Prämienhöhe ist gesenkt auf 10 % bzw. 20 %. Die Berücksichtigung beim Arbeitgeber ist ausgeschlossen.

gungsbezüge z. B. bei anderem Arbeitslohn oder Scheidung gekürzt, liegt auch dem Freibetrag der geminderte Bezug zugrunde.
Als Versorgungsbezüge sind *nicht* anzusehen Leibrenten* aus Sozialversicherungen, privaten Versicherungen usw., die *nicht* auf früheren Dienstleistungsverträgen beruhen und denen *eigene* Beiträge vorangegangen sind. Hierbei handelt es sich um »sonstige Einkünfte« gemäß § 22 EStG, die nur mit dem Ertragsanteil erfaßt werden.
Maßgebend für den Ertragsanteil ist hier das Alter des Berechtigten *zum Zeitpunkt des Rentenanspruchs* und *nicht* der Zahlung. In Prozent der Rente ergeben sich als Beispiel wie folgt Ertragsanteile:

Alter	Ertrags-anteil in %	Alter	Ertrags-anteil in %	Alter	Ertrags-anteil in %
55	35	59	31	63	26
56	34	60	29	64	25
57	33	61	28	65	24
58	32	62	27	66	23

Diese Tabelle gilt *nicht für zeitbegrenzte Leibrenten***, z. B. wegen Erwerbsunfähigkeit *bis zum Beginn der Altersrente*. Gemäß § 55 Abs. 2 EStDV beträgt hier der Ertragsanteil z. B. bei einer Laufzeit von 10 Jahren *bis zum Beginn der Altersrente* nur 17 %, bei 9 Jahren 16 %, bei 8 Jahren 14 %, bei 5 Jahren 9 % und bei 3 Jahren 5 %.
Die unterschiedliche steuerliche Behandlung von Beamten-Ruhegeldern und Sozialversicherungsrenten verstößt laut BFH-Urteil vom 28. 11. 1975, BStBl 1976 II, S. 228, *nicht* gegen das Grundgesetz. Zwei diesbezügliche Beschwerden beim Bundesverfassungsgericht sind laut Beschluß vom 15. 7. 80 zwar abgelehnt worden, doch wurde dabei eine Ungleichheit in der Besteuerung anerkannt und der Gesetzgeber aufgefordert, diese innerhalb »angemessener Frist« abzubauen; bisher ist nichts geschehen, abgesehen von der Anhebung der Leibrenten-Ertragsanteile seit 1982.

*) Im steuerlichen Sinne *liegt auch dann eine Leibrente vor*, wenn nach Vermögensübertragung durch den Vater auf Sohn und Tochter gemäß Übertragungsvertrag an die Witwe des später verstorbenen Vaters eine monatliche Rente gezahlt wird, die mit Wertsicherungsklausel ausgestattet ist, auf die die Sozialversicherungsrente der Begünstigten voll anzurechnen ist und die im Falle der Wiederverheiratung der Witwe erlischt (BFH-Urteil v. 5. 12. 1980, BStBl 1981 II, Seite 265).

**) Die sogenannte »große Witwenrente« nach der Reichsversicherungsordnung (RVO) wird u. a. entweder ab Vollendung des 45. Lebensjahres oder bei waisenberechtigten Kindern sofort bis zu deren 18. Lebensjahr gewährt. Beendet die oder der Berechtigte das 45. Lebensjahr bevor ein Kind 18 Jahre alt wird oder zum gleichen Zeitpunkt, liegt insoweit *keine* zeitbegrenzte Leibrente mit geringerem steuerlichem Ertragsanteil vor (BFH-Urteil v. 8. 3. 89 – BStBl 1989 II, S. 551).

II. Lohnsteuerkarte – Steuerklassen – Kinder
(§§ 32, 38b, 39 EStG; Abschn. 59–64, 75–78 LStR)

Bei Arbeitnehmern – Angestellten, Beamten, Arbeitern, Pensionären und deren Rechtsnachfolgern (z. B. Witwen, Waisen) – wird die Lohnsteuer (Einkommensteuer für Arbeitnehmer) durch den Arbeitgeber erhoben. Grundlage für die Berechnung ist bei unbeschränkt Steuerpflichtigen die *Lohnsteuerkarte,* die dem Arbeitgeber zu Beginn eines Jahres oder bei Dienstantritt auszuhändigen ist.

Für die Ausstellung der Lohnsteuerkarte 1990 ist die Gemeinde zuständig, in deren Bezirk der Arbeitnehmer am 20. September 1989 oder *erstmals* nach diesem Stichtag seine Hauptwohnung oder in Ermangelung einer solchen seinen gewöhnlichen Aufenthalt hatte. Bei verheirateten Arbeitnehmern ist die Hauptwohnung der Familie maßgebend, in Ermangelung einer Familienwohnung die Hauptwohnung des älteren Ehegatten, wenn beide unbeschränkt einkommensteuerpflichtig sind und nicht dauernd getrennt leben. Bei unverheirateten Arbeitnehmern mit mehreren Wohnsitzen ist in der Regel die Gemeinde des Beschäftigungsortes zuständig.
Die Lohnsteuerkarten sollen 2 Monate *vor* dem Steuerjahr in Händen aller Arbeitnehmer sein. Trifft sie nicht ein, ist sie *vor* Jahresbeginn bei der zuständigen Gemeinde zu beantragen.

Auf die Lohnsteuerkarte 1990 hat die Gemeinde u. a. Steuerklasse*, Familienstand*, Zahl der Kinderfreibeträge* sowie in Berlin Kinder unter 16 Jahren zu Beginn des Jahres oder Kinder im Geburtsjahr und die Religion einzutragen. Dies gilt auch für Änderungen oder Ergänzungen. Des weiteren sind von der Gemeinde nach Angaben der zuständigen Finanzämter Pauschbeträge für Körperbehinderte und Hinterbliebene (Seite 109) einzutragen. Ein Altersfreibetrag wird ab 1990 nicht mehr gewährt.

Die Gemeinde kann nur bei den Steuerklassen I bis IV Kinderfreibeträge für ausschließlich *unbeschränkt* steuerpflichtige Kinder bis Vollendung des 16. Lebensjahres berücksichtigen, die im 1. Grad mit dem Steuerpflichtigen verwandt sind. Darunter sind allgemein leibliche Kinder (eheliche, für ehelich erklärte sowie nichteheliche Kinder) *und* angenommene Kinder (bei denen wie im

*) Gesonderte Feststellung von Besteuerungsgrundlagen im Sinne § 179 Abs. 1 AO, die unter dem Vorbehalt der Nachprüfung steht.

Falle einer Adoption das Verwandtschaftsverhältnis zu den leiblichen Eltern erloschen ist) zu verstehen. Der Ausschluß des Eintrags von Kinderfreibeträgen für Stiefkinder auf der LSt-Karte und die Regelung bezüglich Pflegekinder seit 1986 verhindert den mehrfachen Eintrag von Kinderfreibeträgen für das gleiche Kind.
Für die Eintragung von Pflegekindern und anderen *nicht* von der Gemeinde einzutragenden Kindern sowie allgemein für Kinder über 16 Jahre ist das Finanzamt zuständig.
Unter *Kinderfreibeträge* hat die Gemeinde auf der LSt-Karte den »Zähler« 0,5 pro Kind einzutragen, wenn dem Arbeitnehmer (Elternteil) ein Kinderfreibetrag von DM 1512 zusteht (es erhält z. B. ein geschiedener Vater mit Steuerklasse I, dem seine 3 Kinder unter 16 Jahren nicht zugeordnet sind, den Zähler 1,5 ebenso wie der andere Elternteil, ergibt je DM 4536 *ab 1990*). Bei gemeinsamen Kindern von Eheleuten verdoppelt sich der Kinderfreibetrag auf DM 3024, die Gemeinde hat hier pro Kind den »Zähler« 1 einzutragen, was sowohl für die Steuerklasse III als auch für die StKl IV gilt, die bei jedem Ehegatten nur DM 1512 berücksichtigt. Ebenfalls DM 3024 Freibetrag und den Zähler 1 auf der LSt-Karte erhalten Arbeitnehmer, wenn der andere Elternteil *vor* dem Steuerjahr verstorben ist oder wenn ein Kind *allein* angenommen wurde. *Ab 1990* ist es unter der Voraussetzung, daß ein Elternteil im Ausland lebt *oder* der andere Elternteil unwiderruflich zustimmt *oder* ein Elternteil seine Unterhaltsverpflichtung nicht zu mindestens 75% erfüllt, bereits im LSt-Ermäßigungsverfahren möglich, den *vollen* Kinderfreibetrag (1,0) zu erhalten (vgl. hierzu auch Vordruck auf Seite 130).
Die Angaben auf den Lohnsteuerkarten sollen jeweils die wahren Verhältnisse *zu Beginn* des Steuerjahres aufzeigen. Durch die frühzeitige Ausstellung können sich aber zwischenzeitlich Änderungen oder Ergänzungen hinsichtlich Familienstand, Steuerklasse, Kinderfreibeträge und Religion ergeben, die, soweit sie zum Vorteil eines Arbeitnehmers eingetreten sind, *nur auf Antrag* berichtigt werden. Sind sie aber ungünstiger für den Arbeitnehmer geworden, ist er zum Berichtigungsantrag bei der für die Ausstellung der Steuerkarte zuständigen Gemeinde verpflichtet.
Ändern sich die tatsächlichen Verhältnisse im Laufe des Steuerjahres (z. B. durch Geburt eines Kindes oder wenn ein Kind unbeschränkt einkommensteuerpflichtig geworden ist), so ist die Gemeinde zuständig, bei der zum Zeitpunkt des Berichtigungsan-

trages die Voraussetzungen für die allgemeine Ausstellung einer LSt-Karte zum 20. Sept. gegeben sind. Ein im Jahr der Heirat, jedoch erst *nach* dieser zu beiden Eheleuten begründetes Kindschaftsverhältnis kann *nur* nach vollzogener Änderung der Steuerklasse *wegen* der Eheschließung zum entspr. Kinderzahl-Eintrag führen.

Die Antragsfrist für Änderungen auf der LSt-Karte läuft am 30. Nov. des Steuerjahres ab. Die Gemeinde hat die Eintragung mit dem Tage vorzunehmen, an dem erstmals die Voraussetzungen für die Änderung vorlagen. Beim grundsätzlich nur einmal im Jahr möglichen Wechsel der Steuerklasse (ausgenommen ein Ehegatte ist ohne Arbeitslohn oder verstorben), darf der Eintrag frühestens mit Wirkung des auf den Antrag folgenden Monats erfolgen.
Es ergibt sich folgende Einteilung bei den *Steuerklassen:*

Steuerklasse I Verheiratete, Ledige, Geschiedene oder Verwitwete, ggf. mit Kinderfreibeträgen, denen die Voraussetzungen für StKl II, III und IV fehlen.

Steuerklasse II Der gleiche Personenkreis wie unter StKl I, jedoch mit Zuerkennung eines Haushaltsfreibetrages.

Steuerklasse III

1. Verheiratete, unbeschränkt einkommensteuerpflichtige Ehegatten, die nicht dauernd getrennt leben, wenn
   - der Gatte des Arbeitnehmers keinen Arbeitslohn bezieht oder
   - beide Ehegatten Arbeitslohn beziehen, auf gemeinsamen Antrag aber ein Gatte in die Steuerklasse V eingereiht wird.
2. Verwitwete* für das dem Tode des Gatten folgende Kalenderjahr, wenn beide Ehegatten unbeschränkt einkommensteuerpflichtig waren und nicht dauernd getrennt lebten.
3. Geschiedene für das Jahr der Eheauflösung, wenn
   a) in diesem Jahr beide Gatten unbeschränkt einkommensteuerpflichtig waren sowie nicht dauernd getrennt lebten und
   b) der andere Ehegatte wieder geheiratet hat, von seinem neuen Ehegatten nicht dauernd getrennt lebt und der neue Gatte ebenfalls unbeschränkt steuerpflichtig ist.

Steuerklasse IV Verheiratete, die beide Arbeitslohn beziehen, unbeschränkt einkommensteuerpflichtig sind und nicht dauernd getrennt leben. Statt dessen kann auf gemeinsamen Antrag bei einem die Steuerklasse III und bei dem anderen die StKl V eingetragen werden.

Steuerklasse V Vgl. unter Steuerklasse IV, letzter Satz.

Steuerklasse VI Arbeitnehmer mit mehreren Dienstverhältnissen auf der zweiten Lohnsteuerkarte und gegebenenfalls auf weiteren Steuerkarten.

*) Verwitweten Arbeitnehmern steht im Jahr *nach* dem Tode ihres Gatten grundsätzlich noch die Steuerklasse III (wie Eheleuten) zu, und sie können dadurch anderen verwitweten Personen gegenüber, wie zum Beispiel Freiberuflern, infolge Verdoppelung der Höchstbeträge für Vorsorgeaufwendungen im Rahmen der im Lohnsteuertarif berücksichtigten Vorsorgepauschalen einen Vorteil haben. Dieser verstößt aber nach Ansicht des Bundesfinanzhofes (Urteil v. 26. 1. 85; BStBl 1986 II, S. 353) *nicht* gegen das im Grundgesetz verankerte Gleichheitsprinzip.

Für den *Familienstand* gelten folgende, einheitliche Abkürzungen:

ledig	=	ld	verwitwet	=	vw
verheiratet	=	vh	geschieden	=	gs

Die begünstigten Kindschaftsverhältnisse sind seit 1986:
1. Kinder, die im ersten Grad mit dem Steuerzahler verwandt sind,
2. Pflegekinder (nicht Kostkinder).

Ab 1990 stehen nur noch Kinderfreibeträge und – ausgenommen Berlin – nicht mehr Kinder auf der LSt-Karte. Dies gilt auch für Kinder von unbeschränkt steuerpflichtigen Eltern, welche nicht oder nicht mehr miteinander verheiratet sind oder dauernd getrennt leben. Insoweit erhalten zwar beide Elternteile für ihr Kind den halben (0,5) Kinderfreibetrag, doch wird es gemäß § 32 Abs. 7 EStG nur *einem* Elternteil zugeordnet, dem dann auch der Haushaltsfreibetrag und somit die Steuerklasse II zusteht. Maßgebend hierfür ist die Wohnung des Elternteils, in der das Kind gemeldet ist. Ist es bei beiden Elternteilen gemeldet, so ist es dem Teil zuzuordnen, bei dem die *Erst*meldung* im Jahr erfolgte. Bei gemeinsamer Wohnung** und im übrigen ist das Kind der Mutter oder mit ihrer unwiderruflichen Zustimmung dem Vater zuzuordnen. Lebt ein Ehegatte im Ausland, werden Kinder auf der LSt-Karte des im Inland lebenden Elternteils eingetragen, auch wenn sie nicht in seiner Wohnung gemeldet sind. Im übrigen gelten die Grundsätze für eheliche Kinder auch für nichteheliche Kinder.

*) Ein Kind ist dem Elternteil zuzurechnen, bei dem es erstmals im Jahr mit Hauptwohnung gemeldet war. Daran ändert sich auch dann nichts, wenn es seit Jahren in der Wohnung des anderen Elternteils lebt (BFH-Urt. v. 14. 8. 1981 – BStBl 1982 II, S. 111). In einem weiteren Streitfall wurde das Kind dem Vater zugeordnet, bei dem es mit Hauptwohnung vom 6. Dezember des Vorjahres bis 14. Januar des Steuerjahres (vorübergehend) gemeldet war (BFH-Urteil v. 4. 6. 82 – BStBl. 1982 II, Seite 733). Der Tag der formellen Ummeldung und *nicht* der des Umzuges ist sowohl maßgebend für die Zuordnung von Kindern geschiedener Eltern als auch für die Entscheidung, bis wann eine gemeinsame Wohnung der Eltern bestanden hat (BFH-Urt. v. 27. 7. 84; BStBl 1985 II, S. 8). Auch nach Ableben eines Elternteiles im Steuerjahr und anschließender Neubegründung der Kinder-Hauptwohnung beim überlebenden Elternteil bleiben die Kinder während des ganzen Steuerjahres dem verstorbenen Elternteil zugeordnet (BFH-Urteil v. 17. 9. 82 – BStBl 1983 II, Seite 9).

**) Im Falle eines zusammenlebenden, *nicht* verheirateten Elternpaares mit Kind wurde aufgrund Bescheinigung des zuständigen Jugendamtes, daß das Kind in der gemeinsamen Wohnung seiner Eltern gemeldet sei, das Kind (im Einvernehmen mit der Mutter) steuerlich dem Vater zugeordnet (BFH-Urteil v. 13. 12. 85; BStBl 1986 II, S. 344).

Während Kinderfreibeträge für im 1. Grad verwandte sowie angenommene Kinder bis zur Vollendung des 16. Lebensjahres vor Jahresbeginn durch die Gemeinden auf den LSt-Karten vermerkt werden, können Kinderfreibeträge für Pflegekinder* unter 16 Jahren und ganz allgemein ältere Kinder durch Antrag beim zuständigen Finanzamt eingetragen werden. Dabei ist es unbedeutend, in welchem Umfang der Arbeitnehmer zum Unterhalt des Kindes beiträgt oder in welcher Höhe das Kind selbst Einkünfte hat. Hauptsache ist, daß irgendwann im Jahr eine der geforderten Voraussetzungen vorliegt.

Freibeträge für Kinder im Alter über 16 Jahre bis vollendetem 27. Jahr werden gemäß § 32 Abs. 4 EStG berücksichtigt, wenn das Kind

- für einen Beruf ausgebildet und dadurch überwiegend beansprucht wird (Abschn. 62 LStR),
- keinen Ausbildungsplatz für den Berufsbeginn oder die Fortsetzung der Berufsausbildung hat (Abschnitt 62a LStR),
- die Berufsausbildung unterbrechen muß (Abs. 62b LStR), wegen
  a) gesetzlichem Grundwehr- oder Zivildienst,
  b) freiwilligem Wehr- oder Polizeivollzugsdienst für die Dauer von nicht mehr als 3 Jahren anstelle des gesetzlichen Grundwehr- oder Zivildienstes,
  c) Ausübung einer vom gesetzlichen Grundwehr- oder Zivildienst befreienden Tätigkeit als Entwicklungshelfer;
- Dienste im Sinne des Gesetzes zur Förderung eines freiwilligen sozialen Jahres ableistet (Abschnitt 62c LStR);

*) Die Eintragung eines Pflegekindes auf der LSt-Karte setzt voraus, daß das Kind im Haushalt des Steuerpflichtigen familiär und auf unbegrenzte Zeit eingegliedert ist, also nicht nur als sogenanntes Kostkind angesehen werden kann, und der elterlichen Obhut entzogen ist. Der Altersunterschied zum Kind tritt in den Hintergrund, es können auch ältere Geschwister die Betreuung im eigenen oder bei Waisen im ehemals elterlichen Haushalt übernehmen. Die Unterhaltskosten für das Kind müssen mindestens zum Teil getragen werden (gemäß Schreiben des BFM v. 9. 5. 86 – BStBl 1986 I, S. 268 Kostenbeitrag im Jahresdurchschnitt DM 150 pro Monat oder mehr), dies wird aber in der Regel unterstellt, wenn die Zahlungen *von anderer Seite* für den Unterhalt des Kindes nicht höher als der Pflegesatz des zuständigen Jugendamtes, ggf. unter Berücksichtigung eigener Einkünfte des Kindes liegen. Kommen die leiblichen – oder ggf. Adoptiv-Eltern ihren Unterhaltsverpflichtungen gegenüber dem Kind nach, können auch sie *neben* der Pflegeperson den steuerlichen Kinderfreibetrag erhalten.
Ein Kind, das zusammen mit seiner noch in Ausbildung stehenden Mutter bei deren Eltern lebt, die auch für den Unterhalt und die Pflege des Kindes sorgen, kann deshalb *nicht* als Pflegekind der Großeltern angesehen werden, weil weiterhin das Obhuts- und Pflegeverhältnis zur Mutter besteht und somit nur ihr der Kinderfreibetrag zusteht (BFH v. 9. 3. 89 – BStBl 1989 II, S. 680).

– wegen körperlicher, geistiger oder seelischer Behinderung sich nicht selbst unterhalten kann. Bei verheirateten oder geschiedenen Kindern ist eine Berücksichtigung nur dann möglich, wenn dem Kind insoweit kein ausreichender Unterhalt geleistet werden kann oder insoweit keine Unterhaltsverpflichtung besteht.

Nach Vollendung des 27. Lebensjahres zum Jahresbeginn können Kinderfreibeträge *nur für behinderte Kinder* auf der LSt-Karte eingetragen werden; hier die gleichen Voraussetzungen wie bei Kindern im Alter zwischen 16 und 27 Jahren. Für ältere Kinder können ggf. noch Unterhaltsaufwendungen als außergewöhnliche Belastung anerkannt werden; bis zu Vollendung des 29. Lebensjahres *ab 1990* auch Ausbildungsfreibeträge, wenn zuvor Wehr- oder Zivildienst abgeleistet wurde. Im übrigen können auch für Kinder über 18 Jahre *ohne* Ausbildungsplatz im Sinne § 32 Abs. 4 Nr. 2 EStG *unter Verzicht auf den Kinderfreibetrag* Unterhaltsaufwendungen zu einem höheren Freibetrag führen (BFM v. 21. 11. 88 – BStBl 1988 I, S. 540)

Es sind weder der Arbeitnehmer noch der Arbeitgeber oder andere befugt, die Eintragungen auf der LSt-Karte zu ändern oder zu ergänzen; ausgenommen die Lohnsteuerbescheinigung des Arbeitgebers auf Seite 2, für die eine Verpflichtung besteht (vgl. Abschnitt 101 LStR). Diese Bescheinigung ist nach Ablauf des Steuerjahres oder bei Beendigung des Arbeitsverhältnisses vorzunehmen. Der Arbeitgeber hat hier u. a. die Dauer der Beschäftigung, den Bruttoarbeitslohn incl. Gegenwert der Sachleistungen und die davon einbehaltene Lohn- und Kirchensteuer usw. einzutragen.

Wahl der Steuerklasse bei Ehegatten

Für gemeinsam versteuerte Ehegatten, von denen nur der eine Teil Arbeitslohn oder Einkünfte aus nichtselbständiger Arbeit bezieht, ist die Steuerklasse III maßgebend. Sind beide Ehegatten Arbeitnehmer, haben sie die Wahl zwischen Steuerklasse IV auf beiden Lohnsteuerkarten oder Steuerklasse III auf der einen und Steuerklasse V auf der anderen Steuerkarte. Grundsätzlich wird bei ihnen zunächst die Steuerklasse IV auf den Lohnsteuerkarten bescheinigt, und erst auf Antrag bei der zuständigen Gemeinde erfolgt dann die Änderung auf Steuerklassen III und V, die danach in der Regel auch auf den Lohnsteuerkarten für die kommenden Jahre automatisch erscheinen. Nachstehende Ausführungen sollen

berufstätigen Ehegatten anhand von Beispielen, Hinweisen und einer Übersicht zeigen, ob sie die günstigste Steuerklassen-Kombination gewählt haben, d. h. die, bei der sie *im Laufe des Jahres* gemeinsam die geringste Lohnsteuer zahlen.
Nachstehende Beispiele für berufstätige Ehegatten ohne Kind und mit 2 Kindern zeigen *für 1990* anhand der *allgemeinen Jahreslohnsteuertabelle und der besonderen* (vgl. hierzu Tabellen auf den Seiten 156 und 163), den unterschiedlichen Steuerabzug mit anschließender Ausrechnung und Gegenüberstellung der sich danach anhand der ESt-Splittingtabelle ergebenden tatsächlichen Steuerschuld in DM:

Beispiel 1

	Ehemann		Ehefrau	Zusammen	
a) *Ohne Kind*					
Arbeitsentgelt in DM	40 000		15 000	55 000	
Lohnsteuer hieraus	*Angest.*	*/Beamter*	*Angestellte*	*1.*	*2.*
nach Steuerklasse IV/IV	6504	7379	868	7372	8247
nach Steuerklasse III/V	3828	4406	2654	6482	7060
Unterschied zugunsten Steuerklassen III/V				890	1187
b) *Mit 2 Kindern*					
nach Steuerklassen IV/IV	5703	6548	287	5990	6835
nach Steuerklassen III/V	2576	3128	2654	5230	5782
Unterschied zugunsten Steuerklassen III/V				760	1053

Nach Abzug des neuen Arbeitnehmer-Pauschbetrages (DM 2000 × 2) und des ab 1990 verminderten Sonderausgaben-Pauschbetrages mit DM 216 für Eheleute sowie der mit DM 7938 bzw. bei Beamtenbezügen mit DM 4698 (vgl. Seite 149) ermittelten Vorsorgepauschale verbleibt ein nach dem Splittingtarif zu versteuerndes Einkommen von DM 42 846 bzw. DM 46 086 bei Eheleuten *ohne* Kind, woraus sich 1990 eine tatsächliche Jahressteuerschuld von DM 6528 bzw. 7282 ergibt. Diese liegt gegenüber dem Lohnsteuerabzug nach Steuerklassen IV/IV um DM 844 und *mit Beamtenbezügen* um DM 965 *niedriger,* dagegen zur Steuerklassen-Kombination III/V um DM 46 bzw. bei den Mischbezügen um DM 222 *höher.* Bei Eheleuten mit 2 Kindern verbleibt nach Abzug der Kinderfreibeträge von 2 × DM 3024 (ab 1990) ein zu versteuerndes Einkommen von DM 36 798 bzw. 40 038, dies entspricht einer Steuer in Höhe von DM 5162 bzw. DM 5886 mit Beamtenbezügen; daraus ergibt sich eine *Minderung* um DM 828 bzw. DM 949 zur Steuerklassen-Kombination IV/IV im obigen Beispiel und eine solche von DM 68 zu den Steuerklassen III/V ohne Beamtenbezüge, wogegen sich bei den Mischbezügen ein Mehr von DM 104 zeigt.

Beispiel 2

		Ehemann		Ehefrau	Zusammen	
a)	*Ohne Kind*					
	Arbeitsentgelt in DM	35 000		20 000	55 000	
	Lohnsteuer hieraus	*Angest.*	*/Beamter*	*Angestellte*	*1.*	*2.*
	nach Steuerklasse IV/IV	5202	5787	1710	6912	7497
	nach Steuerklasse III/V	2972	3352	3956	6928	7308
Unterschied zugunsten Steuerklassen III/V (Mischbezüge)						189
Unterschied zugunsten Steuerklassen IV/IV					16	
b)	*Mit 2 Kindern*					
	nach Steuerklassen IV/IV	4446	5010	1092	5538	6102
	nach Steuerklassen III/V	1756	2120	3956	5712	6076
Unterschied zugunsten Steuerklassen III/V						26
Unterschied zugunsten Steuerklassen IV/IV					174	

Vom Lohn beider sind wie im Beispiel 1 DM 4216 zuzüglich Vorsorgepauschale, hier ebenfalls DM 7938 und mit Beamtenbezügen abweichend DM 5562 abzuziehen, ergibt zu versteuerndes Einkommen von DM 42 846 bzw. DM 45 222 bei den Mischbezügen (*ohne* Kind). Die Steuer beträgt DM 6582 bzw. DM 7078 und liegt um DM 330 und DM 354 bzw. bei den Mischbezügen um DM 419 und DM 230 *unter* dem Ansatz der beiden StKl-Kombinationen. Nach Abzug Kinderfreibeträge ist das Einkommen DM 36 798 bzw. DM 39 174, entspr. einer Steuer von DM 5162 bzw. DM 5692. Auch diese Beträge liegen *unter* denen der StKl-Kombinationen, nämlich um DM 376 und DM 550 bzw. bei den Mischbezügen um DM 410 und DM 384.

Die Beispiele zeigen bei sehr unterschiedlichem Lohn eine zu hohe Belastung in der StKl-Kombination IV/IV, weil jeder als Alleinstehender behandelt wird, der besser Verdienende stärker in die Steuerprogression gerät und im Vergleich zu StKl III eine frühzeitige Begrenzung der Vorsorgepauschale eintritt. Eindrucksvoll wird auch letzteres erkennbar bei den sogenannten Mischfällen, d. h. mit einem Arbeitnehmer *ohne* eigene Beitragszahlung zur Altersversorgung. Bei nicht zu stark abweichendem Arbeitslohn beider Ehegatten ergibt sich eine Besserstellung durch Wahl der Steuerklasse IV. Nachfolgend eine Übersicht als Hilfeleistung für diese Wahl. Kinderfreibeträge können sie erheblich beeinflussen. Freibeträge auf LSt-Karte oder vom Arbeitgeber vorzunehmende Kürzungen (Versorgungsfreibetrag und Altersentlastungsbetrag) sind immer *zuvor* vom Arbeitsentgelt abzuziehen. Bei folgenden Bezügen ergeben sich nach der *allg. LSt.-Tabelle* 1990 praktisch keine Unterschiede in der LSt zwischen den StKl-Kombinationen IV/IV und III/V.

Etwa gleichhohe DM-Belastung bei den Steuerklassen III/V oder IV/IV**

*Jahreslohn 1990** Ehegatten			*Monats-Verhältnis – in etwa –*			*Lohnsteuer Eheleute (zusammen)*			
1. Gatte	2. Gatte		1. Gatte	2. Gatte		Stkl IV/IV		StKl III/V	
	o. Kind	2 Kinder		o. Kind	2 Kinder	o. Kind	2 Kinder	o. Kind	2 Kinder
30000	14400	13100	2500	1200	1090	4644	3164	4652	3168
31500	16400	15100	2625	1370	1260	5390	3872	5384	3870
33000	18000	16700	2750	1500	1390	6064	4525	6062	4526
34500	19300	17900	2875	1610	1490	6651	5065	6648	5064
36000	20700	19200	3000	1725	1600	7274	5639	7280	5642
37500	22100	20300	3125	1840	1690	7943	6200	7946	6192
39000	24000	21800	3250	2000	1820	8741	6860	8748	6856
40500	25400	23100	3375	2120	1925	9445	7484	9448	7494
42000	27100	24700	3500	2260	2060	10226	8224	10226	8220
43500	28200	25900	3625	2350	2160	10896	8874	10892	8874
45000	29400	26900	3750	2450	2240	11614	9511	11612	9510
48000	32700	29200	4000	2725	2430	13362	10837	13358	10838
51000	35000	32100	4250	2920	2675	14846	12458	14848	12458
54000	37300	34600	4500	3110	2880	16344	13968	13336	13962
57000	39400	36700	4750	3280	3060	16860	15418	17856	15418
60000	41000	38300	5000	3420	3190	19283	16786	19276	16778
65000	43400	40700	5420	3620	3390	21620	19035	21626	19040
70000	46800	44000	5830	3900	3670	24363	21644	24366	21634

Ausgehend von dem angegebenen Jahreslohn des höher verdienenden Gatten ist die StKl-Kombination III/V dann zu empfehlen, wenn die Lohndifferenz erheblich höher liegt, z. B. ein Teil DM 36000 und der andere Teil nur DM 18000 oder weniger verdient; bei nicht sehr großen Abweichungen sollte die Kombination IV/IV beibehalten werden (vgl. dazu nächste Seite).
Anhand der allgem. Monatslohnsteuertabelle **1990** (Anhang 2) wird die Wahl der richtigen StKl-Kombination wesentlich erleichtert**.
Beamte und andere *ohne* eigene Beitragsleistung zur Altersversor-

*) Ohne Freibeträge auf LST-Karte oder wegen Versorgung oder Altersentlastung.

) Die für Arbeitnehmer **mit verminderter Vorsorgepauschale (u. a. Beamte) geltende **besondere LSt-Tabelle** zeigt Abweichungen von der allgem. LSt-Tabelle bei Steuerklasse III ab DM 22500 Jahreslohn bzw. DM 1875 im Monat und bei StKl IV ab DM 11400 Jahreslohn bzw. DM 950 im Monat. **Durch Erhöhung** ihrer Monats-Lohnbezüge um die Zurechnungswerte gemäß **vollständiger Überleitungs-Tabelle von der besonderen auf die allgmeine Monats-Lohnsteuertabelle** auf Seite 163, kann auch dieser Personenkreis nach der LSt-Tabelle im Anhang 2 leicht selbst die günstigere StKl-Kombination erkennen. Dies geschieht beim Jahreslohn am einfachsten durch Hinzurechnung des **Minderbetrages an Vorsorgepauschale entspr. der Tabelle auf Seite 156** und damit in Anpassung an die **allgemeine** LSt-Tabelle. So kann ein Beamter **o.** Kind mit DM 37500 Jahreslohn und DM 21200 Lohn seiner Frau als Angestellte durch Zuschlag bei ihm DM 2754 in StKl III bzw. DM 1512 in StKl IV anhand der **allgem. LSt-Tabelle** feststellen, daß die Steuer hier nach beiden Kombinationen (DM 8158 zu DM 8162) gleich hoch ist. Auf den Monat bezogen beträgt der Zurechnungswert DM 229,50, wie die Tabelle auf Seite 163 ausweist.

gung müssen ab Entgelt von DM 11 400 bzw. bei StKl III DM 22 500 *vor* Anwendung dieser Hilfstabelle ihre Bezüge um die zur »besonderen LST-Tabelle« geführte, verminderte Vorsorgepauschale (vgl. Seiten 156 + 163) *erhöhen*, damit auch sie hier den gleichen Überblick wie andere Arbeitnehmer erhalten.

Zum besseren Verständnis der Tarifgestaltung bei den für Eheleute maßgebenden Steuerklassen nachfolgend die *Eingangsstufen* 1989 *im Vergleich zu 1990 ohne* Berücksichtigung von Kinderfreibeträgen:

Tarifeingangsstufen 1989

StKl V bei DM 1098,– Jahresbezug (nach Werbungskostenpauschale von DM 564,– und Arbeitnehmerfreibetrag von DM 480,– sowie zusätzlich DM 53,–, da die erste Tarifstufe mit DM 54,– erst danach einsetzt) oder etwa DM 90,– im Monat.

StKl IV bei DM 7416,– Jahresbezug (nach Ausgangsbasis wie StKl V mit DM 1097,– plus tariflicher Grundfreibetrag von DM 4752,–, Sonderausgabenpauschale DM 270,– und Vorsorgepauschale mit 18 % aus DM 7416,–, ergibt abgerundet auf den nächsten durch DM 54,– teilbaren Betrag DM 1296,–) oder DM 618,– im Monat.

StKl III bei DM 13 626,– Jahresbezug (nach Grundfreibetrag DM 9504,–, Werbungskostenpauschale und Arbeitnehmerfreibetrag DM 1044,–, Sonderausgabenpauschale DM 540,–, Vorsorgepauschale DM 2430,– und wegen späteren Tarifstufenbeginns DM 107,–) oder etwa DM 1135,– im Monat.

Tarifeingangsstufen 1990

StKl V ab DM 2054 Jahreslohn (Arbeitnehmer-Pauschbetrag DM 2000 zuzüglich Tariffreigrenze DM 53) oder etwa DM 170 im Monat.

StKl IV ab DM 9452 Jahreslohn (frei wie StKl V = DM 2053, tariflicher Grundfreibetrag DM 5616, Sonderausgaben-Pauschbetrag DM 108 und Vorsorge-Pauschale DM 1674) oder etwa DM 787 im Monat.

StKl III ab DM 16 526 Jahreslohn (AN-Pauschbetrag DM 2000, Tarifgrundfreibetrag DM 11 232, Tariffreigrenze DM 107, Sonderausgaben-Pauschale DM 216 und Vorsorge-Pauschale DM 2970) oder etwa DM 1377 im Monat.

Bei Wahl der StKl IV gibt es *keine* Steuernachzahlung. Eine solche kann sich noch bei den StKl III und V in Ausnahmefällen ergeben. Bei Eheleuten mit der StKl-Kombination III/V wird eine ESt-Veranlagung *für 1989* durchgeführt, wenn das zu versteuernde Einkommen über DM 36 000,– liegt. Dies entspricht bei Eheleuten ohne Kinder Lohnbezügen von mindestens DM 46 201,–* dagegen bei Beamtenbezügen beider Ehegatten und der geringeren Vorsorgepauschale (hier DM 3996,–) von mindestens DM 43 825,– im Jahre 1989; *ab 1990 erfolgt hier stets eine ESt-Veranlagung.* Eheleute mit der StKl-Kombination IV/IV unterliegen erst ab einem zu versteuernden Einkommen von DM 48 000,– bis 1989 und *DM 54 000,– ab 1990* der ESt-Veranlagung.

*) Lohnbezüge von DM 46 200 entsprechen 1989 einem zu versteuernden Einkommen von DM 36 000 unter Berücksichtigung der Weihnachtsfreibeträge (2 × 600), der Arbeitnehmerfreibeträge (2 × 480), der Werbungskosten (Minimum 2 × 564), des Sonderausgabenpauschbetrages (540) und der Vorsorgepauschale mit DM 6372.

III. Erhebung der Lohnsteuer Anwendung der Lohnsteuertabellen

(§§ 38–42f EStG; Abschnitte 85a–96 LStR)

Bei Einkünften aus nichtselbständiger Arbeit wird die Einkommensteuer durch Abzug vom Arbeitslohn (als Lohnsteuer) erhoben, soweit der Arbeitslohn von einem Arbeitgeber mit gewöhnlichem Aufenthalt, Geschäftsleitung, Sitz, Betriebsstätte oder ständigem Vertreter *im Inland* gezahlt wird (§ 38 Abs. 1 EStG). Der Arbeitgeber hat die Lohnsteuer bei jeder Lohnzahlung einzubehalten und den Betrag an die zuständige öffentliche Kasse abzuführen (§ 41a EStG). Die Ermittlung der Steuer erfolgt anhand der LSt-Karte des Arbeitnehmers nach den amtlichen Steuertabellen, die nach Steuerklassen und Zahl der Kinderfreibeträge gegliedert sind.
Lohnsteuerkarten erhalten alle Arbeitnehmer, die im Inland ihren Wohnsitz oder gewöhnlichen Aufenthalt haben und somit *unbeschränkt lohnsteuerpflichtig* sind. Die nicht darunter fallenden Arbeitnehmer gelten als *beschränkt lohnsteuerpflichtig*, soweit ihre Arbeit persönlich im Inland ausgeübt oder verwertet wird, oder wenn ihr Arbeitslohn aus inländischen öffentlichen Kassen mit Rücksicht auf ein gegenwärtiges oder früheres Dienstverhältnis gewährt wird. Bei dem Personenkreis der beschränkt Steuerpflichtigen richtet sich die Besteuerung nach den §§ 49, 50, 50a EStG. Wegen der Besonderheiten für Ausländer vgl. ab Seite 32.

Bei einem »sonstigen Bezug« (in der Regel Einmalzahlung), insoweit er die Entlohnung für mehrere Jahre gemäß § 34 Abs. 3 EStG umfaßt (z. B. Abgeltung aufgelaufener Urlaubsansprüche), ist, wenn er sich auf 2 Jahre bezieht, aus der Hälfte des Bezugs die Steuer aus der Jahrestabelle zu ermitteln und diese Steuer mit dem doppelten Betrag einzubehalten. Umfaßt die Abgeltung 3 oder mehr Jahre, ist aus einem Drittel die Lohnsteuer zu ermitteln und mit dem dreifachen Betrag anzusetzen, um eine zu hohe Steuerprogression zu vermeiden. Bei Entlassungs- und anderen Entschädigungen im Sinne § 24 Ziff. 1 EStG (vgl. S. 10 u. 11), soweit sie nicht steuerfrei sind, ist bereits vom Arbeitgeber die Lohnsteuer nur zur Hälfte der sich ansonsten für einen »sonstigen (Jahres-)Bezug« ergebenden Steuer anzusetzten (§ 39b Abs 3 letzter Satz EStG).

In den Jahres-Lohnsteuertabellen sind folgende Frei- und Pauschbeträge berücksichtigt, die sich in der Monatstabelle mit 1/12, pro Woche mit 7/360 und in der Tagestabelle mit 1/360 auswirken:

1. *Grundfreibetrag** — *1990* / 1989
   Steuerklassen I, II, IV — DM 5616 / DM 4752
   Steuerklasse III — DM 11232 / DM 9504
2. *Arbeitnehmerfreibetrag*** (StKl I–V), *letztmalig 1989* — DM 480
3. *Kinderfreibeträge* — *1990* / 1989
   Für steuerlich zu berücksichtigende Kinder
   je Elternteil und Kind grundsätzlich — DM 1512 / DM 1242
   Bei Eheleuten mit StKl III, je eigenes Kind — DM 3024 / DM 2484
4. *Werbungskosten-Pauschale* (StKl I–V) noch bis 1989** — DM 564
5. *Arbeitnehmer-Pauschbetrag ab 1990* — DM 2000
6. *Sonderausgaben*
   a) *Pauschbetrag* 1989 DM 270/540 (StKl III), *1990 DM 108/216.*
   b) *Vorsorgepauschale allgemein****
      1989 StKl I + II + IV — 9 % v. Lohn, maximal DM 2340
      zuzüglich — 9 % v. Lohn, maximal DM 1170
      StKl III — 9 % v. Lohn, maximal DM 4680
      zuzüglich — 9 % v. Lohn, maximal DM 2340
      1990 StKl I + II + III (vgl. Seite 148)
      18 % vom Lohn, maximal DM 4000 *minus* 12 % vom Lohn, *dazu* 18 % v. Lohn, *ggf. minus* Betrag Vorzeile, max. DM 2340 *dazu* 18 % v. Lohn *minus* Beträge aus Vorzeilen *und davon die Hälfte,* max. DM 1170. *Bei StKl III verdoppeln* sich hier obige Grenzbeträge auf DM 8000, 4680 und 2340.
   c) *Vorsorgepauschale bei Altersversorgung ohne eigene Beitragszahlung (z. B. Beamte) oder mit Altersruhegeld aus der ges. Rentenversicherung*
      StKl I + II + IV — 18 % v. Lohn, maximal DM 2000
      StKl III — 18 % v. Lohn, maximal DM 4000
   Minimum in StKl I, II, IV DM 300, in StKl III DM 600 *bis 1989*

*) Die Eingangsstufen liegen in der für die StKl. I, II und IV maßgebenden ESt-Grundtabelle um DM 54,– und in der ESt-Splittingtabelle (StKl. III) um DM 108,– höher. Somit wirken sich DM 53,– bzw. DM 107,– als zusätzlicher Grundfreibetrag aus.

**) *Ab 1990 entfallen* der »Arbeitnehmer-Freibetrag«, die »Werbungskosten-Pauschale« und der »Weihnachtsfreibetrag«, zusammen DM 1644, zugunsten eines neu eingeführten »Arbeitnehmer-Pauschbetrag« in Höhe von DM 2000.

***) *Ab 1990* erhöht sich die *allgemeine* Vorsorgepauschale bei Alleinstehenden bis etwa DM 33000 und bei Eheleuten bis über 66000 Jahreslohn durch *Einbeziehung* des auf DM 4000/8000 angehobenen Vorwegabzugs von Vorsorgeaufwendungen.

Maßgebend für die Vorsorge-Pauschale ist der ggf. um den Versorgungsfreibetrag (40 %, max. DM 4800) und Altersentlastungsbetrag (40 %, max. DM 3000, *ab 1990 DM 3720*) gekürzte Lohn (1989 war der Brutto-Lohn noch um den Weihnachtsfreibetrag [DM 600,–] zu kürzen).
Wenn die Vorsorgepauschale nicht durch 54 teilbar ist, wird sie auf den nächsten voll durch 54 teilbaren Betrag abgerundet.

6. *Haushaltsfreibetrag* (StKl. II) — *1990* — 1989
Alleinstehend mit Zuordnung Kind — DM 5616 — DM 4752

Die Jahreslohnsteuertabelle wird für die Steuerklassen I, II und IV von der ESt-Grundtabelle und für die Steuerklasse III von der ESt-Splittingtabelle abgeleitet; deren Eingangsstufen sind 1989 DM 4806,– bzw. DM 9612,– und *1990* DM 5670,– bzw. DM 11 340.
Die *Jahres-Lohnsteuerschwellen* ergeben sich mit vorstehend genannten Frei- und Pauschbeträgen für die StKl I bis V wie folgt:

	1990	1989
Steuerklasse I und IV (ohne Kind)	DM 9 452	DM 7 416
Steuerklasse II (0,5 Kinder-Freibetrag)	DM 18 146	DM 14 544*
Steuerklasse III (ohne Kind)	DM 16 526	DM 13 626**
Steuerklasse V	DM 2 054	DM 1 098

Hinzu kam 1989 noch der Weihnachstfreibetrag mit DM 600.

Bei schuldhafter Nichtvorlage oder verzögerter Rückgabe der LSt-Karte ist die Lohnsteuer nach StKl VI zu ermitteln. Weist der Arbeitnehmer aber nach, daß er daran keine Schuld hat, muß der Arbeitgeber beim Lohnsteuerabzug seine ihm bekannten Familienverhältnisse zugrunde legen (§ 39c EStG). Maßgebend für die Anwendung der Monats-Lohnsteuertabelle sind die Eintragungen (Steuerklasse, Kinderfreibeträge, andere Freibeträge usw.) auf der LSt-Karte. Dazu kommt gemäß § 39b EStG wie folgt ein automatischer Abzug vom Lohn durch den Arbeitgeber:
Anteilig pro Monat: a) Versorgungsfreibetrag (§ 19 Abs. 2 EStG)
b) Altersentlastungsfreibetrag (§ 24a EStG)
Letztmalig 1989 noch der Weihnachtsfreibetrag (§ 19 Abs. 3 EStG)
Während die Steuer für die laufenden Bezüge nach der Tabelle des entsprechenden Lohnzahlungszeitraums ermittelt wird, ist die Lohnsteuer auf einen »sonstigen Bezug«, soweit er DM 300,–

*) Hier »Zähler 0,5« (= DM 1242) unter Kinderfreibeträge; steht dem anderen Elternteil dieser Freibetrag *nicht* zu und ist der »Zähler 1« (= DM 2484) auf der LSt-Karte, liegt die Steuerschwelle bei DM 15 948,– *im Jahre 1990 aber bei DM 19 982,–.*
**) Steuerschwelle bei einem gemeinsamen Kind DM 16 650,– und bei 2 Kindern DM 19 674,– in 1989, dagegen *in 1990 DM 20 252,– bzw. DM 23 924,–.*

übersteigt, mit dem Unterschied zu erheben, der sich bei Anwendung der Jahres-Lohnsteuertabelle voraussichtlich für den Gesamtlohn einerseits *ohne* den sonstigen Bezug und andererseits *mit* dem sonstigen Bezug ergibt (§ 39b Abs. 3 EStG). *Sonstige Bezüge* sind u. a. Gratifikationen, Tantiemen und Urlaubsabfindungen.

Ist in den Bezügen eine *nachträgliche* Entlohnung für mehrere zurückliegende Jahre* oder für eine Tätigkeit, die sich nicht nur auf das laufende Jahr erstreckt, enthalten, besteht unbeschadet einer bereits geringeren Besteuerung beim Arbeitgeber (vgl. S. 27) *auf Antrag* im Rahmen einer ESt-Veranlagung, *letztmals für 1989,* die Möglichkeit der Verteilung auf die entsprechenden, maximal jedoch auf drei zurückliegende Jahre**. *Gleiches gilt für Nachzahlungen von Ruhegehalt oder Renten z. B. aus der Angestelltenversicherung. Auch bei Vergütungen für Arbeitnehmer-Erfindungen (Abschn. 113 LStR),* die seit 1989 *nicht* mehr mit dem halben Steuersatz begünstigt sind, *kann sich insoweit noch eine Vergünstigung ergeben (vgl. S. 38/50). Ab dem Jahre 1990* ist hier eine steuerliche Rückbeziehung gemäß § 34 Abs. 3 EStG ausgeschlossen. Die Steuer für das Entgelt aus mehrjähriger Tätigkeit usw. beträgt künftig das Dreifache der Differenz aus der Einkommensteuer für die Einkünfte *ohne* diese Vergütung und der ESt für die gleichen Einkünfte *zuzüglich ein Drittel* der Sonder-Vergütung.

Bei *Entschädigungen* als Ersatz für entgangene oder entgehende Einnahmen oder für die Aufgabe oder Nichtausübung einer Tätigkeit kann es sich um außerordentliche Einkünfte handeln, die *auf Antrag* bei einer ESt-Veranlagung nur mit der *Hälfte des durchschnittlichen Steuersatzes* belastet werden (§§ 24 Ziff. 1 und 34 Abs. 1 + 2 EStG), was noch wesentlich günstiger ist als eine ggf. bereits vorteilhafte Besteuerung durch den Arbeitgeber (vgl. S. 30 unten). Abgesehen von Ausnahmen fallen hierunter in der Regel Entschädigungen mit einem einmaligen und größeren Betrag als Abgeltung für mehrere Jahre (Abschn. 199 u. 200 EStR). Auf die Ausführungen zu »Abfindungen wegen Auflösung des Arbeitsverhältnisses« (Seiten 10/11) wird verwiesen.

*) Darunter können auch einmalige nach Betriebszugehörigkeit gestaffelte Zahlungen des Arbeitgebers anläßlich des Ausscheidens von Arbeitnehmern wegen Erreichens der Altersgrenze fallen (BFH-Urteil vom 10. 6. 83 – BStBl 1983 II, Seite 575).

**) Die Zuwendung beim 25jährigen Arbeitsjubiläum ist nachträgliche Entlohnung, und es gilt hierfür (soweit nicht steuerfrei) die Vergünstigung der Verteilung auf *3 beliebige der zurückliegenden 25 Jahre.* Auch Zahlungen aufgrund Firmenjubiläums können insoweit begünstigt sein. (2 Urt. des BFH v. 3. 7. 87 – BStBl 1987 II, S. 677 + 820).

Sonderregelung für Arbeitnehmer in Berlin (West)

(§§ 21–23, 25 Abs. 2, 26, 28 Berlin-FG)

Eine Ermäßigung der Einkommensteuer um 30 % der Einkünfte aus Berlin (West) steht allen natürlichen Personen zu, die

- zu Beginn eines Jahres ihren ausschließlichen Wohnsitz in Berlin (West) haben oder ihn im Laufe des Jahres dort nehmen – oder
- bei mehrfachem Wohnsitz das ganze Jahr über *einen* in Berlin haben oder sich vorwiegend dort aufgehalten haben – oder
- ohne einen Wohnsitz im Geltungsbereich des Einkommensteuergesetzes zu besitzen, ihren gewöhnlichen Aufenthalt in Berlin haben.

Bei *Arbeitnehmern* mit Einkünften aus einer *Beschäftigung in Berlin* (ebenso bei nur vorübergehender Arbeit bis zu 12 Monaten außerhalb Berlins) wird diese Vergünstigung *durch steuerfreie Zulagen** zum Arbeitslohn abgegolten, sofern diese den Ermäßigungssatz von 30 % *nicht unterschreiten.* Die Zulage** beträgt 8 % vom Arbeitslohn*** plus DM 49,50 pro Monat für jedes auf der LSt-Karte**** bescheinigte Kind. Bei Ehegatten mit StKl IV erhält jeder den halben Zuschlag. Bei unbeschränkt steuerpfl. und zusammenlebenden Eheleuten genügt es, wenn *ein* Ehegatte ausschließlich in Berlin wohnt. Zum Arbeitslohn aus einem gegenwärtigen Vertragsverhältnis zählen auch Bezüge aus früheren Dienstleistungen, wenn sie von demselben Arbeitgeber und gleichzeitig bezogen werden. Ansonsten gilt hier noch wie für Versorgungsbezüge die alte Regelung mit 30 % Steuerminderung. Ebenso erhalten AN *ohne Wohnsitz in Berlin* weiter 30 % Ermäßigung, wenn sie dort mind. 3 Monate ununterbrochen tätig waren. Wegen der besonderen Förderung von Wohnraum vgl. S. 133–140.

*) Diese Zulagen werden unter den in § 28 Berlin-FG genannten Voraussetzungen (u. a. Krankheit, Mutterschaft, Kurzarbeit) bei Unterbrechung der Tätigkeit und Nichtfortzahlung der Lohnbezüge bis längstens 78 Wochen weiter gewährt.

**) Nach einem BFH-Urteil v. 23. 4. 88 (BStBl 1989 II, S. 288) ist in die Berlin-Zulage auch die sogenannte *steuerfreie* Aufwandentschädigung (bis DM 2400,– pro anno) für *nebenberufliche* Tätigkeit als Übungsleiter, Ausbilder etc. (§ 3 Nr. 26 EStG) einzubeziehen. Laut Schreiben des BFM vom 7. 3. 89 (BStBl 1989 I, S. 132) ist dieses Urteil aber generell *nicht* anzuwenden, da *alle* steuerfreien Einnahmen gemäß § 3 EStG *nicht* in die Bemessungsgrundlage für diese Zulage einzubeziehen sind. Ausnahme die steuerfreien Arbeitszuschläge nach § 3b EStG.

***) Bei Nachzahlung von Arbeitslohn infolge arbeitsgerichtlicher Feststellung, daß das Dienstverhältnis fortbesteht, ist insoweit auch die Berlin-Zulage zu gewähren (BFH-Urteil v. 24. 2. 89 – BStBl 1989 II, S. 544).

****) Verfassungskonform ist, daß für Kinderzuschläge der entspr. Eintrag auf der LSt-Karte bzw. die Zuordnung Voraussetzung ist (BFH v. 25. 1. 85. – BStBl 1985 II, S. 359–361). Ausnahme aber seit 1986 für Arbeitnehmer-Eheleute im Heiratsjahr bei Eintritt des Kindschaftsverhältnisses *zu beiden Teilen* erst *nach* der Heirat.

Besonderheiten für Ausländer

(§§ 33a Abs. 1, 39d, 49, 50, 50a EStG; Abschn. 67/5, 74/3, 92 LStR)

Ausländer ohne Wohnsitz oder gewöhnlichen Aufenthalt im Bundesgebiet und Berlin-West (Inland) sind wie Personen aus der DDR und Ost-Berlin beschränkt steuerpflichtig.
Beschränkt steuerpflichtig sind grundsätzlich alle Ausländer, die sich noch nicht 6 Monate im Inland aufhalten. Ausländer mit längerem Aufenthalt sowie andere, die schon vor Ablauf der 6 Monate einen Wohnsitz im Inland begründen oder die einen Arbeitsvertrag über einen längeren Zeitraum vorweisen (vielfach bei Personen aus EG-Staaten), erhalten ihre LSt-Karte und sind dann unbeschränkt steuerpflichtig.
Weitgehend werden Ausländer nach Erlangung der Steuerkarte Inländern gleichgestellt. Bei bestimmten Vergünstigungen, wie doppelte Haushaltsführung*, Unterhaltszahlungen, Ausbildungsfreibeträgen oder bei Körperbehinderungen, ergeben sich aber zum Teil noch Unterschiede durch andersgeartete Verhältnisse im Heimatland und nicht leicht überprüfbare Angaben, die zu erschwerter Nachweispflicht führen.

Ein *Pauschbetrag für Körperbehinderte* wird nur zuerkannt, wenn die Behinderung durch eine Gesundheitsbehörde im Inland bestätigt ist; ausgeschlossen ist die Übertragung eines Behinderten-Freibetrages für ein *nicht unbeschränkt* steuerpflichtiges Kind.

Als *Sonderausgaben* sind Beiträge an ausl. Versicherungen nur anzuerkennen, wenn dieser die Erlaubnis zum Betrieb eines begünstigten Versicherungszweiges im Inland erteilt ist. Ausgenommen das Zuzugsjahr.

Unbeschränkt steuerpflichtige Ausländer erhalten grundsätzlich Steuerklassen wie Inländer. Soweit aber Ehegatte und Kinder im Ausland verbleiben, steht ihnen nur die StKl I zu. Dagegen die StKl II *(mit Haushaltsfreibetrag)*, wenn ein Kind im Inland lebt. Abweichend hiervon erhalten Verheiratete aus Ostblockländern (ebenso aus Ost-Berlin und DDR) die StKl III, wenn der Gatte keine Ausreisgenehmigung trotz bewiesener Bemühung erhält. Soweit die

*) Eine doppelte Haushaltsführung blieb einem türkischen AN versagt, dessen Ehefrau mit Kindern zwar im Heimatland lebten, der aber am Arbeitsort mit einer anderen Frau und einem gemeinsamen Kind einen eigenen Hausstand unterhielt. Gleiches gilt für Marokkaner mit zwei gültigen Ehen, wenn eine Ehefrau im Inland mitlebt. (2 BFH-Urteile v. 25. 3. 88 – BStBl 1988 II, S. 582–585). Ein *privat* durch Heirat begründeter »doppelter Haushalt« liegt *nicht mehr* vor, wenn der allein berufstätige Arbeitnehmer *danach* seinen Beschäftigungsort wechselt; insoweit ist dann eine *beruflich* veranlaßte »doppelte Haushaltsführung« gegeben (BFH v. 26. 8. 88 – BStBl 1989 II, S. 89). Hier Heirat und Wohnsitz in Italien und Wechsel der Arbeitsstätte in Deutschland. Eine beruflich begründete doppelte Haushaltsführung geht *nicht* durch Zeitablauf verloren. Auch wenn sie seit 1972 (bei türkischem Gastarbeiter) besteht, ist sie *ab 1978* nach der neuen Rechtslage zu beurteilen (BFH v. 30. 9. 88 – BStBl 1989 II, S. 103).

unbeschränkte Steuerpflicht *nicht oder noch nicht* vorliegt, gilt für das erste Arbeitsverhältnis die StKl I, für weitere die StKl VI. Das Finanzamt hat aber *auf Antrag* eine Bescheinigung über die maßgebende Steuerklasse (Änderung möglich bis Jahresende) auszustellen, auf der *beantragte* Freibeträge wegen Werbungskosten usw. zu berücksichtigen sind; *ohne* Antragsgrenze, weil hier Jahresausgleich oder ESt-Veranlagung ausgeschlossen sind. Befreit vom LSt-Abzug (bis DM 1000,– Lohn im Monat) werden *auf Antrag* ausl. Studenten, wenn ihr Aufenthalt im Inland unter 6 Monaten liegt und der Immatrikulationsnachweis an einer ausl. Universität erbracht wird. Werden Gastarbeiter unbeschränkt steuerpflichtig, können sie auch für die Zeit davor Steuervergünstigungen im dann möglichen LSt-Jahresausgleich bzw. der ESt-Veranlagung erhalten. Bei endgültiger Rückkehr in die Heimat kann der LSt-Jahresausgleich gemäß § 42 EStG und Abschn. 107 Abs. 5 LStR sofort im Laufe des Jahres durchgeführt werden.

Aufgrund diverser Urteile des BFH zum »Doppelten Haushalt«, »Unterhalt Angehörige« und zu »Ausbildungsfreibeträgen« bei Gastarbeitern, hat der BFM am 5. 6. 89 (BStBl 1989 I, S. 181) wie folgt Grundsätze korrigiert:

1) *Doppelter Haushalt*
Der *Fortbestand* muß *nicht* beruflich begründet sein, und die *Aufgabe* eines doppelten Haushalts wird in der Regel erst unterstellt, wenn ein Besuchs-Aufenthalt des Gatten 1 Jahr überschreitet oder er erwerbstätig im Inland wird. Auch bei Arbeitslosigkeit sind im Vorgriff auf das nächste Arbeitsverhältnis Werbungskosten anzuerkennen. Pauschbeträge für Verpflegung sind *nicht oder nur vermindert anzuzsetzen, wenn* sie zur unzutreffenden Besteuerung führen, d. h., wenn nach ihrem Abzug der Nettoverdienst den Lebensunterhalt des Arbeitnehmers und seiner Familie nicht mehr decken kann. Voraussetzung für den doppelten Haushalt ist »Hauswirtschaftliches Leben in der ausl. Familienwohnung bei eigener Mitwirkung«, wofür mindestens 1 Heimfahrt nachzuweisen ist, und »maßgebliche finanzielle Beteiligung« daran.

2) *Unterhaltsaufwendungen Angehörige im Ausland*
Gemäß Beschluß des »Großen Senats« im BFH v. 28. 11. 88 (BStBl 1989 II, S. 164) sind *auch* Unterhaltszahlungen an den im Ausland lebenden Gatten begrenzt abzugsfähig. Gleiches wurde zuvor schon für Kinder *(ohne Anrechnung Kindergeld)* entschieden, soweit für sie »beim Wohnen im Inland« ein Kinderfreibetrag zu gewähren *wäre.* In Anpassung an das Inland sind für den Unterhalt Angehöriger besondere Nachweise über *Bedürftigkeit* und *Zahlungen* (Bank- oder Postscheckbelege mit Empfängerangabe etc.) zu erbringen. Die Bescheinigung der Bedürftigkeit durch die Heimatbehörde (mit vorgeschriebener Übersetzung) erfordert Angaben über Verwandtschaftsgrad, Alter, Beruf, eig. Einnahmen im Jahr und Vermögen; auch darüber, ob noch andere Personen und ggf. in welcher Höhe zum Unterhalt

beigetragen und warum die Person (z. B. Krankheit oder Alter) nicht selbst ihren Lebensunterhalt bestreiten kann. Bei Kindern *unter* 16 zum 1. Jan. genügt eine *Lebensbescheinigung* der Heimatbehörde *oder* der Bezug von Kindergeld im Inland; für Kinder von 16 bis 18 Jahren und ältere mit Ausbildungsfreibetrag, genügt der Ausbildungs-Nachweis. Ein Zahlungsnachweis für Kinder wird *nicht* gefordert. Als Freibeträge werden die nach 3 Ländergruppen gestaffelten Höchstsätze berücksichtigt. Wird aber Unterhalt noch an andere im gemeinsamen Haushalt oder am selben Ort lebende Angehörige geleistet, ist auch *insgesamt* der Zahlungsnachweis erforderlich, und die nach Kürzung um Kinderhöchstbeträge verbleibende Summe ist nach Köpfen der übrigen unterhaltenen Personen (incl. Gatte) aufzuteilen. Zahlungen werden grundsätzlich *nicht* auf Vormonate zurückbezogen (BFH v. 13. 2. 87 – BStBl 1987 II, S. 341).
Im übrigen kann für Bargeld-Mitnahmen bei Heimfahrten als Nachweis ein Beleg über die im zeitlichen Zusammenhang stehende Abhebung vom inländischen Konto zur Anerkennung führen; *ohne* Nachweis werden in der Regel Beträge bis zu einem Netto-Monatslohn im Jahr anerkannt.
Für die *Zwangsläufigkeit* gelten inländische Maßstäbe, für die *Notwendigkeit und Angemessenheit* die Verhältnisse (Lohnniveau) des Wohnsitzstaates. Soweit ähnliche Verhältnisse zum Inland vorliegen (Ländergruppe 1), so bei EG-Ländern, Österreich, Schweiz, Finnland, Norwegen, Schweden, Israel, Japan, USA, werden als Höchst-Abzug *ab 1990* insgesamt DM 5 400,– bzw. DM 3024,– bei Personen unter 18 Jahren (bis 1989 = DM 4500,–/2484,–) anerkannt, worauf Einkünfte und Bezüge der unterstützten Person insoweit angerechnet werden, als sie DM 5400,– (bis 1989 DM 4500,–) übersteigen. Nur *zwei Drittel dieser Beträge* gelten für Unterstützte in der Ländergruppe 2, wie Jugoslawien, Polen, Ungarn, Portugal, Sowjetunion, Tschechoslowakei sowie Türkei, und nur *ein Drittel* in der Ländergruppe 3, u. a. Tunesien, Iran, Irak, Marokko und Vietnam.
Der Abzug von Unterhalt kann – mit Ausnahme Ehefrau und Kinder – ganz oder zum Teil versagt werden, wenn er *nicht* im angemessenen Verhältnis zum Verdienst des Leistenden steht und ihm für seinen und der Familie Unterhalt nicht mehr ausreichende Mittel verbleiben würden. Dies wird angenommen, wenn die *gemeinsamen* Unterhaltsleistungen einschl. Ehefrau und Kinder im Heimatstaat 1% je volle DM 1000,– der *Netto-Bezüge, höchstens* 50% davon (als sogenannte »Opfergrenze«) übersteigen*. Für den Ehegatten und Kinder werden dabei *je* 5% der Netto-Bezüge, maximal 25%, angerechnet.
Liegen die Unterhalts-Voraussetzungen nicht für ein *volles Jahr* vor, ermäßigen sich die Freibeträge analog zum Inland entsprechend.

*) Arbeitslohn, Kindergeld, AN-Sparzulage, ggf. Steuerrückzahlung	= DM 45 500
./. Steuerabzüge, Sozialversicherung Arbeitnehmer, Werbungskosten (eventuell auch für doppelten Haushalt) usw.	= DM 18 000
Nettoeinkommen	= DM 27 500

Opfergrenze 27 v. H. = DM 7290, davon für Frau und 2 Kinder, zus. 15 vom Hundert = DM 4050, verbleiben max. DM 3240 für andere Angehörige (vgl. hierzu auch S. 92).

3) *Ausbildungsfreibeträge* für Kinder im Ausland*

Auch für im Ausland in Ausbildung stehende Kinder werden Freibeträge in Anlehnung an das Inland (vgl. ab S. 114) gewährt. Dies gilt *ab 1990* auch für Kinder bis zur Vollendung des 29. Lebensjahres, wenn sie im Heimatland gesetzlichen Grundwehr- oder Zivildienst abgeleistet haben. Die Höchstbeträge und die nicht anrechenbaren Eigen-Bezüge sind nach der Ländergruppeneinteilung für Unterhaltszahlungen (vgl. Vorseite) zu ermitteln; ggf. Minderung zum Inland um ein oder zwei Drittel.

Abschließend ein Beispiel:

Ein jugoslawischer Gastarbeiter mit *nicht* verdienender Frau und 3 Kindern von 11, 15 und 20 Jahren *im Heimatland,* letzteres auswärts in Ausbildung (mit Eigenverdienst *unter* der Anrechnungsgrenze), macht Unterhaltskosten für seine Familie und seine in einem anderen Ort lebenden Eltern (mit einer Monatsrente von nur DM 200,–) geltend.

Er wies laufende Zahlungen an die Familie mit DM 13 500,– und die Eltern, *ebenso wie sein Bruder,* mit DM 300,– im Monat (3600,– im Jahr) nach. Sein Lohn *zuzüglich* Kindergeld, Steuererstattung etc. betrug 1989 DM 62 700,– brutto, *nach Abzug* von Steuern, Sozialabgaben, Werbungskosten (incl. doppelter Haushalt mit DM 5200,–) = DM 38 000,– netto.

Hieraus ergeben sich für 1989 folgende steuerlichen Vergünstigungen:

– Ausbildungsfreibetrag (Ländergruppe 2 = ⅔ aus 4200,–)	= DM 2800,–
– Unterhalt Kinder (2 × ⅔ aus 2484,–; 1 × ⅔ aus 4500,–)	= DM 6312,–
– Unterhalt Ehefrau (⅔ aus 4500,–)	= DM 3000,–
– Unterhalt Eltern (⅔ aus 9000,– = 6000,– ./.50% Bruder)	= DM 3000,–
Gesamt:	DM 15112,–

Es wurden *höhere* Zahlungen geleistet und die Opfergrenze, hier 38% aus DM 38 000,– = DM 14 440,– *abzüglich* 20 v. H. für Ehefrau und 3 Kinder = DM 7600,– sowie Ausbildungsfreibetrag, verbleiben DM 4040,–, wurde durch die Unterhaltsleistung an die Eltern *nicht* überschritten.

Das Beispiel *auf 1990* mit *erhöhten* Unterhaltsfreibeträgen bezogen, zeigt Höchstfreibeträge von DM 17 632,–. Sie können hier aber nur in Höhe der Zahlungen an Familie und Eltern, zus. DM 17 100,–, zu Freibeträgen führen.

*) Zu den Berufsausbildungskosten zählen auch Ausgaben für die auswärtige Unterbringung von Kindern. Hier Anerkennung von Ausbildungs-Freibeträgen (nach Kürzung um ⅓) bei einem in Berlin (West) tätigen Arbeitnehmer türkischer Nationalität, dessen Kinder in einer für sie angemieteten Wohnung im Heimatland lebten und dort die Schule besuchten (BFH-Urteil v. 6. 11. 87 – BStBl 1988 II, S. 422). Die Gewährung eines Ausbildungsfreibetrages erfordert auch bei ausländischen Arbeitnehmern *nachgewiesene* Ausgaben für die Berufsausbildung des Kindes (z. B. für Lernmittel, Schulbesuch, auswärtige Unterbringung usw.). Daß solche Kosten nach der Lebenserfahrung entstehen, reicht als Begründung *nicht* aus (BFH v. 6. 11. 87 – BStBl 1988 II, S. 442).

B. Einkommensteuer-Veranlagung von Arbeitnehmern 1989

I. Allgemeines

Alle *natürlichen* Personen, die im Inland (Bundesgebiet u. Berlin-West) einen Wohnsitz oder ihren gewöhnlichen Aufenthalt haben, sind mit ihren Einkünften *unbeschränkt* einkommensteuerpflichtig. Nicht hierunter fallende natürliche Personen sind mit den im Inland erzielten Einkünften *beschränkt* einkommensteuerpflichtig. Nachfolgendes gilt *ausschließlich* für unbeschränkt Steuerpflichtige.

Die Einkommensteuer aus Lohnbezügen, genannt Lohnsteuer, wird als Quellensteuer durch Abzug vom Arbeitslohn erhoben. Eine Vielzahl von Arbeitnehmern unterliegt daher nicht der Einkommensteuer-Veranlagung und kann innerhalb von 2 Jahren noch Vergünstigungen durch Antrag auf Lohnsteuer-Jahresausgleich erreichen. Ab bestimmten Einkommensgrenzen oder bei Vorliegen besonderer Umstände unterliegen aber auch Arbeitnehmer gemäß §46 EStG der ESt-Veranlagung oder können gewisse Vorteile nur über eine solche durch Antrag erreichen, wobei es unbedeutend ist, ob bereits ein LSt-Jahresausgleich durchgeführt wurde.

Eine Veranlagung erfolgt für 1989 von Amts wegen bei

- einem *Einkommen* von mehr als
  DM 48 000,– *(ab 1990 = DM 54 000,–)* für nach der Splittingtabelle zu besteuernde Personen; bei Ehegatten, wenn nur einer Arbeitnehmer ist oder beide Steuerklasse IV haben;
  DM 24000,– *(ab 1990 = DM 27000,–)* für die übrigen Arbeitnehmer;
- Einkünften aus mehreren Arbeitsverhältnissen gleichzeitig, wenn das zu versteuernde Einkommen DM 18 000,–, bei nach Splittingtarif zu Versteuernden DM 36 000,– übersteigt (*ab 1990:* »bei Lohn von mehreren Arbeitgebern nebeneinander«);
- Bezug von Kurzarbeiter- oder Schlechtwettergeld, soweit ein LSt-Jahresausgleich nicht durchzuführen ist *(entfällt 1990)*;
- Personen mit Altersversorgung *ohne* eigene Beitragsleistung oder mit Ruhegeld aus gesetzlicher Rentenversicherung, wenn die Lohnsteuer während des Jahres voll oder zeitweise nach StKl I bis IV der *allgemeinen LSt-Tabelle* zu erheben war;
- Eheleuten, die beide Arbeitslohn beziehen, wenn ein Teil ganz oder zeitweise im Jahr die StKl V oder VI hatte und ihr zu versteuerndes Einkommen *über* DM 36 000,– liegt *(1990 unbegrenzt);*

- Eheleuten, wenn ein Teil Arbeitslosenunterstützung oder -hilfe bezogen hat und der andere ganz oder zeitweise StKl III hatte*;
- lohnsteuerpflichtigen Versorgungsbezügen aus *mehreren* früheren Dienstverhältnissen, wenn diese DM 12 000,– übersteigen*;
- Arbeitnehmern im Alter von mind. 64 Jahren zu Beginn des Steuerjahres, die nebeneinander von mehreren Stellen Arbeitslohn (ohne Versorgungsbezüge) mit zus. *über* DM 7500,– haben*;
- einem nicht oder nicht mehr verheirateten oder bei einem verheirateten, aber dauernd getrennt lebenden unbeschränkt steuerpflichtigen *Elternpaar*, wenn die Übertragung eines Kinderfreibetrages** beantragt wird oder für die Gewährung eines Ausbildungsfreibetrages oder für die Übertragung eines ihrem Kind zustehenden Pauschbetrages für Körperbehinderte oder Hinterbliebene eine andere Aufteilung als je zur Hälfte gewünscht wird (§§ 32 Abs. 6, 33a Abs. 2 und 33b Abs. 5 EStG);
- Beantragung getrennter Veranlagung durch einen Ehegatten *oder der besonderen Veranlagung für das Heiratsjahr****;
- Auflösung der Ehe durch Scheidung oder Tod, wenn ein Ehegatte im gleichen Jahr wieder geheiratet hat;
- Eheschließung, wenn *beide* Ehegatten Arbeitnehmer sind und einer den Haushaltsfreibetrag oder StKl III hatte;
- Nebeneinkünften über DM 800,–****;
- Berücksichtigung eines Freibetrages auf der LSt-Karte gemäß § 39a EStG wegen Wohnungsbauförderung (vgl. Seiten 133–140).

Zu ihren Gunsten können Arbeitnehmer ungeachtet der Höhe ihrer Bezüge eine ESt-Veranlagung beantragen bei

- außerordentlichen Einkünften, wegen halbem Steuersatz, oder *einmaligen* Bezügen wegen Verteilung auf mehrere Jahre*****;

*) *entfällt ab 1990.*

**) *Ab 1990 auch*, wenn nur ein Elternteil *voll* den Kinderfreibetrag auf der LSt-Karte hat *oder* ein Elternteil erst unbeschränkt steuerpflichtig wurde; des weiteren bei Eintrag der StKl II beim Vater mit Zustimmung der Mutter für ein bei beiden Elternteilen gemeldetes Kind, oder wenn der Vater den Haushaltsfreibetrag beantragt.

***) Beide Gatten können dann noch bisherige Steuervorteile, wie Haushaltsfreibetrag oder Anwendung des Splittingtarifs nach Verwitwung im Vorjahr, behalten. *Ab 1990* hier ESt-Veranlagung beim Freibetrag auf LSt-Karte für Kinderbetreuung.

****) *Ab 1990:* Wenn die Nebeneinkünfte, ggf. minus Freibetrag »Land- und Forstwirtschaft« und Altersentlastungsbetrag, *oder die dem Progressionsvorbehalt unterliegenden* (Auslands-)*Einkünfte* und Leistungen (wie Arbeitslosen-, Kurzarbeitergeld, doch *neu* auch Kranken-, Mutterschaftsgeld usw.) DM 800,– übersteigen.

*****) Bei einer Arbeitnehmer-Erfindervergütung, die *ab 1989* nicht mehr mit halbem Steuersatz begünstigt ist, kann die Verteilung auf 2 oder 3 Jahre erfolgen, wenn sie für eine mehrjährige Tätigkeit gezahlt wird (BFH v. 20. 11. 82 – BStBl 1983 II, S. 300).

- Anrechnung Erbschafts- und Auslands-Steuer (§§ 35 + 34 EStG);
- Wohnraumförderung (S. 133–140) wegen erhöhter AfA sowie ggf. *bis 1989* Schuldzinsen-Abzug und Kinder-Vergünstigung;
- Verlusten aus anderen Einkünften im gleichen Jahr;
- verbliebenen Verlusten der vorangegangenen Jahre, grundsätzlich aus allen anderen Einkunftsarten, und wegen Verlustrücktrag von 2 Jahren gemäß § 10d EStG (bis zu 10 Mio DM);
- Kapitaleinkünften zur Anrechnung von Kapitalertrag- und Körperschaftsteuer auf die Steuerschuld;
- Hingabe von Investitions- und Baudarlehen nach Berlin.

Für diese Vergünstigungen, ausgenommen Verlustabzug nach § 10d EStG, ist der Antrag auf ESt-Veranlagung *spätestens* 2 Jahre nach dem Steuerjahr* zu stellen (vgl. § 46 Abs. 2 nach Ziff. 8 EStG). Im übrigen können Eheleute *bei den Tatsachen widersprechender Erklärung des Getrenntlebens vor dem Familiengericht* noch zusammen veranlagt werden (BFH-Urteil v. 13. 12. 85, BStBl 1986 II, S. 486).

Die Begriffe Einkünfte, Einkommen und zu versteuerndes Einkommen haben im Steuerrecht besondere Bedeutung. *Einkünfte* sind hier Einnahmen abzgl. Betriebsausgaben oder Werbungskosten (s. S. 73 ff.). *Einkommen* bedeutet Einkünfte abzgl. Sonderausgaben (s. S. 97 ff.) sowie außergewöhnliche Belastungen (s. S. 109–121), und unter *zu versteuerndem Einkommen* ist das um Sonderfreibeträge (Alters-, Kinder- und Haushaltsfreibeträge), steuerfreie Pauschalbeträge usw. gekürzte Einkommen zu verstehen, das maßgebend für die Anwendung der ESt-Tabellen ist. Bei den Einkunftsarten können sich auch negative Einkünfte, d. h. Verluste, ergeben, die generell mit anderen, positiven Einkünften auszugleichen sind,

*) Die Ausschlußfrist von 2 Jahren für den Antrag von Arbeitnehmern auf ESt-Veranlagung wegen Verlust aus einer anderen Einkunftsart verstößt *nicht* gegen das Grundgesetz. Hier Nichtanerkennung später geltend gemachter negativer Einkünfte aus Vermietung und Verpachtung aufgrund Beteiligung, wobei betont wurde, daß die insoweit durchgeführte gesonderte und einheitliche Feststellung der Einkünfte nicht den Antrag auf ESt-Veranlagung ersetzen kann (BFH v. 8. 4. 86 – BStBl 1986 II, S. 790). Der Antrag innerhalb von 2 Jahren kann auch formlos erfolgen, muß aber dem Finanzamt die Einleitung der Veranlagung durch entsprechende Angaben ermöglichen. Ein Antrag auf Verlängerung der Abgabefrist ersetzt dagegen in der Regel *nicht* den Veranlagungs-Antrag (BFH-Urteil v. 3. 6. 86 – BStBl 1987 II, S. 421). So auch ein Urteil des BFH v. 17. 9. 87 (BStBl 1988 II, S. 249), dem ein auf Schätzung für gewerbliche Einkünfte liegender ESt-Bescheid für 1980 und ein Einspruch v. 12. 11. 82 mit Ankündigung der Erklärung 1980 »in Kürze« zugrunde lag, die Abgabe mit negativen gewerblichen Einkünften und Einkünften aus Arbeitslohn aber erst Mitte 1983 erfolgte.

ausgenommen Verluste aus Spekulationsgeschäften, aus eigengenutzten Einfamilienhäusern etc., soweit sie nicht auf steuerbegünstigter Wohnraumförderung beruhen, sowie aus Gelegenheitsgeschäften, wie Vermittlungen, Vermietung von Gegenständen usw.

Die Einkommensteuererklärung ist grundsätzlich bis 31. 5. des auf den Veranlagungszeitraum folgenden Jahres abzugeben. Zuständig ist das Finanzamt des Wohnsitzes *zum Zeitpunkt der Erklärungs-Abgabe.* Fristverlängerungen sind mit Begründung zu beantragen, sie werden gewöhnlich zumindest bis 30. 9. gewährt.
Der ESt-Bescheid ist jeweils mit einer Rechtsbehelf-Belehrung versehen. Dagegen kann innerhalb eines Monats Einspruch eingelegt werden (§§ 348, 355 AO). Weitere Rechtsmittel werden in diesem Rahmen nicht behandelt, weil hierzu in der Regel eine steuerliche Fachkraft benötigt wird.

Im Interesse einer möglichst geringen Steuerlast für die ganze Familie ist hervorzuheben, daß auch Kinder mit ihrem Einkommen* *selbst* der Steuer unterliegen. Erträge aus steuerlich wirksamen Vermögensübertragungen werden den Kindern zugerechnet. Beziehen sie bereits Arbeitslohn, können es Nebeneinkünfte (s. Seite 46 ff.) ohne steuerliche Auswirkung sein. Hat ein Kind aufgrund Schenkung (frei von Schenkungssteuer bis DM 90000,– je 10 Jahre) Zinsen aus nom. DM 70000,– 8 %igen Pfandbriefen, ergibt DM 5600,–, bleiben diese *ohne* andere Einkünfte steuerfrei, da hiervon der Sparerfreibetrag mit DM 300,–, Werbungskosten pauschal mit DM 100,– sowie ein Sonderausgaben- und Vorsorgepauschbetrag mit zus. DM 570,– als Minimum abgezogen werden, wodurch noch DM 4630,– verbleiben, die aber *unter* der Steuer-Eingangsstufe mit DM 4806,– in 1989 liegen. *1990* ergeben die Steuer-Eingangsstufe mit DM 5670,–, der Sparer-Freibetrag mit DM 600,– (Verdoppelung), die unveränderte Werbungskosten-Pauschale mit DM 100,– und der verminderte Sonderausgaben-Pauschbetrag mit DM 108,– *insgesamt DM 6478. Darunter liegende Allein-Gutschriften aus Kapitalvermögen sind steuerfrei* (vgl. hierzu auch die Seiten 32 und 162).

*) Wenn Eltern ihren Kindern Sparkonten einrichten, sind die Erträge dann den Kindern zuzurechnen, wenn die Eltern bei Abschluß des Sparvertrages und bei ihren Einzahlungen den Willen hatten, den Kindern das Guthaben tatsächlich sofort zuzuwenden und dies der Bank erkennbar war (BFH vom 3. 11. 76, BStBl 1977 II, S. 205). Bei Sparanlagen ist die elterliche Vermögenssorge zu beachten. Werden sie noch wie eigene angesehen, sind auch die Einkünfte den Eltern zuzurechnen (BFH vom 3. 11. 76, BStBl 1977 II, S. 206).

II. Veranlagung von Amts wegen bei lohnsteuerpflichtigen Bezügen

1. Einkommen über DM 24 000,–/DM 48 000,– in 1989

(§ 46 Abs. 1 EStG)

Liegt das Jahreseinkommen bei Arbeitnehmern der StKl I und II, die nach der ESt-Grundtabelle besteuert werden, über DM 24 000,– und bei Ehegatten sowie ggf. verwitweten und anderen nach der ESt-Splittingtabelle besteuerten Personen über DM 48 000,–, wird 1989 stets eine ESt-Veranlagung von Amts wegen durchgeführt. *Ab 1990 Erhöhung dieser Grenzen auf DM 54 000,– bzw. DM 27 000,–.*
Diese Einkommensgrenzen gelten *nicht*, wenn Arbeitnehmer bereits aus anderen Gründen, die sich aus den Ausführungen der nächsten Seiten unter den Ziffern 2 bis 9 ergeben, zur Abgabe einer ESt-Erklärung verpflichtet sind.
Bei ausschließlichem Lohnbezug kann wie folgt ermittelt werden, ob diese Einkommensgrenzen 1989 erreicht werden:

Bruttolohn gemäß Lohnsteuerkarte(n) 1989

Minderung* um:
- Weihnachtsfreibetrag* (pro Arbeitnehmer DM 600,–)
- Arbeitnehmerfreibetrag* (je Arbeitnehmer DM 480,–)
- ggf. Versorgungsfreibetrag + Altersentlastungsbetrag (S. 15, 44, 158)
- Werbungskosten* (Minimum DM 564,– pro Arbeitnehmer)

---

ergibt **Einkünfte**

---

davon ab:
- begrenzt anzuerkennende Vorsorgeaufwendungen (vgl. ab Seite 97)
- übrige Sonderausgaben (ab S. 104), mind. DM 270,– bzw. DM 540,– *(1990 = 108/216).*
- ggf. anzuerkennende außergewöhnliche Belastungen (vgl. S. 109–121).

---

ergibt **Einkommen**

Haben Arbeitnehmer oder ihre Ehegatten, die *nicht* obige Einkommensgrenzen erreichen, noch Nebeneinkünfte aus anderen Einkunftsarten, sind diese dem Lohn-Einkommen zuzurechnen. Sie bleiben aber steuerfrei, wenn sie bei Alleinstehenden *oder* Eheleuten insgesamt *nicht* über DM 800,– liegen.

*) *1990 statt Weihnachts- und Arbeitnehmer-Freibetrag sowie Werbungskosten-Pauschale = Arbeitnehmer-Pauschbetrag mit DM 2000,–.*

Folgendes Beispiel für einen ledigen Arbeitnehmer mit nur einem Dienstverhältnis über das ganze Jahr zeigt in DM unter Spalte a) den Fall einer ESt-Veranlagung, wogegen im Fall b) eine solche nicht vorgenommen wird.

			a) DM	b) DM
Arbeitslohn im Jahre 1989			30 000,–	30 500,–
Frei- und Pauschbeträge				
– Weihnachtsfreibetrag		DM 600,–		
– Arbeitnehmerfreibetr.		DM 480,–		
– Werbungskosten Pauschale		DM 564,–	1 644,–	1 644,–
			28 356,–	28 856,–
– Sonderausgaben Pauschbetrag		DM 270,–		
Vorsorgepauschale (Seiten 155 + 156)		DM 3 510,–	3 780,–	3 780,–
			24 576,–	25 076,–
Über den Pauschbeträgen liegende, berücksichtigungsfähige Ausgaben				
– Werbungskosten			–	3 650,–*
– Sonderausgaben (ohne Vorsorgeaufwendungen)			106,–**	117,–**
			24 470,–	21 309,–
Nebeneinkünfte				
Zinsen aus Kapitalvermögen		DM 1 200,–		
abzgl.				
Sparerfreibetrag	DM 300,–			
Werbungskosten-Pauschale	DM 100,–	DM 400,–	800,–	800,–
Einkommen			25 270,–	22 109,–

Stellt sich bei der eigenen Ermittlung des Einkommens heraus, daß eine Veranlagung nicht durchzuführen ist, andererseits aber bestimmte Steuervergünstigungen auch nicht beim Antrag auf Steuerermäßigung (ab Seite 124) geltend gemacht wurden oder ein solcher Antrag nicht gestellt werden konnte, so ist ein Lohnsteuer-Jahresausgleich beim zuständigen Finanzamt innerhalb von 2 Jahren zu beantragen. Einzelheiten hierüber sind im Heyne-Taschenbuch Nr. 9234 »Lohnsteuer-Berater« enthalten.

*) Tatsächliche Werbungskosten DM 4214,– abzgl. Pauschale von DM 564,–.

**) Abzüge Kirchensteuer minus Sonderausgaben-Pauschbetrag von DM 270,–.

2a. Einkünfte aus mehreren Arbeitsverhältnissen
(§ 46 Abs. 2 Ziff. 2 und 2b unter a) EStG)

Eine Einkommensteuer-Veranlagung wird *bis 1989** durchgeführt, wenn Arbeitnehmer *gleichzeitig aus mehreren Dienstverhältnissen* Arbeitslohn bezogen haben und das zu *versteuernde Einkommen* DM 18000,– bei den unter die Steuerklassen I und II fallenden Personen oder DM 36000,– bei verheirateten und gleichgestellten, nach dem Splittingtarif zu versteuernden Personen beträgt. Für Ehegatten, die beide Arbeitnehmer sind, gilt dies auch, *wenn* einer von ihnen nach StKl V oder VI besteuert wurde. Im letzteren Falle also bei mehreren Arbeitsverhältnissen eines Ehegatten, im ersteren Falle bei der gewählten StKl-Kombination III/V. Das nachstehende Beispiel für Ehegatten mit 2 Kindern und 2,0 Kinderfreibeträgen sowie der StKl-Kombination III/V zeigt bei Arbeitslöhnen von DM 46000,– und DM 8880,– bzw. DM 5600,– in Spalte a) das Erfordernis der Veranlagung, während sie bei Spalte b) unterbleibt.

		a) DM		b) DM
Arbeitsentgelte 1989		54 880		51 600
Frei- und Pauschbeträge				
– Weihnachts- und Arbeitnehmerfreibeträge sowie Werbungskosten-Pauschalen (2 × 600 + 2 × 480 + 2 × 564)		3 288		3 288
		51 592		48 312
– Sonderausgaben				
Pauschbetrag für Ehegatten	540		540	
Vorsorgepauschale (Seite 156)	7 020	7 560	6 912	7 452
		44 032		40 860
– Außergewöhnliche Belastungen		3 000		5 850
– Kinderfreibeträge (2 × DM 2484)		4 968		4 968
Zu versteuerndes Einkommen		36 064		30 042

2b. Arbeitslosen-, Kurzarbeitergeld usw. / Progressionsvorbehalt
(§§ 32b und 46 Abs. 2 Ziff. 2a und 2c unter b) EStG)

Für die gemäß § 3 Nr. 2 EStG steuerfreien Arbeitslosen-, Kurzarbeiter- und Schlechtwettergelder sowie die Arbeitslosenhilfe besteht ein (Steuer-)Progressionsvorbehalt, den es außerdem noch für Auslands-Einkünfte (bei Doppelbesteuerungsabkommen) gibt. Er bedeutet, daß die Leistungen gemäß § 32b EStG *(ab 1990*

*) *Ab 1990 ohne Knüpfung an Einkommensgrenzen bei Arbeitslohn von mehreren Arbeitgebern nebeneinander;* ebenso bei Ehegatten, wenn einer die StKl V oder VI hatte.

erheblich erweitert) dem »zu versteuernden Einkommen« zuaddiert werden, daraus die tarifliche Steuer aus der entspr. ESt-Tabelle abgelesen und der *Steuersatz* (tarifliche Steuer für erhöhtes Einkommen geteilt durch dieses) festgestellt wird. Dieser erhöhte Satz ist dann maßgebend für die Versteuerung (s. S. 123).
Nur wenn ein LSt-Jahresausgleich *nicht* durchzuführen ist, führen Kurzarbeiter- und Schlechtwettergeld zur ESt-Veranlagung. Arbeitslosengeld oder Arbeitslosenhilfe führt lediglich bei gemeinsam versteuerten Ehepaaren zur ESt-Veranlagung, wenn der nicht diese Gelder beanspruchte Teil ganz oder zeitweise die StKl III hatte. Ganz generell werden diese ansonsten steuerfreien Bezüge durch erhöhten Steuersatz bei einer ESt-Veranlagung erfaßt.
Ab 1990 Einbeziehung in »Nebeneinkünfte« (vgl. Seite 46).

3. Versorgungsbezüge aus mehreren früheren Dienstverhältnissen*
(§ 46 Abs. 2 Ziff. 3 EStG)

Übersteigt die Gesamtsumme der Versorgungsbezüge aus mehr als einem früheren Dienstverhältnis DM 12 000,–, wird eine ESt-Veranlagung vorgenommen. Es müssen hier bei *einem* Ehegatten die entsprechenden Voraussetzungen vorliegen, die Versorgungsbezüge des anderen Ehegatten bleiben dabei unberücksichtigt.
Die Veranlagungsgrenze von DM 12 000,– ist gewählt, weil es bei mehrfachem Bezug von Versorgungsleistungen und jeweiligem Abzug des Versorgungs-Freibetrags von 40 % möglich ist, daß der Jahres-Höchstfreibetrag (DM 4800,–) überschritten wird.

Unter Versorgungsbezügen sind Bezüge und Vorteile aus ehemaligen Dienstleistungen zu verstehen, die aufgrund beamtenrechtlicher oder analoger gesetzlicher Vorschriften gewährt werden. Vergleiche hierzu Seiten 15 und 16. Versorgungsbezüge im steuerlichen Sinne liegen erst dann vor, wenn der Steuerpflichtige das 62., als Schwerbeschädigter das 60. Lebensjahr vollendet hat.
Hierunter fallen *nicht* Leibrenten aus Sozialversicherungen usw., die *nicht* auf früheren Dienstleistungsverträgen beruhen und denen eigene Beiträge vorangegangen sind. Dies sind »sonstige Einkünfte«, die nur mit dem Ertragsanteil erfaßt werden (s. S. 69).

Wird hiernach eine Veranlagung durchgeführt, so ist das Einkommen um Nebeneinkünfte bis insgesamt DM 800,– (s. S. 46 ff.) wie-

*) *Ab 1990* entfällt diese Vorschrift, d. h. sie wird abgedeckt durch »Einkünfte aus mehreren Arbeitsverhältnissen« (vgl. Seite 42).

der zu kürzen; es sei denn, daß der Altersentlastungsbetrag 40 % des Arbeitslohns (ohne Versorgungsbezüge) übersteigt oder die Einkommensgrenzen gemäß Seite 40 ohne Nebeneinkünfte überschritten werden.

4. Mehrere Arbeitsverhältnisse nach vollendetem 64. Lebensjahr*
(§ 46 Abs. 2 Ziff. 3a EStG)

Ist ein Arbeitnehmer vor Beginn des Steuerjahres 64 Jahre alt und bezieht noch gleichzeitig aus mehreren Arbeitsverhältnissen Lohn, so wird er zur Einkommensteuer veranlagt, wenn sein Jahresarbeitslohn DM 7500,– übersteigt. Nicht einzubeziehen in diese Summe sind etwaige Versorgungsbezüge (vgl. unter 3 oben) oder Nebeneinkünfte aus anderen Einkunftsarten. Diese Veranlagungsgrenze ist gewählt, weil der Altersentlastungsbetrag 40 %, maximal DM 3000,– *(ab 1990 DM 3720,–)* im Jahr, beträgt und mit insgesamt DM 7500,– Lohnbezügen dieser Jahreshöchstbetrag ausgeschöpft wird. Soweit die Nebeneinkünfte aus anderen Einkunftsarten über DM 800,– im Jahre liegen, führen sie ebenfalls zu einer ESt-Veranlagung (vgl. Seite 46). Besonders ist hier darauf hinzuweisen, daß sich die Freigrenze von DM 800,– insoweit vermindert, als der Altersentlastungsbetrag 40 % des Arbeitslohnes übersteigt.

5. Antrag auf getrennte Veranlagung durch einen Ehegatten**
(§§ 26, 26a, 46 Abs. 2 Ziff. 7 EStG; §§ 61, 62c, 62d EStDV)

Im Lohnsteuerrecht wird bei unbeschränkt steuerpflichtigen und nicht dauernd getrennt lebenden Ehegatten die Zusammenveranlagung unterstellt. Jeder Ehegatte hat aber das Wahlrecht zwischen Zusammenveranlagung und getrennter Veranlagung. Wird letztere von einem Ehegatten beantragt, muß auch für den anderen Ehegatten eine ESt-Veranlagung durchgeführt werden. Dabei sind jedem Ehegatten die auf ihn entfallenden Einkünfte zuzurechnen. Die

*) *Entfällt in dieser Form ab 1990;* vergleiche aber Fußnote auf Seite 42.

**) Hat ein Ehegatte gegen die vom anderen Ehegatten beantragte getrennte Veranlagung ein Rechtsmittel eingelegt und einigen sich beide während des Rechtsbehelfsverfahrens auf Zusammenveranlagung, so ist diesem Antrag grundsätzlich auch dann stattzugeben, wenn der Einkommensteuerbescheid für den anderen Ehegatten bereits rechtskräftig geworden ist (BFH-Urteil vom 17. 5. 77, BStBl 1977 II, S. 605). Grundsätzlich kann auch ein einseitiger Antrag auf getrennte Veranlagung im Rechtsbehelfsverfahren gegen einen auf Basis der Zusammenveranlagung erlassenen ESt-Bescheid noch zu einer getrennten Veranlagung führen (BFH-Urteil v. 28. 8. 1981 – BStBl 1982 II, Seite 156).

Sonderausgaben (ausgenommen Verlustabzug und nicht entnommener Gewinn) werden mit der über den Pauschbeträgen (vgl. Seite 28) für jeden Ehegatten liegenden Summe im Rahmen der bei einer Zusammenveranlagung der Eheleute maßgebenden Höchstbeträge (siehe S. 97) den Ehegatten je zur Hälfte zugerechnet, falls nicht eine andere Aufteilung gemeinsam (grundsätzlich) beantragt wird. Die gleiche Regelung gilt für die Verteilung von außergewöhnlichen Belastungen (siehe ab S. 109 bis 121).
Der Antrag auf getrennte Veranlagung ist innerhalb von 2 Jahren nach dem Steuerjahr zu stellen. Bei einer Veranlagung bleiben auch Nebeneinkünfte bis zur Einkommensgrenze auf Seite 40 ohne Besteuerung, wenn sie nicht über DM 800,– (für *jeden* Ehegatten!) liegen und soweit der Altersentlastungsbetrag ohne Bedeutung bleibt. Von den Nebeneinkünften einbehaltene Kapitalertrags- oder Körperschaftssteuern werden auf die ESt-Schuld angerechnet.

6. Auflösung der Ehe, wenn ein Ehegatte im gleichen Jahr wieder geheiratet hat

(§ 46 Abs. 2 Ziff. 6 EStG)

Eine Auflösung der Ehe kann durch Tod, Scheidung oder Aufhebung erfolgen. Hat der überlebende Ehegatte oder ansonsten einer von beiden im Jahre der Auflösung wieder geheiratet, ist stets für ihn als Arbeitnehmer eine ESt-Veranlagung durchzuführen. Nebeneinkünfte bleiben hier von Amts wegen, wenn sie DM 800,– und die Einkommensgrenze gemäß Seite 40 nicht überschreiten, unberücksichtigt. Davon einbehaltene Kapitalertragsteuer und Körperschaftsteuer werden jedoch auf die ESt-Schuld angerechnet.

7. Veranlagung im Jahr der Eheschließung

(§§ 26, 262 und 46 Abs. 2 Ziff 5 + 7 EStG)

Eine Veranlagung im Jahr der Eheschließung wird durchgeführt, *wenn beide Ehegatten Arbeitnehmer sind* und einem von ihnen vor der Heirat ein Haushaltsfreibetrag zustand oder einer von ihnen vor der Ehe nach dem Splittingtarif besteuert wurde. *Ab 1990* hier Veranlagungspflicht nur noch beim Freibetrag auf der LSt-Karte wegen Kinderbetreuungskosten.
Seit 1986 ist wieder die *besondere Veranlagung im Jahr der Heirat* auf Antrag beider möglich; sie werden dann noch als unverheiratet angesehen und es bleibt ggf. ein Haushaltsfreibetrag oder bei Verwitwung im Vorjahr die Besteuerung nach Splitting-Tarif bestehen.

8. Nebeneinkünfte* – Härteausgleich

(§ 46 Abs. 3, 5 und Abs. 2 Ziff. 1 EStG; § 70 EStDV)

Es wird bei Arbeitnehmern unterstellt, daß ihre Haupteinkünfte aus *nichtselbständiger* Tätigkeit kommen. Alle anderen Einkünfte gelten bei ihnen als Nebeneinkünfte, die unter bestimmten Voraussetzungen zu einer ESt-Veranlagung führen. Neben den Einkünften aus nichtselbständiger Arbeit gibt es nach § 2 EStG noch flg. 6 Einkunftsarten, die auf den Seiten 58–69 erläutert werden:

- Einkünfte aus Land- und Forstwirtschaft (vgl. Seite 58)
- Einkünfte aus Gewerbebetrieb (vgl. Seite 58)
- Einkünfte aus selbständiger Arbeit (vgl. Seite 61)
- Einkünfte aus Kapitalvermögen (vgl. Seite 63)
- Einkünfte aus Vermietung und Verpachtung (vgl. Seite 65)
- Sonstige Einkünfte nach § 22 EStG (vgl. Seite 69)

Haben Arbeitnehmer** Einnahmen aus einer oder mehreren dieser Einkunftsarten und übersteigen diese *nach Abzug* der Werbungskosten oder Betriebsausgaben sowie gegebenenfalls Sonderfreibeträge DM 800,– *einschließlich ausländischer Einkünfte, die nach einem Abkommen zur Vermeidung der Doppelbesteuerung von der Einkommensteuer freigestellt sind,* so unterliegen sie grundsätzlich der ESt-Veranlagung. Unter diese Nebeneinkünfte können auch solche mit tariflicher Steuervergünstigung (auf Antrag) fallen, wie bei Veräuße-

*) *Ab 1990* gewinnen die Nebeneinkünfte eine wesentlich größere Bedeutung als zuvor, da sie dann auch *die dem Progressionsvorbehalt unterliegenden Leistungen* mit umfassen, deren Katalog gemäß § 32b EStG erheblich erweitert wurde. Gegenwärtig sind es Arbeitslosen-, Kurzarbeiter- und Schlechtwettergeld sowie Arbeitslosenhilfe, die aufgrund gesonderter Steuer-Gesetzgebung neben ausländischen Einkünften dem sog. Progressionsvorbehalt unterliegen, von 1990 an kommen u. a. hinzu:
- Konkursausfallgeld, Unterhalts-Zuschuß usw. nach dem Arbeitsförderungsgesetz;
- Krankengeld, Mutterschaftsgeld, Übergangsgeld oder vergleichbare Lohnersatzleistungen nach diversen Gesetzen, wie z. B. Angestelltenversicherungsgesetz;
- diverse Leistungen nach dem Mutterschutzgesetz, dem Bundesversorgungs- und dem Soldatenversorgungsgesetz.

Soweit der neue Arbeitnehmer-Pauschbetrag (DM 2000,– ab 1990) nicht von Lohneinkünften abziehbar ist, mindert er genannte Leistungen vor Ermittlung des Progressions-Steuersatzes.

**) Ehegatten, die *gemeinsam versteuert* werden, haben bei einer ESt-Veranlagung, soweit sie *nicht* auch wegen der Höhe ihrer Einkommen gemäß Seite 40 erforderlich ist, nur *zusammen* für Nebeneinkünfte die Freigrenze von DM 800,–, selbst wenn sie beide Arbeitnehmer sind und beide Nebeneinkünfte beziehen. In einem solchen Fall wäre zu prüfen, ob sich eine *getrennte Veranlagung* lohnt, bei der dann ggf. beide diese Freigrenze von DM 800,– haben; bei etwa gleichhohen Bezügen ist dies möglich.

rungsgewinnen aus wesentlichen Beteiligungen (§ 17 Abs. 3 EStG) und aus Gewerbebetrieb (§ 16 Abs. 4 EStG) sowie bei Vertreterabfindungen nach § 89b HGB. Steuerfreie Einnahmen (u. a. §§ 3 und 3a EStG) bleiben hierbei aber außer Betracht.

Bei den steuerfreien *ausländischen Einkünften* aufgrund Doppelbesteuerungsabkommen gilt der sogenannte Progressionsvorbehalt, der besagt, daß bei Bemessung des Steuersatzes auch die ausländischen Einkünfte einbezogen werden können. Der für das zu versteuernde Einkommen, *einschließlich* steuerfreie ausländische Einkünfte, ermittelte Steuersatz wird somit angewendet für das zu versteuernde Einkommen *ohne* steuerfreie ausländische Einkünfte.
Bei der Feststellung, ob die Nebeneinkünfte DM 800,– übersteigen, sind positive und negative Einkünfte (Verluste) gegeneinander aufzurechnen. Betragen diese Einkünfte zwar *mehr* als DM 800,–, jedoch nicht über DM 1600,–, tritt ein Härteausgleich dergestalt ein, daß das Einkommen um den *unter* DM 1600,– liegenden Betrag der Nebeneinkünfte gekürzt wird. Sind beispielsweise Einkünfte aus selbständiger Arbeit von DM 1500,– erzielt worden, denen ein Verlust aus Vermietung und Verpachtung in Höhe von DM 600,– gegenübersteht, beträgt der Ausgleichsbetrag DM 1600,– minus DM 900,– = DM 700,–, so daß von den Nebeneinkünften mit DM 900,– nur DM 200,– versteuert werden.
Enthalten die Nebeneinkünfte tarifbegünstigte Einkünfte, die nicht dem Lohnsteuerabzug unterliegen, so ist der Ausgleichsbetrag von diesen nur insoweit abzuziehen, als er die übrigen Nebeneinkünfte – ggf. positive abzüglich negative – übersteigt.

9. Freibetrag auf LSt-Karte wegen Förderung des Wohneigentums

(§§ 39a, 7b, 10e, 34f EStG; §§ 14a, 15, 15b Berlin-FG; Abschn. 79 LStR)

Arbeitnehmer, die einen Freibetrag auf ihrer Lohnsteuerkarte wegen erhöhter Absetzung von gefördertem Wohnungseigentum und gegebenenfalls bei Selbstnutzung zusätzlich DM 2400,– vom zweiten Kind an für ab 30. 7. 81 bis Ende 1986 begonnene Bauten oder erworbene Wohneinheiten bzw. *je* Kind bei Erwerb oder Baubeginn 1987, werden stets zur Einkommensteuer veranlagt. Dieser Freibetrag kann auslaufend 1989 auch noch Schuldzinsen bis DM 10 000,– für selbstgenutzte, nach dem 30. 9. 1982 bis Ende 1986 fertiggestellte oder erworbene Wohneinheiten einschließen. Einzelheiten hierzu stehen auf den Seiten 133–140.

III. Veranlagung auf Antrag zugunsten des Arbeitnehmers

1. Ermäßigter Steuersatz bei außerordentlichen Einkünften und Steuerentlastung bei einmaligen Bezügen für mehrere Jahre
(§§ 34, 34c, 35, 46 Abs. 2 Ziff. 8a EStG)

Soweit Arbeitnehmer nicht zur Abgabe einer ESt-Erklärung verpflichtet sind und dabei Tarifbegünstigungen für außerordentliche Einkünfte beantragen können, besteht unter gewissen Voraussetzungen noch durch § 46 Abs. 2 Ziff. 8a EStG die Möglichkeit,
a) einen zur Hälfte ermäßigten Steuersatz* für außerordentliche Einkünfte, und
b) eine Tarifermäßigung für einmalige Bezüge, die aber Entgelt für mehrere Jahre darstellen, zu erreichen.

Da eine ESt-Veranlagung von Arbeitnehmern mit nicht lohnsteuerpflichtigen Nebeneinkünften *über* DM 800,– bereits nach § 46 Abs. 2 Ziff. 11 EStG (vgl. Seite 46) durchzuführen ist und bei *ausschließlich* positiven Einkünften bis zu DM 800,–, die steuerfrei bleiben, eine Veranlagung nicht durchgeführt wird, sind unter a) nur die Fälle angesprochen, bei denen sich die *nicht* dem Steuerabzug vom Arbeitslohn unterliegenden Bezüge aus positiven sowie negativen Einkünften zusammensetzen und im Ergebnis die positiven Einkünfte bis zu DM 800,– überwiegen. Eine Veranlagung führt in einem solchen Fall stets dann zur Steuerrückerstattung, wenn die positiven Einkünfte *allein* DM 800,– übersteigen und darin *außerordentliche* tarifbegünstigte Einkünfte enthalten sind.

Hat beispielsweise ein Arbeitnehmer, verheiratet und 1 Kind, mit StKl III und 1,0 Kinderfreibetrag, neben lohnsteuerpflichtigen Bezügen von DM 30400,– (31000,– abzüglich Weihnachtsfreibetrag) noch tarifbegünstigte Einkünfte (halber Steuersatz) aufgrund einer aus freier Handelsvertretertätigkeit erhaltenen Ausgleichszahlung (§ 89b HGB) in Höhe von DM 1500,–, denen ein Verlust aus Vermietung und Verpachtung von DM 900,– gegenübersteht, so ergibt sich folgender Rückerstattungsanspruch in DM, bei Ansatz der Pauschalen für Werbungskosten und Sonderausgaben:

*) die Hälfte des Durchschnitt-Steuersatzes, der sich ergibt, wenn die tarifliche Steuer nach dem gesamten zu versteuernden Einkommen *zuzüglich* den von der Einkommensteuer freigestellten ausländischen Einkünften berechnet wird.

Gezahlte Lohnsteuer (nach LSt-Jahrestabelle 1989)			DM 2 565,–
Einkommensteuer auf Grund Veranlagung:			
Lohnbezüge		31 000	
abzgl.: Verlust aus Vermietung	900		
Tarifliche Frei- u. Pauschbeträge*	9 744	10 644	
Steuer gemäß ESt-Splittingtabelle aus		20 356	= DM 2 376,–
Tarifbegünstigte Einkünfte		1 500	
abzgl. steuerfreier Betrag in Höhe des Überschusses der positiven Nebeneinkünfte (1 500 minus 900 gemäß § 46 Abs. 3 EStG)		600	
Einkommensteuer aus DM 20 356 zuzüglich ergibt DM 2 566,– oder einen Steuersatz von 12,07%.		900	
Steuer auf tarifbegünstigte Einkünfte mit DM 900,– zum halben Steuersatz (12,07% : 2) von 6,03%			= DM 54,–
Einkommensteuer 1989 somit			DM 2 430,–

Der Erstattungsbetrag beläuft sich also nach diesem Beispiel auf DM 135,– (DM 2565,– abzüglich DM 2430,–) zuzüglich Kirchensteuer. Als außerordentliche Einkünfte, für die in der Regel die Steuer nur mit dem halben Durchschnittssteuersatz (niedriger als die Hälfte der tariflichen Steuer *wegen* Progression) erhoben wird, sind Veräußerungsgewinne bei anderen Einkunftsarten (§§ 14, 16–18 EStG) sowie Entschädigungen (§ 24 Abs. 1 EStG) und Nutzungsvergütungen (§ 24 Abs. 3 EStG) anzusehen. Ganz besonders wird hier auf Abfindungen bei Auflösung eines Arbeitsverhältnisses hingewiesen. Soweit Entschädigungen für den Verlust des Arbeitsplatzes oder für andere mit der Auflösung des Arbeitsverhältnisses verbundene Nachteile über die steuerfreien Abfindungsbeträge hinausgehen, können sie noch als steuerbegünstigte Entschädigung (halber Steuersatz) anerkannt werden.
Eine *weitere Möglichkeit, durch eine ESt-Veranlagung Steuern zu sparen,* ist unter b) (S. 48) angesprochen. Es handelt sich vorwiegend um Lohnzahlungen oder Urlaubsabgeltung etc. für eine mehrjährige Tätigkeit. Diese Einkünfte unterliegen zwar der Besteuerung im Jahre des Zuflusses und können bereits durch den Arbeitgeber günstiger, *so wie allgemein ab 1990,* versteuert werden (vgl. Seite 27 unten), doch werden sie bei beantragter ESt-Veranlagung *letztmals 1989* nicht allein dem Veranlagungsjahr zugerechnet, sondern auf die Jahre verteilt, denen sie tatsächlich zuzurechnen sind, höchstens aber auf 3 Jahre. Betreffen sie eine längere Zeit, können sie

*) Weihnachtsfreibetrag DM 600,–, Arbeitnehmerfreibetrag DM 480,–, Werbungskostenpauschale DM 564,–, Vorsorgepauschale DM 5076,–, Sonderausgaben-Pauschbetrag DM 540,– und Kinderfreibetrag DM 2484,–; zusammen DM 9744,–.

wahlweise auf 3 frühere Jahre verteilt werden.
Auch für eine *ab 1989 nicht mehr* mit halbem Steuersatz begünstigte Arbeitnehmer-Erfindervergütung kann insoweit noch ein Vorteil eintreten (BFH v. 20. 11. 82 – BStBl 1983 II, S. 300).

2. Steuerbonus für Kinder bei Wohnraumförderung
(§§ 34 f., 46 Abs. 2 Ziff. 8a und 52 Abs. 24 EStG)

Arbeitnehmer mit ihren zum Haushalt gehörenden und steuerlich zu berücksichtigenden Kindern können nur bei Selbstnutzung und Inanspruchnahme der Sonder-AfA von Wohneinheiten *für ab dem 30. 7. 1981* begonnene Bauten oder gekaufte Objekte ab dem zweiten und für jedes weitere Kind je DM 600,– Minderung der tariflichen Steuer erhalten. Bei Selbstnutzung, Herstellung oder Erwerb ab 1987 *je Kind* DM 600,–; bei gleichen, *ab 1990* gegebenen Voraussetzungen, DM 750,– je Kind (vgl. Seiten 133–140).

3. Verluste aus anderen Einkunftsarten im gleichen Jahr
(§ 46 Abs. 2 Ziff. 8b EStG)

Eine Veranlagung kann beantragt werden, wenn Verluste aus einer anderen Einkunftsart vorliegen und diese selbst nach Aufrechnung mit anderen Nebeneinkünften überwiegen, d. h. ein Gesamtverlust verbleibt. Dies kann bei größeren Reparaturen oder Modernisierung von Wohnraum (vgl. §§ 82a und 82b EStDV) oder ganz allgemein bei Vermietung und Verpachtung eintreten, soweit nicht dadurch bereits die Verpflichtung zur ESt-Veranlagung besteht. Verluste aus Spekulationen, Liebhaberei*, gelegentlichen Leistungen oder zum Teil auch Wertverluste bei Veräußerungen, z. B. von Wertpapieren, können hier *nicht* berücksichtigt werden.

4. Verlustabzug und Verlustrücktrag
(§§ 10d, 46 Abs. 2 Ziff. 8c EStG)

Während der Verlustausgleich unter Ziff. 3 lediglich die im Veranlagungszeitraum eingetretenen und auszugleichenden Verluste betrifft, sind hier die bei Ermittlung der gesamten Einkünfte verbleibenden, d. h. die im Entstehungsjahr nicht auszugleichenden Verluste angesprochen. Insoweit sind sie *bis 10 Mio DM* wie

*) In Anlehnung an eine grundsätzliche Entscheidung des »Großen Senats des BFH« vom 25. 6. 1984 (BStBl 1984 II, S. 751), die davon ausgeht, daß eine ohne Gewinnabsicht und mehr aus persönlichen Gründen der Lebensführung ausgeübte Tätigkeit auch nicht zu steuerlich abzugsfähigen Verlusten führen kann, wurden die negativen Einkünfte aus dem Betrieb eines Gestüts (als sog. Liebhaberei) der Privatsphäre zugerechnet (BFH-Urteil v. 21. 3. 1985, BStBl 1985 II, S. 399).

Sonderausgaben *von den 2 Jahre zuvor* ermittelten Einkünften und, soweit der Ausgleich danach nicht möglich ist, von dem Gesamtbetrag der Einkünfte des Vorjahres abziehbar. *Dieser Verlustrücktrag wird auch durchgeführt, wenn die ESt-Bescheide der Vorjahre bereits rechtskräftig waren.* Bei höheren Verlusten oder einem nicht möglichen Ausgleich durch Verlustrücktrag ist in den *(nicht mehr auf 5 Jahre begrenzten)* Folgejahren noch ein Verlustabzug möglich. *Negative ausländische Einkünfte* gemäß § 2a EStG sind aber grundsätzlich nicht mehr berücksichtigungsfähig; sie können bis auf Ausnahmen nur noch mit positiven ausl. Einkünften der gleichen Art und aus dem gleichen Land verrechnet werden.
Den Verlustabzug kann grundsätzlich nur die Person beanspruchen, die den Verlust erlitten hat. Lediglich bei Tod des Betroffenen haben seine Erben das Recht, einen noch verbleibenden Verlustvortrag auszuschöpfen. Die Regelung des Verlustabzuges ist nicht nur für Arbeitnehmer als Erben, sondern auch für solche bedeutsam, die ihren Betrieb oder die Selbständigkeit mangels Ertragsfähigkeit aufgegeben haben und zu Arbeitnehmern geworden sind.

5. Anrechnung Kapitalertragsteuer* und Körperschaftsteuer (§§ 36b, 44a, 46a, 46 Abs. 2 Ziff. 8d + e EStG)

Bestimmte inländische Kapitalerträge, die aus § 43 Abs. 1 + 2 EStG hervorgehen, unterliegen einem Steuerabzug beim Schuldner von 25 % (in der Mehrzahl) oder von 12,5 % oder von 30 %, soweit nicht eine Freistellung (44a EStG) vorliegt. Es handelt sich bei diesen Erträgen vorwiegend um Dividenden aus Aktien, Zinsen aus bestimmten Wertpapieren und Gewinne aus stillen Beteiligungen. Bei Einkünften, die 30 % Kapitalertragsteuer unterliegen, gilt die Einkommensteuer als *voll* abgegolten, wenn sie nicht *auf Antrag* in eine ESt-Veranlagung mit einbezogen werden. Die übrigen kapitalertragsteuerpflichtigen Erträge sind dagegen in der ESt-Erklärung anzugeben; die Kapitalertragsteuer wird auf die ESt-Schuld angerechnet. Ebenso die insbesondere die Erträge von Kapitalgesellschaften (Dividenden aus Aktienbesitz) mindernde Körperschaftsteuer, für die der Aktionär eine Steuergutschrift in Höhe von 56,25 % der Dividende erhält, d. h. DM 56,25 auf DM 100,– Divi-

*) Beachtenswert hier auch die allgemein auf Zinserträge im 1. Halbjahr 1989 einbehaltene Kapitalertragsteuer, die selbst bei Kleinbeträgen vom Kreis der *nicht* wegen Einkommenshöhe oder Nebeneinkünften über DM 800,– zu veranlagenden Arbeitnehmern zurückgefordert werden sollte.

dende. Die anrechenbare Körperschaftsteuer (Gutschrift) kann der Berechtigte, wenn er voraussichtlich ansonsten nicht zur Einkommensteuer veranlagt wird, analog zur Kapitalertragsteuer (§ 44b EStG) auf Antrag auch *ohne* ESt-Veranlagung erstattet bekommen (§ 36b EStG). Bei Arbeitnehmern, deren Einkommen *unter* der Veranlagungsgrenze liegen, stellen alle nichtlohnsteuerpflichtigen Bezüge Nebeneinkünfte dar, die bis zum Betrag von DM 800,– *nicht* zu einer ESt-Veranlagung führen (vgl. S. 46 ff.). Der Gesetzgeber läßt aber ausdrücklich für *Arbeitnehmer* auch dann eine ESt-Veranlagung zu, wenn die übrigen, nicht der Lohnsteuer unterliegenden Einkünfte DM 800,– *nicht* übersteigen und darin kapitalertragsteuerpflichtige Einkünfte enthalten sind oder (und) eine Anrechnung von Körperschaftsteuer in Frage kommt. Die aufgrund dessen vorgenommene ESt-Veranlagung führt zu einer *vollen Rückerstattung* von Kapitalertrag- und Körperschaftsteuer.

6. Hingabe von Investitions- und Baudarlehen nach Berlin

(§§ 16–18 Berlin-FG* in Verbindung mit § 46 Abs. 2 Ziff. 8 EStG)

Bei Gewährung von Darlehen zur Finanzierung von betrieblichen Investitionen und Baumaßnahmen in Berlin haben Arbeitnehmer – auch ohne die Voraussetzungen des § 46 Abs. 1 + 2 EStG erfüllen zu müssen – die Möglichkeit der Beantragung einer ESt-Veranlagung, um in den Genuß von Steuerabzügen zu kommen. Bei Investitionsdarlehen an die Berliner Industriebank oder die Deutsche Industriebank in Berlin, die ab 1. 1. 1970 dorthin gegeben wurden, eine Laufzeit von mindestens 8 Jahren haben, ab Ende des 4. Jahres mit höchstens einem Fünftel zurückzuzahlen sind und nicht in wirtschaftlichem Zusammenhang mit der Aufnahme eines Kredites stehen, ermäßigt sich die Einkommensteuer im Jahr der Ausleihung um (maximal) 12 % des Darlehensbetrages.

Bei unverzinslichen Darlehen zur Baufinanzierung mit einer Laufzeit ab 10 Jahren, oder verzinslichen Darlehen mit 25 Jahren Laufzeit, tritt eine Steuerermäßigung unter den in § 17 Abs. 3–7 Berlin-FG genannten Voraussetzungen in Höhe von (maximal) 20 % des Darlehensbetrages ein.

Die Reduzierung der Einkommensteuer durch diese Darlehensausreichungen (einzeln oder zusammen) ist auf maximal 50 % der Steuer, die sich ohne die Ermäßigung ergeben würden, begrenzt.

*) Ein Darlehen gemäß § 16 Berlin-FG *zwischen zusammen veranlagten Eheleuten* kann *nicht* die gemeinsame Steuerschuld verringern (BFH v. 26. 7. 83; BStBl 1983 II, S. 674–676).

IV. Antragsformular mit Erläuterungen und Musterbeispiel

Für das Jahr 1989 gibt es wiederum *einheitlich* für alle Bundesländer und West-Berlin ein Grundformular mit 4 Seiten Umfang für den Antrag auf Einkommensteuer-Veranlagung und Zusatzformulare für die einzelnen Einkunftsarten, wie die zweiseitige Anlage »N« für Einkünfte aus »nichtselbständiger Arbeit«. Im Vergleich zum Vorjahr zeigen die Vordrucke nur unwesentliche Veränderungen. Mit der ESt-Erklärung 1989 ist wie im Vorjahr der Vordruck KSO »Einkünfte aus Kapitalvermögen« mit Unterschrift versehen abzugeben.

Die Anträge sind *vollständig* ausgefüllt dem zuständigen Finanzamt *zusammen* mit den erforderlichen Unterlagen und Belegen, bei Arbeitnehmern einschließlich Lohnsteuerkarte(n) und Lohnsteuerbescheinigung(en), aus der auch die Abzugsbeträge für Sozialversicherungsbeiträge hervorgehen sollen, grundsätzlich bis 31. 5. 1990 einzureichen, doch wird auf Antrag ein späterer Termin hierfür in der Regel gewährt. Bei ESt-Veranlagungen von *Amts wegen* können bei Nichtabgabe der Steuererklärung (in der Regel aber erst nach wiederholten Anmahnungen) Erzwingungsgelder, Bußgelder und Strafen folgen. Bei verspäteten Abgaben können auch Zuschläge bis zu 10 % der Einkommensteuer erhoben werden.

Bei Veranlagungen auf eigenen Antrag wegen Steuervergünstigungen liegt eine rasche Abgabe der Erklärung im eigenen Interesse. Wegen des Fristablaufes hierfür vgl. Seite 38.

Das Musterbeispiel auf den abgedruckten Formularen für das Jahr 1989 erfüllt die Voraussetzungen für eine ESt-Veranlagung *von Amts wegen,* zeigt aber zugleich auch Positionen für die Beantragung der ESt-Veranlagung zugunsten des Arbeitnehmers. Durch seine Vielseitigkeit soll das Beispiel und die Ermittlung des »zu versteuernden Einkommens« sowie des Steuer-Erstattungsanspruches auf den Seiten 122/123 ein Leitfaden für das Ausfüllen der eigenen Steuererklärung und für die Selbstberechnung der Steuerschuld sein.

Grüne Felder nur vom Finanzamt auszufüllen

12	Nummer	Zeitr.	11	StNr.	10	89	Vorg.	Fallgruppe

1989

Eingangsstempel

An das Finanzamt *München II*

Zutreffende weiße Felder bitte ausfüllen oder ☒ ankreuzen

☐ **Antrag auf Lohnsteuer-Jahresausgleich**

☒ **Einkommensteuererklärung**

☒ Ich rechne mit einer Einkommensteuererstattung

Kenn-Nr. des Jahres 1988 / Aktenzeichen / Steuernummer / Bei Wohnsitzwechsel: bisheriges Finanzamt

Zeile		99 10 **Allgemeine Angaben** – Steuerpflichtige Person (Stpfl.), bei Ehegatten: Ehemann			Telefonisch tagsüber erreichbar unter Nr.	
2	11	Name: *HUBER*				68 Kenn-Nr. des Vorjahrs/Aktenzeichen
3	13	Vorname: *Max*				69 Anschrift
4	72	Geburtsdatum Tag Monat Jahr: *12 07 38*	Religion: *ev.*		Ausgeübter Beruf: *Geschäftsführer*	14 Titel des Stpfl./Ehemanns
5	22	Straße und Hausnummer: *Zuericher Strasse 10*				18 Titel der Ehefrau
6	20	Postleitzahl: *8000*, derzeitiger Wohnort: *Muenchen 71*				10 Anrede des Stpfl.
7		Verheiratet seit dem: *17. Mai 1970*	Verwitwet seit dem: *–*	Geschieden seit dem: *–*	Dauernd getrennt lebend seit dem: *–*	40 Anrede des Postempfängers
8		**Ehefrau**				Kz Wert
9	15	Vorname: *Petra*				
10	16	ggf. von Zeile 2 abweichender Name				99 17
11	73	Geburtsdatum Tag Monat Jahr: *18 09 38*	Religion: *rk.*		Ausgeübter Beruf: *Hausfrau*	10 Art der Steuerfestsetzung
12		Straße und Hausnummer, Postleitzahl, derzeitiger Wohnort (falls von Zeilen 5 und 6 abweichend)				11 KFB 1 · Alter A B · Religion A B
13						24 KFB 0,5 · 14 Zugeordnete Kinder für Zulagen
14		**Nur bei Einkommensteuererklärung von Ehegatten ausfüllen:** ☒ Zusammenveranlagung ☐ Getrennte Veranlagung ☐ Besondere Veranlagung für das Jahr der Eheschließung			Wir haben Gütergemeinschaft vereinbart ☐ Nein ☐ Ja	86 Haushaltsfreibetrag Ja = 1 · Kz Wert
15		**Bankverbindung** **Bitte stets angeben!**			Konto wie 1988? ☒ Ja ☐ Nein	77 von bis · A Dauer der KSt-Pflicht von Monat bis Monat
16	31	Nummer des Bankkontos, Postgirokontos, Sparbuchs, Postsparbuchs: *353535*			30 Bankleitzahl: *70020270*	78 von bis · B
17	34	Geldinstitut (Zweigstelle) und Ort: *Bayer. Vereinsbank Muenchen*				73 Angaben zur Erstattung 83 · Bescheid ohne Anschrift Ja = 1
18		Kontoinhaber ☐ Stpfl. (Zeilen 2 u. 3) oder: 32 Name (im Fall der Abtretung bitte amtlichen Abtretungsvordruck beifügen)				74 Veranlagungsart 75 · Zahl d. zusätzl. Bescheide
19		**Der Steuerbescheid soll nicht mir/uns zugesandt werden, sondern**				KSO 22 · N Anzahl 19 · FW 53
20	41	Name				GSE 21 · L 20 · V 23
21	42	Vorname				St 18 · FA 52 · GV 51
22	43	Straße und Hausnummer oder Postfach				17 Amtl. Gemeindeschlüssel (AGS)
23	45	Postleitzahl Wohnort				Kz Wert

Unterschrift

Die mit der Steuererklärung angeforderten Daten werden aufgrund der §§ 149 ff. der Abgabenordnung und der §§ 25, 42 des Einkommensteuergesetzes erhoben.

Ich versichere, daß ich die Angaben in diesem Vordruck und den Anlagen wahrheitsgemäß nach bestem Wissen und Gewissen gemacht habe. Mir ist bekannt, daß Angaben über Kindschaftsverhältnisse erforderlichenfalls der für die Ausstellung von Lohnsteuerkarten zuständigen Gemeinde mitgeteilt werden. Wir sind damit einverstanden, daß der Steuerbescheid und Änderungsbescheide jedem der unterzeichnenden Ehegatten zugleich mit Wirkung für und gegen den anderen Ehegatten, bekanntgegeben werden.

Bei der Anfertigung dieses Antrags/dieser Steuererklärung und der Anlagen hat mitgewirkt:

23. Mai 1990 *Max Huber* *Petra Huber*

Datum, Unterschrift(en) Anträge/Steuererklärungen sind eigenhändig – bei E h e g a t t e n von b e i d e n – zu unterschreiben.

ESt/LSt 1 A – Aug. 89 (3) Bundesland

Zu **Allgemeine Angaben**

Alle Angaben sind genau und vollständig einzutragen, für den Ehegatten auch dann, wenn er eigens veranlagt wird oder – bei gewählter Zusammenveranlagung – keine eigenen Einkünfte hat. Das Geburtsdatum ist für tarifliche Vergünstigungen wichtig, es kann für die Gewährung des *Altersfreibetrages* (Seite 132), der letztmals 1989 gewährt wird, und des *Altersentlastungsbetrages* (Seiten 124/125) von Bedeutung sein. Die richtige Bezeichnung des *Familienstandes* ist wichtig für Freibeträge, Anwendung der Grund- oder Splittingtabelle etc. Für die Wahl der Veranlagungsart bei zusammenlebenden Ehepaaren gemäß Zeile 14 des Antragformulars ist zunächst festzustellen, daß eine *getrennte Veranlagung* von Ehegatten in der Regel zu einer höheren Gesamtsteuerschuld für beide führt; als Folge der Tarifgestaltung mit Steuerprogression. Auch dauernd getrennt lebende Eheleute haben hier das Wahlrecht. Günstiger kann die getrennte Veranlagung im Jahr der Eheschließung und ganz allgemein bei Eheleuten dann sein, wenn beide mit etwa gleich hohen Bezügen, die aber *nicht* die Grenze zur Veranlagungspflicht erreichen, Nebeneinkünfte erzielt haben, die zusammen über DM 800,– liegen (vgl. S. 46 oben); ebenso bei wenig über der Antragsgrenze (vgl. S. 40) liegendem gemeinsamem Einkommen, wenn der nur etwas geringer Verdienende *unter* der Antragspflichtgrenze für Alleinstehende liegt und er allein Nebeneinkünfte bis DM 800,– hat.

Die wesentlichen Abkürzungen für kirchensteuerberechtigte Religionsgemeinschaften sind:

ev = evangelisch	rf = reformiert (evangelisch-reform.)
rk = katholisch (römisch-katholisch)	ak = altkatholisch
lt = lutherisch (evangelisch-lutherisch)	isr = israelitisch (mosaisch, jüdisch)

Wird mit Steuerrückerstattung gerechnet, sind Kontonummer, Geldinstitut oder ggf. die Anschrift, an welche der Ausgleichbetrag gezahlt werden soll, ohne Fehler einzutragen.

Bei gemeinsamer Besteuerung mit dem Ehegatten (Splitting) ist die Erklärung* auch von diesem zu unterschreiben, selbst wenn er keine eigenen Einkünfte hat.

*) Ein aufgeklebter Streifen mit Unterschrift erfüllt *nicht* die auf dem amtlichen Formular geforderte Unterschriftsleistung (BFH-Urteil v. 19. 7. 83; BStBl 1984 II, S. 26).

Angaben zu Kindern mit Wohnsitz im Inland

Zeile	Vorname des Kindes (ggf. auch abweichender Familienname)	Geboren am	Wohnort im Inland	Kindschaftsverhältnis zum/zur Stpfl./Ehemann: leibliches Kind/Adoptivkind	Stpfl./Ehemann: Pflegekind	Ehefrau: leibliches Kind/Adoptivkind	Ehefrau: Pflegekind	Bei Pflegekindern: Empfangene Unterhaltsleistungen/Pflegegelder DM
29								
30	1 Susanne	3.7.72	Garmisch	X		X		
31	2 Inge	2.2.75	München	X		X		
32	3 Helga	11.9.84	München	X		X		
33	4							

34 **Von diesen Kindern sind vor dem 2. 1. 1973 – bei a bis d nach dem 1. 1. 1962 – geboren und**

a) standen in Berufsausbildung (Angabe der Schule, der Ausbildungsstelle usw.)

35 b) konnten eine Berufsausbildung mangels Ausbildungsplatzes nicht beginnen oder fortsetzen

c) leisteten Grundwehrdienst, Zivildienst, befreienden Dienst (nur bei Unterbrechung der Berufsausbildung; bitte erläutern)

d) leisteten ein freiwilliges soziales Jahr

36 e) konnten sich wegen körperlicher, geistiger oder seelischer Behinderung nicht selbst unterhalten

Zeile	zu Nr.		vom – bis
37	1	Hotelfachschule Garmisch	1.1.–31.12.
38			
39			

Zeile	zu Nr.	Von den in Zeilen 30 bis 33 genannten Kindern stehen folgende zu weiteren Personen in einem Kindschaftsverhältnis: Name und Anschrift dieser Personen, Art des Kindschaftsverhältnisses	Angaben nur bei leiblichen Eltern (Elternteil) eines Pflegekindes, falls das Pflegekindschaftsverhältnis am 1. 1. 1989 bestand: Höhe der Unterhaltsverpflichtung DM	Geleisteter Unterhalt DM
40				
41				
42				
43				

44 Das Kind lt. Zeile 41 bis 43 war am 1.1.1989 (od. erstmals 1989) mit Hauptwohnung gemeldet

Zeile	zu Nr.	beim Stpfl./nicht dauernd getrennt lebenden Ehegatten	und/oder bei sonstigen Personen (Name und Anschrift, ggf. Verwandtschaftsverhältnis zum Kind) oder in (Anschrift)	Gehörte das Kind lt. – beigefügter – Bescheinigung der zuständigen Behörde zum Haushalt des Vaters?	Ich beantrage den vollen Kinderfreibetrag, weil der andere Elternteil seine Unterhaltspflicht nicht mindest. zur Hälfte erfüllt hat	der Übertragung lt. beigefügter Erklärung zugestimmt hat	Ich habe der Übertragung des Kinderfreibetrags auf den anderen Elternteil zugestimmt
45							
46		☐		☐ Ja ☐ Nein	☐ Ja	☐ Ja	☐ Ja
47		☐		☐ Ja ☐ Nein	☐ Ja	☐ Ja	☐ Ja
48		☐		☐ Ja ☐ Nein	☐ Ja	☐ Ja	☐ Ja

Einkünfte im Kalenderjahr 1989

(inländische und ausländische steuerpflichtige Einkünfte)

99 | 18

Kz | Wert

49 aus

50 **Kapitalvermögen / Sonstige Einkünfte** ☒ lt. **Anlage KSO**

Die Anlage KSO ist auf Seite 1 zu unterschreiben und ***stets*** *mit dem Antrag auf Lohnsteuer-Jahresausgleich/der Einkommensteuererklärung abzugeben.*

51 **nichtselbständiger Arbeit** ☒ lt. **Anlage N** für steuerpflichtige Person (bei Ehegatten: Ehemann) ☐ lt. **Anlage N** für Ehefrau

52 **Gewerbebetrieb/selbständiger Arbeit** ☒ lt. **Anlage GSE**

53 **Land- und Forstwirtschaft** ☐ lt. **Anlage L** — 40

54 **Vermietung und Verpachtung** ☒ lt. **Anlage(n) V** Anzahl 1 — 41

Sonstige Angaben

42

55 Steuerbegünstigung zur **Förderung des Wohneigentums** ☐ lt. **Anlage(n) FW** Anzahl — 43

56 Aufgrund von Doppelbesteuerungsabkommen steuerfreie ausländische Einkünfte ohne Arbeitslohn lt. Anlage N Zeile 18 (Einzelangaben je Staat auf besonderem Blatt) — Staat — 40 Einkünfte (Stpfl./Ehem.) — 41 Einkünfte (Ehefrau) — 44

57 Ausländische Einkünfte – **in den Anlagen enthalten** – i. S. d. § 34 c EStG ☐ Abs. 1 ☐ Antrag n. Abs. 2 ☐ Abs. 5 — 1. Staat — 42 Einkünfte — 43 Ausländ. Steuer — 45

58 Ausländische Einkünfte – **in den Anlagen enthalten** – i. S. d. § 34 c EStG ☐ Abs. 1 ☐ Antrag n. Abs. 2 ☐ Abs. 5 — 2. Staat — 44 Einkünfte — 45 Ausländ. Steuer — Antrag n. § 34 c Abs. 2 EStG Staat Nr. Nr. Nr. — 84

Kz | Wert

59 ☐ Beteiligung i. S. des § 7 des Außensteuergesetzes oder Berechtigung i. S. des § 15 des Außensteuergesetzes — Ausländische Steuern vom Einkommen im Sinne des § 34 c Abs. 3 EStG ▶ DM

60 Im Kalenderjahr 1989 **hingegebene** Darlehen im Sinne d. §§ 16, 17 BerlinFG lt. **beigefügter Anlage B** — Darlehnsbetrag DM — 49 Ermäßigungsbetrag DM

61 Vermögenswirksame Leistungen **als Arbeitgeber**, die über den geschuldeten Arbeitslohn hinaus erbracht wurden (einschl. des vom Betriebsfinanzamt festzustellenden Ermäßigungsbetrags) — Zahl der Arbeitnehmer am 1. 10. 1988 — Verm. Leistungen DM — 50 Ermäßigungsbetrag DM

Angaben zu Kindern

Über die begünstigten Kindschaftsverhältnisse, die Zuordnung von Kindern, ihre Berücksichtigung auf der LSt-Karte und die möglichen steuerlichen Vergünstigungen vergleiche die Seiten 20, 21 und 131. Seit 1986 steht grundsätzlich jedem Elternteil ein Kinderfreibetrag für ein steuerlich berücksichtigungsfähiges Kind zu.

- In die Zeilen 30–33 sind im Inland steuerpflichtige eigene Kinder und auch Pflegekinder einzutragen, soweit diese mit im Haushalt leben, ein Obhutsverhältnis zu den eigenen Eltern nicht mehr besteht und für die nicht unwesentliche Unterhaltskosten mitzutragen sind; anderweitige Unterhaltsleistungen sind anzugeben.
- Die Zeilen 37–39 betreffen über 16 Jahre alte Kinder, die nur unter den im Formular (Zeilen 34–36) angegebenen Voraussetzungen zum Kinderfreibetrag führen. Ohne Bedeutung ist hier der Unterhaltsumfang und ob das Kind selbst Einkünfte hat.
- Die Zeilen 41–43 sind auszufüllen, wenn Kinder noch zu einer anderen Person im Kindschaftsverhältnis stehen.
- Die Zeilen 46 bis 48 beziehen sich auf Kinder von nicht verheirateten oder nicht zusammenlebenden Elternteilen. Hier ist nach der Zuordnung gefragt und die Übertragung eines Kinderfreibetrages auf nur einen Elternteil angesprochen. Ein kleines Kreuzchen genügt in der letzten Spalte als *unwiderrufliche Zustimmungserklärung* zum Übertrag auf den anderen Elternteil! *Zuvor* sollte daher nicht unbeachtet bleiben, daß dadurch einerseits u. a. auch ein Haushaltsfreibetrag und ggf. ein Ausbildungsfreibetrag verlorengehen kann und andererseits u. a. der Freibetrag für die Pflege des Eltern-Kind-Verhältnisses *(bis 1989)* und ggf. ebenfalls ein Ausbildungsfreibetrag; alle diese Vorteile sind an einen Kinderfreibetrag geknüpft!

Zu **Einkünfte im Kalenderjahr 1989**

Alle Einkunftsarten (Zeilen 50–54) werden nachfolgend erläutert, mit den abgedruckten neuen Formularen die Einkünfte aus »nicht-selbständiger Arbeit«, »Kapitalvermögen«, »selbständiger Arbeit« sowie »Vermietung und Verpachtung« und »sonstige Einkünfte«. Negative ausländische Einkünfte sind gemäß § 2a EStG grundsätzlich nicht mehr berücksichtigungsfähig; es sei denn, daß sie durch positive Einkünfte aus der gleichen Einkunftsart und dem gleichen Land voll abgedeckt werden.

Zu **Sonstige Angaben**

- Zeile 55: Einzelheiten über die Vergünstigungen bei Förderung des Wohneigentums zeigen die Seiten 133–140. Der *neue zweiseitige Vordruck »FW«* ist zum besseren Verständnis *im Anhang* (vor dem Sachregister) *abgebildet.*
- Zeile 55: Vergleiche Seite 51.
- Zeile 56: Steuerfreie Auslandseinkünfte unterliegen in der Regel dem sog. Progressionsvorbehalt, d. h. der Steuersatz *ohne* diese Einkünfte wird ermittelt auf Basis des Gesamteinkommens *mit* diesen Auslandseinkünften.
- Zeilen 57 + 58: Übrige ausländische Einkünfte sind hier anzusetzen mit Angabe der darauf gezahlten, unserer Einkommensteuer entsprechend ausl. Steuern zwecks Anrechnung. Andere ausl. Steuern vom Einkommen, die *nicht* unserer Einkommensteuer entsprechen, führen lediglich zu einer Kürzung der entspr. ausländischen Einkünfte. Vgl. § 34c EStG und 68a bis 68c EStDV.
- Zeile 60: Vgl. hierzu Seite 52; Anlage B ist anzufordern.

*Land- und Forstwirtschaft** (§§ 13, 13a, 14, 14a, 16, 34e EStG)

Es fallen hierunter auch Einkünfte aus Weinbau, Gartenbau etc., Tierzucht, Imkerei, Wanderschäferei usw. Soweit Buchführungspflicht *nicht* besteht, wird der Gewinn bis zum sog. Ausgangswert von DM 32 000,– nach Durchschnittssätzen ermittelt.

Beteiligungen können u. a. durch Erbengemeinschaften oder in Form einer Gesellschaft des bürgerlichen Rechts vorliegen. Veräußerungsgewinne werden gemäß § 34 EStG nur mit dem halben Steuersatz belegt. Bei Veräußerung im ganzen oder bei Betriebsaufgabe sind bei dem sog. Wirtschaftswert des Betriebs *bis* DM 40 000,– und Einkünften aus den *anderen* Einkunftsarten von nicht mehr als DM 24 000,–, bei Eheleuten DM 48 000,–, DM 90 000,– steuerfrei. Ansonsten sind die Freibeträge wie bei der Veräußerung von Gewerbebetrieben geregelt (vgl. S. 59). Wegen der möglichen Steuer-Ermäßigung für den *nicht* nach Durchschnittssätzen ermittelten Gewinn vgl. § 34e EStG.

Bei Einkünften aus Land- und Forstwirtschaft, die nur berücksichtigt werden, soweit sie DM 2000,– bzw. bei Eheleuten DM 4000,– übersteigen, ist Anlage »L« auszufüllen.

Gewerbebetrieb (§§ 15–17 EStG)

Hierunter fallen (vgl. Anlage GSE zur ESt-Erklärung)

- Gewinne aus gewerblichen Unternehmen, soweit nicht Einkünfte aus Land- und Forstwirtschaft und selbst. Arbeit.
- Gewinnanteile von Personengesellschaften (OHG, KG etc.), bei denen der Gesellschafter als echter Unternehmer anzusehen ist, einschließlich Vergütungen und Vorteile, die der Gesellschafter für seine Tätigkeit und Leistungen bezogen hat.
- Gewinnanteile der persönlich haftenden Gesellschafter einer KG auf Aktien, soweit sie nicht auf Anteile am Grundkapital entfallen, inkl. Vergütungen für Tätigkeit und Leistungen.
- Gewinne aus der Veräußerung des ganzen Gewerbebetriebs, eines Teilbetriebs, einer Beteiligung an einer Personengesellschaft oder des Anteils eines persönlich haftenden Gesellschaf-

*) Die nach Einstellung eines landwirtschaftlichen Betriebs (hier *ohne* Betriebsaufgabeerklärung) folgende Teilverpachtung und Einzelveräußerung von wesentlichen Teilflächen ist als Betriebsabwicklung anzusehen. Die Veräußerungsgewinne gehören zu den laufenden Einkünften aus »Land- und Forstwirtschaft« (BFH-Urteil v. 27. 10. 83; BStBl 1984 II, S. 364–366). Der Nutzungswert einer Altenteilerwohnung ist stets beim Altenteilsverpflichteten im Rahmen der Einkünfte aus »Land- und Forstwirtschaft« anzusetzen. Das Wohnrecht des Altenteilers ist als Sachleistung und dauernde Last unter den Sonderausgaben abzusetzen (BFH-Urteil v. 28. 7. 83; BStBl 1984 II, S. 97–101).

ters einer KG auf Aktien. Veräußerungsgewinne unterliegen nur dem halben Steuersatz (§ 34 EStG), ab 1990 bis zu 30 Mio DM. Eine Besteuerung entfällt, wenn der Gewinn für den ganzen Betrieb DM 30000,–, bei einem Teilbetrieb den entspr. Anteil nicht übersteigt. Dieser Freibetrag ermäßigt sich jedoch um einen ggf. über DM 100000,– liegenden Gewinn, was analog für eine Teilveräußerung gilt. Bei einem Alter über 55 Jahre oder bei Betriebsaufgabe wegen dauernder Berufsunfähigkeit erhöht sich der Betrag von DM 30000,– auf DM 120000,– und der Betrag von DM 100000,– auf DM 300000,–.

- Gewinne aus der Veräußerung von Anteilen an einer Kapitalgesellschaft bei wesentlicher Beteiligung (mehr als 25 %) innerhalb der vergangenen 5 Jahre, wenn die im Veranlagungsjahr veräußerten Anteile über 1 % des Kapitals der Gesellschaft liegen. Als Freibetrag kommen für jedes Anteilprozent DM 200,– (bei 100 % = DM 20000,–) des Veräußerungsgewinns in Frage, doch mindert sich dieser um den ggf. über DM 80000,– liegenden Veräußerungsgewinn je Prozentanteil.

Steuerbegünstigte Gewinne nach § 34 Abs. 2 EStG, u. a. aus Veräußerungen und auch Ausgleichszahlungen an Handelsvertreter gemäß § 89b HGB, gehören dort in Zeile 13.

Nachstehend interessante Urteile aus neuerer Rechtsprechung:

- Hat ein Gewerbebetrieb mehrere Geschäfts- bzw. Verkaufsstellen, von denen jeweils nur *eine* je Tag geöffnet ist, so handelt es sich bei den Fahrten des Gewerbetreibenden dorthin *nicht* um Dienstreisen, sondern jeweils um Fahrten zur Betriebsstätte. Pauschale Mehrverpflegungskosten, wie ggf. bei Arbeitnehmern, sind hier *nicht* zu berücksichtigen (BFH-Urteil v. 15. 9. 88 – BStBl 1989 II, S. 276).
- Taxi-Unternehmer können Pauschalen für Verpflegungsmehraufwendungen bei Dienstgängen (DM 3,–) und Dienstreisen beanspruchen, *nicht* aber die ggf. für *angestellte* Taxi- und Berufskraftfahrer geltenden Tagessätze von DM 8,– bzw. DM 16,–. Ein Malermeister mit Einsatz auf weiter als 15 km entfernten Baustellen kann Verpflegungsmehraufwendungen analog zu Dienstreisen pauschal absetzen (2 Urteile des BFH v. 13. 11. 87 – BStBl 1988 II, S. 426–429).
- Die Ausgleichszahlungen gemäß § 89b HGB an Handelsvertreter sind *voll* steuerbegünstigt und *nicht* um anteilige Gewerbesteuer zu mindern (BFH v. 26. 1. 84; BStBl 1984 II, S. 347/8). Erhält ein Handelsvertreter *laufend* zusammen mit seiner Provisionsabrechnung Teilzahlungen als Vorabentschädigungen wegen Wettbewerbsbeschränkung (§ 90a HGB) oder auf den Ausgleichsanspruch nach § 89b HGB, unterliegen diese *nicht* als außerordentliche Einkünfte dem ermäßigten Steuersatz nach § 34 EStG (BFH v. 20. 7. 88 – BStBl 1988 II, S. 936).
- Der BFH entschied am 11. 12. 85 (BStBl 1986 II, S. 484), daß ein EDV-Berater eine *gewerbliche* Tätigkeit ausübt. Ebenso eine Personenges., die im wesentlichen Softwareprogramme herstellt (BFH v. 19. 11. 85; BStBl 1986 II, S. 520).

Einkünfte aus selbständiger Arbeit

Zeile		Steuerpfl. Person Ehemann Gesellschaft DM	Ehefrau DM
30	Betriebseinnahmen aus freiberuflicher Tätigkeit	10 6.000	11
31	**Gewinn** (ohne Veräußerungsgewinne in Zeilen 40 bis 43) aus freiberuflicher Tätigkeit (genaue Berufsbezeichnung oder Tätigkeit)		
32			
33	Autor (Nebentätigkeit)	12 4.800	13
34	lt. gesonderter Feststellung (Finanzamt und Steuernummer)	58	59
35	aus Beteiligung (Gesellschaft, Finanzamt, Steuernummer) 1. Beteiligung	16	17
36	weitere Beteiligungen	18	19
37	aus anderer selbständiger Arbeit tätig als (genau bezeichnen)	20	21
38	weitere Tätigkeiten (genau bezeichnen)	22	23
39			
40	**Veräußerungsgewinn** im Sinne des § 18 Abs. 3 EStG vor Abzug etwaiger Freibeträge bei Veräußerung/Aufgabe		
41	eines ganzen Betriebs als Alleininhaber wegen dauernder Berufsunfähigkeit oder nach Vollendung des 55. Lebensjahrs	24	25
42	eines ganzen Betriebs als Alleininhaber aus anderen Gründen	26	27
43	aller weiteren Betriebe, Teilbetriebe und Beteiligungen ☐ wegen dauernder Berufsunfähigkeit oder nach Vollendung des 55. Lebensjahrs ☐ aus anderen Gründen	28	29
44			
45	**Sonstiges** Nach § 34 Abs. 2 EStG zu begünstigende sonstige Gewinne (in Zeilen 33 bis 39 enthalten)	50	51
46	Im Kalenderjahr 1989 zugeflossene finanzielle Hilfen zur Schaffung von zusätzlichen Ausbildungsplätzen (§ 24 b EStG)	75	76
47	Einnahmen aus einer im ganzen Kalenderjahr 1989 ausgeübten Tätigkeit, mit der Anwartschaftsrechte auf Altersversorgung ohne eigene Beitragsleistung erworben wurden (§ 10 Abs. 3 Nr. 2 b, bb EStG)	77	78
48			
49	Berlinvergünstigung – Nur ausfüllen bei Abgabe des Vordrucks in Berlin (West): Gewinne, die nicht aus Berlin (West) sind, nach Abzug des Freibetrags nach § 18 Abs. 3 EStG	60	61
50	Nur ausfüllen bei Wohnsitz in Berlin (West) und Abgabe des Vordrucks außerhalb von Berlin (West): Gewinne aus Berlin (West) nach Abzug des Freibetrags nach § 18 Abs. 3 EStG	30	31
51	In den Zeilen 49 oder 50 abgezogener Freibetrag nach § 18 Abs. 3 EStG DM		
52	Vergütungen an den Ehegatten, die als Betriebsausgaben abgezogen wurden		
53	Aufwandsentschädigung aus der Tätigkeit als – Gesamtbetrag DM	davon als steuerfrei behandelt DM	Rest enthalten in Zeile(n)
54	☐ Es wird unwiderruflich beantragt, den Nutzungswert für das Kalenderjahr 1989 nicht mehr zu besteuern, und zwar für die Wohnung(en) lt. Zeile(n)		der für 1986 eingereichten Anlage W
55	Steuervergünstigungen nach dem Zonenrandförderungsgesetz ☐ werden beantragt – wurden beantragt am		
56	Kraftfahrzeugkosten für (bei Gesellschaften/mehreren Kfz: Entsprechende Angaben auf besonderem Blatt) ☐ Pkw ☐ Motorrad – Fabrikat – Gesamtfahrleistung im Kj. km	Gesamtkosten (einschl. AfA) DM	
57	für Fahrten zwischen Wohnung und Betrieb: Zahl der Tage – regelm. benutzte Straßenverbindung (Entfernung) km – Betriebsausgaben gemindert um DM	für private Fahrten: privat gebuchter Kostenanteil DM	

99	22
89	

Kennzahlen: 10, 11, 12, 13, 58, 59, 16, 17, 18, 19, 20, 21, 22, 23, 24, 25, 26, 27, 28, 29, 50, 51, 75, 76, 77, 78, 60, 61, 30, 31, 81 Freibetrag § 18 EStG, 82 Freibetrag § 18 EStG

Sonderschlüssel: 70 | | für freie Berufe

Kz | Wert

– Anlage GSE (Seite 2) zur ESt-Erklärung 1989 –

Selbständige Arbeit (§§ 18 + 16 EStG)

Hierunter fallen Einkünfte aus folgenden Tätigkeiten:

- Selbständig ausgeübte wissenschaftliche, künstlerische, schriftstellerische oder erzieherische Tätigkeit sowie die selbständige Berufstätigkeit von Ärzten, Anwälten, Wirtschaftsprüfern, Steuerberatern, Ingenieuren, Journalisten etc.
- Sonstige, wie Testamentsvollstreckungen, Vermögensverwaltungen oder die Tätigkeit als Aufsichtsratsmitglied.

Überwiegen Einkünfte aus freier Berufstätigkeit, werden *bis 1989* 5 % der *Einnahmen,* max. DM 1200,–, als Freibetrag zuerkannt.

Für Freibeträge und den halben Steuersatz bei Veräußerungen gelten die unter »Gewerbebetrieb« stehenden Ausführungen. Bei schriftstellerischer Nebentätigkeit können statt Sammlung von Kleinausgaben *zumindest noch bis 1989* 25 %, max. DM 1200,–, abgezogen werden (ESt-Kartei zu § 4 Abs. 4, Karte 4.1).

Einige erwähnenswerte Urteile des BFH zu dieser Einkunftsart:

- Das für einen verstorbenen Schriftsteller anerkannte Arbeitszimmer kann, wenn es im Folgejahr noch durch seine Witwe zur Verwaltung des beruflichen Nachlasses und zu entspr. Abwicklungsarbeiten etc. genutzt wird, noch zu Betriebsausgaben führen (BFH-Urteil v. 30. 3. 89 – BStBl 1989 II, S. 509).
- Ein freiberuflicher Anwalt, der zusätzlich als Hochschullehrer im Angestellten-Verhältnis tätig ist, kann Fahrten zur Hochschule von seiner auf dem Wege dorthin liegenden Kanzlei nicht als Betriebsausgaben, sondern nur als Werbungskosten analog »Fahrten Wohnung – Arbeitsstätte« im Rahmen der Einkünfte aus nichtselbständiger Arbeit ansetzen (BFH v. 25. 2. 88 – BStBl 1988 II, S. 766).
- Eine steuerlich mögliche tarifliche Vergünstigung bei Veräußerung des Anteils eines gemeinsam mit anderen in Form der Gesellschaft bürgerlichen Rechts betriebenen Ingenieurbüros wurde für einen Ausscheidenden versagt, weil er *ohne Unterbrechnung* seine freiberufliche Tätigkeit als Architekt und Bauingenieur im bisherigen örtlich begrenzten Wirkungskreis fortgesetzt hat. Dagegen wurde die steuerliche Tarifbegünstigung einem anderen aus dieser Gesellschaft Ausscheidenen zuerkannt, da er seine berufliche Tätigkeit ausschließlich im Angestelltenverhältnis fortsetzte (BFH-Urteil v. 7. 11. 85; BStBl 1986 II, S. 335).
- Nachhaltige Verluste aus Schriftstellertätigkeit (hier neben dem Hauptberuf ausgeübt) können bei fehlender Gewinnerzielungsabsicht steuerlich *nicht* berücksichtigt werden (BFH-Urteil v. 23. 5. 85; BStBl 1985 II, S. 515).
- Ein Arzt ohne eigene Praxis, der ausschließlich Vertreter anderer Ärzte ist, kann für die Fahrten mit eigenem Pkw dorthin nur die niedrigen Pauschsätze für Fahrten Wohnung–Arbeit ansetzen (BFH v. 5. 11. 87 – BStBl 1988 II, S. 334).
- Die Kosten für den Wohnungs-Umzug eines Arztes in unmittelbare Nähe seiner Praxis in einem Krankenhaus, mit Belegbetten für seine stationären Patienten, wurden als abzugsfähig anerkannt (BFH-Urteil v. 28. 4. 88 – BStBl 1988 II, S. 777).

Name und Vorname/Gemeinschaft/Körperschaft
Huber, Max
Kenn-Nr. des Jahres 1988 / Aktenzeichen / Steuernummer: 227/15983

Anlage KSO

- [X] zum Antrag auf Lohnsteuer-Jahresausgleich zur Einkommensteuererklärung
- [ ] zur Körperschaftsteuererklärung
- [ ] zur Erklärung zur gesonderten und einheitlichen Feststellung

1989

Stets ausfüllen, unterschreiben und abgeben!

Einkünfte aus Kapitalvermögen, Anrechnung von Körperschaft- und Kapitalertragsteuer

Zeile	Inländische Kapitalerträge mit und ohne Kapitalertragsteuerabzug	Anzurechnende Körperschaftsteuer DM (lt. beigefügter Nachweise)	Pf	Anzurechnende Kapitalertragsteuer DM	Pf	Zu versteuernde Einnahmen (einschließlich anzurechnender/vergüteter Körperschaftsteuer und Kapitalertragsteuer) Steuerpfl. Person Ehemann Gemeinschaft DM	Ehefrau DM (Bitte nur volle DM-Beträge eintragen)	Kz	Wert
1								99	26
2								89	
3	**Zinsen und andere Erträge aus**								
4	Sparguthaben und sonstigen Kapitalforderungen					1.123	552		
5	Bausparguthaben								
6	festverzinslichen Wertpapieren (z.B. Anleihen, Pfandbriefe, Bundesschatzbriefe)					700	350		
7	Aktien und anderen Anteilen								
8	(Dividende)	365	62	162	50	1.015			
9	Investmentanteilen (ausländische Quellensteuer vgl. Vordruck ESt/LSt 1 A, Zeilen 57 bis 59)								
10	Lebensversicherungen mit Kapitalertragsteuerabzug v. 25 v.H.								
11	stiller Gesellschaft bei / partiarischen Darlehen an							34	DM Pf
12								35	DM Pf
13	Beteiligung (Gemeinschaft, Finanzamt, St.-Nr.)							30	
14								31	
15	sonstigem Kapitalvermögen (Bezeichnung)							36	DM Pf
16								32	
17	Anzurechnende Steuern aus anderen Einkunftsarten							33	
18	**Summe** der Zeilen 4 bis 17	34: 365	62	35: 162	50	30: 2.838	31: 904	16	
19	In Zeile 18 enthaltene Kapitalertragsteuer von 10 v.H. (betr. 1. Halbjahr)			36				17	
20	**Ausländische Kapitalerträge** (einschließlich der ausländischen Quellensteuer, die außerdem in Zeilen 57 bis 59 des Vordrucks ESt/LSt 1 A einzutragen ist) Zinsen aus Sparguthaben, Dividenden, Hinzurechnungsbetrag nach § 10 AStG u.a.							24	
21						32	33	25	
22	**Werbungskosten** (ggf. einschließlich gesondert und einheitlich festgestellter Beträge DM)					16	17	28	
23	**Berlinvergünstigung** **Nur ausfüllen** bei Abgabe des Vordrucks **in** Berlin (West) — Oben enthaltene Einnahmen, die **nicht** aus Berlin (West) sind					24	25	29	
24	darauf entfallende Werbungskosten					28	29	22	
25	**Nur ausfüllen** bei Wohnsitz **in** Berlin (West) und Abgabe des Vordrucks **außerhalb** von Berlin (West) — Oben enthaltene begünstigte Einnahmen **aus Berlin (West)**					22	23	23	
26	darauf entfallende Werbungskosten					26	27	26	
27	**Keine Kapitalerträge** Oben einzutragende Einnahmen aus Kapitalvermögen sind					[ ] nicht angefallen	[ ] nicht angefallen	27	

Unterschrift Ich versichere, daß ich die Angaben zu den Einkünften aus Kapitalvermögen wahrheitsgemäß nach bestem Wissen und Gewissen gemacht habe.

28–29: 23. Mai 1990 — Max Huber — Petra Huber

Datum, Unterschrift(en) – Steuererklärungen sind eigenhändig – bei Ehegatten von beiden – zu unterschreiben.

Kapitalvermögen (§ 20 EStG)

Wie nebenstehender Vordruck zeigt, sind, wie erstmals bereits für 1988, Einkünfte aus Kapitalvermögen ungeachtet der Höhe *verbindlich mit Unterschrift zu erklären.*
Die Einnahmen werden vom Finanzamt gekürzt um Werbungskosten sowie den *bereits ab 1989 verdoppelten* Sparer-Freibetrag von DM 600,–, für Ehegatten mit gemeinsamer Steuererklärung DM 1200,–. Liegen die tatsächlichen Werbungskosten unter DM 100,– bzw. bei Ehegatten unter DM 200,–, werden von den Einnahmen, soweit sie diese Beträge erreichen, *pauschal* DM 100,– bzw. DM 200,– abgesetzt.

Als *Einnahmen* aus Kapitalvermögen sind u. a. anzusehen:

- Dividenden, Gewinnanteile und sonstige Vorteile aus Aktien und aus GmbH-Anteilen,
- Zuflüsse aus stiller Beteiligung an einem Handelsgewerbe,
- Zinsen aus Hypotheken und Grundschulden,
- Zinsen aus sonstigen Kapitalforderungen, wie Darlehen, Wertpapiere, Anleihen und Guthaben bei Banken und Post.

Mit Beginn des Jahres 1989 wurden inländische Kapitaleinkünfte fast jeglicher Art der Kapitalertragsteuer als Quellensteuer mit 10 % unterworfen. Diese erfaßte auch über einen rechnungsmäßigen Zins von 3½ % hinausgehende Ertragsgutschriften bei Todesfallversicherungen und Lebensversicherungen mit einer Laufzeit von mindestens 12 Jahren. Diese Erweiterung der Kapitalertragsteuer wurde mit Wirkung ab 1. 7. 1989 vom Gesetzgeber zurückgenommen und der alte Zustand wiederhergestellt.

Die auf dem Erklärungsvordruck anzugebenden Einnahmen aus Dividenden umfassen auch die Körperschaft- und die Kapitalertragsteuer. *Beide* Steuern werden auf die ESt-Schuld voll angerechnet (vgl. Seiten 51 und 52).

Sie können aber auch *ohne* eine ESt-Veranlagung gemäß §§ 36b Abs. 1 und 44b Abs. 1 EStG auf Antrag erstattet werden, wenn die für die Vergütung erforderlichen Angaben durch Bescheinigung der Abrechnungsstelle (in der Regel Bank) bestätigt sind und wenn mit Sicherheit anzunehmen ist, daß für den Arbeitnehmer ansonsten eine Veranlagung zur Einkommensteuer *nicht* in Betracht kommen wird.

Erwähnenswerte Rechtsprechung aus jüngster Zeit:

- Zu den Einnahmen aus Kapitalvermögen zählen bei Schuldverschreibungen grundsätzlich auch *im Zeitpunkt der Fälligkeit* der Unterschied (sog. Disagio) zwischen dem Nominalwert als Einlösungsbetrag und einen niedrigeren Ausgabekurs. Ein Ansatz kann jedoch unterbleiben, wenn das Disagio im Verhältnis zum Zins wirtschaftlich als nicht ins Gewicht fallend angesehen wird, wofür 1% (= 99 v. H. Ausgabekurs) für je 2 Jahre Laufzeit, dies entspr. 0,5% pro anno, maximal 6% bei einer Laufzeit von mehr als 10 Jahren (= 94 v. H. Ausgabekurs) genannt wurden. Offen blieb, wie bei Zwischenerwerben zu verfahren ist, also wenn der Ersterwerber nicht bis zum Einlösungszeitpunkt die Schuldverschreibung behält (BFH-Urteil v. 13. 10. 87 – BStBl 1988 II, S. 252).
- *Bei Eheleuten mit insgesamt negativen Einkünften aus Kapitalvermögen kann der ihnen gemeinsam zustehende Sparer-Freibetrag von DM 600,– dann nicht* versagt werden, wenn ein Teil positive Kapital-Einkünfte in mindestens dieser Höhe hat; sind sie geringer, wird auch der Freibetrag entsprechend gekürzt (BFH-Urteil v. 26. 2. 85; BStBl 1985 II, S. 547).
- Prozeßzinsen aufgrund eines langen Rechtsstreits, der zur Erstattung von Grunderwerbsteuer führte, sind vom BFH mit Urteil v. 8. 4. 86 (BStBl 1986 II, S. 557) als Einnahmen aus Kapitalforderungen erklärt worden.

Es gibt aber auch eine *allgemeine Befreiung* vom Abzug der Kapitalertrag- und Körperschaftsteuer bis zu 3 Jahren, doch wird diese nur erreicht, wenn der Arbeitnehmer aller Voraussicht nach *nicht* zur Einkommensteuer zu veranlagen ist, d. h. wenn er bestimmte (ab 1990 erhöhte) Einkommensgrenzen (s. Seiten 36 + 40) nicht überschreitet und seine Kapitaleinkünfte (ggf. mit noch anderen *Neben*-Einkünften) im Jahr nicht über DM 800,– liegen, was für Alleinstehende unter Berücksichtigung der Freibeträge 1989 Zins*einnahmen* bis DM 1200,– und für Eheleute bis DM 1600,– bedeutet; *im Jahr 1990* sind es DM 1500,– bzw. DM 2200,–. Hierfür stellt das Wohnsitz-Finanzamt *auf Antrag* gemäß § 44a in Verbindung mit § 36b Abs. 2 EStG eine (NV-)Nichtveranlagungs-Bestätigung aus, die dann dem Schuldner, der zinszahlenden Bank etc. vorzulegen ist.

Name und Vorname/Gemeinschaft/Körperschaft
Max und Petra Huber
Steuernummer 227/15983

Anlage V

- [x] zur Einkommensteuererklärung
- [ ] zur Körperschaftsteuererklärung
- [ ] zur Erklärung zur gesonderten und einheitlichen Feststellung

1989

Einkünfte aus Vermietung und Verpachtung

Zeile	Einkünfte aus dem bebauten Grundstück				Bitte nur volle DM-Beträge eintragen DM
	Lage des Grundstücks / der Eigentumswohnung (Ort, Straße, Hausnummer)		Angeschafft am	Fertiggestellt am	
1	München 71, Forstenrieder Allee 86			1982	
2	Vereinnahmte Mieten für das Kj. 1989 ohne Zeile 3	für Erdgeschoß DM / + 1. Obergeschoß DM	+ 2. Obergeschoß DM	+ weitere Geschosse DM	9.600
3	Vereinnahmte Mieten bei verbilligter Überlassung	-geschoß	Größe m²	Durchschnittliche Miete aus Zeile 2 DM/m²	
4	Vereinnahmte Mieten für frühere Jahre/auf das Kalenderjahr entfallende Mietvorauszahlungen aus Baukostenzuschüssen				
5	Einnahmen aus Umlagen, z. B. Wassergeld, Flur- und Kellerbeleuchtung, Müllabfuhr, Zentralheizung usw.	in den Zeilen 2 und 3 enthalten	oder	falls nicht in den Zeilen 2 und 3 enthalten ▸	420
6	Einnahmen aus Vermietung von Garagen, Werbeflächen, Grund und Boden für Kioske usw.				
7	Eigengenutzte Wohnung	-geschoß	Größe m²	Wegfall der Nutzungswertbesteuerung ab 1.1.1989 wird unwiderruflich beantragt.	Mietwert bei Nutzungswertbesteuerung ▸
8	Unentgeltlich ohne gesicherte Rechtsposition an Dritte überlassene Wohnung	-geschoß	m²	Wegfall der Nutzungswertbesteuerung ab 1.1.1989 wird unwiderruflich beantragt.	▸
9	Unentgeltlich mit gesicherter Rechtsposition an Dritte überlassene Wohnung	-geschoß	m²		—
10	Eigengenutzte und unentgeltlich an Dritte überlassene Garagen	Anzahl zu Zeile 7 / Anzahl zu Zeile 8	Anzahl zu Zeile 9	Mietwert bei Nutzungswertbesteuerung ▸	
11	Bei Nutzungswertbesteuerung: Umlagen, soweit sie auf die Wohnungen lt. Zeilen 7 und 8 entfallen				
12	Öffentliche Zuschüsse zu Erhaltungs- und Herstellungskosten (soweit nicht von diesen abgesetzt), Aufwendungszuschüsse, Guthabenzinsen aus Bausparverträgen und sonstige Einnahmen	Gesamtbetrag DM	davon entfallen auf Wohnungen, für die in Zeilen 7–9 kein Nutzungswert angesetzt ist –	DM =	
13	**Summe der Einnahmen**				10.020
14	**Summe der Werbungskosten** (Übertrag aus Zeile 52)				– 16.310
15	**Überschuß** (zu übertragen nach Zeile 18 oder nach Zeile 19 der zusammenfassenden Anlage V)				./. 6.290

Zeile		Steuerpfl. Person Ehemann Gesellschaft DM	Ehefrau DM	
16				99 25
17		Bitte nur volle DM-Beträge eintragen		89
18	**Zurechnung des Betrags aus Zeile 15**	20	21	20 / 21
19	Summe der Beträge aus Zeile 15 aller weiteren Anlagen V	50	51	50 / 51
20	**Anteile an Einkünften** aus (Gemeinschaft, Finanzamt, Steuer-Nr.)			76
21	Bauherrengemeinschaften / Erwerbergemeinschaften	76	77	77 / 74
22	geschlossenen Immobilienfonds	74	75	75 / 56
23	Grundstücksgemeinschaften	56	57	57
24		58	59	58 / 59
25	**Andere Einkünfte** **Einkünfte aus Untervermietung von gemieteten Räumen** (Berechnung auf bes. Blatt)	66	67	80
26	**Einkünfte aus Vermietung und Verpachtung unbebauter Grundstücke,** von anderem **unbeweglichem Vermögen,** von **Sachinbegriffen** sowie aus **Überlassung von Rechten** (Erläuterung auf besonderem Blatt)	52	53	81
27	**Berlinvergünstigung** **Nur ausfüllen** bei Abgabe des Vordrucks **in** Berlin (West) — Oben enthaltene Einkünfte, die **nicht** aus Berlin (West) sind	80	81	85 Kinder i.S.d. § 34f EStG
28	**Nur ausfüllen** bei Wohnsitz in Berlin (West) und Abgabe des Vordrucks **außerhalb** von Berlin (West) — Oben enthaltene begünstigte Einkünfte aus Berlin (West)	60	61	

Vermietung und Verpachtung (§ 21 EStG)

Im wesentlichen sind hier folgende Einkünfte angesprochen, soweit sie nicht unter eine andere Einkunftsart fallen:

- Vermietung und Verpachtung von Grundstücken, Gebäuden, Wohnungen und Räumen sowie Schiffen, Grundstücksrechten (u. a. Erbbau, Erbpacht, etc.),
- Vermietung u. Verpachtung von Sachinbegriffen, u. a. Betriebsvermögen,
- Zeitlich begrenzte Überlassung von Rechten, u. a. von schriftstellerischen, künstlerischen und gewerblichen Urheberrechten.

Bei Selbstnutzung von steuerlich gefördertem Wohneigentum werden seit 1987 die Steuervergünstigungen wie Sonderausgaben behandelt (vgl. hierzu die Seiten 133–140). Das nebenstehende Antragsformular »V« (hier nicht die 2. Seite abgebildet) ist also insoweit nicht mehr auszufüllen; statt dessen ist *ausschließlich bei Selbstnutzung geförderten Wohneigentums* der Vordruck »FW« zu verwenden. Diese zweiseitige »Anlage« ist im Anhang dieses Ratgebers (unmittelbar vor dem Sachregister) abgebildet. Als einzige Ausnahme ist hier die selbstgenutzte Wohneinheit im eigenen Zwei- oder Mehrfamilienhaus zu erwähnen, die unter die Förderungsbestimmungen bis Ende 1986 fällt. Soweit hier der Nutzungswert durch Gegenüberstellung von Einnahmen und Ausgaben erfolgte, kann diese Handhabung beibehalten werden, insoweit Wahlmöglichkeit (vgl. hierzu Seite 139). Bei Erwerb oder Baubeginn ab 30. 7. 81 (vgl. S. 137) ist für die eigengenutzte begünstigte Wohneinheit gemäß den Zeilen 54 + 55 weiterhin die Steuerermäßigung um je DM 600,– ab dem 2. Kind zu beantragen. In diesen Fällen und bei Vermietung oder Teilvermietung von geförderten Wohneinheiten ist noch die nebenstehende »Anlage V« zu verwenden, und es sind entsprechende Angaben über Einnahmen in die Zeilen 1–12 und über Ausgaben sowie ggf. erhöhte AfA wegen Wohnungsbauförderung etc. in die Zeilen 34–51 einzutragen. Die Zusammenfassung (Zeilen 13 + 14) ergibt dann den Überschuß in Zeile 15. Das Formularbeispiel zeigt die Abrechnung für ein vermietetes Einfamilienhaus mit einem Anschaffungswert 1982 (ohne Grund und Boden) von DM 150 000,–, für das noch 5 % erhöhte 7b-AfA = DM 7500,– anzusetzen war. Dazu kamen als Werbungskosten Hypothekenzinsen (Z. 34) mit DM 2812,–, Erhaltungsaufwand (Z. 36–39) mit DM 5293,– und sonstige Posten in Höhe von DM 705,–, ergeben zusammen DM 8810,–.

Zu den Werbungskosten bei den Einkünften aus bebautem Grundstück, die auch die normale – oder bei Steuerbegünstigung die erhöhte Absetzung für Abnutzung einschließen (Zeilen 47–49), gehört auch die erhöhte Absetzung von Herstellungskosten und die Sonderbehandlung von Erhaltungsaufwand gemäß § 82a EStDV (Zeile 50). Sie betrifft u. a. Aufwendungen *bis Ende 1991* für den Anschluß an eine Fernwärmeversorgung, den Einbau von Wärmepumpen, Solar- und Warmwasseranlagen sowie auch die Errichtung von Anlagen zur Gasgewinnung. Vorausgesetzt, daß insoweit *keine Investitionszulage* gewährt wird, sind für *vor dem 1. 7. 83 fertiggestellte Gebäude oder bei späterer Fertigstellung, wenn zuvor ein solcher Anschluß noch nicht möglich* war, *eigene* Aufwendungen mit 10 % pro anno auf längstens 10 Jahre abzusetzen.

In Formular-Zeile 26 sind Einkünfte aus unbebauten Grundstükken, Erbbau- oder Erbpachtrechten, schriftstellerischen und künstlerischen Urheberrechten etc. (§ 21 EStG) einzutragen, Einkünfte aus Untervermietung in Zeile 25 (*ohne* Anteil Mobiliar!), Einkünfte aus Immobilienfonds-Anteilen und anderen Grundstücks-Beteiligungen in die Zeilen 20–24 sowie wegen des weitgehenden Abzugsverbots negativer ausländischer Einkünfte ab 1983 gemäß § 2a EStG Angaben in die Zeilen 59–61 und wegen der in Berlin (West) geltenden besonderen Steuerbegünstigungen in die Zeilen 27 und 28.

Nachstehende BFH-Urteile erscheinen besonders erwähnenswert:

- Renovierungskosten nach Anschaffung eines 20 Jahre alten Gebäudes (hier in Höhe von 40 % des Kaufpreises unmittelbar nach Erwerb) sind *nicht* Werbungskosten, sondern Anschaffungs- oder Herstellungskosten, die nicht sofort steuerlich abzugsfähig sind (BFH-Urteil v. 12. 2. 85; BStBl 1985 II, S. 690).
- Eigenleistungen, hier Hausverwaltung im eigenen Mehrfamilienhaus, können *nicht* zur Minderung des Mietwertes der selbstgenutzten Wohnung in diesem Haus führen (BFH-Urteil v. 1. 10. 85; BStBl 1986 II, S. 142).
- Grundsätzlich gehören auch frühere Planungskosten zu den Herstellkosten eines Gebäudes, sofern es sich nicht dem Zweck und der Bauart nach um zwei völlig verschiedene Bauten handelt, die ggf. eine Berücksichtigung als Werbungskosten rechtfertigt. Aus der früheren Planung können sich gute Erfahrungen für die Neuplanung und die Gebäudeerichtung sowie in bautechnischer und baurechtlicher Hinsicht ergeben (2 BFH-Urteile v. 29. 11. 83; BStBl 1984 II, S. 303–307).
- Behält jemand an einem von ihm auf seine Kinder übertragenen bebauten Grundstück für sich und seinen Ehepartner das uneingeschränkte, im Grundbuch eingetragene Nießbrauchrecht und übt dies allein aus, indem nur er die Mietverträge abschließt, die Mieten vereinnahmt und sämtliche Kosten trägt, so kann er im Rahmen der Einkünfte aus Vermietung auch die Absetzung für Abnutzung (AfA) des Gebäudes voll für sich beanspruchen (BFH v. 24. 9. 85; BStBl 1986 II, S. 12).
- Ein von Eltern auf Kinder *unter dem Vorbehalt des Nießbrauchs* übereignetes Grundstück mit Gebäude kann mit steuerlicher Wirkung an die Kinder zur betrieblichen Nutzung vermietet werden. Insoweit nutzen die Kinder *nicht* als Eigentümer, sondern als Mieter das Grundstück und können eine angemessene Miete ebenso wie ggf. zusätzlich übernommene übliche Grundstückskosten (nicht aber AfA) als Betriebsausgaben ansetzen (BFH-Urteile v. 5. 7. 85; BStBl 1986 II, S. 322 + 327).

Sonstige Einkünfte

Zeile	**Leibrenten**	Steuerpflichtige Person Ehemann		Ehefrau	
	Einnahmen	1. Rente	2. Rente	1. Rente	2. Rente
30	Altersruhegeld (Arbeiter-renten- oder Angest.-Versichg.)	☐	☐	☐	☐
31	Berufs- oder Erwerbsunfähigkeitsrenten (Arbeiter-renten- oder Angest.-Versichg.)	☐	☐	☐	☐
32	Witwen-/ Witwerrenten	☐	☐	☐	☐
33	Sonstige Renten (z. B. Bergmannsrenten, Knappschaftsruhegeld)	☐	☐	☐	☐
34	Renten aus Grundstücksveräußerungen	☐	☐	☐	☐
35	Renten aus Versicherungsverträgen	☐	☐	☐	☐
36	Renten aus (bitte angeben)	☐	☐	☐	☐
37	Die Rente läuft seit	Tag Monat Jahr	Tag Monat Jahr	Tag Monat Jahr	Tag Monat Jahr
38	Die Rente erlischt mit dem Tod von				
39	Die Rente erlischt/wird umgewandelt spätest. am	Tag Monat Jahr	Tag Monat Jahr	Tag Monat Jahr	Tag Monat Jahr
40	Rentenbetrag (einschl. in 1989 zugeflossener Nachzahlungen)	50 DM	54 DM	51 DM	55 DM
41	Ertragsanteil der Rente	52 v. H.	56 v. H.	53 v. H.	57 v. H.
42	Werbungskosten (Summen aus 1. und 2. Rente)	48 DM		49 DM	
43	In Zeile 40 enth. Nachzahlungen für frühere Jahre	DM	DM	DM	DM

Zeile		Steuerpflichtige Person Ehemann volle DM	Ehefrau volle DM
44	**Andere wiederkehrende Bezüge/Unterhaltsleistungen** Einnahmen aus		
45		58	59
46	Unterhaltsleistungen, soweit sie vom Geber als Sonderausgaben abgezogen werden können	46	47
47	Werbungskosten zu Zeilen 45 und 46	60	61
	Spekulationsgeschäfte		
48	Veräußerungspreis		
49	Anschaffungs-/Herstellungs-/Werbungskosten (ggf. Aufstellung beifügen)	–	–
50	Einkünfte	62	63
	Leistungen		
51	Einnahmen (z.B. aus gelegentlichen Vermittlungen)		
52	Werbungskosten	–	–
53	Einkünfte	64	65
	Abgeordnetenbezüge		
54		vom – bis	vom – bis
55	Steuerpflichtige Einnahmen einschließlich Vergütungen für mehrere Jahre	70	71
56	In Zeile 55 enthaltene Versorgungsbezüge	72	73
57	Von den in Zeile 55 enthaltenen Vergütungen für mehrere Jahre entfallen auf andere Jahre lt. Angaben auf besonderem Blatt	74	75

Kz	Wert
50	
52	v. H.
54	
56	v. H.
48	
51	
53	v. H.
55	
57	v. H.
49	
58	
59	
46	
47	
60	
61	
62	
63	
64	
65	
70	
71	
72	
73	
74	
75	
76	ESt zu Kz 74
77	ESt zu Kz 75

– Anlage KSO (Seite 2) zur ESt-Erklärung 1989 –

Sonstige Einkünfte (§§ 22, 23 EStG; § 55 Abs. 2 EStDV).

Größte Bedeutung haben hier Einkünfte aus wiederkehrenden, aber grundsätzlich *nicht* auf freiwilliger Basis oder gesetzlicher Unterhaltsverpflichtung* beruhenden Bezügen. Insbesondere sind *Leibrenten* aufgrund eines Rentenstammrechts gemeint, wie die Angestellten- und Arbeiterrentenversicherung. Als Einkünfte** gelten dabei jeweils der *Ertragsanteil,* gekürzt um mind. pauschal DM 200,– Werbungskosten pro Person. Der *Ertragsanteil* richtet sich nach dem *Alter des Berechtigten zu Beginn* der Rente und ist in Prozent der Rentenbezüge (incl. ggf. Zuschüsse zur privaten Krankenversicherung) z. B. wie folgt festgelegt:

Alter	Ertrags-anteil %	Alter	Ertrags-anteil %	Alter	Ertrags-anteil %	Alter	Ertrags-anteil %
39/40	51/50	47/48	44/43	55/56	35/34	63/64	26/25
41/42	49/48	49/50	42/41	57/58	33/32	65/66	24/23
43/44	47	51/52	39/38	59/60	31/29	67/68	22/21
45/46	46/45	53/54	37/36	61/62	28/27	69/70	20/19

Für *zeitbegrenzte* Leibrenten*** (u. a. bei Erwerbsunfähigkeit bis zur Altersrente) gilt gemäß § 55 EStDV eine *andere* Tabelle. Bei einer Laufzeit *bis zum Beginn der Altersrente* von z. B. 25 Jahren ist hier der Ertragsanteil *gleichbleibend* 37 %, bei 20 J. 31 %, bei 15 J. 25 % bei 12 J. 21 %, bei 10 J. 17 %, bei 7 J. 12 % und bei 5 Jahren 9 %.

Unter diese Rubrik fallen auch Einkünfte aus Spekulationsgeschäften**** und, soweit sie nicht steuerfrei unter DM 500,– im Jahr liegen, Einkünfte aus gelegentlichen Vermittlungen, aus Vermietung beweglicher Gegenstände und aus sonstigen Leistungen*****.

*) Unterhaltszahlungen *vom* geschiedenen oder getrennt lebenden Ehegatten, die dieser steuerlich als Sonderausgaben absetzt (S. 106), gehören aber hierher.

**) Kreditzinsen und -kosten aufgrund Nachentrichtung von Beiträgen zur gesetzlichen Rentenversicherung etc. sind (Vorweg-)Werbungskosten bei dieser Position und können hier zu negativen Einkünften führen (BFH v. 21. 7. 81; BStBl 1981 II, S. 44).

***) Die sogenannte »große Witwenrente« nach der Reichsversicherungsordnung (RVO) wird u. a. entweder ab Vollendung des 45. Lebensjahres oder bei waisenberechtigten Kindern sofort bis zu deren 19. Lebensjahr gewährt. Beendet die oder der berechtigte das 45. Lebensjahr bevor ein Kind 18 Jahre alt wird oder zum gleichen Zeitpunkt, liegt insoweit *keine* zeitbegrenzte Leibrente mit geringerem steuerlichen Ertragsanteil vor (BFH-Urteil v. 8. 3. 89 – BStBl 1989 II, S. 551).

****) Gewinn aus dem Verkauf von Grundstücken oder Grundstücksrechten *innerhalb* 2 Jahren und von anderen Wirtschaftsgütern (u. a. Aktien) innerhalb 6 Monaten. Gewinne aus privaten Devisentermingeschäften sind *nicht* als Spekulations- oder sonstige Einkünfte zu erfassen (BFH v. 25. 8. 87 – BStBl 1988 II, S. 248).

*****) Die Entschädigung an einen Hauseigentümer wegen Duldung eines Wohnblocks auf dem Nachbargrundstück zählt hierzu (BFH v. 26. 10. 82 – BStBl 1983 II, S. 404).

Name und Vorname des Arbeitnehmers
Huber, Maxe

Kenn-Nr. des Jahres 1988/Aktenzeichen/Steuernummer
227/15983

Anlage N

Einkünfte aus nichtselbständiger Arbeit

1989

99	2	Stpfl./ Ehem. – 7 Gatt. – 8
89		

Jeder Ehegatte mit Einkünften aus nichtselbständiger Arbeit hat eine eigene Anlage N abzugeben

Zeile				Kennzahlen (Finanzamt)
1	**Steuerklasse, Zahl d. Kinderfreibeträge u. d. Kinder** lt. Lohnsteuerkarte: III / 3,0 / 3	**Bei Ehegatten:** Ist auch für den Ehegatten eine Lohnsteuerkarte ausgestellt? X Nein / Ja, und zwar Steuerklasse		85 Veranlagungsgrund; 10

Angaben zum Arbeitslohn

Zeile		Erste Lohnsteuerkarte DM | Pf	Weitere Lohnsteuerkarte(n) DM | Pf	
2				40
3	**Bruttoarbeitslohn**	10: 54.700 —	11: —	42; 44
4	**Lohnsteuer** (nach Abzug der vom Arbeitgeber im Jahresausgleich erstatteten Beträge)	40: 6.279 —	41	11
5	**Kirchensteuer des Arbeitnehmers**	42: 179 16	43	41; 43
6	Nur bei konfessionsverschiedener Ehe: **Kirchensteuer für den Ehegatten** (lt. Abschnitt IV Nr. 6 Ihrer Lohnsteuerkarte)	44: 179 16	45	45
7	**Vermögenswirksame Leistungen** – Zulagensatz 16/26 v. H.: Lebensversicherungsvertrag (Versicherungsunternehmen und Vertragsnummer)		54 —	54; Institutsschlüssel zu Kz 54
8	Sparvertrag (Kreditinstitut, Nr. und Datum des Vertrags)		58 —	55; 58
9	Vermögensbeteiligungen (Vertragsart, Unternehmen, Nr. und Datum des Vertrags)		52 —	Institutsschlüssel zu Kz 58; 59
10	Zulagensatz 23/33 v. H.: Bausparbeiträge (Bausparkasse, Nr. und Datum des Vertrags)		56 —	52; Institutsschlüssel zu Kz 52
11	Andere Anlage(n) (Anlageart, Unternehmen, Nr. und Datum des Vertrags)		60 —	64; 56
12	**Ausgezahlte Arbeitnehmer-Sparzulage**		51	Institutsschlüssel zu Kz 56; 57
13	**Kurzarbeiter- und Schlechtwettergeld** (Beträge lt. Lohnsteuerkarte)	34 Ausgezahlter Betrag —	19 Bruttobetrag —	60
14	**Arbeitslosengeld, Arbeitslosenhilfe, Arbeitslosenbeihilfe, Überbrückungsgeld** (Bruttobetrag lt. Bescheinigung des Arbeitsamts)	—	Summe der Zeilen 14 u. 15	Institutsschlüssel zu Kz 60; 61; 51
15	**Aufstockungsbeträge nach dem Altersteilzeitgesetz** (lt. Lohnsteuerkarte / besonderer Bescheinigung des Arbeitgebers)	+ —	20 —	34
16	**Angaben über Zeiten und Gründe der Nichtbeschäftigung** (Nachweise bitte beifügen)			19
17				20; 14
18	**Steuerfreier Arbeitslohn für Tätigkeit im Ausland** nach Doppelbesteuerungsabkommen (DBA), Auslandstätigkeitserlaß (ATE) – Staat	39 DBA —	36 ATE —	47 ESt zu Kz 14
19	**Arbeitslohn für mehrere Jahre** – Antrag auf Verteilung auf mehrere Jahre durch Veranlagung (§ 34 Abs. 3 EStG)	auf andere Jahre entfallender Arbeitslohn ▶	14 —	37 Einkünfte zu Kz 66
20	Bei Jahresausgleich: Einbeziehung wird beantragt	13 Arbeitslohn — ; 46 Lohnsteuer; 48 Kirchenst. Arbeitn.	49 Kirchenst. Ehegatte	32; 33
21	**Entschädigungen** sind einzubeziehen – zur Anwendung des ermäß. Steuersatzes / in d. Jahresausgleich (ohne Ermäßigung)	66 Arbeitslohn — ; 80 Lohnsteuer; 84 Kirchenst. Arbeitn.	87 Kirchenst. Ehegatte	Kz / Wert
22	**Versorgungsbezüge** (im Bruttoarbeitslohn – Zeilen 3 und 20 – enthalten)	aus einem früheren Dienstverhältnis; aus allen weiteren früheren Dienstverhältnissen	davon Bezüge mit ausgezahlter Berlin-Zulage lt. Lohnsteuerkarte	26; 22
23		32 — ; 33 —	23 —	zu Zeile 26: § 22 BerlinFG; 38
24	**Berlinvergünstigung** – Nach dem Berlinförderungsgesetz ausgezahlte **Arbeitnehmerzulagen** lt. Lohnsteuerkarte		26	zu Zeile 26: § 21 BerlinFG; 21
25	**Nur ausfüllen** bei Abgabe des Vordrucks **in** Berlin (West) – In Zeilen 3, 20 und 21 enthaltene Arbeitslöhne (ohne Versorgungsbezüge), die **nicht** aus Berlin (West) sind		22 —	16
26	**Nur ausfüllen** bei Abgabe des Vordrucks **außerhalb** von Berlin (West) – In Zeilen 3, 20 und 21 enthaltene Arbeitslöhne, für die **Berlin-Zulagen** ausgezahlt worden sind		—	17; 65
27	Grenzgänger nach – Beschäftigungsland	Arbeitslohn ▶	16 in ausländ. Währung —	Länderschlüssel 67 (Arbeitgeber-FA)
28	Steuerpflichtiger Arbeitslohn, von dem kein Steuerabzug vorgenommen worden ist	65 Streikgelder —	15 andere Beträge —	St-Kl. 68; Geschl. 69
29	Steuerfrei erhaltene Aufwandsentschädigung – aus der Tätigkeit als		Betrag	86

Zu **Arbeitslohn, Beschäftigungszeiten, Steuerabzüge . . .**

Die Anlage N ist von jedem Arbeitnehmer, d. h. ggf. auch von dem Ehegatten, gesondert auszufüllen.

Soweit ein Beschäftigungsverhältnis vorlag, ergeben sich entsprechende Angaben aus der LSt-Karte bzw. der LSt-Bescheinigung des Arbeitgebers, die hier zu übertragen sind. Dies gilt auch für vermögenswirksame Leistungen nach dem 5. VermBG (vgl. Seiten 103/4). Die Berechtigung der Arbeitnehmersparzulage hat der Arbeitgeber *nicht* zu prüfen, ggf. kann sich hieraus für den Arbeitnehmer eine Rückzahlungsverpflichtung ergeben.

Beschäftigungslose Zeiten sind mit Begründung in die Zeilen 15 und 16 einzutragen, empfangenes Arbeitlosengeld usw. in Zeile 14, dagegen Kurzarbeitergeld etc. laut LSt-Karte in Zeile 13. Wegen des Progressionsvorbehalts für diese Bezüge vgl. die Seiten 42 + 43. Wegen Entschädigungen im Sinne § 34 Abs. 2 EStG (Zeile 21) wird auf die Seiten 10, 11, 30 und 49 verwiesen.

Die Angaben bei Zeile 23 betreffen Versorgungsbezüge (vgl. Seite 15), verbunden mit einem steuerlichen Freibetrag.
Für Berlin-Bezüge in den Zeilen 24–26 bestehen steuerliche Tarifbegünstigungen von generell 30 %, die möglicherweise durch steuerfreie Zulagen zum Arbeitslohn bereits abgegolten sein können (vgl. hierzu Seite 31).

Zum steuerpflichtigen Arbeitslohn gemäß Zeile 28, von dem ein Steuerabzug *nicht* vorgenommen wurde, können Bezüge von ausländischen Arbeitgebern sowie auch von Dritten gezahlter Arbeitslohn oder Streikunterstützungen zählen.

In die Zeile 29 sind steuerfrei gezahlte Aufwandsentschädigungen aus öffentlichen Kassen und solche aus nebenberuflicher Tätigkeit, beispielsweise als Ausbilder, Übungsleiter und Erzieher, einzutragen. Die Steuerfreiheit besteht gemäß § 3 Ziff. 26 EStG bis zu einem Jahresbetrag von DM 2400,–, wenn diese Tätigkeit der anerkannten Förderung gemeinnütziger, mildtätiger oder kirchlicher Zwecke gedient hat. Nicht in jedem Fall sind sie aber tatsächlich steuerfrei, wie die Rechtsprechung zeigt (vgl. Abschnitt 7 LStR).

Zeile		
31	Ich habe in 1989 bezogen: ☐ beamtenrechtliche od. gleichgestellte Versorgungsbezüge ☐ Altersruhegeld aus der gesetzlichen Rentenversicherung	Vorsorgepauschale gekürzt = 1 ungekürzt = 2
32	Es bestand 1989 **keine gesetzliche Rentenversicherungspflicht,** jedoch eine Anwartschaft auf Altersversorgung (ganz oder teilweise ohne eigene Beitragsleistung) aus dem aktiven Dienstverhältnis	35
33	☐ als Beamter ☐ als Vorstandsmitglied/ GmbH-Gesellschafter-Geschäftsführer — als	Kz Wert
34	Das aktive Beschäftigungsverhältnis bestand 1989 ☐ während des ganzen Jahres — nur vom – bis — Arbeitslohn für diesen Teil des Jahres ▸ DM	
35	Es bestand 1989 **keine gesetzliche Rentenversicherungspflicht** und auch keine Anwartschaft auf Altersversorgung oder eine Anwartschaft nur aufgrund eigener Beitragsleistung aus der Tätigkeit	Summe der Zeilen 34 und 36
36	☐ als Vorstandsmitglied/ GmbH-Gesellschafter-Geschäftsführer ☐ im Rahmen v. Ehegattenarbeitsverträgen, die vor dem 1. 1. 1967 abgeschlossen wurden — als (z. B. Praktikant, Student) — Arbeitslohn DM	12
37	**Werbungskosten** — **Fahrten zwischen Wohnung und Arbeitsstätte**	Kz Wert
38	Aufwendungen für Fahrten mit eigenem ☒ Pkw ☐ Motorrad/ Motorroller — Letztes amtl. Kennzeichen *M-RH-4711* ☐ Moped/Mofa ☐ Fahrrad	
39	Arbeitstage je Woche *5* — Urlaubs- und Krankheitstage *39* — **Erhöhter Kilometersatz wegen Behinderung** ☐ Behinderungsgrad mindestens 70 ☐ Behinderungsgrad mindestens 50 und erhebliche Gehbehinderung	
40	Arbeitsstätte in (Ort und Straße) – ggf. nach besonderer Aufstellung – *München 2, Türkenstr. 5* — benutzt an Tagen *210* — einfache Entf. (km) *12* — Ständig wechselnde Einsatzstelle vom – bis	Tage km Pf
41	*(DM 1.084)*	70 / 71
42		72
43	Aufwendungen für Fahrten mit öffentlichen Verkehrsmitteln — 74	74
44	Vom Arbeitgeber in 1989 für Fahrten zwischen Wohnung und Arbeitsstätte **steuerfrei** ersetzte Fahrkosten — 73	73
45	**Beiträge zu Berufsverbänden** (Bezeichnung der Verbände) *Gewerkschaft* — DM *240*	Kz Wert
46	**Aufwendungen für Arbeitsmittel** (Art der Aufwendungen) *Fachliteratur (vgl. Belege 1-8)* + *210*	
47	**Weitere Werbungskosten** (z. B. Fortbildungs- und Reisekosten) – soweit nicht steuerfrei ersetzt – *Auto-Unfall auf Dienstreise am 28.9.89/9.45 Uhr* *1.344*	
48	*vergl. Rechnung und beigefügte Bestätigung* *Gebühren von Bank für Gehaltskonto, pauschal* *30* ▸ 77 *1.824*	77
49	**Mehraufwendungen für Verpflegung** bei über zwölfstündiger Abwesenheit von der Wohnung	Kz Wert
50	Arbeitszeit von – bis Uhr — Abwesenheit von – bis Uhr — Zahl d. Tage × 3 DM = DM	
51	ständig wechselnden Einsatzstellen und über zehnstündiger Abwesenheit von der Wohnung	
52	Arbeitszeit von – bis Uhr — Abwesenheit von – bis Uhr — Zahl d. Tage × 5 DM = DM — **Vom Arbeitgeber steuerfrei ersetzt** ▾	
53	Berufskraftfahrern mit Fahrtätigkeit — über 6 Stunden Zahl der Tage — über 12 Stunden Zahl der Tage — DM	
54	Art der Tätigkeit — Summe Zeilen 50 bis 53 DM — – DM ▸ 76	76
55	**Mehraufwendungen für doppelte Haushaltsführung** Der doppelte Haushalt wurde aus beruflichem Anlaß begründet — Beschäftigungsort	
56	Grund — am — und hat seitdem ununterbrochen bestanden bis 1989 — Mein Ehegatte hat sich an meinem Beschäftigungsort aufgehalten vom – bis	Werbungskosten zu Kz 21 oder 38
57	Eigener Hausstand ☐ Nein ☐ Ja, in — seit — Falls nein, wurde Unterkunft am bisherigen Ort beibehalten? ☐ Nein ☐ Ja	25
58	**Kosten d. ersten Fahrt zum Beschäftigungsort u. d. letzten Fahrt zum eigenen Hausstand** ☐ mit öffentlichen Verkehrsmitteln ☐ mit eigenem Kfz. Entfernung km × DM = DM	Werbungskosten zu Kz 22
59	**Fahrkosten für Heimfahrten** ☐ mit öffentlichen Verkehrsmitteln ☐ m. eigenem Kfz. (Entfernung km) — Einzelfahrt DM × Anzahl = DM	28
60	**Kosten der Unterkunft am Arbeitsort** (lt. Nachweis) DM — **Vom Arbeitgeber steuerfrei ersetzt** ▾	Werbungskosten zu Versorgungsbezügen
61	**Mehraufwendungen für Verpflegung** täglich DM × Zahl der Tage = DM	27
62	Summe Zeilen 58 bis 61 DM — – DM ▸ 75	75
63	**Besondere Pauschsätze für bestimmte Berufsgruppen** (Bitte die Berufsgruppe genau bezeichnen und Aufstellung über steuerfreien Ersatz des Arbeitgebers beifügen) — 78	78

Zu Anlage N – Seite 2
Die Zeilen *31 bis 36* sind von Rentnern und Arbeitnehmern *mit Altersversorgung ohne eigenen Beitrag* (z. B. Beamte) auszufüllen, denen nur eine verringerte Vorsorgepauschale zusteht (S. 28).

Werbungskosten Arbeitnehmer*
Der Eintrag erübrigt sich, wenn die Pauschale von DM 564 je AN (*1990* der AN-Pauschbetrag von DM 2 000) *nicht* überschritten wird.
Fahrten Wohnung – Arbeitsstätte (Abschn. 24 LStR)

a) Mit eigenem Pkw/Motorrad

Hierfür werden grunsätzlich *pro aufgerundeten Entfernungskilometer* für den kürzesten Weg, bei offensichtlich wesentlich verkehrsgünstigerer Verbindung** auch für eine längere Wegstrecke, bei Benutzung eines Pkw DM –,43 und eines Motorrads oder Motorrollers DM –,19 als Werbungskosten anerkannt. *Ab 1990 sind es DM –,50 bzw. DM –,22.*

*) Hierunter stehen nicht nur Ausgaben zur Erwerbung, Sicherung und Erhaltung von Einnahmen, sondern sämtliche berufsbedingte Aufwendungen. Objektiv muß ein Zusammenhang mit dem Beruf bestehen, und subjektiv müssen die Ausgaben auch der Berufsförderung dienen. Danach hat der BFH am 28. 11. 80 (BStBl 1981 II, S. 368) Aufwendungen eines AN aufgrund ehrenamtlicher Gewerkschaftstätigkeit anerkannt. Schadensersatzleistungen an den Arbeitgeber wegen Verstoßes gegen Dienstvorschriften (hier: Krediteinräumung an Angehörige) dagegen *nicht* (BFH v. 6. 2. 81, BStBl 1981 II, S. 362). Bei einem (im Außendienst tätigen) AN, der sein Kfz als Arbeitsmittel fast nur beruflich nutzt (hier 95 %), ist auch der nach Diebstahl nicht gedeckte Schaden als außergewöhnliche technische Abnutzung abzugsfähig (BFH v. 29. 4. 83; BStBl 1983 II, S. 586/7). Aufgrund eines Urteils des BFH v. 9. 5. 84 (BStBl 1984 II, S. 560) können auch Gebühren für ein Gehaltskonto Werbungskosten sein; als Kontoführungsgebühren werden sie gemäß Lohnsteuerkartei pro Jahr mit DM 30,– pauschal anerkannt. Berufsbedingte Strafverteidigungskosten sind abzuziehen; nicht aber Geldbußen, die nicht der Schadens-Wiedergutmachung dienen (Ges. v. 1. 8. 84 – BGBl 84, S. 1006). Die Geschenke an Kunden zwecks Umsatzsteigerung sind bei einem Verkaufsleiter (AN) mit erfolgsabhängigen Bezügen ohne analoge Beschränkung gemäß § 4 Abs. 5/1 EStG (DM 50,– pro Kunde im Jahr) voll abzusetzen (BFH v. 13. 1. 84; BStBl 1984 I, S. 315–317). Am 16. 3. 84 (BStBl 1984 II, S. 434/5) wurden Repräsentations- bzw. Bewirtungskosten angesprochen, die durch Kundenbetreuung anfallen können. Hier gelten nicht die (formellen) Einschränkungen des § 4 Abs. 5 Ziff. 2 Satz 2 EStG. Zu Ausgaben Vorgesetzter für Mitarbeiter hat der BFH am 23. 3. 84 (BStBl 1984 II, S. 557–560) gewisse Grundsätze aufgestellt und sehr enge Grenzen gezogen. Ist ein Arbeitnehmer nicht ein volles Jahr, sondern nur ein Teil *unbeschränkt* steuerpflichtig, kann er vor Eintritt der unbeschränkten Steuerpflicht entstandene Aufwendungen *nicht* als Werbungskosten oder Sonderausgaben abziehen (BFH v. 6. 4. 84; BStBl 1984 II, S. 587). Ausgaben berufstätiger Eheleute für eine Kinderpflegerin können auch dann *nicht* abgesetzt werden, wenn nur dadurch die berufliche Tätigkeit beider ermöglicht wird (BFH v. 19. 11. 82 – BStBl 1983 II, S. 297). *Vergleiche hierzu aber Seite 143 für 1990.*

***) und regelmäßiger Benutzung (BFH-Urteil v. 10. 10. 75, BStBl 1975 II, S. 852).*

Daneben* Aufwendungen für Unfallschäden** (vgl. S. 89), und die volle Kfz-Haftpflichtversicherung (S. 100).

Aus flg. Übersicht, die in der Waagerechten 4 Varianten von häufig vorkommenden Arbeitstagen im Jahr und in der Senkrechten *Entfernungskilometer* bringt, läßt sich für 1989 + 1990 der Wert *in DM* für eigene Pkw-Nutzung leicht herauslesen:

Entf.-km	Kosten in DM pro Tag 1990/1989	Kilometer-Pauschale 1990/1989 in DM bei Pkw-Nutzung an Arbeitstagen: 200	210	220	230
8	4,00/ 3,44	800/ 688	840/ 723	880/ 757	920/ 792
10	5,00/ 4,30	1000/ 860	1050/ 903	1100/ 946	1150/ 989
12	6,00/ 5,16	1200/1032	1260/1084	1320/1136	1380/1187
14	7,00/ 6,02	1400/1204	1470/1265	1540/1325	1610/1385
16	8,00/ 6,88	1600/1376	1680/1445	1760/1514	1840/1583
18	9,00/ 7,74	1800/1548	1890/1626	1980/1703	2070/1781
20	10,00/ 8,60	2000/1720	2100/1806	2200/1892	2300/1978
22	11,00/ 9,46	2200/1892	2310/1987	2420/2082	2530/2176
24	12,00/10,32	2400/2064	2520/2168	2640/2271	2760/2374
26	13,00/11,18	2600/2236	2730/2348	2860/2460	2990/2572
28	14,00/12,04	2800/2408	2940/2529	3080/2649	3220/2770
30	15,00/12,90	3000/2580	3150/2709	3300/2838	3450/2967
32	16,00/13,76	3200/2752	3360/2890	3520/3028	3680/3165
34	17,00/14,62	3400/2924	3570/3071	3740/3217	3910/3363
36	18,00/15,48	3600/3096	3780/3251	3960/3406	4140/3561
38	19,00/16,34	3800/3268	3990/3432	4180/3595	4370/3759
40	20,00/17,20	4000/3440	4200/3612	4400/3784	4600/3956

Bei ungeraden Entfernungskilometern ist das Mittel zwischen dem DM-Betrag der vorangegangenen und nachfolgenden geraden Kilometern anzusetzen.

Höhere Beträge können *Behinderte**** mit einer Erwerbsminderung ab 70% oder bei erheblicher Gehbehinderung (mind. 50%) beanspruchen; sie dürfen tatsächliche Kosten oder je Entfernungs-km folgende Pauschalbeträge**** ansetzen:

Kraftwagen	DM –,84	Fahrad mit Motor	DM –,22
Motorrad oder Motorroller	DM –,36	Fahrrad	DM –,12

*) Diese km-Pauschale deckt u. a. *nicht* Unfallkosten bei solchen Fahrten *und* sonstige ihrer Natur nach außergewöhnliche Kosten, die durch nicht vorhersehbare, unabwendbare Schäden entstehen. Möglicherweise fallen hierunter auch Kosten für einen Austauschmotor, wenn der Schaden bei geringer km-Leistung ungewöhnlich und nicht auf ein Mitverschulden zurückzuführen ist (BFH v. 29. 1. 82 – BStBl 1982 II, S. 325).

**) Bei einem Unfall auf Fahrt zur Arbeit, aber *nicht* von der Wohnung, sind die Kosten grundsätzlich *nicht* abzugsfähig (BFH v. 25. 3. 88 – BStBl 1988 II, S. 706).

***) Bei Blinden und anderen Körperbehinderten, die ein Kfz nicht selbst lenken können, werden pro Tag je 2 Hin- und Rückfahrten anerkannt, d. h. *eine* Hin- und Rückfahrt des Behinderten und die Leerfahrt (BFH v. 2. 12. 1977 – BStBl 1978/II, S. 260).

****) Diese Pauschbeträge galten bisher auch für *zusätzliche* Fahrten zur Arbeitsstätte aus *betrieblichen Gründen* und *außerhalb der normalen Arbeitszeit.* Fraglich aber ab 1990.

Ganz generell können Fahrten zwischen Wohnung und Arbeitsstätte pro Tag nur einmal geltend gemacht werden; es gehören auch Mittagsheimfahrten bei Behinderten grundsätzlich zu den allgemeinen Kosten der Lebenshaltung (Beschluß des BFH v. 2. 4. 76 – BStBl 1976 II, S. 452). Erwähnenswert hier, daß ein Arbeitgeber *ab 1990* keinen *steuerfreien* Ersatz für Fahrten Wohnung–Arbeitsstätte mehr leisten darf.
Für *Arbeitnehmer mit mehrfachem Wohnsitz* hat der BFH in 4 Urteilen am 10. 11. 78 und am 2. 2. 79 (BStBl 1979 II, Seiten 219–228 und S. 338) wie folgt Richtlinien für die Zukunft gegeben:

Bei Wohnsitzverlegung vom Arbeitsort unter Beibehaltung eines zweiten Haushalts am Beschäftigungsort liegt zwar steuerrechtlich keine doppelte Haushaltsführung vor, doch können entsprechend dem Anfall Fahrtaufwendungen (DM –,43 in 1989 und DM –,50 in 1990 pro Entfernungskilometer) von jeder dieser Wohnungen zur Arbeitsstätte geltend gemacht werden, *wenn die weiter entfernt liegende Wohnung Mittelpunkt der Lebensinteressen des Arbeitnehmers ist.* Bei *verheirateten* Arbeitnehmern ist der Mittelpunkt in der Regel dort, wo seine Familie wohnt.
Auch bei Eheleuten, die 2 gemeinsame Wohnungen unterhalten und beide am gleichen Ort arbeiten, kann die weiter vom Arbeitsort entfernte Wohnung Mittelpunkt der Lebensinteressen sein. Bei einem *unverheirateten* Arbeitnehmer befindet sich der Mittelpunkt der Lebensinteressen im allg. an dem Ort, von dem aus er überwiegend zur Arbeitsstätte fährt. So entschieden bei einer Arbeitnehmerin, die bei ihrer Mutter außerhalb des Arbeitsortes noch eine Wohnung unterhielt und von dort 12 Fahrten im Jahr zur Arbeitsstätte zurücklegte. Dagegen wurde anders entschieden im Falle eines Ledigen mit Eigenheim außerhalb seines Arbeitsortes, an den er in der Regel von einer Gemeinschaftsunterkunft seines Arbeitgebers zur Arbeitsstätte gelangt. Hier wurden für 48 Fahrten im Jahr die Entfernungs-km anerkannt.

Ergänzende und interessante Urteile des BFH:

- Auch wenn ein Arbeitnehmer neben seiner Hauptwohnung (örtlicher Mittelpunkt der Lebensinteressen) noch eine weiter entfernt liegende Zweitwohnung hat und tatsächlich von dieser an Wochenenden und in den Schulferien seiner Kinder zur Arbeitsstätte und zurückfährt, kann er *nur* die Pauschsätze für die Entfernungs-km zur näher liegenden Hauptwohnung beanspruchen. Ebenso kann er bei *dadurch* eintretender Wohnungsabwesenheit von mehr als 12 Stunden *nicht* die Pauschale von DM 3,– pro Arbeitstag für Verpflegungsmehraufwand zuerkannt bekommen (BFH-Urteil v. 3. 10. 85; BStBl 1986 II, S. 95). Andererseits hat der BFH am 13. 12. 85 (BStBl 1986 II, S. 221) in *teilweiser Abänderung seiner bisherigen Rechtsprechung* entschieden, daß ein Arbeitnehmer mit 2 Wohnungen, von denen die weiter entfernt liegende Mittelpunkt seiner Lebensinteressen (Hauptwohnung) ist, *ohne jede Entfernungsbegrenzung* wechselweise von beiden Wohnungen aus Fahrten zur und von der Arbeitsstätte als Werbungskosten ansetzen kann.
- Bei Fahrten zwischen Wohnung und Arbeitsstätte ist ein Leasing-PKW mit vertraglicher Übernahme von Kosten, Wertverlust und Risiko einem eigenen Fahrzeug gleichzusetzen. Insoweit können *nicht* tatsächliche km-Kosten, sondern nur die Pauschbeträge anerkannt werden (BFH v. 11. 9. 87 – BStBl 1988 II, S. 12).
- Unterhaltszuschüsse an Gerichtsreferendare unterliegen der Lohnversteue-

rung und Fahrten zu den verschiedenen Ausbildungsstätten sind grundsätzlich solche zwischen Wohnung und Arbeitsstätte und *nicht* Fahrten zu wechselnden Einsatzstellen (BFH-Urteil v. 12. 8. 83; BStBl 1983 II, S. 718–720). Fahrten eines Gerichtsreferendars zur Teilnahme an Arbeitsgemeinschaften sind dagegen Dienstreisen, wenn die Entfernungsvoraussetzung (mind. 15 km) erfüllt ist (BFH-Urteil v. 12. 8. 83; BStBl 1983 II, S. 720/1).
- Taxiausgaben für Fahrten Wohnung – Arbeitsstätte können Werbungkosten sein, wenn sie nach allgemeiner Verkehrsauffassung nicht als unangemessen anzusehen sind (BFH-Urteil v. 20. 5. 80; BStBl 1980 II, Seite 582).

Wegen der Fahrtaufwendungen bei Arbeitnehmern mit ständig welchselnden Einsatzstellen vgl. Seite 86 »Kilometergeld«.

b) Mit öffentlichen Verkehrsmitteln

Die für Bundesbahn, Bus und Straßenbahn angefallenen Ausgaben sind anzusetzen und Erstattungsbeträge anzugeben.

2. *Beiträge zur Berufsverbänden* (Abschn. 28 LStR)

Als Werbungskosten können alle Beiträge zu Berufsständen und sonstigen Berufsverbänden angesetzt werden, soweit der Zweck einer solchen Institution nicht auf einen wirtschaftlichen Geschäftsbetrieb, sondern auf die Förderung der beruflichen Interessen gerichtet ist. Hier kommen die *Beiträge* an Gewerkschaften, Beamtenbund, Refa und andere Berufs- oder Fachverbände in Frage. Dagegen sind *nicht* abzugsfähige Ausgaben für Veranstaltungen der Gewerkschaft oder Berufsverbände, die der Förderung des Allgemeinwissens dienen oder die der Arbeitnehmer anläßlich gesellschaftlicher Veranstaltungen dieser Organisation hat. Ausgaben für fachliche oder berufliche Fortbildungsveranstaltungen oder Lehrgänge können aber Werbungskosten sein.

3. *Aufwendungen für Arbeitsmittel* (Abschn. 30 LStR)

Als Arbeitsmittel sind alle Wirtschaftsgüter zu verstehen, die zur Bewältigung der beruflichen Aufgaben erforderlich sind oder ohne welche die Ausübung des Berufs nicht denkbar ist. Es gehören hierzu Arbeitskleidung, Fachliteratur*, Schreibutensilien, Werkzeuge und ggf. die Einrichtung des Arbeitszimmers**. Ausgaben für Bekleidung und Wäsche gehören grundsätzlich

*) Auch bei einer Lehrkraft sind Kosten für allgemeine Nachschlagewerke (u. a. Brockhaus) nicht Werbungskosten (BFH-Urteil v. 29. 4. 77 – BStBl 1977 II, S. 716). Ausgaben einer Lehrkraft in Sprachen für ein entspr. Nachschlagewerk (hier: 30 Bände) können aber Werbungskosten sein (BFH-Urt. v. 16. 10. 1981 – BStBl 1982 II, S. 67).

**) Auch für wertvolle alte Möbel, hier Schreibtisch und Sessel für ein Arbeitszimmer, kann ungeachtet einer anzunehmenden Wertsteigerung eine Absetzung für Abnutzung als Werbungskosten anerkannt werden (BFH v. 31. 1. 86; BStBl 1986 II, S. 355).

zur privaten Lebensführung, auch wenn die Kleidung im Beruf einen Verschleiß zeigt. Werbungskosten können nur bei typischer Berufskleidung und -wäsche in Betracht kommen, so u. a. bei *Arbeitsschutzkleidung* (Schutzhelme, Overalls, Kühlhauskleidung, Kittel etc.) und besonderer *Kleidung für einzelne Berufe* (Richter, Musiker, Kellner* usw.). Analog zur Kleidung gilt das auch für Pflege, Reinigung und Reparaturen. In Ausnahmefällen** ist auch bei besonders hohem Verschleiß von bürgerlicher Kleidung eine Teilanerkennung möglich, so bei leitenden Hotelangestellten, Spielbankpersonal, Moderepräsentanten usw.

Der Abzug von Ausgaben für Arbeitsmittel setzt voraus, daß sie der Berufsausübung dienen und nicht oder nur unbedeutend*** privat genutzt werden. So Werkzeuge bei Handwerkern, Haarschneidemaschinen bei Friseuren, Fahrräder bei Wachleuten, Zeichenbretter bei Grafikern usw. Es kommt vorwiegend darauf an, daß der Arbeitnehmer die Ausgabe als geeignet für seine Berufsausübung ansieht****. Bei größeren Anschaffungen mit längerer Nutzung ist der Kaufpreis auf die voraussichtlichen Nutzungsjahre zu verteilen. Bei einer Schreibmaschine im Preis von DM 2500,– sind bei einer Nutzungsdauer von 5 Jahren DM 500,– jährlich als Wertminderung

*) Bei einem Oberkellner wurden Ausgaben für Anschaffung, Reinigung usw. eines schwarzen Anzuges als abzugsfähig anerkannt (BFH v. 9. 3. 79 – BStBl 1979 II, S. 519).

**) Selbst ein durch Säureeinwirkung bedingter erhöhter Verschleiß von bürgerlicher Kleidung führt nicht zum Abzug als Werbungskosten. Dies wäre aber möglich, wenn nach objektiven Gesichtspunkten und leicht überprüfbar der berufliche vom normalen Verschleiß abgrenzbar ist (BFH-Urt. v. 24. 7. 1981 – BStBl 1981 II, Seite 781).

***) Bei 2 Internats-Erziehern, welche zwecks Freizeitgestaltung ihrer Schüler sportliche Interessengruppen gründeten und leiteten, wurden die eig. Ausgaben für entspr. Sport-Geräte und -Kleidung insoweit als abzugsfähig anerkannt, als die private Nutzung von ganz untergeordneter Bedeutung angesehen wurde (Badmintonschläger, Fußballstiefel und Hallenturnschuhe); Ablehnung dagegen für Surfausrüstung etc. bei privatem Nutzungsanteil von 15,5 % (BFH v. 21. 11. 86 – BStBl 1987 II, S. 262).

****) Bei einer Lehrkraft für Mathematik und Physik sind die Ausgaben für einen teuren Elektronenrechner (DM 20000,–) bei einer Nutzungsdauer von 10 Jahren voll anerkannt worden. Die gelegentliche Ausleihung an Kollegen bedeutet *nicht* eine teilweise private Kaufveranlassung. Der Umstand, daß ein möglicher Verkaufserlös hier steuerfrei ist, blieb bewußt ohne Einfluß (BFH. v. 15. 5. 1981 – BStBl 1981 II, S. 735).
Bei einer an einem städtischen Konservatorium tätigen Dozentin ist die Anschaffung eines Konzertflügels im Wert von mehr als DM 30000,– als Arbeitsmittel (weil überwiegend berufsbedingt und Privatnutzung untergeordnete Bedeutung) mit einer Nutzungsdauer von 15 Jahren anerkannt worden; auch damit verbundene Kreditzinsen sind Werbungskosten (BFH-Urteil v. 21. 10. 88, BStBl II, S. 356).

anzusetzen. Arbeitsmittel im Wert bis DM 800,– sind im Anschaffungsjahr abzugsfähig. Reparaturen und Unterhalt im Jahr der Ausgaben. Arbeitgeber-Zuschüsse oder Werkzeuggeld, soweit steuerfrei gezahlt, mindern den Ansatz.

5. *Mehraufwendungen für Verpflegung**(Abschn. 22 Abs. 4 + 5 LStR)

Beträgt der Zeitunterschied zwischen dem Verlassen der Wohnung und Rückkehr ständig oder gelegentlich *aus beruflichen Gründen mehr als 12 Stunden*, können insoweit (*sicher bis 1989, Änderung ab 1990 noch möglich*) pauschal DM 3,– pro Tag als Mehraufwendungen für Verpflegung angesetzt werden. Bei Arbeitnehmern *mit ständig wechselnden Einsatzstellen und beruflich bedingter Abwesenheit von mehr als 10 Stunden* (z. B. bei handwerklichen Berufen) sind es DM 5,– pro Tag. Wegen der Sonderregelung für Berufskraftfahrer, *angestellter* Taxifahrer usw. vgl. Fußnote*. Über die länger als 12 Stunden dauernde Abwesenheit wird gewöhnlich eine Arbeitgeber-Bestätigung verlangt. Für die LSt-Ermäßigung reicht in der Regel eine solche vom Vorjahr.

*) Bei Berufskraftfahrern, die am Sitz ihrer Firma nur Wartungsarbeiten oder Kontrollen und dergleichen am Fahrzeug ausüben und ansonsten ständig unterwegs sind, *wird als regelmäßige Arbeitsstätte das Kraftfahrzeug* angesehen. Insoweit werden für sie sowie für Beifahrer oder Begleitpersonen als Verpflegungsmehraufwendungen *ohne* Einzelnachweis grundsätzlich pauschal DM 8,–, wenn sie am Tag *mehr als* 6 Stunden, bzw. DM 16,–, wenn sie mehr als 12 Stunden unterwegs sind, steuermindernd anerkannt. *Nur bei über einen Tag hinausgehenden Fahrten* kann dieser Personenkreis Verpflegungspauschalen nach den für Reisekosten geltenden Bestimmungen (vgl. Seite 116) geltend machen. Berufsfahrer mit regelmäßiger Arbeitsstätte am Betriebssitz, d. h. wenn sie dort auch ständig Lager-, Reparatur- oder Verpackungsarbeiten oder ggf. Abrechnungs- und Büroarbeiten durchzuführen haben, können bei vorübergehender beruflich bedingter Abwesenheit von mehr als 15 km pauschal ihre Mehraufwendungen zu den Reisekostensätzen geltend machen (Abschn. 25a LStR).
Die Rechtsprechung hierzu zeigt folgende interessante Urteile:
- Busfahrer im städtischen Linienverkehr und Straßenbahnführer erhalten bei mehr als 6 Stunden beruflicher Abwesenheit wie Berufskraftfahrer Verpflegungsmehraufwendungen anerkannt (2 Urt. des BFH v. 8. 8. 86 – BStBl 1986 II, S. 824 + 828).
- Einem Linienbusfahrer, der nach 4 Stunden Fahrteinsatz eine halbstündige Pause im Sozialraum seines Arbeitgebers (Stadtwerke) hatte, wurde insoweit die Pauschale von DM 8,– versagt (BFH-Urteil v. 18. 9. 86 – BStBl 1987 II, S. 128).
- Taxifahrer können bei *ununterbrochenem* Einsatz von mehr als 6 bzw. 12 Stunden, d. h. ohne eine Essenspause beim Arbeitgeber (oder daheim) einlegen zu können, grundsätzlich einen Verpflegungsmehraufwand von DM 8,– bzw. DM 16,– pro Arbeitstag geltend machen (BFH-Urteil v. 8. 8. 86 – BStBl 1987 II, S. 184).
- Selbst wenn Straßenreiniger über 6 Std. Außendienst haben, steht ihnen *kein* Pauschbetrag für Verpflegungsmehraufwand zu (BFH v. 11. 12. 87 – BStBl 1988 II, S. 445).

6. *Mehraufwendungen für doppelte Haushaltsführung* *
(Abschnitt 27 LStR; § 6 LStDV; § 8a EStDV)

Notwendige Mehraufwendungen infolge einer aus *beruflichem Anlaß begründeten doppelten Haushaltsführung, ohne Rücksicht aus welchen Gründen und für welche Zeit dieser Zustand beibehalten wird,* sind Werbungskosten. Für Gastarbeiter vgl. hierzu ab S. 32.

Der *berufliche Anlaß* wird regelmäßig anerkannt, wenn ein verh. Arbeitnehmer eine Tätigkeit an einem auswärtigen Ort aufnimmt, seinen Familienwohnsitz aber am bisherigen Arbeitsort beibehält *als Mittelpunkt der Lebensinteressen* und eine Wohnung oder Zimmer am neuen Beschäftigungsort anmietet. Dagegen liegt beruflicher Anlaß in der Regel** *nicht* vor, wenn ein Familienwohnsitz nach auswärts verlegt wird unter Beibehaltung einer Wohnung am Arbeitsort*, oder wenn ein lediger AN bei gleichzeitiger Gründung eines vom Arbeitsort entfernten Familienwohnsitzes heiratet, ohne die bisherige Wohnung aufzugeben.
Bei ledigen Arbeitnehmern wird zwar eine doppelte Haushaltsführung steuerlich grundsätzlich *nicht* anerkannt, doch werden bei beruflichem Anlaß für eine Wohnung am neuen oder erstmaligen Arbeitsort unter bestimmten Voraussetzungen, u. a. dem Nachweis der Beibehaltung des bisherigen Wohnsitzes als Mittelpunkt der Lebensinteressen, in begrenztem Umfange Mehrausgaben für Verpflegung und Miete sowie Aufwendungen für *wöchentliche* Heimfahrten als Werbungskosten anerkannt.
Es entstehen einem Arbeitnehmer zwangsläufig Mehraufwendungen wegen doppelter Haushaltsführung, wenn er einen eigenen Hausstand*** unterhält, zu dem er nicht täglich zurückkehrt,

*) Ein verheirateter Arbeitnehmer mit anerkanntem doppelten Haushalt kann *entweder* die dadurch bedingten und steuerlich abzugsfähigen Mehraufwendungen (mit 1 Heimfahrt pro Woche) *oder aber statt dessen* unbeschränkt sämtliche Fahrten zwischen Familienwohnung und Arbeitsstätte (mit der Entfernungskilometer-Pauschale bei Kfz-Nutzung) als Werbungskosten ansetzen (BFH v. 9. 6. 88 – BStBl 1988 II, S. 990). Dieser Entscheidung lagen 179 Pkw-Heimfahrten im Jahr bei 163 km Entfernung zugrunde.
**) Wird der Familienwohnsitz als Folge *nicht*selbständiger Arbeitsaufnahme der Ehefrau an einem auswärtigen Ort (mit Umzug Kinder) verlegt, kann dies für den am alten Wohnsitz verbleibenden Ehemann als Arbeitnehmer zum steuerlich anzuerkennenden »doppelten Haushalt« führen (BFH-Urteil v. 2. 10. 87 – BStBl 1987 II, S. 852).
***) Lebt ein Arbeitnehmer in *nicht*ehelicher Gemeinschaft mit einer Frau und *deren* Kind im gemeinsamen Haushalt, so kann im Sinne der doppelten Haushaltsführung (und im Gegensatz zum Zusammenleben mit einer Frau *und ein Kind beider*) ein Familienhausstand *nicht* vorliegen (BFH-Urteil v. 21. 10. 88 – BStBl 1989 II, S. 561).

weil er außerhalb beschäftigt ist und dort wohnt. Als eigener Hausstand ist eine beibehaltene Wohnung mit Einrichtung entspr. den Lebensbedürfnissen des Arbeitnehmers anzusehen, in der hauswirtschaftliches Leben herrscht, an dem er sich sowohl finanziell als auch durch persönliche Mitwirkung maßgeblich beteiligt.

Sind die Voraussetzungen für die steuerliche Anerkennung eines doppelten Haushaltes gegeben, können Arbeitnehmer grundsätzlich* wie folgt Werbungskosten geltend machen, worauf aber Ersatzleistungen des Arbeitgebers anzurechnen sind:

- Die tatsächlichen *Fahrtkosten* oder bei Benutzung eines eigenen Wagens DM –,42 pro km für die *erste* Fahrt zum Beschäftigungsort *und die letzte* Fahrt von dort zum eigenen Hausstand. Des weiteren Fahrtkosten für eine Familienheimfahrt** *pro Woche*, bei eigenem Kfz gilt je Entfernungs-km der Satz für Fahrten Wohnung–Arbeitsstätte; (1989 = DM –,43, ab 1990 = DM –,50).
- Mehraufwendungen für Verpflegung*** *ohne Einzelnachweis* für die *ersten 2 Wochen* seit Beginn der Beschäftigung am *inländischen* Tätigkeitsort entsprechend den nach Arbeitslohn gestaffelten Tagessätzen für Dienstreisen (vgl. S. 91) mit DM 42/44/46, oder am *ausländischen* Arbeitsplatz bis zu dem für das entspr. Land geltenden, ebenfalls nach Höhe des Arbeitslohns gestaffelten Tagesspesensatz (vgl. S. 92). Unmittelbar vorangehende Dienstreisen sind auf die ersten 2 Wochen anzurechnen.
  Nach *Ablauf der ersten 2 Wochen* werden ohne Einzelnachweis im *Inland* DM 16,– und im *Ausland* 40 % des maßgebenden Auslandsspesensatzes anerkannt.
- Übernachtungskosten, wenn nicht der Arbeitgeber die Unterkunft stellt, im Inland in nachgewiesener Höhe, soweit ange-

*) Bei einem verheirateten, auf Wochen oder Monate zu Lehrgängen abkommandierten Bundeswehrsoldaten, der bei kostenfreier Unterkunft und ständiger Verpflegung gegen geringes Entgelt nicht erhebliche Ausgaben hat, würden die Verpflegungspauschalen zu einer offensichtlich unzutreffenden Besteuerung führen.

**) Wird dem Arbeitnehmer hierfür ein firmeneigener Pkw zur Verfügung gestellt, ergibt sich hieraus (ausgenommen Körperbehinderte im Sinne der Ausführungen auf S. 59) ein zu versteuernder Vorteil von DM –,34 (für 1989 noch DM –,41) pro Entfernungskilometer. Bei zusätzlichen Zwischenheimfahrten sind und bleiben es DM –,84.

***) Führen bei »doppelter Haushaltführung« die Pauschbeträge für Verpflegungsmehraufwand zu einer unzutreffenden Besteuerung, d.h. wenn die unter ihrer Berücksichtigung verbleibenden Nettoeinnahmen für den Lebensunterhalt des Arbeitnehmers und seiner Familie offensichtlich nicht mehr ausreichen können, entfällt oder verringert sich ihr Ansatz (BFH-Urteil v. 29. 4. 88 – BStBl 1988 II, S. 780).

messen. *Im Ausland* während der ersten 2 Wochen der für Reisen nach Arbeitslohn und Ländergruppen maßgebende Satz (vgl. S. 121) und danach 40 % davon. Unmittelbar vorangegangene Reisen werden auf die ersten 2 Wochen angerechnet.

Es können auch tatsächliche Verpflegungs-Mehrkosten berücksichtigt werden, wobei jedoch überhöhte Aufwendungen und die übliche Haushaltsersparnis (⅕ der Kosten für Verpflegung, maximal DM 6,– pro Tag) abzusetzen sowie folgende Verpflegungs-Höchstsätze bei *über* DM 50 000,– bzw. im Ausland über DM 40 000,– liegenden Einkünfte zu beachten sind:

Inland pro Tag DM 64,–, nach 2 Wochen DM 22,–

Ausland pro Tag für die ersten 2 Wochen (danach noch 40 %)

Ländergruppe I	DM 70,–	Ländergruppe III	DM 113,–
Ländergruppe II	DM 92,–	Ländergruppe IV	DM 134,–

Im Zeitraum der doppelten Haushaltsführung können die Mehraufwendungen für Verpflegung entweder nur mit den Pauschsätzen *oder* auf Basis der nachgewiesenen bzw. glaubhaften Ausgaben anerkannt werden. Ein Wechsel ist nicht statthaft.

Bei Ledigen und Alleinstehenden kann in der Regel nach der steuerlichen Rechtsprechung eine doppelte Haushaltsführung nicht vorliegen, da sie die Voraussetzungen für einen eigenen Hausstand nicht erfüllen, vor allem das Zusammenleben mit finanziell von ihnen vor und nach Aufnahme der auswärtigen Beschäftigung abhängigen Personen. Da aber dieser Personenkreis u. a. bei Aufnahme der Tätigkeit in einem anderen Ort oft zwangsläufig die bisherige Unterkunft oder Wohnung noch nicht aufgeben kann, werden dadurch bedingte Mehraufwendungen als allgemeine Werbungskosten wie folgt anerkannt:

- für die ersten 2 Wochen der auswärtigen Tätigkeit sind hinsichtlich der Verpflegungs- und Übernachtungskosten die Bestimmungen für Arbeitnehmer *mit* anerkannter doppelter Haushaltsführung anzuwenden, ebenso für die erste Fahrt zum Beschäftigungsort und die letzte Fahrt vom Tätigkeitsort;
- pro Woche die Kosten für *eine* Heimfahrt analog zu den Fahrten zwischen Wohnung und Arbeitsstätte (vgl. S. 73);
- nach Ablauf von 2 Wochen können die Kosten der Unterkunft weiterhin entsprechend den Bestimmungen für Arbeitnehmer mit anerkannter Führung eines doppelten Haushalts angesetzt werden, dagegen Mehraufwendungen für Verpflegung zwar grundsätzlich weiterhin *nicht*, doch gilt das bei entspr. Nachweis oder Glaubhaftmachen von Mehraufwendungen nicht

mehr für den Kreis der nur vorübergehend, längstens 2 Jahre auswärts Beschäftigten, wie bei Lehrgängen, Abordnungen, Probezeit etc. Voraussetzung ist immer, daß der Mittelpunkt des Lebens am bisherigen Wohnort beibehalten wird und der AN »voraussichtlich wieder an diesen Wohnort zurückkehrt«. Arbeitnehmer, die nur an ständig wechselnden Einsatzorten beschäftigt werden und dort einen doppelten Haushalt begründen, oder mangels dessen dort notwendige Mehrausgaben haben, können (ggf. nach Abzug entspr. Auslösungen) für die ersten drei Monate am neuen Beschäftigungsort Verpflegungs-Mehrausgaben – ohne Einzelnachweis – in Höhe der Reisekosten-Pauschbeträge (vgl. S. 90–92) geltend machen.

Interessante Rechtsprechung des BFH zum doppelten Haushalt:

- Bei anerkannter doppelter Haushaltsführung und berufsbedingter Unabkömmlichkeit des Ehemanns als Arbeitnehmer (hier tätig auf einem Schiff im Ausland) können auch Ausgaben für den Besuch durch die Ehefrau und von Kindern mangels möglicher Familienheimfahrten als Werbungskosten anerkannt werden. Der Abzug darf aber nicht höher liegen, als der Arbeitnehmer bei seinen Familienheimfahrten hätte berücksichtigen können (BHF-Urteil v. 28. 1. 83 – BStBl 1983 II, Seite 313).
- Als nicht notwendig angesehen wurden überhöhte Mietaufwendungen am Dienstort (hier: Anerkennung von nur 50 %). Dabei Aufteilung in beruflich und gesellschaftlich bzw. privat veranlaßte Ausgaben (BFH-Urteil v. 16. 3. 79 – BStBl 1979 II, S. 473).
- Das einem Beamten nach Versetzung *ins Ausland* in Prozenten vom Grundgehalt und Ortszuschlag steuerfrei gezahlte Trennungsgeld schließt Kosten für gelegentliche Heimfahrten ein. Nur soweit sämtliche Aufwendungen der doppelten Haushaltsführung incl. Heimfahrten höher liegen, ist ein Abzug als Werbungskosten möglich (BFH-Urteil v. 14. 11. 86 – BStBl 1987 II, S. 385).
- »Doppelte Haushaltsführung« kann auch dann vorliegen, wenn ein Arbeitnehmer seine Familienwohnung vom Beschäftigungsort nach außerhalb verlegt und erst Jahre später *berufsbedingt* einen zweiten Haushalt dort wieder begründet. Ein enger Zusammenhang zwischen der Wohnsitzverlegung vom Beschäftigungsort und der Begründung eines zweiten Haushalts am Beschäftigungsort muß dabei ausgeschlossen sein (BFH-Urteil v. 30. 10. 87 – BStBl 1988 II, S. 358).
- Wird ein Arbeitnehmer im Rahmen anerkannter doppelter Haushaltsführung bei der wöchentlichen Familienheimfahrt von seiner Frau mit dem PKW zwecks Rückreise zum Bahnhof gefahren und verschuldet seine Frau danach auf der direkten Rückfahrt zum Familienwohnsitz einen Unfall, so sind die dadurch verursachten Kosten bei ihm grundsätzlich abzugsfähig (BFH-Urteil v. 26. 6. 87 – BStBl 1987 II, S. 818).
- Hat ein AN seinen Familiensitz vom Arbeitsort wegverlegt, *ohne* einen doppelten Haushalt zu führen, begründet er aber Jahre später aufgrund schwerer Erkrankung und seiner Folgen einen Hausstand am gleichen Arbeitsort, kann eine *beruflich* veranlaßte »doppelte Haushaltsführung vorliegen (BFH v. 22. 9. 88 – BStBl 1989 II, S. 94).
- Als Mehraufwendungen bei »doppeltem Haushalt können auch Telefonate (ggf. mit anteiligen Grundgebühren) anerkannt werden, die *statt* einer Familienheimfahrt an Wochenenden geführt werden (BFH-Urteil v. 18. 3. 88 – BStBl 1988 II, S. 988).

*4. Andere Werbungskosten**

In alphabetischer Folge sind dies im wesentlichen:

*a) Arbeitszimmer***(Abschnitt 29 LStR)

Grundsätzlich werden Kosten für ein häusliches Arbeitszimmer nicht als Werbungskosten anerkannt. Eine Ausnahme hiervon ist möglich, wenn nachweislich feststeht, daß das Zimmer so gut wie ausschließlich für berufliche Zwecke genutzt wird und das Mobiliar einem Arbeitszimmer entspricht. Die Grenzen werden sehr eng gezogen. Zu den Ausnahmen können Richter und Lehrer zählen, denen ansonsten vielfach kein geeigneter Arbeitsraum zur Verfügung steht.

b) Arztkosten bei Berufskrankheit

Bei einer typischen Berufskrankheit (Bleivergiftung, Staublunge-Erkrankungen usw.) sind Arztkosten ebenso wie dadurch bedingte Arzneikosten Werbungskosten.

c) Berufskrankheit

Krankheitskosten sind in der Regel, ebenso wie Aufwendungen für Badekuren, Erholungen etc., Kosten der Lebenshal-

*) Es gibt eine Vielzahl von Möglichkeiten, Werbungskosten anzusetzen; so gehören auch Kleinbeträge dazu, wie vereinzelt berufsbedingte Portokosten, Gebühren für Stadttelefonate und Parkuhren, die glaubhaft gemacht und pauschal angesetzt werden sollten, oder selten vorkommende und nicht erstattete Aufwendungen, wie bei Kassendefizit oder bei nur beruflich veranlaßten Versicherungen oder Rechtschutz. Sofern die Pauschale von DM 2000,– (bis 1989 DM 564,–) erreicht werden kann, sollten auch Kontoführungsgebühren mit DM 30,– im Jahr angesetzt werden; sie wurden bisher aufgrund eines Urteils des BFH v. 9. 5. 84 (BStBl 1984 II, S. 560) insoweit pauschal anerkannt.

**) Im Falle eines Lehrerehepaares im eigenen Einfamilienhaus wurden die anteiligen Aufwendungen (incl. Schuldzinsen, AfA, Versicherungen etc.) für 2 Arbeitsräume auf Quadratmeterbasis zur gesamten Wohnfläche anerkannt (BFH v. 18. 10. 83; BStBl 1984 II, S. 112/3). Besitzen Eheleute je zur Hälfte eine Eigentumswohnung, in der einer von ihnen ein anerkanntes Arbeitszimmer hat, so kann dieser mit der Anschaffung der Wohnung verbundene Schuldzinsen anteilig für diesen Raum *voll* (und nicht zur Hälfte) als Werbungskosten ansetzen (BFH-Urteil v. 3. 4. 87 – BStBl 1987 II, S. 623). Bei einem anerkannten Arbeitszimmer (hier: Studienrat) im eigenen, den Eheleuten zu je 50 % gehörenden Einfamilienhaus können die Gebäude-Afa nach §7b EStG und mit 2 % gemäß § 7 EStG für die *über* der entspr. Abschreibungsgrenze liegenden Anschaffungs- oder Herstellungskosten *voll im Verhältnis Arbeitszimmer zur Gesamtwohnfläche* des Hauses in die Werbungskosten einbezogen werden (BFH-Urteil v. 12. 2. 88 – BStBl 1988 II, S. 764). Insoweit mindern sie aber eine weitere AfA-Möglichkeit für den Gebäude-Anteil beim Arbeitnehmer.

Die objektive Notwendigkeit eines Arbeitszimmers bedeutet noch nicht steuerliche Anerkennung. Bei einer in der Regel langen Arbeitszeit außerhalb kann eine geringe private Nutzung zur Ablehnung führen (BFH v. 26. 4. 85; BStBl 1985 II, S. 467).

tung und können lediglich unter gewissen Voraussetzungen im Rahmen der »außergewöhnlichen Belastungen« geltend gemacht werden. Eine Ausnahme hiervon bilden die bei einer typischen Berufskrankheit entstehenden Ausgaben, die, soweit sie vom Arbeitnehmer selbst zu tragen sind, als Werbungskosten anerkannt werden. Als typische Berufskrankheiten gelten Silikose, Bleivergiftung usw., gewöhnlich aber nicht Kreislaufstörungen, Beinleiden sowie ganz allgemein innere Krankheiten. Maßgebend für die Anerkennung einer Berufskrankheit sind die sozialversicherungsrechtlichen Vorschriften bzw. die Berufskrankheiten-Verordnung. Aufwendungen für Erholungen oder Badekuren können ebenfalls Werbungskosten sein, wenn sie als geeignete Maßnahme zur Wiederherstellung der Gesundheit oder als Vorbeugemaßnahme gegen eine solche Krankheit anzusehen sind. Aufwendungen, die im Zusammenhang mit Berufsunfällen stehen, sind, soweit sie durch Berufsgenossenschaft und Krankenkasse sowie Arbeitgeber nicht abgegolten werden, bei Anerkennung der Notwendigkeit ebenfalls Werbungskosten.

d) *Bewerbungskosten*

Die mit der Bewerbung um eine Stellung verbundenen, an Bedeutung leider stark zugenommenen Aufwendungen (z. B. beim Wechsel des Arbeitgebers) sind Werbungskosten. Es entstehen hier oft neben geringfügigen Ausgaben (Porti, Fotos, Fotokopien) höhere Aufwendungen durch Insertion und ggf. durch nicht erstattete Fahrtkosten bei Vorstellungen, oder durch notwendige auswärtige Übernachtungen etc.

e) *Fortbildungskosten* (Abschn. 22 Abs. 6 LStR)

Hat ein Arbeitnehmer Ausgaben, um seine Kenntnisse *im ausgeübten* Beruf zu vertiefen und besser voranzukommen, so handelt es sich hierbei um typische Fortbildungskosten. Im Gegensatz zu Ausbildungskosten mit begrenztem Abzug (vgl. Seiten 107/108) sind Fortbildungskosten voll abzugsfähig. Dazu gehören u. a. auch Deutsch-Kurse bei im Inland tätigen Ausländern sowie bedingt auch Fremdsprachen-Kurse von Sekretärinnen. Des weiteren Aufwendungen eines Handwerksgesellen zur Ablegung der Meisterprüfung oder die Ausgaben eines Maschinenbau-Gesellen für die Maschinenbau-Ingenieurschule. Dazu zählen aber auch die Aufwendun-

gen anläßlich des Besuchs bestimmter Veranstaltungen der Berufsstände und Berufsverbände, soweit sie dem Zweck dienen, die Teilnehmer beruflich fortzubilden, wie in Verwaltungsakademien oder Volkshochschulen, fachwissenschaftlichen Lehrgängen und fachlichen Vorträgen. Alle damit in Verbindung stehenden Ausgaben, einschließlich Lehrbücher, Fahrtkosten, Schreibmaterial usw., können als Werbungskosten anerkannt werden, soweit sie *nicht* vom Arbeitgeber getragen oder von ihm zwar übernommen, jedoch dem steuerpflichtigen Arbeitslohn zugerechnet wurden. Ebenfalls zum Fortbildungsaufwand gehören Mehraufwendungen für Verpflegung sowie Fahrtkosten und Ausgaben für Übernachtungen. Es können, wenn die Entfernungsvoraussetzungen für Dienstreisen *nicht* vorliegen und die Fortbildung nach der normalen Arbeitszeit stattfindet, bei dadurch längerer Abwesenheit als 12 Stunden von der Wohnung, DM 3,– pro Tag als Verpflegungsmehraufwand angesetzt werden. Ersetzen die Fahrten zur Fortbildung die zwischen Wohnung und Arbeitsstätte, können nur die Pauschbeträge für Entfernungskilometer (Seite 73) bei Nutzung eines Kfz angesetzt werden. Im übrigen werden grundsätzlich auch die für Reisekosten maßgebenden Pauschbeträge als Werbungskosten anerkannt.
Aufwendungen für ein Studium sind grundsätzlich »Ausbildungskosten«; sie können nur dann als Fortbildungskosten angesehen werden, wenn das Studium auf Weisung des Arbeitgebers bei Fortzahlung der Bezüge durchgeführt wird.

Erwähnenswert erscheinen nachstehende BFH-Urteile:

- *In Abänderung der bisherigen Rechtsprechung* sind in 2 BFH-Urteilen v. 28. 9. 84 (BStBl 1985 II, Seiten 87–91) bisher nur beschränkt als Ausbildungskosten im Rahmen der Sonderausgaben abzugsfähige Aufwendungen für Fahrten Wohnung – Arbeitsstätte, wegen doppelter Haushaltführung und für Fachliteratur sowie Arbeitsmittel voll als berufsbedingte Werbungskosten anerkannt worden. Es handelt sich hierbei um 2 fortbestehende (Ausbildungs-)Dienstverhältnisse mit der Bundeswehr; im ersten Fall mit steuerpflichtigem Ausbildungsgeld während der Beurlaubung eines Sanitätsoffiziers-Anwärters zum Zwecke des Zahnmedizin-Studiums und im anderen Falle bei einem Soldaten auf Zeit mit weiterlaufenden Lohnbezügen um die Abkommandierung zu Lehrgängen an der Bundeswehrfachschule zwecks Erreichens der sog. mittleren Reife.
- Ein nicht verheirateter, bei seinen Eltern lebender Arbeitnehmer, der auswärts einen Fortbildungslehrgang (hier 7½ Monate) mitmacht, muß nach Ablauf von 2 Wochen seine Verpflegungsmehraufwendungen nachweisen oder glaubhaft machen. Er kann nicht automatisch die für Verheiratete mit doppelter Haushalts-

führung hierfür anerkannten Pauschsätze beanspruchen (BFH-Urteil v. 15. 11. 82 – BStBl 1983 II, Seite 177).

- Wird im Rahmen eines Dienstverhältnisses die Erlangung des Doktortitels als Fortbildung gefordert und der Arbeitnehmer bei Weiterbezug seines Entgelts hierfür freigestellt, sind die entsprechenden Aufwendungen (im Streitfall die eines Geistlichen) Werbungskosten (BFH-Urteil v. 7. 8. 87 – BStBl 1987 II, S. 780).
- Bei Besuch von Fortbildungsveranstaltungen können Verpflegungs-Mehraufwendungen als Werbungskosten zumindest dann nicht nach den Reisekosten-Grundsätzen abgezogen werden, wenn der Steuerpflichtige zu diesem Zeitpunkt in keinem festen Arbeitsverhältnis steht und nicht nur zeitweilig vom Ort seiner regelmäßigen Arbeitsstätte abwesend ist (BFH v. 23. 8. 79 – BStBl 1979 II, S. 773).
- Holt ein Ehepartner den anderen von einer Fortbildungsstätte ab, handelt es sich um eine berufliche Veranlassung, mit der Folge von Werbungskosten für die gesamte Abholfahrt, also auch für die Anfahrt zum Fortbildungsplatz (BFH-Urt. v. 23. 10. 1981 – BStBl 1982 II, Seite 215).

f) *Kilometergeld* (Abschn. 25 Abs. 7 LStR)

Benutzt ein Arbeitnehmer sein privates Fahrzeug für berufliche Zwecke, kann er bei entsprechendem Nachweis (Fahrtenbuch, Bestätigung des Arbeitgebers) die mit dem Betrieb des Fahrzeugs verbundenen Aufwendungen insoweit als Werbungskosten ansetzen, als sie durch den Arbeitgeber *nicht* erstattet werden. Erhält ein Arbeitnehmer für dienstliche Fahrten keine Erstattung, weil sie im Gehalt eingeschlossen sind oder er dafür monatlich einen versteuerten Pauschalbetrag erhält, kann er anteilig für Berufsfahrten die tatsächlich ermittelten Kosten (vgl. folgende Seiten 87 + 88) oder nachstehende km-Pauschalen als Werbungskosten geltend machen. Ansonsten aber auch die Differenz zu den vom Arbeitgeber steuerfrei erhaltenen geringeren Erstattungen. *Ohne Einzelnachweis* werden grundsätzlich folgende Kilometersätze anerkannt:

– Kraftwagen	DM –,42	– Mofa/Moped	DM –,11
– Motorrad/-roller	DM –,18	– Fahrrad	DM –,06

Dazu kommen bei Mitnahme anderer Arbeitnehmer DM –,03 pro Person beim Kraftwagen und DM –,02 beim Motorrad. Hat ein Arbeitnehmer gemäß vorliegender Bestätigung durch den Arbeitgeber auf Basis von DM –,25 pro km *im 1. Halbjahr 1989* für 8000 allein gefahrene Geschäftskilometer DM 2000,– erstattet bekommen, kann er den Differenzbetrag von DM 1360,– (8000 km à –,42 = DM 3360,– abzgl. DM 2000,– Erstattung) bereits durch Antrag auf Lohnsteuerermäßigung steuermindernd berücksichtigt bekommen, sofern er zuvor bereits *oder dadurch* die Antragsgrenze erreicht hat.

Viele Arbeitnehmer nutzen das privateigene Kfz oft auch beruflich; dies sollten sie beim LSt-Jahresausgleich oder bei der ESt-Veranlagung *nicht* vergessen. *Arbeitnehmer mit ständig wechselnden Einsatzstellen* können, soweit ihre Fahrten nicht denen zwischen Wohnung und Arbeitsstätte entsprechen*, jeweils bis zu 3 Monaten für Fahrten zwischen Wohnung und neuer Arbeitsstelle, *soweit hier die Entfernung mehr als 30 km beträgt* (BFM-Schreiben v. 28. 10. 85 – BStBl 1985 I, S. 637), vorstehende km-Pauschalen oder tatsächliche km-Kosten (vgl. Seite 88) abzgl. Erstattungen ansetzen*.

g) Kraftfahrzeugkosten (Abschn. 25 Abs. 8 LStR)

Statt der Kilometergelder unter f) können auch Arbeitnehmer die ihnen tatsächlich entstehenden Kraftfahrzeugaufwendungen entsprechend dem beruflichen Anteil als Werbungskosten geltend machen, wenn sie den entsprechenden Nachweis führen (vgl. Fußnote 1 auf nächster Seite). Gleiches gilt für die Mehrkosten, die über die vom Arbeitgeber steuerfrei als Zuschuß gezahlten Kilometergelder hinaus entstehen, und ausnahmsweise auch für Körperbehinderte bei Fahrten zwischen Wohnung und Arbeitsstätte oder Familienheimfahrten im Rahmen der doppelten Haushaltsführung, soweit die Erwerbsfähigkeit laut amtlichem Ausweis um mindestens 70 % oder bei erheblich gehbehinderten Arbeitnehmern um 50 % gemindert ist. Bei den tatsächlichen Aufwendungen für das Kraftfahrzeug kann auch eine »Absetzung für Abnutzung« (Wertminderung) berücksichtigt werden, in der Regel pro Jahr mit 25 % vom Anschaffungswert**.

*) Dauert die Beschäftigung an *einer* Einsatzstelle länger als 3 Monate, ist insoweit nur noch *pro Entfernungskilometer* ein Pauschbetrag von DM –,43 bzw. –,50 in 1990 (vgl. Seite 74) als Werbungskosten abzugsfähig (BFH-Urteil v. 14. 7. 78, BStBl 1978 II, Seite 660). Wenn Arbeitnehmer aber ständig vom gleichen Ort aus mit einem Arbeitgeber-Kfz zu den jeweiligen Einsatzstellen befördert werden, können sie nur die Pauschsätze entsprechend den Fahrten Wohnung–Arbeitsstätte für Fahrten mit eigenem Pkw zum gleichbleibenden Anfahrtsort geltend machen (BFH-Urteil v. 11. 7. 80, BStBl 1980 II, Seite 653). In 2 Urteilen vom 2. 11. 84 (BStBl 1985 II, Seiten 139 und 266) und einem Urteil vom 10. 5. 85 (BStBl 1985 II, S. 595) im Falle eines im Umkreis von 12 bis 25 km tätigen Bauarbeiters, hat der BFH entschieden, daß es sich bei Arbeitnehmern, die innerhalb eines überschaubaren Gebietes oder einer Großstadt abwechselnd an verschiedenen Arbeitsplätzen oder Filialen zum Einsatz kommen, *nicht* um Fahrten zu ständig wechselnden Einsatzstellen, sondern um Fahrten Wohnung–Arbeitsstätte handelt.

**) Gemäß BFH-Urteil v. 7. 2. 75, BStBl 1975 II, S. 478, in der Regel 4 Jahre.

Im folgenden *Beispiel* für tatsächliche Kfz-Aufwendungen wurde davon ausgegangen, daß vom Arbeitgeber Zuschüsse in Höhe von DM –,25 je dienstlich gefahrenen km geleistet wurden und sich die Dienstfahrten auf 14 410 km beliefen. Tachostand 1. 1. = 36 120 km, Tachostand 31. 12. = 57 620 km; km-Leistung im Jahr laut Fahrtenbuch: 21 500.

Aufwendungen gemäß Belegmappe:*

Benzin und Öl (inkl. Trinkgeld)	DM	4 741,–
Garage (12 × DM 35,–)	DM	420,–
Inspektionen, Reparaturen, Kleinmaterial	DM	1 468,–
Parkgebühren + Wagenpflege	DM	252,–
Reifen	DM	655,–
Steuer und Versicherung	DM	593,–
Wertminderung wie Vorjahr (25% aus 10 400,–)	DM	2 600,–
Zinsen für Kfz-Finanzierung	DM	128,–
Zusammen	DM	10 857,–

Daraus ergibt sich ein Kostensatz von DM –,505 (statt DM –,42 pauschal, vgl. Seite 86) pro Kilometer, so daß für die dienstlich gefahrenen 14 410 km die tatsächlichen Kosten DM 7277,– betragen. Der nach Abzug der steuerfreien Erstattung durch den Arbeitgeber in Höhe von DM 3602,50 mit DM 3674,50 verbleibende Betrag kann geltend gemacht werden.

Der gleiche Kostensatz von 50,5 Pfennig könnte in diesem Fall von einem schwer körperbehinderten Arbeitnehmer** (gemäß Vorseite) für Fahrten zwischen Wohnung und Arbeitsstätte sowie ggf. Familienheimfahrten angesetzt werden.

Neben den vorstehend ermittelten Kosten für berufliche Fahrten und den Kilometersätzen (vgl. ab S. 73) für Fahrten zwischen Wohnung und Arbeitsstätte, beides Werbungskosten, können nach diesem Beispiel noch 100 % der Haftpflichtversicherung aus dem Anteil der Privatfahrten und der Fahrten Wohnung–Arbeitsstätte als Sonderausgaben geltend gemacht werden.

*) Tatsächliche Kfz-Aufwendungen können *nicht* durch Berufung auf die entsprechenden Tabellen des ADAC nachgewiesen werden (BFH v. 27. 6. 80, BStBl 1980 II, S. 651). Soweit aber nach den Verhältnissen des Einzelfalles über einen Zeitraum von mind. 3 Monaten eine repräsentative Ermittlung der Kosten und des durchschnittlichen Kilometersatzes möglich ist, kann dieser km-Satz für 2 bis 3 Jahre anerkannt werden, falls sich nicht Änderungen in der jährlichen Gesamtfahrleistung ergeben oder in diesem Zeitraum das Kfz gewechselt wird oder die Abschreibungsdauer endet.

**) Bei Übertragung des steuerfreien Pauschbetrages für einen schwer geh- und stehbehinderten Körperbehinderten auf eine andere Person, können von dieser die entspr. Kfz-Aufwendungen geltend gemacht werden (BStBl 1975 II, S. 825).

h) Kraftfahrzeugunfälle (Abschn. 24, Abs. 2 LStR)

Hat ein Arbeitnehmer auf einer Geschäftsfahrt oder auf der Fahrt zwischen Wohnung und Arbeitsstätte mit seinem Kraftfahrzeug einen Unfall, so stellen alle zur Beseitigung der Unfallfolgen anfallenden Aufwendungen – soweit sie nicht erstattet werden – grundsätzlich Werbungskosten dar. Diese Steuervergünstigung wird auch nicht mehr durch einen bewußten oder leichtfertigen Verstoß gegen die Verkehrsvorschriften ausgeschlossen. Lediglich Trunkenheit und im Privatbereich liegende Gründe können noch dazu führen.

Als Aufwendungen im Zusammenhang mit dem Unfall sind neben den Kosten zur Beseitigung von Körper- und Sachschäden auch Prozeßkosten, Schadensersatzleistungen und Wertminderungen anzusehen. Grundsätzlich werden die Aufwendungen nur im Jahr des Anfalls oder bei Wertminderungen im Jahr des Unfalls als Werbungskosten berücksichtigt.

Aus der Rechtsprechung ist hierzu erwähnenswert:

- Die durch einen Unfall mit eigenem Pkw bei einem Umweg mit dem ausschließlichen Zweck des Tankens auf der Fahrt zur oder von der Arbeit entstehenden Aufwendungen können Werbungskosten sein (BFH v. 11. 10. 84; BStBl 1985 II, S. 10).
- Hat ein AN, dem an seinem Arbeitsort (hier: Baustelle) die Möglichkeit zu einer warmen Mahlzeit fehlt, auf der Fahrt zu oder von einer nahe gelegenen und vertretbaren Gaststätte einen Pkw-Unfall, sind die dadurch bedingten Aufwendungen grundsätzlich Werbungskosten (BFH v. 18. 12. 1981 – BStBl 1982 II, Seite 261).
- Die Kosten zur Beseitigung eines bei der Abholfahrt eines Ehegatten von der gemeinsamen Arbeitsstätte am eigenen Pkw durch Unfall entstandenen Schadens können absetzbar sein. Hier hatten die Ehegatten ausnahmsweise nicht die gleiche Arbeitszeit, und der eine wollte den später kommenden Gatten abholen (BFH v. 3. 8. 84; BStBl 1984 II, S. 800).
- Gemäß einem Urteil des BFH vom 10. 3. 78 wurden Unfallkosten *einschließlich* Aufwendungen zur Beseitigung eines dabei an der Garage des Arbeitnehmers entstandenen Schadens anerkannt (BStBl 1978 II, S. 381).
- Holt ein Arbeitnehmer einen Kollegen gefälligkeitshalber zur Fahrt in die gemeinsame Arbeitsstätte ab (gilt auch für den Rückweg) und setzt dies einen Umweg voraus, so fallen Aufwendungen durch einen auf dieser Umwegstrecke eingetretenen Unfall grundsätzlich in die Privatsphäre und sind *nicht* als Werbungskosten anzusehen (BFH-Urteil v. 14. 11. 86 – BStBl 1987 II, S. 275).
- Führt alkoholbedingte Fahruntüchtigkeit zu einem Verkehrsunfall, können daraus *keine* Werbungskosten entstehen; gilt auch bei Unfall auf der Heimfahrt nach einer Betriebsveranstaltung (BFH v. 6. 4. 84; BStBl 1984 II, S. 434–436).
- Unfallkosten bei Fahrten zur Arbeit (und zurück) können nur absetzbar sein, wenn die Fahrten von der *eigenen* Wohnung erfolgen, nicht dagegen von der Wohnung des Freundes; es sei denn, daß diese zusätzlich als gemeinschaftliche Wohnung beider anzusehen ist (BFH v. 26. 8. 88 – BStBl 1989 II, S. 144). Dies war hier noch zu klären; *dagegen* sprach, daß die Arbeitnehmerin nur von ihrer eigenen, weiter entfernt liegenden Wohnung Pkw-Fahrten zur Arbeit angesetzt hat.

i) Reisekosten *(§ 5 LStDV, Abschnitt 25 LStR, § 8 EStDV)
Abzugsfähig sind beruflich veranlaßte Ausgaben infolge vorübergehender Abwesenheit von der regelmäßigen Arbeitsstätte. Das Steuerrecht unterscheidet zwischen *Dienstreise* und *Dienstgang*. Ein Dienstgang liegt bei geringerer Entfernung als 15 km *(ab 1990 20 km)* von der Arbeitsstätte *oder* Wohnung vor. Dauert er länger als 5 *(6 ab 1990)* Stunden, können vom Arbeitgeber ohne Nachweis von Ausgaben DM 3,– *(1990 = DM 8,–)* steuerfrei gezahlt werden, andernfalls sie Werbungskosten sind. Werden tatsächliche Kosten nachgewiesen, sind max. DM 19,– anzuerkennen.
Eine Dienstreise liegt vor, wenn ein Arbeitnehmer mindestens *15 (ab 1990 = 20) Kilometer* entfernt von der regelmäßigen Arbeitsstätte *und* seiner Wohnung vorübergehend beschäftigt wird. Bei Benutzung öffentlicher Verkehrsmittel ist die Tarifentfernung und ansonsten die kürzeste Straßenverbindung maßgebend. Bei Verbindung eines Dienstganges mit einer Dienstreise (oder umgekehrt) wird die gesamte auswärtige Tätigkeit als Dienstreise gewertet. Der Mittelpunkt der auf Dauer abgestellten Tätigkeit ist die regelmäßige Arbeitsstätte, wobei es unbedeutend ist, ob ein Arbeitnehmer vorwiegend auswärts tätig wird. Ist er jedoch länger als 3 Monate ständig an *einem* bestimmten anderen Ort, so gilt dieser dann als regelmäßige Arbeitsstätte. Bei Versetzungen gilt dies von Beginn an. Zu den Aufwendungen einer Dienstreise gehören:

- Fahrtkosten in nachgewiesener Höhe*
- Kosten der Unterbringung gemäß Nachweis
- Mehraufwendungen für Beköstigung (Ausgaben für die Verpflegung abzüglich Einsparung im eigenen Haushalt)
- Nebenkosten in tatsächlicher oder glaubhaft gemachter Höhe (für Telefon, Garage, Parkplatz, Gepäckbeförderungen etc.).

Als *Fahrtkosten* mit eigenem Fahrzeug können die unter »Kilometergelder« angeführten Pauschsätze angesetzt werden (s. S. 86). Die Kosten der *Unterbringung* bei Dienstreisen *im Inland* können *nur* nach Beleg anerkannt werden. Ein Arbeitgeber kann sie aber mit nachstehenden Pauschsätzen dem Arbeitnehmer ersetzen:

Jahresarbeitsentgelt	*Pauschalsätze*
bis DM 25 000,–	DM 35,–
mehr als DM 25 000,– bis DM 50 000,–	DM 37,–
über DM 50 000,–	DM 39,–

Ab 1990 generell mit DM 39,–, d. h. *ohne* Knüpfung an die Lohnhöhe.

Ungedeckte Übernachtungsausgaben sind Werbungskosten.

*) Wegen der Regelung für Berufskraftfahrer wird auf Seite 78 verwiesen.

Als *Mehraufwendungen für Beköstigung* werden im Inland in der Regel – ohne Einzelnachweis – folgende, nach dem voraussichtlichen Jahreslohn gestaffelten Pauschbeträge* *bis 1989* anerkannt:

Jahresarbeitsentgelt	*eintägige Reisen*	*mehrtägige Reisen*
bis DM 25 000,– (oder bei Verlust)	DM 31,–	DM 42,–
DM 25 001,– bis DM 50 000,–	DM 33,–	DM 44,–
mehr als DM 50 000,–	DM 35,–	DM 46,–

1990 sind es generell DM 35,– bzw. DM 46,–.

Diese Sätze sind für einen vollen Reisetag mit ununterbrochener Abwesenheit von mehr als 12 Stunden anzusetzen. Sie ermäßigen sich 1989 auf 8/10 bei einer Abwesenheit über 10 Stunden, auf 5/10 über 7 Stunden und auf 3/10 über 5 bis 7 Stunden; *ab 1990* bei einer Abwesenheit von mehr als 10 Stunden = DM 28/36, *über* 8 Std. DM 17/23 und über 6 Std. DM 10/13.

Höhere tatsächliche Verpflegungsausgaben sind einzeln nachzuweisen oder glaubhaft zu machen. Insoweit sind dann die Mehraufwendungen um 1/5 der Ausgaben, höchstens um DM 6,– pro Reisetag, infolge Haushaltsersparnis zu kürzen. Dieser Abzug unterbleibt jedoch, wenn dadurch die oben angegebenen Pauschsätze unterschritten werden. Als Höchstbetrag für jeden *vollen* Reisetag im Inland werden bis zu DM 64,– anerkannt. Im Ausland

*) Die Zuerkennung der entspr. Pauschsätze für Verpflegungsmehraufwendungen führt auch *nicht* mehr zu einer unzutreffenden Besteuerung bei einem Außendienstmitarbeiter mit nur jeweils eintägiger Reisetätigkeit in einem Gebiet, das nur wenige Gemeinden umfaßt und von der regelmäßigen Arbeitsstätte lediglich 15 bis 20 km entfernt liegt (BFH-Urt. v. 23. 4. 1982 – BStBl 1982 II, S. 500). Auch bei einem im Bahnpostbegleitdienst eingesetzten Arbeitnehmer mit regelmäßiger Arbeitsstätte in M., von der er ständig dieselben Zielorte anfährt und der während der gesamten Fahrtdauer im Postwagen verbleiben muß, also insoweit keine Möglichkeit zu Fremdmahlzeiten hat, wurden die für Dienstreisen maßgebenden Pauschsätze für Verpflegungsmehraufwendungen (abzgl. Erstattungsbeträge) *voll* anerkannt. Dem standen auch vermindert gezahlte Tagessätze seitens des Arbeitgebers *nicht* entgegen (BFH-Urt. v. 2. 4. 1982 – BStBl 1982 II, Seite 498). Der BFH hat mit Urteil v. 25. 10. 85 (BStBl 1986 II, S. 200) bestätigt, daß die Pauschalen gemäß den Lohnsteuer-Richtlinien für Verpflegungsmehraufwendungen bei Dienstreisen und für den Einsatz von einem privateigenen Pkw zu Geschäftsfahrten auch in der Rechtsprechung grundsätzlich zu beachten sind. Nur eine offensichtlich *dadurch* eintretende unzutreffende Besteuerung (möglich u. a. bei weitgehend im Außendienst Tätigen mit der Folge des Verbleibens nur noch unverhältnismäßig geringer Einkünfte aus dem Arbeitsverhältnis oder im Falle hoher geschäftlicher Fahrleistungen mit privateigenem Pkw) kann zu einer anderen Beurteilung führen.

Im Widerspruch zu Verwaltungsanweisungen sind auch bei eintägigen Dienstreisen im Großraum Berlin die Pauschbeträge gemäß den LStR grundsätzlich zu gewähren (BFH-Urteil v. 24. 10. 86 – BStBl 1987 II, S. 138).

sind es beim Einzelnachweis für Ländergruppe I bis DM 70,–, II bis DM 92,–, III bis DM 113,– und IV bis zu DM 134,–.
Zur Ländergruppe I gehören u. a. Österreich, Jugoslawien, Griechenland, Spanien, Bulgarien, Polen, Portugal, Türkei, Ungarn; zur Ländergruppe II Niederlande, Luxemburg, Monaco; zur Ländergruppe III Frankreich, Belgien, Dänemark, Italien, Schweiz, Sowjetunion, Kanada; zur Ländergruppe IV Großbritannien, Irland, Finnland, Norwegen, Schweden, USA, Japan, Israel.
Bei *Auslandsreisen* werden Mehraufwendungen für Verpflegung und Übernachtungskosten ebenfalls getrennt abgegolten.
Ohne Einzelnachweis über die Höhe der tatsächlichen Kosten können die Mehraufwendungen für *Verpflegung* – bis auf Ausnahmen* – mit folgenden Tagessätzen in DM abgegolten werden:

Jahresarbeitsentgelt		*Ländergruppe*			
		I	*II*	*III*	*IV*
voraussichtlich bis DM 40 000,– (oder bei Verlust)	DM:	45	60	75	90
darüber (*1990* voraussichtlich generell diese Sätze)	DM:	50	66	81	96

Für Auslands-Dienstreisen von nur Stunden wird das Tagegeld nur wie bei Inlandsreisen mit 3/10, 5/10, 8/10 oder voll anerkannt.
Für Auslands-Übernachtungskosten, soweit sie der Arbeitgeber nicht erstattet oder dieser die Unterkunft stellt, werden grundsätzlich folgende Pauschalsätze anerkannt:

Jahresarbeitsentgelt		*Ländergruppe*			
		I	*II*	*III*	*IV*
voraussichtlich bis DM 40 000,– (oder bei Verlust)	DM:	41	55	69	84
darüber (*1990* voraussichtlich generell diese Sätze)	DM:	46	60	74	89

Bei mehrtägigen Auslandsreisen werden für den Hin- und Rückfahrtag flg. Anteile des Tagespauschalsatzes maximal anerkannt:

Antritt vor 12.00 / Rückkehr nach 12.00 Uhr	10/10
Antritt ab 12.00 Uhr bis 13.59 / Rückkehr nach 10.00 bis 12.00 Uhr	8/10
Antritt ab 14.00 Uhr bis 16.59 Uhr / Rückkehr nach 7.00 bis 10.00 Uhr	5/10
Antritt ab 17.00 bis 18.59 Uhr / Rückkehr nach 5.00 bis 7.00 Uhr	3/10

1990: Bei *über* 6–8 Std. = 3/10, *über* 8–10 Std. = 5/10 und *über* 10–12 Std. = 8/10.

Nicht voll erstattete Reisespesen sind Werbungskosten.

*) Die nach dem Stand 1. 10. 1987 geltenden Zu- und Abschläge auf Auslandstagegelder und Höchstbeträge für Auslands-Verpflegungsmehraufwand ergeben sich im einzelnen aus dem Schreiben des BFM vom 27. 8. 87 (BStBl 1987 I, S. 622). Danach sind u. a. Abschläge für Reisen nach Ungarn (DM 6,– bzw. 8,40), Großbritannien/Nordirland (DM 15,– bzw. 21,–) und in die USA (DM 15,– bzw. 21,–) vorzunehmen, doch dürfen für Ungarn die Inlands-Pauschbeträge angesetzt werden. Zuschläge sind dagegen u. a. bei Sowjetunion und Monaco (je DM 15,– bzw. 21,–) zulässig.

Gemäß Abschn. 25 Abs. 9 Ziff. 5 LStR sind bei unentgeltlicher Gewährung eines Teiles der Verpflegung die Pausch- oder die Höchstbeträge für Frühstück um 15 % und für Mittag- oder Abendessen um jeweils 30 %, höchstens jedoch insgesamt bis auf 25 vom Hundert, zu kürzen. Bei Mahlzeiten aus Anlaß gesellschaftlicher Veranstaltungen unterbleibt die Kürzung. Bei mehrtägigen Reisen können die Verpflegungskosten nur entweder mit den Pauschbeträgen oder in tatsächlicher Höhe geltend gemacht werden.

j) Telefonkosten

Es werden neben berufsbedingten Gesprächseinheiten auch Telefongrundgebühren mit dem Anteil der dienstlichen zu den gesamten Gesprächsgebühren vom Privattelefon bei gefordertem Nachweis bzw. Aufzeichnungen als Werbungskosten anerkannt (vgl. hierzu und über »Telefonanschlußkosten« S. 14).

k) Umzugskosten (Abschn. 26 LStR)

Aufwendungen, die einem Arbeitnehmer durch einen beruflich veranlaßten Umzug oder Wechsel der Stellung an einen anderen Ort oder aber auch durch erhebliche Entfernungsverkürzung zur Arbeitsstätte* entstehen, sind Werbungskosten. Auch der erstmalige Antritt einer Stellung oder ein Wechsel des Arbeitgebers fällt hierunter. Umzüge am Ort** werden in nur sehr beschränkt als beruflich veranlaßt angesehen, so bei Bezug oder Räumung einer Werkswohnung.

Umzugs-Ausgaben werden nach den Bestimmungen für Bundesbeamte anerkannt, d. h. nach dem Bundesumzugskostengesetz (BUKG). Es fallen bei *einem eigenen Hausstand sowohl am*

*) Bei erheblicher Verkürzung der Entfernung zur Arbeitsstätte (hier von 16 auf 0,5 km) sind Umzugsausgaben grundsätzlich auch als beruflich veranlaßt anzusehen und als Werbungskosten anzuerkennen. Dabei ist unbeachtlich, ob ein Wechsel des Arbeitgebers zugrunde liegt oder ob die neue Wohnung ein zuvor erworbenes Eigenheim ist (BFH-Urteil v. 6. 11. 1986 – BStBl 1987 II, S. 82).

**) Beruflich veranlaßt kann auch ein Wohnungswechsel innerhalb einer Großstadt sein, wenn der Arbeitnehmer als Folge des Wechsels seines Arbeitgebers oder aus betrieblichen Gründen eine neue Arbeitsstätte erhalten hat und er mit Familie dort in die Nähe zieht, um so die Zeitspanne für die täglichen Fahrten zwischen Wohnung und Arbeitsstätte erheblich zu vermindern (BFH v. 15. 10. 76, BStBl 1977 II, S. 117).

bisherigen als auch am neuen Wohnort bzw. innerhalb des gleichen Ortes primär folgende Posten hierunter:

- Notwendige Beförderung des Umzugsgutes von der alten zur neuen Wohnung
- Reiseaufwand einschl. Familie zur neuen Wohnung (Fahrtauslagen, Tagegeld und ggf. Übernachtungskosten)
- bei Doppelmiete die Miete der alten Wohnung (incl. Garage) bis 6 Monate, ggf. *plus* notwendige Auslagen für Weitervermietung, maximal 1 Monatsmiete. Ist die neue Wohnung noch nicht nutzbar, Ansatz *bis* 3 Monatsmieten möglich.
- Beiträge von 75 % zu Ausgaben für Kochherde, Öfen etc.
- Auslagen-Erstattung für Zusatz-Unterricht von Kindern bis DM 1500,– pro Kind (DM 750,– voll, darüber hinaus ¾)
- Die notwendigen ortsüblichen Wohnungsvermittlungsgebühren zur Erlangung einer angemessenen Wohnung
- Sonstige Umzugskosten*, die abgestuft nach Höhe des Arbeitslohnes bei Ledigen pauschal mit DM 450,– bis zu 675,– und bei Verheirateten mit DM 750,– bis DM 1200,– abgegolten werden können und sich noch erhöhen für den Ehegatten und jedes weitere Kind um DM 180,–, falls ein gemeinsamer Haushalt besteht.
  Ist ein eigener Hausstand nur entweder vor oder nach dem Umzug vorhanden, ermäßigen sich diese Sätze *auf* 20 %. Ebenso bei einem Umzug am Wohnort.

Werden höhere Ausgaben geltend gemacht, sind sie im einzelnen zu belegen. Dabei können u. a. bei notwendiger Anschaffung von Vorhängen, Rollos usw. bis zu ⅔ der Ausgaben und voll Kosten für eine Renovierung der alten Wohnung (vgl. hierzu die §§ 2–4 der VO zu § 10 BUKG) berücksichtigt werden.
Einer Dienstwohnung ist nicht gleichzusetzen eine Wohnung, die der Arbeitnehmer als Vergünstigung zu Beginn eines Arbeitsverhältnisses vom Arbeitgeber erhält. Wenn er diese Wohnung am Ende seines Arbeitsverhältnisses räumen muß, womit er zu rechnen hat, um am gleichen Ort eine andere Wohnung zu beziehen, so können seine Umzugsausgaben *nicht* als Werbungskosten anerkannt werden.

*) Arbeitnehmer in Privatbetrieben können bei berufsbedingtem Wohnungswechsel analog zum öffentlichen Dienst »Sonstige Umzugsauslagen« *ohne* Nachweis mit den Pauschbeträgen gemäß BUKG ansetzen (BFH-Urteil v. 30. 3. 82 – BStBl 1982 II, S. 595).

Besondere Pauschsätze für bestimmte Berufsgruppen (Nr. 23 LStR)

Zur Abgeltung erhöhter Aufwendungen erhalten bestimmte Berufsgruppen noch *zusätzliche Pauschsätze* als Abzugsposten, die sich u. a. wie folgt ergeben:

1. *Artisten,* zu denen Tänzer, Sänger, Akrobaten, Zauberkünstler etc. zählen, erhalten als steuerfreien Pauschsatz 20 % vom Arbeitslohn, *bis 1989* maximal DM 400,–, *ab 1990 max. DM 265,– pro Monat.*
   Bis auf Umzugskosten und Mehraufwendungen durch doppelte Haushaltsführung sowie DM 15,– pro Monat übersteigende Aufwendungen für Fahrten zwischen Wohnung und Arbeitsstätte, gelten damit alle mit der Berufstätigkeit verbundenen Aufwendungen als abgegolten.
2. *Darstellende Künstler* erhalten als Solopersonal einen Pauschsatz von 25 % der Entlohnung, maximal *bis 1989* DM 500,–, *ab 1990 DM 365,–* pro Monat, Chor und Ballettpersonal etc. 20 %, maximal DM 400,– *bis 1989 und ab 1990 DM 265,–.* Damit sind die gleichen Aufwendungen wie unter 1. abgegolten.
3. *Musiker im Hauptberuf* erhalten *letztmalig 1989* für Reparaturen und Abnutzung ihrer Instrumente sowie für Notenbeschaffung zwecks Fortbildung pauschal DM 45,– pro Monat. Treten sie in Orchestern oder Kapellen mit einheitlicher, auch *wirtschaftlich* von ihnen zu tragender Kleidung auf, erhalten sie weitere DM 45,– pro Monat. Leiter von Kapellen oder Kapellmeister in Gaststätten usw., bekommen bei Notenbeschaffung für die eigene Kapelle ebenfalls einen Pauschbetrag von DM 45,– pro Monat. Erstattungen mindern aber diese Pauschbeträge.
4. *Journalisten können 15 v. H. des Arbeitslohnes, maximal bis 1989 DM 250,– ab 1990 DM 115,– im Monat,* als erhöhte Werbungskosten beanspruchen, wenn sie ihre journalistische Tätigkeit* in einem Dienstverhältnis hauptberuflich ausüben für
   – Zeitungen und Zeitschriften oder
   – ein Nachrichten- oder Korrespondenzbüro oder eine Rundfunkgesellschaft.
   Damit sind die gleichen Aufwendungen wie unter Ziff. 1 abgegolten. Der Ersatz einzelner Ausgaben, wie Telefon- oder Reisespesen, steht der Anerkennung des Pauschbetrages nicht entgegen.

Die Pauschsätze sind im allgemeinen Höchstsätze, so daß ein *Abweichen nach unten* in Betracht kommen kann, so bei teilweiser Erstattung der entsprechenden Aufwendungen durch den Arbeitgeber. Grundsätzlich besteht aber gemäß BFH-Urteil vom 20. 3. 1980 (BStBl 1980 II, Seite 455) ein Anspruch auf Anwendung der Pauschalierungsregelungen.

Die der Abdeckung »übriger Werbungskosten« dienenden Pauschsätze sind nicht anzuwenden, wenn insoweit höhere Werbungskosten nachgewiesen oder glaubhaft gemacht werden, die einen grösseren steuerlichen Vorteil bringen.

*) Wer *nicht* auf redaktionellem Gebiet tätig ist, sondern z. B. in Werbung oder im Anzeigengeschäft, übt *keine* journalistische Tätigkeit aus (Abschn. 23 Abs. 1, Ziff. 4 LStR).

Sonderausgaben

Zeile	Bezeichnung	Angaben	Kz / Bitte nur volle DM-Beträge eintragen	99 / 13
62	**Sonderausgaben** – Nicht rentenversicherungspflichtige Arbeitnehmer bitte die Zeilen 31 bis 36 der Anlage N ausfüllen –			
63	Gesetzliche **Sozialversicherung** (nur Arbeit**nehmer**anteil) und/oder befreiende Lebensversicherung sowie andere gleichgestellte Aufwendungen	Stpfl./Ehemann	30 9.091	30
64	(ohne steuerfreie Zuschüsse des Arbeitgebers) – In der Regel auf der Lohnsteuerkarte bescheinigt –	Ehefrau	31 —	31
65	Gesetzlicher Arbeit**geber**anteil zur gesetzlichen **Rentenversicherung,** steuerfreie Zuschüsse des Arbeitgebers zu gleichgestellten Aufwendungen (in der Regel auf der Lohnsteuerkarte bescheinigt), steuerfreie Beträge der Künstlersozialkasse an die BfA	Stpfl./Ehemann	32 5.241	32
66	☐ Es bestand Knappschaftsversicherungspflicht	Ehefrau	33 —	33
67	**Freiwillige** Angestellten-, Arbeiterrenten-, Höher**versicherung** (abzüglich steuerfreier Arbeitgeberzuschuß) sowie Beiträge von Nichtarbeitnehmern zur gesetzlichen Altersversorgung		41 Stpfl./Ehegatten —	41
68	**Krankenversicherung** (freiwillige Beiträge sowie Beiträge von Nichtarbeitnehmern zur gesetzlichen Krankenversicherung – abzüglich steuerfreie Zuschüsse, z. B. des Arbeitgebers –)	in 1989 gezahlt 912 – in 1989 erstattet 143 ▸	40 769	40
69	**Unfallversicherung**	160 – — ▸	42 160	42
70	**Lebensversicherung** ohne vermögenswirksame Leistungen (einschl. Sterbekasse u. Zusatzversorgung; ohne Beträge in Zeilen 63 u. 64)	— – — ▸	44	44
71	**Haftpflichtversicherung** incl. Kfz (ohne Kasko-, Hausrat- und Rechtsschutzversicherung)	371 – 54 ▸	43 317	43
72	Beiträge an **Bausparkassen,** die als Sonderausgaben geltend gemacht werden – ohne vermögenswirksame Leistungen –	Für 1989 habe(n) ich/wir und die nach dem 1. 1. 1972 geborenen Kinder eine **Wohnungsbauprämie beantragt:**	☐ Nein ☐ Ja	34
73	Institut, Vertrags-Nr. und Vertragsbeginn		35 Beiträge	35
74	**Renten**	11 tatsächlich gezahlt	abziehbar 12 v. H.	Eingangsdatum 38
75	**Dauernde Lasten**		10	11
76	**Unterhaltsleistungen** an den geschiedenen/dauernd getrennt lebenden Ehegatten lt. **Anlage U**		39	12 v. H. / 10
77	**Kirchensteuer**	13 in 1989 gezahlt 358,32	14 in 1989 erstattet 64,92	39
78	**Steuerberatungskosten**		16	13
79	Aufwendungen für die eigene **Berufsausbildung** oder die Weiterbildung in einem nicht ausgeübten Beruf	Art der Aus-/Weiterbildung	17	14
80	**Spenden** und Beiträge für wissenschaftliche und kulturelle Zwecke	lt. beigef. Bestätigungen + lt. Nachweis Betriebsfinanzamt ▸	18	16 / 17
81	für mildtätige, kirchliche, religiöse und gemeinnützige Zwecke	72 + – ▸	19 72	18
82	**Mitgliedsbeiträge und Spenden** an politische Parteien (§§ 34 g, 10 b EStG)	+ ▸	20	19 / 20
83	an unabhängige Wählervereinigungen (§ 34 g EStG)	+ ▸	70	70
84	Nur bei Einkommensteuererklärung ausfüllen: **Verlustabzug** nach § 10 d EStG und/oder § 2 Abs. 1 Satz 2 Auslandsinvestitionsgesetz (Bitte weder in Rot noch mit Minuszeichen eintragen)	24 aus 1984 / 25 aus 1985	26 aus 1986	Summe der Umsätze, Gehälter und Löhne
85		Verlustrücktrag / 27 aus 1987	28 aus 1988	21

Außergewöhnliche Belastungen

Zeile	Name	Ausweis/Rentenbescheid/Bescheinigung ausgestellt am	gültig bis	Hinterbliebener	Behinderter	blind/ständig pflegebedürftig	geh- und stehbehindert	Grad der Behinderung	Kz / Wert
86	**Behinderte und Hinterbliebene**	Nachweis ☐ ist beigefügt. ☒ hat bereits vorgelegen.							
87	Name	ausgestellt am	gültig bis						
88	Huber, Max			☐	☒	☐	☐	56 40%	56 1. Person *)
89				☐	☐	☐	☐	57	57 2. Person *)

Zeile	Angaben	Amtsfeld
90	☐ **Beschäftigung** einer Hausgehilfin Haushaltshilfe — Aufwendungen DM — ☐ **Heim- oder Pflegeunterbringung** — Unterbringung: Art der Dienstleistungskosten	*) bei Blinden und ständig Pflegebedürftigen: „300" eintragen
91	vom – bis — Antragsgrund, Name und Anschrift der Beschäftigten / der untergebrachten Person	Hinterblieb.Pauschbetrag 58 Anzahl
92	**Freibetrag für besondere Fälle** (bitte Ausweis beifügen) ☐ Flüchtling ☐ Vertriebener ☐ Heimatvertriebener ☐ Spätaussiedler ☐ Politisch Verfolgter	Hausgehilfin/Unterbr. 60
93	**Freibetrag für Aufwendungen zur Pflege des Eltern-Kind-Verhältnisses,** wenn das Kind dem anderen Elternteil zuzuordnen ist und kein gemeinsamer Haushalt der Elternteile bestand — Vorname des Kindes — Aufwendungen vom – bis — Vorname des Kindes — Aufwendungen vom – bis	Freibetrag f. bes. Fälle 63 Ja = 1
94		Freibetrag nach § 33 a Abs. 1 a EStG 66

Zu **Sonderausgaben**
(§§ 10, 10b, 10c EStG; Abschn. 33–49 LStR)

Die Einteilung in begrenzt abzugsfähige Sonderausgaben und übrige Sonderausgaben blieb unverändert.
Bei den begrenzt abzugsfähigen Sonderausgaben, als Vorsorgeaufwendungen bezeichnet, handelt es sich um bestimmte Versicherungsbeiträge und um Beiträge an Bausparkassen. Diese Aufwendungen sind mit folgenden Höchstbeträgen steuermindernd:

a) In voller Höhe bis DM 4680,– bei gemeinsam versteuerten Ehegatten, und bis DM 2340,– bei den übrigen Arbeitnehmern.
b) Zusätzlich (bzw. vorweg) können 1989 solche Beiträge bei Ehegatten bis DM 6000,– und im übrigen bis DM 3000,–, *jedoch vermindert* um Arbeitgeberanteile zur Rentenversicherung und dergl., abgezogen werden; bei dem Personenkreis, dem ohne eigenen Beitrag eine Altersversorung zusteht, mindert sich der Vorwegabzug um 9 % der Einnahmen aus dem entspr. Dienstverhältnis, höchstens, wie auch allgemein, aus der Beitragsbemessungsgrenze in der gesetzl. Rentenversicherung. *1990 Erhöhung auf DM 4000,– bzw. DM 8000,–, jedoch vermindert um einheitlich 12 % vom Lohn; bei gleichgebliebener Höchstgrenze.*
c) Beiträge, soweit sie die nach a) und b) abziehbaren Beiträge übersteigen, können noch zur Hälfte, maximal bis zu 50 % der unter a) angegebenen Beträge, abgezogen werden.

Neben einem möglichen Vorwegabzug* gemäß b) können weitere Vorsorgeaufwendungen noch bis zu DM 4680,– bei Alleinstehenden und bis zu DM 9360,– bei Ehegatten zu einer Steuerermäßigung führen. *Aber nur die Hälfte dieser Beträge ist voll abzugsfähig* (vgl. unter a), *dagegen die zweite Hälfte jeweils nur mit 50 %* (vgl. unter c). Dies bedeutet, daß von DM 4680,– (ggf. nach Vorwegabzug verbliebenen) Vorsorgeaufwendungen bei Alleinstehenden DM 3510,–, und von DM 9360,– bei Eheleuten DM 7020,– steuermindernd sind.

Für Vorsorgeaufwendungen berücksichtigen die allgemeinen wie die besonderen LSt-Tabellen Pauschalabzüge gemäß § 10c EStG.

*) Gemäß § 113 Angestelltenversicherungsgesetz (AVG) sind *Arbeitgeber*anteile auch für versicherungsfreie (z. B. bei Versorgung nach beamtenrechtlichen Bestimmungen) oder von der Rentenversicherung befreite Angestellte zu entrichten. Insoweit ist dann auch der sogenannte Vorwegabzug von Vorsorgeaufwendungen gemäß § 10 Abs. 3, Ziff. 2 zu kürzen (BFH-Urteil v. 17. 2. 87 – BStBl 1987 II, S. 494).

Sie ergeben sich gemäß Seite 31 prozentual zum Lohn nach Steuerklassen und getrennt für Arbeitnehmer mit und ohne eigenen Beitrag zur Altersversorgung bis zu unterschiedlichen Höchstbeträgen. Die Seiten 154–159 zeigen Beispiele und Tabellen hierzu. Sofern die Vorsorgepauschale höher ist als der Vorteil bei Ansatz der tatsächlichen Vorsorgeaufwendungen, ist sie für die Versteuerung maßgebend. Dies gilt aber *nicht*, wenn von dem Vorwegabzug gemäß b) Gebrauch gemacht wird, denn dann kommen nur noch die übrigen tatsächlichen Vorsorgeaufwendungen in Abzug.

Nachfolgend die steuerlich zu berücksichtigenden Vorsorgeaufwendungen nach dem Formular-Musterbeispiel (vgl. Seite 96):

			Anzuerkennen:
– Geltend gemachte Vorsorgeaufwendungen			
Arbeitnehmeranteile Sozialvers.	DM 9091		
übrige	DM 1246	DM 10337	
– Davon Vorwegabzug gemäß b)			
(DM 6000 ./. DM 5241 Rentenversicherung Arbeit*geber*)		DM 759	DM 759
– Vom verbleibenden Betrag in Höhe von		DM 9578	
werden berücksichtigt:			
voll gemäß a)		DM 4680	DM 4680
vom Rest (maximal von DM 4680) die Hälfte		DM 4898	DM 2340
– Vom Finanzamt beim LSt-Jahresausgleich oder bei der ESt-Veranlagung *statt* der geringeren Vorsorgepauschale (DM 7020 gemäß Seite 155) steuermindernd zu berücksichtigen (vgl. Seite 122 mit Fußnote 3)			DM 7779
		1990	DM 7938

Für die übrigen, *nicht* unter die Vorsorgeaufwendungen fallenden Sonderausgaben enthält die Jahreslohnsteuertabelle einen *»Sonderausgaben-Pauschbetrag«* von DM 270,– bei den Steuerklassen I, II und IV sowie einen solchen von DM 540,– bei der Steuerklasse III. *Ab 1990* nur noch DM 216,– bzw. DM 108,–.

Zu **Vorsorgeaufwendungen**
(§§ 10c, 10 Abs. 1 Ziff. 2 + 3 EStG; Abschn. 39–44, 49 LStR)

Vorsorgeausgaben können grundsätzlich nur von der Person geltend gemacht werden, die sie schuldet *und* zahlt.*
Zur Beantwortung der Frage, ob sich der Ansatz von tatsächlichen Vorsorgeaufwendungen unter Beachtung des Vorwegabzugs (vgl. Seite 123 unter b) steuerlich günstiger auswirkt als die ansonsten wirksame Vorsorgepauschale, werden nachfolgend die Vorsorgeaufwendungen im einzelnen aufgezeigt:

*) Gemäß BFH v. 19.4.89 (BStBl II, S. 683) keine Belastung beim Sohn, wenn Vater zahlt.

Gesetzliche Sozialversicherung / Befreiende Lebensversicherung
(nur Arbeitnehmeranteil)

Hierunter fallen die vom Arbeitgeber einbehaltenen Anteile des Arbeitnehmers aus Pflichtbeiträgen* zur Rentenversicherung der Arbeiter und Angestellten, zur knappschaftlichen Rentenversicherung und zur Kranken- und Arbeitslosenversicherung. Des weiteren Arbeitnehmeranteile zu Lebensversicherungs-Beiträgen bei dem Personenkreis, der von der Verpflichtung, Beiträge an die gesetzliche Rentenversicherung zu entrichten, befreit worden ist und statt dessen die »befreiende Lebensversicherung« gewählt hat.

Vom Arbeitnehmer aus eigenen Mitteln aufzubringende Beträge

Das noch für Versicherungen mit Sparanteil und Bausparbeiträge bestandene Kreditaufnahmeverbot ist ab 1988 aufgehoben worden.

Abzugsfähig sind grundsätzlich flg. Vorsorgeleistungen, *soweit sie nicht* an ausländische Versicherungen erfolgen, die *keine* Erlaubnis zum Geschäftsbetrieb im Inland besitzen, und soweit sie nicht vermögenswirksame Leistungen mit AN-Sparzulage darstellen.

- *Freiwillige Beiträge »Angestellten-** u. Arbeiterrentenversicherung«.*
- Prämien für eine *private Krankenversicherung**** auf Grund eines freiwilligen Versicherungsvertrages. Hierzu gehören auch zusätzliche Krankenhaustagegeld-, Operationsversicherungen usw. Eine Beitragsrückzahlung wegen schadensfreiem Verlauf etc. ist abzuziehen.
- Die Beiträge zur *Unfallversicherung* sind Sonderausgaben, wenn sie nicht berufsbedingt und somit Werbungskosten sind.
- *Beiträge zur privaten Lebensversicherung* können, unabhängig vom Begünstigten, nur von demjenigen geltend gemacht werden, der sie zahlt und Versicherungsnehmer ist. Aufnahmegebühren sowie auch die Versicherungssteuer usw. sind ebenso

*) Bleibt der Lohn steuerfrei (hier gemäß § 3 Ziff. 63 EStG von einem Arbeitgeber im Inland für eine Tätigkeit auf einer Baustelle in der DDR gezahlt), können auch die Pflichtbeiträge (Arbeitnehmeranteile) zur Sozialversicherung insoweit *nicht* anerkannt werden (BFH v. 27. 3. 81, BStBl 1981 II, S. 530). *Ab 1989* jedoch in solchen Fällen Lohn nur noch dann steuerfrei, *wenn* er in der DDR entsprechend versteuert wird.

**) Freiwillige Beiträge zur gesetzlichen Rentenversicherung kann nur der Versicherungsnehmer selbst geltend machen. Wenn ein Vater für seine Tochter solche Beiträge entrichtet, sind sie bei ihm nicht abzugsfähig (BFH-Urteil vom 9. 5. 74, VI R 233/71).

***) Beiträge zur Krankenversicherung können von Rentnern nur insoweit berücksichtigt werden, als sie über den steuerfrei erhaltenen Zuschüssen liegen.

Sonderausgaben wie die laufenden Prämien. Dividenden oder Überschlußanteile mindern im Jahr der Auszahlung oder Gutschrift die abzugsfähigen Beiträge oder Prämien. Dies gilt aber nicht, soweit Dividenden bei Versicherungen auf den Lebens- oder Todesfall zur Erhöhung der Versicherungssumme verwendet werden. Beiträge für Lebens- oder Todesfallversicherungen sowie an Witwen-, Waisen- oder Sterbekassen oder Versorgungs- und Pensionskassen werden anerkannt bei:

a) allein auf den Todesfall bezogenen Risikoversicherungen;
b) Rentenversicherungen *ohne* Kapitalwahlrecht;
c) Rentenversicherungen gegen laufende Beitragsleistung *mit* Kapitalwahlrecht, *das aber nicht vor Ablauf von 12 Jahren* ab Vertragsabschluß ausgeübt werden kann;
d) Kapitalversicherungen gegen laufende Beiträge mit Sparanteil, bei Versicherungsdauer von mindestens 12 Jahren*.

– Beiträge für *Aussteuer- und Ausbildungsversicherungen* sowie auch Prämien für eine *Erbschaftssteuerversicherung.*

Zukunftssicherung (Abschnitt 11, Abs. 5–9 LStR)

Übernimmt der Arbeitgeber Beiträge oder Versicherungsprämien für die Zukunftssicherung des Arbeitnehmers und werden diese, soweit der dafür eingeräumte Freibetrag von DM 312,– nicht ausreicht, vom Arbeitgeber als steuerpflichtiger Arbeitslohn behandelt, so kann sie der Arbeitnehmer als Sonderausgaben geltend machen. Dies gilt nicht, wenn der Arbeitgeber die Lohnsteuer für diese Beiträge pauschal berechnet und übernommen hat.

Beiträge zu Haftpflichtversicherungen (Abschnitt 40 LStR)

Hierzu rechnen die Haftpflichtversicherungen, die, wie beispielsweise beim Hauseigentümer oder bei einem Arbeitnehmer für seinen beruflich benötigten Kraftwagen, weder Betriebsausgaben noch Werbungskosten sind. Die Beiträge für die persönliche Haftpflichtversicherung des Arbeitnehmers oder seiner Familie oder die Versicherung für ein Tier oder für das private Kraftfahrzeug fallen in der Regel hierunter, *nicht aber* die Hausratversicherung. Macht ein Arbeitnehmer im Rahmen der Werbungskosten Fahrten zwischen Wohnung und Arbeitsstätte geltend, so steht dies nicht der *vollen* Anerkennung der Kfz-Haftpflichtprämie (ohne Teilkasko oder Vollkasko) entgegen (Abschnitt 40 Abs. 4 LStR).

*) Werden bei einer Lebensversicherung Teilleistungen *vor* Ablauf von 12 Jahren vereinbart, sind die Versicherungsbeiträge zur Gänze *nicht* als Vorsorgeaufwendungen abzugsfähig (BFH-Urteil v. 27. 10. 87 – BStBl 1988 II, S. 132).

Beiträge an Bausparkassen (§ 10 Abs. 6 EStG, Abschn. 41–44 LStR)
Die zur Erlangung von Baudarlehen für inländische Objekte an private und öffentliche Bausparkassen* geleisteten Beiträge gehören nach Maßgabe dieser Ausführungen zu den Sonderausgaben. Es handelt sich hier um Baudarlehen, die u. a. bestimmt sind zum

- Bau oder zur Verbesserung** eines Wohngebäudes oder eines anderen Gebäudes, soweit es Wohnzwecken dient, oder einer Eigentumswohnung oder zum Erwerb eines eigentumsähnlichen Dauerwohnrechts oder zur Beteiligung an der Finanzierung des Baues oder Erwerbs eines Gebäudes gegen Überlassung einer Wohnung;
- Erwerb von Bauland mit der Absicht, darauf ein Wohngebäude zu errichten. Soll das zu errichtende Gebäude nur zum Teil Wohnzwecken dienen, so ist der Erwerb nur insoweit begünstigt, als das Bauland auf den Wohnzwecken dienenden Teil des Gebäudes entfällt. Auf die Baureife kommt es nicht an;
- Erwerb von Wohnbesitz gemäß § 12a des Zweiten Wohnungsbaugesetzes;
- Ablösen von Verpflichtungen (z. B. Hypotheken), die der Arbeitnehmer im Zusammenhang mit den oben genannten Vorhaben eingegangen ist.

Die zweckentsprechende***, unverzügliche Verwendung der angesparten Mittel ist auch ohne Einhaltung der Sperrfrist steuerunschädlich. Ebenso die Verwendung *durch Mieter zur baulichen Modernisierung ihrer Wohnung.*
Auch der Bau oder Erwerb von Wohneinheiten in Feriengebieten fällt hierunter (BFH-Urt. v. 8. 3. 83 – BStBl 1983 II, S. 498).
Es ist zwar nicht Voraussetzung, daß der Arbeitnehmer das Baudarlehen entsprechend verwendet; kann jedoch festgestellt werden, daß er bei Einzahlung der Beiträge nicht oder nicht mehr beabsichtigt, die Bausparsumme entspr. Zwecken zuzuführen, ist die Ablehnung als Sonderausgaben möglich. Die Beiträge kann nur absetzen, wer Vertragspartner der Bausparkasse ist und sie als solcher leistet. Auf den Begünstigten kommt es nicht an, so daß der Arbeitnehmer auch zugunsten dritter Personen einen für sich selbst steuerbegünstigten Vertrag abschließen kann. Dieser muß auf eine bestimmte Summe gerichtet sein, und der Sparer muß zu bestimmten Einzahlungen verpflichtet sein. Haben mehrere Personen einen Bausparvertrag gemeinsam abgeschlossen, die nicht eine Haus-

*) Ein Verzeichnis über die zum Geschäftsbetrieb im Inland zugelassenen Bausparkassen befindet sich in Anlage 2 zu den Lohnsteuerrichtlinien.
**) Auch wesentliche Bestandteile eines Gebäudes, wie Saunen und Einbaumöbel, ebenso ein Nebengebäude etc., fallen hierunter (Abschn. 41 Abs. 2 Ziff. 1 LStR).
***) Eine vor Ablauf des Vergünstigungszeitraumes erfolgte Verfügung über die Bausparsumme zwecks Wohnungsbau oder Erwerb eines Wohngebäudes im *Ausland* ist steuerschädlich. Steht die Nachversteuerung bereits bei der ESt-Veranlagung für das Vorjahr fest, ist auch die Berücksichtigung von Bausparbeiträgen als Sonderausgaben nicht mehr möglich (BFH-Urteil v. 26. 8. 86 – BStBl 1987 II, S. 164).

haltsgemeinschaft bilden und gesondert besteuert werden, so kann jeder nur die von ihm geleisteten Beiträge geltend machen. Neben den vertraglich bestimmten Raten sind auch darüber liegende freiwillige Beitragszahlungen (*nicht* Wohnungsbauprämien oder Prämien nach dem SparPG) sowie Abschlußgebühren und gutgeschriebene Zinsen bis zur vollen oder Teil-Auszahlung der Bausparsumme Sonderausgaben; der Zeitpunkt der Zuteilung ist *nicht* maßgebend. Bausparkassen-Beiträge können 1988 und 1989 *voll* als Sonderausgaben anerkannt werden; sie unterliegen *nicht mehr* der Begrenzung auf das Eineinhalbfache (150 %) des durchschnittlichen Jahresbetrages der Beiträge aus den ersten 4 Vertragsjahren. *Ab 1990 jedoch werden nur noch 50 % der geleisteten Beiträge als Sonderausgaben angerechnet.* Die Beiträge sind bis zur vollen Höhe der Bausparsumme abzugsfähig. Die Sperrfrist beträgt 10 Jahre.
Tritt der Arbeitnehmer in einen zugunsten eines Dritten bestehenden Vertrag ein, kann er nur die Beiträge, die er *nach seinem Eintritt* entrichtet, als Sonderausgaben abziehen. Dies gilt auch für sog. Bausparsammelverträge, die erst später auf einzelne Kaufwerber aufgeteilt werden. Beim Eintritt in einen bestehenden Vertrag gelten die für diesen maßgebenden Sperrfristen weiter. Die Auszahlung nach Ablauf der Sperrfrist ohne zweckentsprechende Verwendung ist steuerunschädlich, wenn der AN nicht schon innerhalb der Sperrzeit eine andere Verwendung vorsah.
Das Kreditaufnahme-Verbot für Bausparbeiträge ist aufgehoben worden.

Die vorzeitige Rückzahlung, Auszahlung, Abtretung oder Beleihung ist unschädlich, wenn sie auf den Tod oder die völlige Erwerbsunfähigkeit (über 90 %) des Arbeitnehmers *oder* seines mit ihm zusammenlebenden Ehegatten oder des Begünstigten zurückzuführen ist. Ebenso bei anhaltender Arbeitslosigkeit (mind. 1 Jahr).
Die vorzeitige Abtretung von Ansprüchen aus dem Bausparvertrag und die vorzeitige Auszahlung sind auch unschädlich, wenn der Bausparer die erhaltenen Beträge unverzüglich* und unmittelbar entspr. der Zweckbestimmung des Vertrages verwendet.
Die nach Zuteilung des Baudarlehens anfallenden Rückzahlungsraten können neben Zinsen auch Verwaltungsgebühren und Lebensversicherungsanteile enthalten, die als Werbungskosten bzw. als Sonderausgaben (Lebensversicherung) abzugsfähig sind.

*) Eine unverzügliche Verwendung einer vorzeitig ausgezahlten Bausparsumme liegt vor, wenn innerhalb 12 Monaten mit dem Wohnungsbau begonnen wird.

Kumulierungsverbot/Wahlrecht (Abschn. 42 LStR und 95 EStR)

Bausparer, deren zu versteuerndes Einkommen (vgl. S. 122/159) im Jahr analog zu den Voraussetzungen für Sparzulagen nach dem 5. VermBG und für Sparprämien nach dem SparPG bei Ledigen nicht über DM 24000,– und bei Verheirateten nicht über DM 48000,– liegt, wozu pro Kind DM 1800,– bzw. bei nichtverheirateten Eltern und Unterhaltsleistungen beider Teile je DM 900,– hinzukommen*, können unter 2 Vergünstigungsmöglichkeiten alljährlich neu wählen, welche für sie am vorteilhaftesten ist. Sie können den Sonderausgabenabzug geltend machen *oder* die Prämie nach dem WoPG. Bei entsprechenden anderen Sparleistungen aufgrund von *vor dem 13. 11. 1980* abgeschlossenen Sparverträgen können bis zu deren Auslaufen *statt dessen* noch Prämien nach dem SparPG beantragt werden. *Ausgeschlossen* von Vergünstigungen nach dem WoPG wie auch nach dem SparPG sind *seit 1982* Leistungen nach dem VermBG mit entsprechenden Sparzulagen, so daß das sog. Kumulierungsverbot, nämlich die Verhinderung einer gleichzeitigen Beanspruchung mehrerer Vergünstigungsmöglichkeiten, weitgehend realisiert ist. Mit Wirkung *ab 1990* ist das Kumulierungsverbot aufgehoben worden.

Ehegatten können mit ihren zu Beginn des Jahres noch nicht 17 Jahre alten Kindern *die Wahl zwischen Sonderausgabenabzug und Wohnungsbauprämie nur gemeinsam und einheitlich* (Höchtbetragsgemeinschaft) ausüben. Für die Wohnungsbauprämie als auch für die Sparprämie sind pro Jahr bei Ledigen bis DM 800,– und bei Eheleuten bis DM 1600,– Sparleistungen begünstigt. Die Wohnungsbauprämie beträgt ebenso wie die Sparprämie seit 1982, *nunmehr aber letztmalig für 1988,* 14 % zuzüglich jeweils 2 % für jedes zu berücksichtigende Kind. *Ab dem Jahre 1989 beträgt die Prämie nur noch 10 % und außerdem enfällt die Kindervergünstigung.* Die Sperrfrist nach dem Wohnungsbau-Prämiengesetz ist für alle *ab 13. 11. 1980 bis zum 31. 10. 1984* abgeschlossenen Sparverträge 10 Jahre, für davor und danach abgeschlossene Verträge nur 7 Jahre.

Für steuerpflichtige vermögenswirksame Leistungen des Arbeitgebers zugunsten der Vermögensbildung von Arbeitnehmern bis

*) *Ab 1990 zwar Anhebung der Einkommensgrenzen auf DM 27000 bzw. DM 54000, doch gleichzeitig Wegfall der Erhöhungsbeträge für Kinder.*

zu DM 624,–* bzw. DM 936,– bei bestimmten Vermögensbeteiligungen pro anno, die nicht mehr zusätzlich nach dem WoPG oder dem SparPG begünstigt sind, werden *letztmals 1989* noch wie folgt steuerfreie Sparzulagen* gemäß § 13 des 5. VermBG gezahlt:

- 16 %, bzw. bei mind. 3 Kindern 26 %, wenn die Anlage entspr. dem SparPG erfolgt oder bei bestimmten Lebens- oder Todesfallversicherungen oder bei festverzinslichen Wertpapieren etc.
- 23 %, bzw. bei 3 oder mehr Kindern 33 %, wenn die Anlage dem WoPG entspricht oder die Mittel zum Erwerb einer Wohnung und dergl. verwendet oder damit die Aktien des Arbeitgebers zum Vorzugskurs mit einer Sperrfrist von 6 Jahren gekauft werden usw.

Zu **Übrige Sonderausgaben**** (§ 10 EStG)

1. Renten und dauernde Lasten

(§ 10 Abs. 1 EStG; Abschn. 34 LStR; Abschn 123 Abs. 3 EStR)

Die Abzugsmöglichkeit von Renten und dauernden Lasten ist bei einer freiwillig begründeten Rechtspflicht gegenüber gesetzlich *nicht* unterhaltsberechtigten Personen ausgeschlossen.

Sie können auch nur Sonderausgaben sein, wenn sie nicht Werbungskosten bzw. Betriebsausgaben sind oder nicht mit steuerlich außer Betracht bleibenden Einkünften zusammenhängen, so bei Doppelbesteuerungsabkommen mit Fremdländern.

Der Begriff der Rente erfordert, daß sie auf längere Sicht gezahlt wird, hier als Zeitrente mit mindestens 10 Jahren. Als dauernde Last werden ebenfalls mindestens 10 Jahre wiederkehrende Sach- und Barleistungen angesehen, hier jedoch in schwankender, also *nicht* gleichbleibender Höhe.

Renten und dauernde Lasten mit *überwiegendem Unterhaltscharakter* an Unterhaltsberechtigte können, mit Ausnahme der Regelung bei geschiedenen oder dauernd getrennt lebenden Ehegatten (vgl. Ziff. 2), ebenfalls nicht Sonderausgaben sein. Entscheidend ist hier, ob die *Gegenleistung,* die in einer Schenkung oder Übertragung eines Grundstücks oder Geschäftes oder anderer

*) *Ab 1990* wird zwar die Grenze für die Vermögensförderung auf DM 936 vereinheitlicht, die zulagenbegünstigten Förderungsmöglichkeiten werden aber bei gleichzeitig starker Reduzierung der Zulagensätze beschränkt auf neue Bauspar- und bestimmte Beteiligungsverträge. Die Zulagen für neue Verträge entsprechend dem Wohnungsbau-Prämiengesetz betragen dann nur noch 10 % und für bestimmte Vermögensbeteiligungen 20 %; ein Kinder-Zuschlag entfällt jeweils.

**) In den Jahres-Lohnsteuertabellen pauschal für Alleinstehende mit DM 270,– und für Verheiratete (Steuerklasse III) mit DM 540,– enthalten. *Ab 1990 nur noch mit DM 108,– bzw. DM 216,–.*

Vermögenswerte wie auch im Vermögensausgleich oder in der Erfüllung testamentarischer Auflagen durch einen Verstorbenen liegen kann, *überwiegend oder allein ausschlaggebend ist.* Wird dies bejaht, ist eine Abzugsmöglichkeit entweder mit dem Ertragsanteil (vgl. Seite 69) einer mit Wertsicherungsklausel versehenen Rente gemäß § 22 EStG (z. B. mit 41 % beim Alter von 50 Jahren des Begünstigten zum Rentenbeginn) oder voll oder mit den *über* dem Gegenwert liegenden Zahlungen als Zeitrente oder dauernde Last abzugsfähig. Es kommt immer auf den Einzelfall an, wie die Rechtsprechung zeigt; eine einheitliche Regelung und klare Richtlinien fehlen hier noch.

Folgende BFH-Urteile als repräsentative Beispiele:

- Versorgungsleistungen aufgrund eines Auseinandersetzungsvertrages im Rahmen der Ehescheidung *als Gegenleistung für den Verzicht auf den Zugewinnausgleichsanspruch,* die in Form einer mit Wertsicherungsklausel versehenen Monatszahlung sowie in der Übernahme von Miet- und Krankenversicherungskosten bis grundsätzlich (hier mit Einschränkungen) zum Lebensende vereinbart sind, gehören zu den dauernden Lasten; sie sind aber nur insoweit als Sonderausgaben abziehbar, als sie *über* dem Wert des Zugewinnanspruchs liegen (BFH v. 3. 6. 1986; BStBl 1986 II, S. 674).
- Unbare, in Naturalleistungen bestehende Altenteilslasten eines Hofübernehmers sind grundsätzlich als »dauernde Lasten« in voller Höhe (geschätzt) abzugsfähig (vgl. BFH-Urteil vom 30. 4. 76, BStBl 1976 II, Seite 539).
- Ohne eine ausdrückliche Bezugnahme auf den Rechtsgedanken des § 323 ZPO (Anpassungsmöglichkeit an veränderte Verhältnisse beim Rentengeber oder -nehmer) in *Vermögensübergabeverträgen* gegen Rentenzahlungen ist eine volle Abzugsfähigkeit als dauernde Last nicht möglich (BFH v. 19. 9. 80, BStBl 1981 II, S. 26).
- Aufgrund einer Vermögensübertragung (Kommanditanteil) verpflichtete sich ein Sohn seiner Mutter bis zum Lebensende DM 1500,– pro Monat (unter Berücksichtigung einer Wertsicherungsklausel) zu zahlen, außerdem alle auf sie künftig entfallenden Ertragssteuern. Da hier die Vermögensübertragung im Verhältnis zur übernommenen Versorgungsverpflichtung *nicht* als unverhältnismäßig gering und das für Leibrenten (Abzug nur mit Ertragsanteil) als Folge des Änderungsvorbehaltes nach § 323 ZPO erforderliche Merkmal der Gleichmäßigkeit als fehlend angesehen wurde, sind sowohl die wiederkehrenden Leistungen des Sohnes an seine Mutter als auch die Ertragsteuerzahlungen für sie voll als »dauernde Lasten« anerkannt worden (BFH-Urteil v. 20. 5. 80, BStBl 1980 II, Seite 571). Ebenso hat der BFH mit Urteil vom 30. 5. 1980 (BStBl 1980 II, Seite 575) bei einer Vermögensübertragung gegen laufende gewinnabhängige Unterhaltszahlungen mit festen Mindestbeträgen entschieden.
- Erhält ein Steuerpflichtiger von seinen Eltern einen Kapitalbetrag und verpflichtet sich dafür, an sie eine monatliche Leibrente (mit Wertsicherungsklausel) zu zahlen, so kann er diese erst dann als »dauernde Last« abziehen, wenn die Leibrentenzahlungen den dagegenstehenden Kapitalbetrag zuzüglich Nutzungswert daraus (Zins) übersteigen (BFH-Urteil v. 14. 8. 85; BStBl 1985 II, S. 709).
- Ist als Gegenleistung für die Übertragung eines Grundstücks (hier: von Eltern auf Tochter) eine lebenslängliche Leibrente mit Wertsicherungsklausel (z. B Lebenshaltunskostenindex) vereinbart, kann nur der Ertragsanteil der Rente als »dauernde Last« anerkannt werden (BFH-Urteil v. 28. 1. 86; BStBl 1986 II, S. 348).

2. *Unterhaltsleistungen an den geschiedenen oder dauernd getrennt lebenden Ehegatten*(§ 10 Abs. 1 Ziff. 1 EStG)*

Der Unterhaltleistende hat grundsätzlich ein Wahlrecht, er kann seine Leistungen, wenn sie das volle Jahr umfassen, entweder bis *DM 18 000* als Sonderausgaben oder bis zu *DM 4500 (1990 = 5400)* pro anno als außergewöhnliche Belastung (vgl. Seite 112) anerkannt bekommen, ggf. zeitanteilig. Dieser Abzug setzt voraus, daß der Unterhaltsempfänger ebenfalls unbeschränkt steuerpflichtig** im Inland ist *und dem Antrag des Unterhaltsverpflichteten zustimmt.* Der Unterhaltsempfänger hat den entspr. Betrag (abzgl. DM 200,– Werbungskosten-Pauschale) als »Sonstige Einkünfte« im Rahmen einer ESt-Veranlagung zu versteuern.

In der Regel hat der Unterhaltleistende eine höhere Besteuerung als der Begünstigte, so daß er trotz Übernahme der den Unterhaltsempfänger treffenden (geringeren) Steuerschuld einen Vorteil für sich behält. Die Zustimmung für 1 Jahr kann nicht widerrufen werden. Der Antrag ist bereits möglich im LSt-Ermäßigungsverfahren; Formular »Anlage U« ist ausgefüllt miteinzureichen.

3. *Kirchensteuer* (Abschn. 35 LStR)

Einzusetzen ist beim Antrag auf LSt-Ermäßigung der Betrag, der sich voraussichtlich im Jahr *ohne* Eintrag eines Freibetrages auf der LSt-Karte ergeben wird. Beim Jahresausgleich oder der ESt-Veranlagung sind die einbehaltenen Beträge plus ggf. Kirchenumlage und Nachzahlungen anzugeben, ebenso Rückerstattungen.

4. *Steuerberatungskosten* (Abschn. 37 LStR)

Sie sind einschl. Steuerliteratur als Werbungskosten *oder* Sonderausgaben geltend zu machen und können ohne weiteres bis zu DM 1000,– anerkannt werden. Sie sollten dort eingetragen werden, wo der entspr. Pauschbetrag (DM 564,– bei Werbungskosten; DM 270,– bzw. DM 540,– bei Sonderausgaben *in 1989*) bereits anderweitig erreicht ist, um den größten Steuer-Vorteil zu erzielen. *1990* sind es bei Werbungskosten DM 2 000,– (Arbeitnehmer-Pauschbetrag), bei Sonderausgaben nur noch DM 108,– bzw. DM 216,–.

*) Diese Regelung ist auch anzuwenden bei Aufhebung oder Nichtigkeit einer Ehe.

**) Unterhalt an *nicht* im Inland unbeschränkt steuerpflichtige geschiedene oder dauernd getrennt lebende Ehegatten ist ohne Verletzung des Gleichheitssatzes nach dem Grundgesetz *nicht* als Sonderausgaben abziehbar. Anzuerkennen *nur* begrenzt im Rahmen außergewöhnlicher Belastungen (BHF-Urteil v. 25. 3. 86 – BStBl 1986 II, S. 603).

5. *Ausbildungskosten* (§ 10 Abs. 1 Nr. 7 EStG, Abschn. 38 LStR)

Für die Berufsausbildung oder Weiterbildung in einem bisher nicht ausgeübten Beruf können pro Jahr bis DM 900,–, bei Unterbringung außerhalb des eigenen Wohnsitzortes DM 1200,– steuermindernd sein. Auch kann der Ehegatte des Arbeitnehmers diese Vergünstigung zusätzlich erhalten. Ausbildungskosten sollen der Schaffung einer beruflichen Basis dienen*, dagegen Fortbildungskosten der Weiterbildung im bereits ausgeübten Beruf. Wie flüssig die Grenzen sind, zeigt die Rechtsprechung des BFH (vgl. hierzu auch Seite 88 »Fortbildungskosten«), der u. a. wie folgt entschieden hat:

- Ein als Dozent an einer privaten Fachschule tätiger graduierter Betriebswirt konnte nach Verstaatlichung dieser Schule nur unter der Verpflichtung, ein Hochschulstudium aufzunehmen, einen befristeten Anstellungsvertrag als Dozent erhalten, da dieses Studium Voraussetzung für die Lehrbefugnis an der staatlichen Fachschule war. Die entspr. Ausgaben wurden *nicht* als Fortbildungskosten anerkannt, sondern als Ausbildungskosten bei den Sonderausgaben, da sie nur zur Erlangung eines neuen und nicht der Erhaltung des alten Arbeitsplatzes dienten (BFH v. 28. 11. 80; BStBl 1981 II, S. 309).
- Bei einem Berufsoffizier sind Aufwendungen für ein Studium, das zwar förderlich, nicht aber Voraussetzung für den ausgeübten Beruf ist und zudem eine andere berufliche Ausgangsbasis eröffnet, *nicht* als Fortbildungskosten, sondern als Berufsausbildungskosten anzuerkennen (BFH v. 26. 4. 89 – BStBl 1989 II, S. 616).
- Die Ausgaben eines Volkschullehrers für die Ausbildung zum Realschullehrer sind keine Fortbildungs-, sondern Ausbildungskosten (BFH v. 13. 3. 81, BStBl 1981 II, Seite 439).
- Als Ausbildungs- und *nicht* Fortbildungskosten wurden die Aufwendungen für ein nebenberufliches Hochschulstudium angesehen, obwohl hier dem kaufmännisch bereits ausgebildeten Studenten von seinem Arbeitgeber ein dem Studiengang entsprechendes Betätigungsgebiet zugesichert und übertragen worden war (BFH-Urt. v. 28. 9. 84; BStBl 1985, S. 94).

Zu den Ausbildungskosten gehören Aufwendungen für Fahrten zwischen Wohnung und Ausbildungsstätte sowie bei auswärtiger Unterbringung die dadurch bedingten Mehrkosten. Auch Aufwendungen anläßlich kurzer Tages- und Abendkurse zum Zweck der Berufsbildung oder der Weiterbildung in einem *nicht* ausgeübten Beruf können hierunter fallen.

Bis 1989 wurden hier auch Aufwendungen für eine hauswirtschaftliche Ausbildung und Weiterbildung berücksichtigt, *ab 1990* ist dies gemäß geändertem § 10 Abs. 1 Nr. 7 EStG *ausgeschlossen.*

*) Als Berufsausbildungskosten gelten nur solche, die in der erkennbaren Absicht, dadurch eine Erwerbstätigkeit auszuüben, anfallen. Hier Ablehnung bei einem Apotheker für Fotokurs-Aufwendungen (BFH-Urteil v. 17. 11. 78 – BStBl 1979 II, Seite 180).

6. *Ausgaben für steuerbegünstigte Zwecke* (§§ 10b + 34g EStG)

Ausgaben zur Förderung mildtätiger, kirchlicher, religiöser, wissenschaftlicher und besonders anerkannter gemeinnütziger Zwecke* sind bis zu insgesamt 5 % der Einkünfte als Sonderausgaben abzugsfähig. Für wissenschaftliche und als besonders förderungswürdig anerkannte kulturelle Zwecke erhöht sich dieser Satz um weitere 5 %.

Ausgaben zur Förderung staatspolitischer Zwecke sind gemäß § 2 des Parteienfinanzierungsgesetzes vom 22. 12. 83 (BStBl 1984 I, S. 7–12) Mitgliedsbeiträge und Spenden; für diese und für solche an unabhängige Wählervereinigungen unter bestimmten, im Gesetz v. 25. 7. 88 (vgl. Bundesgesetzblatt 1988, S. 1185) mit Neufassung des § 34g EStG genannten Voraussetzungen, gibt es eine *Ermäßigung der tariflichen Einkommensteuer* um 50 %, maximal mit DM 600,– bzw. DM 1200,– bei gemeinsam versteuerten Ehepaaren. *Über* DM 1200,– bzw. DM 2400,– liegende entspr. Ausgaben können noch gemäß § 10b Abs. 2 EStG im Rahmen der Sonderausgaben bis zu DM 60 000,–, bei gemeinsamen Eheleuten DM 120 000,– anerkannt werden. Soweit die politischen Förderungsbeträge DM 40 000,– im Jahr übersteigen, ist eine Berücksichtigung nach § 25 des Parteiengesetzes nur bei Verzeichnis im entspr. Rechenschaftsbericht möglich.

Grundsätzlich ist die Abzugsfähigkeit nur bei Vorlage einer Bescheinigung möglich. Bei Spenden in Katastrophenfällen jedoch und Ausgaben bis DM 100,– zur Förderung mildtätiger, kirchlicher, religiöser, wissenschaftlicher und anerkannter gemeinnütziger Zwecke genügt der Zahlungsnachweis. Bei Sachspenden muß die Bescheinigung die Höhe des Wertes enthalten. Auch bei gemeinnützigen Kleidersammlungen etc. kann eine Bescheinigung mit Wertangabe zur Steuerminderung führen.

*) Nicht erstattete Fahrtkosten anläßlich der Betreuung von Kleinkindern für einen als besonders förderungswürdigen und gemeinnützig anerkannten Verein sind im Rahmen der Spendenregelung abzugsfähig (BFH-Urteil v. 24. 9. 85, BStBl 1986 II, S. 726).

Außergewöhnliche Belastungen
(§§ 33, 33a, 33b EStG; Abschn. 66–70 LStR)

Zu *Behinderte und Hinterbliebene* (§§ 33b, 46 Abs. 2/4a EStG)

1. Vorausgesetzt amtliche Nachweise, erhalten *Körperbehinderte* folgende Pauschbeträge nach dem Grad der Erwerbsunfähigkeit, sofern sie nicht höhere Ausgaben glaubhaft nachweisen:

Erwerbsminderung	DM	Erwerbsminderung	DM
ab 25%	600,–	ab 65%	1740,–
ab 35%	840,–	ab 75%	2070,–
ab 45%	1110,–	ab 85%	2400,–
ab 55%	1410,–	ab 91%	2760,–

Blinde und Körperbehinderte, die ständig* so hilflos sind, daß sie ohne fremde Hilfe und Pflege nicht auskommen, erhalten an Stelle dieser Beträge einen Jahrespauschbetrag von DM 7200,–.

Ist der Ehegatte oder ein Kind von gemeinsam versteuerten Eheleuten körperbehindert und beanspruchen diese den Freibetrag nicht, kann der Arbeitnehmer ihn auf seiner Steuerkarte eintragen lassen**. Sind die Eltern des behinderten Kindes geschieden oder leben sie dauernd getrennt, wird er gemäß den Kinderfreibeträgen für dieses Kind aufgeteilt. Eine andere Aufteilung ist nur bei gemeinsamem Antrag auf ESt-Veranlagung möglich.

Der steuerfreie Pauschbetrag ist nur eine Abgeltung der außergewöhnlichen Belastungen, die aus seiner Behinderung*** erwachsen. Führt sie zur Beschäftigung einer Hausgehilfin, so kann der entspr. Freibetrag zusätzlich beansprucht werden.

Die Pauschbeträge sind auch dann voll zu gewähren, wenn die Behinderung nicht über das ganze Jahr bestanden hat. Treffen mehrere Behinderungen zusammen, ist jeweils der zu dem höheren Pauschbetrag führende Grund maßgebend.

Neben dem Pauschbetrag können bei mind. 70 % Erwerbsunfähigkeit mit Geh- und Stehbehinderung oder generell ab 80 % bei Benutzung eines eigenen Kfz noch für private Fahrten von 3000 km Kilometergelder mit DM –,42, das sind im Jahr DM 1260,–, als außergewöhnliche Belastung anerkannt werden, jedoch führt dies nur nach Abzug der sog. zumutbaren Belastung (vgl. S. 116) zu einem Freibetrag.

*) Ständige Hilfsbedürftigkeit bedeutet *nicht* Hilflosigkeit und Pflege auf Dauer oder unabsehbare Zeit. Besteht sie nachweislich voll während eines Jahres, können DM 7 200 pauschal anerkannt werden. Grundsätzlich ist hierfür nach dem Schwerbehindertengesetz ein mit »H« versehener Ausweis vom Versorgungsamt Voraussetzung. Ein amtsärztliches Zeugnis und die Bescheinigung einer Pflegeanstalt reichen als Nachweis *nicht* aus (BFH v. 28. 9. 84 und 5. 2. 88 – BStBl 1985 II, S. 129, und 1988 II, S. 436).

**) Gilt nur für steuerlich anzuerkennende Kinder im Sinne § 32 EStG, aber auch für den Hinterbliebenen-Pauschbetrag.

***) Die Kosten für eine Heilkur können auch *neben* dem Pauschbetrag für Körperbehinderte geltend gemacht werden. Voraussetzung ist aber auch hier stets die Vorlage eines *vor* Kurantritt ausgestellten amts- bzw. vertrauensärztlichen Zeugnisses sowie eine unter ärztlicher Kontrolle stehende Heilbehandlung; ein nachträglich erstelltes amtsärztliches Attest genügt *nicht* (BFH v. 11. 12. 87 – BStBl 1988 II, S. 275).

2. *Hinterbliebenen,* die laufend Bezüge nach dem Bundesversorgungsgesetz, den Vorschriften über die gesetzliche Unfallversorgung, den entspr. beamtenrechtlichen Vorschriften usw. erhalten, wird ein steuerfreier Pauschbetrag von DM 720,– pro Jahr gewährt. Dies gilt auch bei Kapitalabfindung oder wenn das Recht auf die Bezüge ruht. Erfüllen beide Ehegatten die Voraussetzungen, erhält jeder den Freibetrag. Steht der Freibetrag *einem Kind zu,* das ihn nicht beanspruchen kann, ist er entsprechend den Ausführungen zu 1. (mit Fußnote 1) übertragbar.

Zu *Hausgehilfin/Haushaltshilfe oder Heim-/Pflegeunterbringung*

Kosten für eine Hausgehilfin oder Haushaltshilfe können bis zu DM 1200,– pro Jahr* steuermindernd sein, wenn

- der Arbeitnehmer oder sein Gatte 60 Jahre alt ist oder
- der Arbeitnehmer oder sein Gatte oder ein zu seinem Haushalt gehörendes Kind oder eine zum Haushalt gehörende und von ihm unterhaltene Person schwer körperbehindert (mind. 45 %) oder nicht nur vorübergehend körperlich hilflos ist.

  Bei Unterbringung des Steuerpflichtigen oder des mit ihm zusammenlebenden Ehegatten in einem Heim oder anderweitig dauernd zur Pflege, können ebenfalls DM 1200,– im Jahr oder DM 100,– im Monat steuermindernd berücksichtigt werden.

Zu *Freibetrag für besondere Fälle* (§ 52 Abs. 23 EStG)

Der angesprochene Personenkreis umfaßt u. a. Vertriebene, Flüchtlinge aus der DDR und politisch Verfolgte mit Anspruch auf Entschädigung. Dieser Personenkreis erhält im Jahr der Anerkennung als Flüchtling usw. sowie 2 Jahre danach folgende Freibeträge *oder* kann Kosten für Hausrat und Kleidung ansetzen (Seite 120):

Arbeitnehmer der Steuerklasse I	DM 540,–
Arbeitnehmer der StKl II bis IV ohne Kind	DM 720,–
Arbeitnehmer mit 1–2 Kindern	DM 840,–
Für jedes weitere Kind Erhöhung um	DM 60,–

Zu *Freibetrag wegen Pflege Eltern-Kind-Verhältnis* (§§ 32 und 33a EStG)

Geschiedene oder dauernd getrennt lebende Elternteile mit Kindern unter 16 Jahren zu Beginn des Steuerjahres oder mit älteren, steuerlich berücksichtigungsfähigen Kindern (u. a. bei Berufsausbildung bis zum Alter von 27 Jahren), *die dem anderen Elternteil steuerlich zugeordnet sind, für die sie aber einen Kinderfreibetrag erhalten,* können aufgrund von Ausgaben für ein gutes Verhältnis zu den Kindern (Besuche, Geschenke usw.) *noch bis einschließlich 1989* einen Freibetrag von DM 600,– pro Kind und Jahr (ggf. zeitanteilig) beanspruchen. Gleiches gilt für nichteheliche Kinder, wenn beide Elternteile ihren Wohnsitz im Inland haben. Dieser Freibetrag entfällt, wenn der Kinderfreibetrag auf den anderen Ehegatten übertragen wird. *Aufhebung dieser Vergünstigung ab 1990.*

*) *Ab 1990:* Freibetrag bis DM 1800,– bei Hilflosigkeit einer zum Haushalt gehörenden Person und Verdoppelung auf DM 2400,–, wenn Ehegatten wegen Pflegebedürftigkeit eines Teils an der gemeinsamen Haushaltsführung gehindert sind.

Zeile		Summe der Unterhaltszeiträume in Monaten insgesamt
95	**Unterhalt für bedürftige Personen** Name und Anschrift der unterhaltenen Person, Beruf, Familienstand: Paul Wünsche, Basler Str. 28, 8000 München 71, Rentner, Witwer	50
96	Hatte jemand Anspruch auf einen Kinderfreibetrag für diese Person? [X] Nein [ ] Ja — Verwandtschaftsverhältnis zu dieser Person: Schwiegervater — Geburtsdatum: 9.7.1914	Eigene Einnahmen der unterhaltenen Person(en), ggf. „0“
97	Aufwand für diese Person vom – bis: 1.1.–31.12. DM 2.100 — Art und Grund der Unterhaltsleistung: Alter	51
98	Diese Person hatte im Unterhaltszeitraum — Bruttoarbeitslohn: – DM — Renten: 4.300 DM — andere Einkünfte/Bezüge sowie Vermögen (Art und Höhe): Zinsen 150,– / Sparkonto + Hausrat 8000 DM	Betriebsausgaben, Werbungskosten/ Unkosten-Pauschbetrag
99	außerhalb des Unterhaltszeitraums — Einnahmen [ ] (Art und Höhe auf bes. Blatt erläutern) — Diese Person lebte [ ] in meinem Haushalt [ ] im eigenen/ anderen Haushalt — zusammen mit folgenden Angehörigen	52 Unterhaltsleistungen Dritter
100	Zum Unterhalt dieser Person haben auch beigetragen (Name, Anschrift, Zeitraum und Höhe der Unterhaltsleistungen): Rudolf Wünsche, Agnesstr. 14, 8 München 40, 1.1.–31.12. = DM 1.200.	53 Tatsächl. Unterhaltsleistungen d. Stpfl.
101	**Ausbildungsfreibetrag** (1. Kind) Vorname und Familienstand des Kindes: Susanne, ledig, 81 Garmisch, Zugspitzplatz 5 — Aufwendungen für die Berufsausbildung entstanden — vom – bis: 1.1.–31.12.	54 Ausbildungsfreibeträge
102	Auswärtige Unterbringung vom – bis: 1.1.–31.12. — auswärtige Anschrift des Kindes	65
103	Einnahmen d. Kindes im maßgeb. Ausbildungszeitraum — Bruttoarbeitslohn DM — Öfftl. Ausbildungshilfen DM — andere Einkünfte/Bezüge (Art und Höhe)	Kz Wert
104	außerhalb des maßgebenden Ausbildungszeitraums — Bruttoarbeitslohn DM — Öfftl. Ausbildungshilfen DM — andere Einkünfte/Bezüge (Art und Höhe)	
105	**Ausbildungsfreibetrag** (2. Kind) Vorname und Familienstand des Kindes — Aufwendungen für die Berufsausbildung entstanden — vom – bis	
106	Auswärtige Unterbringung vom – bis — auswärtige Anschrift des Kindes	Kinderbetreuungskosten Aufwendungen
107	Einnahmen d. Kindes im maßgeb. Ausbildungszeitraum — Bruttoarbeitslohn DM — Öfftl. Ausbildungshilfen DM — andere Einkünfte/Bezüge (Art und Höhe)	84 Höchstbetrag
108	außerhalb des maßgebenden Ausbildungszeitraums — Bruttoarbeitslohn DM — Öfftl. Ausbildungshilfen DM — andere Einkünfte/Bezüge (Art und Höhe)	85 Pauschbetrag
109	**Kinderbetreuungskosten** für haushaltszugehörige Kinder bis 16 Jahre — Bei Alleinstehenden: Es bestand ein gemeinsamer Haushalt der Elternteile vom – bis	86 Personell berechneter Betrag (§§ 33a, 33b EStG)
110	Ich war vom – bis — erwerbstätig — behindert — krank	61 Anerkannte außergewöhnliche Belastung – vor Abzug der zumutbaren Belastung –
111	Der Ehegatte oder bei gemeinsamem Haushalt der andere Elternteil war vom – bis — erwerbstätig — behindert — krank	62
112	Vorname und Anschrift des Kindes — Das Kind gehörte zu meinem Haushalt vom – bis	
113	Pauschbetrag [ ] oder Art und Höhe der Aufwendungen — Dienstleistungen vom – bis	99 12

Zeile	**Andere außergewöhnliche Belastungen** Art der Belastung	Gesamtaufwand im Kalenderjahr DM	Erhaltene/zu erwartende Versicherungsleistungen, Beihilfen, Unterstützungen; Wert des Nachlasses usw. DM	Nr. Wert
114				
115	Kieferorthopädische Behandlung Inge	1.900	1.037	
116	Grabstein für mittellos verstorbene Mutter	1.050	–	
117	Krankenhausaufenthalt Ehefrau	8.050	4.180	

Nur bei geschiedenen oder dauernd getrennt lebenden Elternpaaren oder bei Eltern nichtehelicher Kinder:

118 [ ] Laut beigefügtem gemeinsamen Antrag sind die Ausbildungsfreibeträge auf einen Elternteil zu übertragen und/oder die für Kinder zu gewährenden Pauschbeträge für Behinderte/Hinterbliebene in einem anderen Verhältnis als je zur Hälfte aufzuteilen.

Nur bei getrennter Veranlagung von Ehegatten ausfüllen:

119 [ ] Laut beigefügtem gemeinsamen Antrag beträgt der bei mir zu berücksichtigende Anteil an den — Sonderausgaben v. H. — außergewöhnlichen Belastungen v. H.

99 30	12 LSt / ESt	14 KiSt A DM Pf	15 KiSt B DM Pf	18 Sparzulage A	31 Sparzulage B
Bisher festgesetzte Beträge – ggf. in Rot –	10 Versp. Zuschl. in v.H.	11 Versp. Zuschl. in DM	38 Vorauszahlungen	Kz Wert	Kz Wert

Verfügung 1. Die aufgeführten Daten sind mit Hilfe des geprüften und genehmigten Programms sowie unter Berücksichtigung der ggf. gespeicherten Daten maschinell zu verarbeiten. In Höhe des maschinell ermittelten Ergebnisses werden die Steuern, die Nachzahlungen oder Rückforderungen von Arbeitnehmer-Sparzulagen, der Verspätungszuschlag und die Vorauszahlungen festgesetzt oder es wird die Nichtveranlagung verfügt. Das Ergebnis ist bekanntzugeben.

	Erledigt (Namensz., Datum)		Erledigt (Namensz., Datum)
2. ☐ Grunddaten prüfen		7. ☐ In V-Liste/Z-Kartei vermerken	
3. ☐ KM fertigen		8. ☐ Auf LSt-Karte vermerken	
4. ☐ Belege zurückgeben		9. ☐ Bescheid ergänzen (Anlage beifügen)	
5. ☐ Änderung/Berichtigung vermerken		10. Z. d. A.	
6. Zur Datenerfassung		Kontrollzahl	

Erfaßt

Sachgebietsleiter — Datum — Bearbeiter

– Erläuterungen ab nächster Seite (112). –

Die Seite 4 des Antrages enthält in Zeile 118 die gemeinsame Antragsmöglichkeit von geschiedenen oder getrennt lebenden Elternteilen (mit Kinderfreibetrag) zur anderen Verteilung der angegebenen Frei- oder Pauschbeträge für Kinder als je zur Hälfte. Zeile 119 dient Eheleuten bei getrennter Veranlagung zur günstigen Verteilung von Sonderausgaben und außergewöhnlichen Belastungen.

Zu *Außergewöhnliche Belastungen* (§§ 33, 33a, EStG; 66–70 LStR)

Hierunter fallen Vergünstigungen in »besonderen Fällen« mit Zuerkennung von pauschalen Freibeträgen und andere in (mehr) Einzelfällen (ab S. 116), bei denen ein Prozentanteil *eigener* Einkünfte abgerechnet wird. Vier Möglichkeiten der ersten Art stehen auf Seite 3 des Antrags und sind bereits erläutert. Nachfolgend die übrigen.

Zu *Unterstützung bedürftiger Personen* (§ 33a EStG; Abs. 67 LStR)

Diese Steuervergünstigung bezieht sich auf den Unterhalt von bedürftigen Angehörigen mit kleinem Vermögen (in der Regel bis zu DM 30 000,–, *ohne* Anrechnung Hausrat, Erinnerungswerte etc.), für die kein Anspruch auf Kindergeld und dergl. besteht. Solche Aufwendungen sind *1989* maximal mit *DM 4500,–, bzw. DM 2484,–* bis zum Alter *von 18 Jahren*, pro unterstützte, *im Inland* lebende Person im Jahr (bzw. monatsanteilig) abzugsfähig, wobei jedoch eine »Opfergrenze« (vgl. hierzu Seite 147) zu beachten ist. *Ab 1990 Verbesserung auf DM 5400,– bzw. DM 3024,–.* Angerechnet werden hierauf *alle* eigenen Einkünfte und Bezüge der unterhaltenen Person, soweit sie im Jahr DM 4500,–, *ab 1990 DM 5400,–*, überschreiten; ggf. anteilig für die entspr. Monate (vgl. S. 114, Fußnote 3). Hierzu zählen auch vermögenswirksame Leistungen (5. VermBG) sowie die entspr. Arbeitnehmer-Sparzulage und *nicht* steuerpflichtige Bezüge, wie Wohngeld, steuerfreie Zuschläge zum Arbeitslohn, Arbeitnehmerzulagen in Berlin und Leibrenten voll (nach Abzug von DM 200,– für Werbungskosten).

Beispiel: Ein Arbeitnehmer zahlt 1989 seiner alten Mutter, die selbst nur geringes Vermögen hat, als Unterstützung DM 4200,–. Die Mutter erhält außerdem Versorgungsbezüge von DM 6500,– und Angestelltenrente von DM 3000,–.

Als eigene Einkünfte und Bezüge sind hier anzusetzen:

– Versorgungsbezüge (DM 6500) *abzüglich* Versorgungsfreibetrag mit 40 % (DM 2600), Weihnachtsfreibetrag (DM 600), Arbeitnehmerfreibetrag (DM 480) und Werbungskostenpauschale (DM 564)	=	DM 2256,–
– Leibrente (DM 3000) *abzgl.* Werbungskosten (DM 200)	=	DM 2800,–
	=	DM 5056,–
– Davon ab »Allgem. Unkosten-Pauschbetrag« *auf Bezüge*	=	DM 360,–
– *Anzurechnende eigene Bezüge und Einkünfte*	=	DM 4696,–

Als steuerfreier Betrag werden hier maximal DM 4500,– *minus* Differenz zwischen DM 4696,– und den nicht anrechenbaren Bezügen von DM 4500,– anerkannt, dies entspr. DM 4304,–. Unterstützt der Arbeitnehmer *allein* seine Mutter, erhält er entspr. seiner Leistung DM 4200,– Freibetrag. Bei mehreren Unterhaltsverpflichteten ist der Betrag von DM 4304,– leistungsanteilig aufzuteilen.

Wegen der wesentlich verbesserten Abzugsfähigkeit bei Unterstützungen von Angehörigen *im Ausland* wird auf die Seiten 34 und 35 sowie auf Abschn. 67 Abs. 5 LStR verwiesen.

Liebesgabensendungen an Verwandte in der DDR werden ohne besonderen Nachweis der Bedürftigkeit und der tatsächlichen Aufwendungen mit DM 40,– pro Paket und DM 30,– für jedes Päckchen auf Grund postamtlicher Einlieferungsscheine oder mit einem höheren Wert bei entsprechendem Nachweis berücksichtigt. Für Besuche von Angehörigen aus der DDR oder aus Vertreibungsgebieten werden pro Tag und Person grundsätzlich DM 10,– (LSt-Kartei F1 K3) als Freibetrag anerkannt. *Daneben* können noch besondere Zuwendungen anläßlich des Besuches, wie Kleidung, berücksichtigt werden. Pro Besuch in der DDR werden DM 50,– steuermindernd angesetzt, die Personenzahl der Besucher ist dabei ebenso wie die Anzahl der besuchten Personen ohne Bedeutung.

Interessante und Grundsatzurteile des BFH zum Unterhalt:

- Bei Unterhaltsleistungen an Verwandte in der DDR und Berlin (Ost) wird die Bedürftigkeit und Zwangsläufigkeit grundsätzlich unterstellt; dagegen bei Freunden und Bekannten nur, wenn eine besondere sittliche Verpflichtung vorliegt (BFH-Urteil v. 25. 3. 83 – BStBl 1983 II, Seite 453). Aber auch hier ist die sogenannte »Opfergrenze« zu beachten (BFH-Urteil v. 5. 12. 86 – BStBl II, S. 238).
- Leistet ein Arbeitnehmer an einen mit ihm auf Dauer in einer eheähnlichen Gemeinschaft zusammenlebenden Partner Unterhalt, so sind diese Aufwendungen *nicht* nach § 33a Abs. 1 EStG abziehbar (BFH-Urteil v. 18. 7. 80 – BStBl 1980 II, S. 693).
- Zu den anrechenbaren Bezügen von Unterhaltsempfängern gehören *nicht* Leistungen der Sozialhilfe für häusliche Pflege und Krankheit; ebenso grundsätzlich nicht ein Mehrbedarfzuschlag, den im Streitfalle eine erwerbsunfähige 65jährige Person erhielt (BFH v. 22. 7. 88 – BStBl 1988 II, Seite 830). Nach einem weiteren Urteil des BFH am 22. 7. 88 (BStBl 1988 II, Seite 939) gehören auch die sog. Alten- und Telefonhilfe *nicht* zu den anrechenbaren, der Bestreitung des Unterhalts dienenden Bezügen. Andererseits wurde hier festgestellt, daß keine verfassungsrechtlichen Bedenken gegen die nur *begrenzte* Abzugsfähigkeit von Unterhaltsleistungen und die Bemessungsfreigrenze der Einkünfte und Bezüge von unterhaltenen Personen bestehen; des weiteren, daß es *nicht* gegen die Gleichbehandlung nach dem Grundgesetz verstößt, wenn bei »anderen Einkünften oder Bezügen« nicht ein Versorgungsfreibetrag analog zu Versorgungsbezügen von Beamten etc. in Abzug kommt.
- Unterhaltsaufwendungen für eine inhaftierte Person (hier: 20jähriger Sohn) sind *nicht* allgemein als außergewöhnliche Belastung gemäß § 33a EStG mit der Begründung auszuschließen, daß insoweit Kost, Bekleidung und Unterkunft von der Haftanstalt gestellt werden (BFH-Urteil v. 11. 11. 88 – BStBl 1989 II, S. 233).
- Als *nicht* zwangsläufig hat der BFH mit Urteil v. 11. 11. 88 (BStBl 1989 II, S. 280) Aufwendungen für das Studium volljähriger Geschwister angesehen und ihre Berücksichtigung als außergewöhnliche Belastung verneint.

Zu *Ausbildungsfreibeträge Kinder* (§ 33a Abs. 2 EStG, Nr. 68 LStR)

Haben unbeschränkt steuerpflichtige Ehegatten oder Elternteile, die ein Kind allein unterhalten oder bei denen der andere nicht unbeschränkt im Inland steuerpflichtig ist, oder andere Personen Ausgaben für die Ausbildung und ggf. auswärtige Unterbringung eines Kindes, für das sie *allein* einen Kinderfreibetrag erhalten *oder (ab 1988)* erhielten, wenn das Kind unbeschränkt im Inland steuerpflichtig wäre, können sie wie folgt Jahresfreibeträge bekommen:

- Für Kinder bis zur Beendigung des 18. Lebensjahres, *nur* bei auswärtiger Unterbringung wegen Ausbildung* *DM 1800,–*.
- *Für Kinder mit Beginn des 19. Lebensjahres generell DM 2400,–*, bei auwärtiger Unterbringung *DM 4200,–; dies gilt ab 1990 auch für Kinder bis vollendetem 29. Lebensjahr und ohne Kinderfreibetrag, wenn sie den gesetzlichen Grundwehr- oder Zivildienst abgeleistet haben.*

Liegen die Voraussetzungen nicht das ganze Jahr über vor, erfolgt anteilige Berechnung pro angefangenen Monat.

Diese Freibeträge *mindern sich um über DM 3600,– liegende eigene Einkünfte** und Bezüge* des Kindes (vgl. Seite 112) sowie voll um Ausbildungshilfen aus öffentl. Mitteln oder Stipendien etc., u. a. BAföG-Zuschüsse. Bei einem verheirateten Kind ist auch der Unterhalt des Gatten anzurechnen***.

*) Aufwendungen incl. Prozeßkosten wegen eines Studienplatzes sind Teil der Berufsausbildungskosten und können *nicht* als außergewöhnliche Belastung gemäß § 33 EStG anerkannt werden (BFH v. 9. 11. 84; BStBl 1985 II, S. 135).

**) Lohn-Einkünfte von DM 3600,– werden gemäß Abschn. 67 LStR *bis 1989* erst erreicht, wenn der Lohn im Jahr über DM 5244,– liegt. Denn vom Lohn sind die Werbungskosten (mind. DM 564,–), der Weihnachtsfreibetrag (DM 600,–) und der Arbeitnehmerfreibetrag (DM 480,–) abzusetzen. Lohneinkünfte setzen also erst ab Lohnbezügen von DM 1645,– ein; *ab dem Jahre 1990* durch Einführung des Arbeitnehmer-Pauschbetrages von DM 2000,– als Ersatz vorgenannter Abzugsbeträge sogar erst mit DM 2001,–, d. h., ein Jahresbruttolohn von DM 5600,– entspricht Lohneinkünften von DM 3600,–. Bei Versorgungsbezügen ist der entspr. Freibetrag abzuziehen. Bei Kapitalbezügen (Zinsen etc.) bleiben *ab 1990 DM 700,–*, bis 1989 DM 400,–, ohne Ansatz. Ist ein Ausbildungsfreibetrag *nicht* für ein volles Jahr zu gewähren, kommen auch nur die Einkünfte und Bezüge des Kindes in den *Ausbildungsmonaten* zur Anrechnung, wobei einmalige oder nicht monatlich fließende Einkünfte (z. B. Jahreszinsen, Gewinnanteile) oder Bezüge zeitanteilig berücksichtigt werden. Der anrechnungsfreie Betrag von DM 3600,– im Jahr ist zeitanteilig mit DM 300,– im Monat zu berücksichtigen. Bei einem Wechsel der Ausbildungsfreibeträge ist stets der Anteil des höheren für den entspr. Monat anzusetzen.

***) Zu den Einkünften und Bezügen eines über 18 Jahre alten in Ausbildung stehenden Kindes zählt *nicht* der *vor* der Ehe vom Gatten gleistete Unterhalt. Anders bei Unterhalt *während der Ehe,* hier wird in der Regel bei Ehen ohne Kinder die Hälfte des Nettolohnes eines *allein*verdienenden Arbeitnehmers für den entspr. Zeitraum dem anderen Ehegatten zugerechnet (BFH-Urteil v. 6. 6. 86 – BStBl 1986 II, S. 840).

Von den Bezügen (nicht Einkünften) des Kindes wird ein Unkosten-Pauschbetrag von (bis) DM 360,– abgezogen. Auswärtige Unterbringung* bedeutet Wohnen außerhalb des Eltern-Haushalts. Fehlen zeitweise die Voraussetzungen (gilt z. B. nicht für Semesterferien), erfolgt anteilige Zuerkennung. Insoweit kann aber ein Freibetrag wegen »Unterstützung bedürftiger Personen« (vgl. S. 112) in Frage kommen. Geschiedene oder dauernd getrennt lebende, *unbeschränkt steuerpflichtige* Elternteile, erhalten den halben Freibetrag, wenn ihnen auch der entspr. Kinderfreibetrag zusteht. Haben mehrere Personen für das Kind einen Kinderfreibetrag, wird der Ausbildungsfreibetrag insgesamt nur einmal gewährt. Steht das Kind zu mehr als 2 Personen im Kindschaftsverhältnis, erhalten die Eltern zusammen den halben Freibetrag, d. h. ggf. jeder nur ein Viertel. Eine andere Aufteilung ist nur durch eine ESt-Veranlagung auf gemeinsamen Antrag möglich; dabei kann auch der Elternteil, dem das Kind nicht zugeordnet ist, den gesamten Freibetrag erhalten.

Zu Kinderbetreuungskosten (§ 33c EStG)

Tatsächliche Betreuungskosten für zum eigenen Haushalt gehörende, voll im Inland steuerpflichtige Kinder im Alter *unter* 16 Jahren zum Jahresbeginn, können im begrenzten Rahmen als außergewöhnliche Belastung von folgendem unbeschränkt steuerpflichtigem Personenkreis geltend gemacht werden:

- Berufstätige Alleinstehende (Ledige und dauernd getrennt lebende Eheleute oder Ehegatten, wenn der andere Teil nicht unbeschränkt steuerpfl. im Inland ist),
- Alleinstehende mit Kind bei anhaltender eigener Krankheit (ohne Unterbrechung mind. 3 Mon.), bzw. bei körperlicher, seelischer o. geistiger Behinderung, sowie
- zusammenlebende Eheleute mit Kind, wenn einer von ihnen im vorstehenden Sinne krank oder behindert und der andere erwerbstätig oder auch krank oder behindert ist.

Von den Aufwendungen** wird eine zumutbare Belastung (vgl. Seite 116) abgezogen und der verbleibende Betrag, maximal DM 4000,– für das erste und je DM 2000,– für weitere Kinder, als abzugsfähig anerkannt. Auch *ohne* Nachweis werden DM 480,– pro

*) *Bei geschiedenen oder getrennt lebenden Eltern wird »auswärtige Unterbringung« nicht anerkannt,* wenn das Kind noch zum Haushalt eines der beiden Elternteile gehört und nicht außerhalb wohnt (BFH-Urteil v. 5. 2. 88 – BStBl 1988 II, S. 579). Sind minderjährige Kinder wochentags bei in der Nähe (hier: 400 bis 500 m entfernt) wohnenden Großeltern untergebracht, liegt *nicht* schon deshalb eine auswärtige Unterbringung mit hauswirtschaftlicher Ausgliederung vor (BFH-Urt. v. 6. 11. 87 – BStBl 1988 II, S. 138).

**) In die Betreuungskosten können *nicht* Sachleistungen, wie die Beköstigung oder Mehraufwendung für Verpflegung einbezogen werden; die Abzugsfähigkeit bezieht sich ausschließlich auf Dienstleistungen (BFH-Urteil v. 28. 11. 86 – BStBl 1987 II, S. 490). Ebenso *nicht* Fahrtkosten zur Betreuungsperson (BFH v. 29. 8. 86 – BStBl 1987 II, S. 167).

Kind pauschal berücksichtigt. Soweit ein Kind zum Haushalt von 2 Begünstigten gehört, steht jedem der halbe Betrag zu. Liegen die Voraussetzungen zeitweise nicht vor (z. B. fehlende unbeschränkte Steuerpflicht), gelten diese Höchstbeträge zeitanteilig (1/12 pro angef. Monat). Kindermädchen, Erzieherinnen etc., die Unterbringung im Kindergarten oder in Halb- bzw. Ganztagspflegestellen usw.*, fallen als persönliche Fürsorge unter die Kinderbetreuung; nicht aber Ausgaben für Nachhilfestunden, Freizeitbetätigung etc.

Zu *Andere außergewöhnliche Belastungen* (§ 33 EStG)

Hierunter fallen Positionen, für die es zwar keine *besonderen* Freibeträge gibt, deren Abzugsfähigkeit aber nach einer *Eigenbelastung ohne* Höchstbegrenzung ist. Diese an die eigenen Einkünfte** und an den Familienstand geknüpfte *»Zumutbare« Belastung ergibt sich in Prozent von den »Einkünften« in DM wie folgt:*

		bis 30000	30001 bis 100000	über 100000
Alleinstehende	ohne Kind	5 %	6 %	7 %
Ehegatten	ohne Kind	4 %	5 %	6 %
Steuerpflichtige mit 1 oder 2 Kindern		2 %	3 %	4 %
Steuerpflichtige mit 3 oder mehr Kindern		1 %	1 %	2 %

Ist ein Arbeitnehmer mit größeren Aufwendungen *zwangsläufig* stärker belastet als die überwiegende Mehrzahl der Arbeitnehmer mit gleichen Einkommens- und vergleichbaren Vermögensverhältnissen, so werden diese Aufwendungen, vermindert um die zumutbare Belastung, als steuermindernd anerkannt.

Diese Vorschrift hat den Sinn, der sozialen Gerechtigkeit und steuerlichen Gleichmäßigkeit zu dienen, indem sie Härten mildern und beseitigen will, die im Einzelfall auftreten. Sie setzt voraus, daß

- der Arbeitnehmer belastet sein muß;
- das Ereignis für den Arbeitnehmer außergewöhnlich sein muß;
- das Ereignis und die Beseitigung seiner Folgen für den Arbeitnehmer zwangsläufig sein müssen;
- die Ausgaben erfolgt sein müssen.

*) Ausgaben für den Musikunterricht eines Kindes sind als Kinder-Betreuungskosten anzusehen (BFH-Urteil v. 23. 9. 1986 – BStBl 1987 II, S. 112).

**) Einkünfte aus nichtselbständiger Arbeit entsprechen 1989 dem Jahresarbeitslohn *abzüglich* zus. DM 1644,–. Weihnachtsfreibetrag (DM 600,–), Arbeitnehmerfreibetrag (DM 480,–) und Werbungskosten (mindestens Pauschale von DM 564,–); *1990* entfallen diese DM 1644,–, statt dessen ist dann der neue Arbeitnehmer-Pauschbetrag mit DM 2000,– abzusetzen.

Belastet sein bedeutet den Eintritt eines Ereignisses in die persönliche Lebenssphäre, das für den Arbeitnehmer eine Last ist. Gemeint ist hier in erster Linie eine finanzielle Last. Auf diese sind alle Erstattungen von Dritten an den Arbeitnehmer, z. B. durch Versicherung im Krankheits- oder Brandfall und durch Arbeitgeber im Notfall, anzurechnen. Auch eine spätere Erstattung ist anzurechnen, wenn der Arbeitnehmer damit rechnen konnte. Vorgänge, die ausschließlich auf der Vermögensebene liegen, wie Schulden durch ein Spekulationsgeschäft oder Auszahlungen an Miterben, können hier nicht berücksichtigt werden, ebenso Schulden aufgrund verlorener Baukostenzuschüsse.

Außergewöhnlich bedeutet größere Aufwendungen, als der überwiegenden Mehrzahl der in gleichen Verhältnissen lebenden Arbeitnehmer erwachsen. Es muß sich um Aufwendungen handeln, die in den besonderen Verhältnissen des einzelnen Arbeitnehmers oder eines sehr kleinen Kreises von Personen begründet sind.

*Zwangsläufig** bedeutet, daß sich der Arbeitnehmer dem Ereignis und der Beseitigung seiner Folgen aus rechtlichen, tatsächlichen oder sittlichen Gründen nicht erziehen kann (Tod, Unfall, Krankheit, Katastrophe). Mangels sittlicher Verpflichtung fallen z. B. Adoptionskosten** *nicht* hierunter, dagegen können aber Flugkosten für ausl. Waisenkinder zwecks Adoption zwangsläufig sein.

Nachfolgend Beispiele für die Anerkennung *oder* Ablehnung:

Aussteuer

Der BFH hat mit Urteil vom 3. 8. 87 (BStBl 1987 II, S. 779) *in Abänderung der bisherigen Rechtsprechung* entschieden, daß eine Aussteuer

*) Schadensersatzleistungen fehlt die Zwangsläufigkeit, wenn sie auf grob fahrlässiges oder leichtfertiges Handeln zurückzuführen sind, z. B. Verkehrsunfall aufgrund Übermüdung (BFH-Urteil v. 3. 6. 82 – BStBl 1982 II, Seite 749). Ebenso sind gemäß BFH-Urteil v. 18. 7. 86 (BStBl 1986 II, S. 745) Zahlungen, Kosten und Kreditzinsen aufgrund privatrechtlicher Vereinbarungen zwischen geschiedenen Eheleuten (wegen Schadenersatz) *nicht* abzugsfähig. Aufwendungen in Erfüllung des Anspruchs eines unehelichen Kindes auf vorzeitigen Erbausgleich können abzugsfähig sein, da sie nur einer Minderheit von Steuerpflichtigen gleicher Einkommens- und Vermögensverhältnisse entstehen. Zwangsläufigkeit aus rechtlichen Gründen ist aber Voraussetzung, d. h. es muß die nach bürgerlichem Recht vorgesehene, entspr. notariell beurkundete Vereinbarung oder eine gerichtliche Entscheidung über den Anspruch vorliegen (BFH v. 23. 10. 87 – BStBl 1988 II, S. 332).

**) Im Falle der Adoption eines ausl. Kindes sind die Ausgaben mangels Zwangsläufigkeit *nicht* abzugsfähig (BFH v. 13. 3. 87 – BStBl 1987 II, S. 495). Gleiches gilt für eine Adoption aufgrund ärztlichen Rats wegen Unfruchtbarkeit und zur Vermeidung von Ehekonflikten oder seelischen Erkrankungen (BFH v. 20. 3. 87 – BStBl 1987 II, S. 596).

auch dann *nicht* aus sittlichen Gründen zwangsläufig ist, wenn die Tochter *ohne* Berufsausbildung blieb. Damit dürfte eine steuerliche Abzugsmöglichkeit für die Zukunft ausgeschlossen sein.

Badekur – Heilkur*

Kosten hierfür sind insoweit berücksichtigungsfähig, als sie nach den gesamten Umständen** im Einzelfall außergewöhnlich sowie zwangsläufig sind und nicht durch Leistungen Dritter (Krankenkasse, Rentenversicherung, Arbeitgeber) gedeckt werden. Ein Nachweis über die Kurbedürftigkeit ist jeweils erforderlich, und zwar in der Regel durch Vorlage eines amtsärztlichen Zeugnisses***, sofern sich die Notwendigkeit der Kur nicht eindeutig aus anderen Unterlagen ergibt, beispielsweise aus einer Bescheinigung der Versicherungsanstalt, Pflichtkrankenkasse oder durch Behörden für ihre Arbeitnehmer bei Gewährung von Zuschüssen und Beihilfen. Grundsätzlich muß der Arbeitnehmer auch am Kurort ärztliche Betreuung beanspruchen. Bei der Anerkennung von Verpflegungsaufwendungen anläßlich der Kur kann eine tägliche Haushaltsersparnis berücksichtigt werden. Hat jedoch der Arbeitnehmer die Badekur an Stelle einer nach seinen Einkommensverhältnissen sonst üblichen Erholungsreise gemacht, so werden die Kosten der Unterbringung und Verpflegung nur insoweit berücksichtigt, als sie die üblichen Kosten einer Erholungsreise übersteigen. Dagegen werden die am Badeort entstandenen Arzt- und Kurmittelkosten regelmäßig als zwangsläufig anerkannt. Als Kosten der Fahrt zu einem Kurort sind generell die öffentlicher Verkehrsmittel anzusetzen; Kosten für Pkw werden nur bei Notwendigkeit anerkannt. Bei alten und hilflosen Personen können auch die Ausgaben für eine Begleitperson berücksichtigt werden. Kosten für Kuren im Aus-

*) Kosten und Reiseausgaben für eine zur Heilung oder Linderung einer Krankheit erforderlichen Kur können abzugsfähig sein, wenn die Krankheit anderweitig kaum mit Erfolg behandelt werden kann und *vor* Antritt der Kur das Zeugnis eines Amts- oder Vertrauensarztes darüber vorliegt sowie der Patient sich den unter ärztlicher Kontrolle stehenden Kurmaßnahmen unterzieht (BFH v. 14. 2. 1980 – BStBl 1980 II, S. 295).

**) Selbst wenn bei schwerem Asthma-Leiden der Aufenthalt in einem dafür klimatisch günstigen Gebiet zur Linderung des Leidens beiträgt, sind die Kosten einer dortigen Zweitwohnung *nicht* als zwangsläufig und als gezielte therapeutische Maßnahme anzuerkennen (BFH v. 20. 11. 87 – BStBl 1988 II, S. 137).

***) Die mit einer Gruppentherapie zwecks Heilung von Trunksucht verbundenen Aufwendungen können bei Vorliegen eines amtsärztlichen Zeugnisses (mit entsprechenden Empfehlungen und Angabe der voraussichtlichen Dauer) als außergewöhnliche Belastungen anerkannt werden (BFH-Urteil v. 13. 2. 87 – BStBl 1987 II, S. 427).

land werden in der Regel nur bis zur Höhe der Aufwendungen, die in einem dem Heilzweck dienenden entspr. inländischen Kurort entstehen würden, anerkannt. Aufwendungen für ärztlich verordnete Nachkuren in einem typischen Erholungsort sind allgemein *nicht* außergewöhnlich; insbesondere, wenn die Nachkur nicht unter ständiger ärztlicher Aufsicht in einer Kranken- oder Genesungsanstalt durchgeführt wird. Aufwendungen für Besuchsfahrten zum Ehegatten sind grundsätzlich nicht abzugsfähig. Hierbei handelt es sich in der Regel um typische und übliche gegenseitige Pflichten und Aufwendungen einer ehelichen Gemeinschaft.

Beerdigungskosten*
zählen zu den Nachlaßverbindlichkeiten** und können beim Erben nur abzugsfähig sein, wenn sie über dem Wert des Nachlasses liegen, zu dem auch Sterbegelder, Versicherungsleistungen, Gehaltsfortzahlungen usw. rechnen. Dies trifft auch zu, wenn der Arbeitnehmer die Bestattungskosten für seinen verstorbenen Ehegatten trägt. Hierzu zählen neben Grabstätte, Sarg und Grabstein auch Todesanzeigen, Danksagungen, Kranzschmuck; nicht dagegen Trauerkleidung und Bewirtung von Trauergästen***. *Spätere* Grabpflegekosten oder Gebühren für die Grabstätte oder Ausgaben für die Erneuerung des Grabsteins werden nicht mehr anerkannt.

Ehescheidungskosten
entstehen einem Arbeitnehmer zwangsläufig. Zu den außergewöhnlichen Belastungen gehören die Kosten für Scheidungsfolge*regelungen,* wie für elterliches Sorgerecht, Versorgungsausgleich, Unterhalt sowie für güterrechtliche Verhältnisse, ggf. auch für Gutachten zwecks Vermögensbewertung usw. Auch die ggf. vom ande-

*) Obwohl die entspr. Kosten durch den Nachlaß nicht gedeckt waren, wurden Aufwendungen anläßlich des Ablebens eines nahen Verwandten in Amerika, hier für die Reise sowie für die Einäscherung und Überführung der Urne etc., mangels Zwangsläufigkeit und mit Rücksicht auf steuerliche Gleichmäßigkeit und soziale Gerechtigkeit *nicht* berücksichtigt (BFH-Urteil v. 11. 5. 1979 – BStBl 1979 II, Seite 558).

**) Die für einen mittellos verstorbenen Elternteil übernommenen Nachlaßverbindlichkeiten aus lebensnotwendigen Bedürfnissen (Miete, Strom, Gas, Telefon etc.) und auch für Reinigung und Desinfizierung der Wohnung können neben Beerdigungskosten (abzüglich Sterbegelder und Beihilfen) zwangsläufig aus sittlichen Gründen und somit außergewöhnliche Belastungen sein; *nicht* dagegen eine Renten- oder Pensionsrückzahlung (BFH-Urteil v. 24. 7. 87 – BStBl 1987 II, S. 715).

***) Auch bei Tod einer unterhaltsberechtigten Person und Rechtspflicht, die Beerdigungskosten zu tragen, werden Ausgaben für die Bewirtung von Trauergästen *nicht* als zwangsläufig angesehen (BFH-Urteil v. 17. 9. 87 – BStBl 1988 II, S. 130).

ren Teil übernommenen Scheidungskosten, wenn die entspr. Vereinbarung vom Gericht übernommen wurde. Nicht dazu gehören Detektivkosten oder allgemein Folgekosten* oder Aufwendungen im Rahmen des Versorgungsausgleichs.

Hausrat und Kleidung

können grundsätzlich *nicht* zu einer außergewöhnlichen Belastung führen. Wenn jedoch die Gegenstände infolge eines *unabwendbaren* Ereignisses (Brand, Diebstahl, Katastrophe, Kriegseinwirkung, Vertreibung, politische Verfolgung usw.) verloren oder unbrauchbar wurden, können die Wiederbeschaffungskosten** als außergewöhnliche Belastung anerkannt werden. Dies gilt für den Arbeitnehmer selbst wie für seinen nicht getrennt lebenden Ehegatten oder seine steuerlich zu berücksichtigenden Kinder. Arbeitnehmer, die als Vertriebene, Heimatvertriebene, Sowjetzonenflüchtlinge und diesen gleichgestellte Personen die Voraussetzung für die Gewährung eines Freibetrages nach § 52 Abs. 22 EStG erfüllen, können in demselben Jahr entweder im Sinn dieser Bestimmung ihre tatsächlichen Aufwendungen *oder* aber den Freibetrag geltend machen. Liegt das Ereignis jedoch schon längere Zeit zurück, können die Anschaffungen lediglich in Ausnahmefällen als Wiederbeschaffung angesehen werden. Die Aufwendungen für die Wiederbeschaffung oder Wiederinstandsetzung müssen dem Arbeitnehmer zwangsläufig erwachsen und den Umständen nach notwendig sowie betragsmäßig angemessen sein. Erhaltene Entschädigungen oder Beihilfen sind grundsätzlich anzurechnen.

Krankheitskosten***

des Arbeitnehmers oder seiner Familie können berücksichtigungsfähig sein, so u. a. Ausgaben für Arzt, Zahnarzt, Klinik, Medikamente, soweit nicht durch Dritte**** erstattet. Bei typischer Berufs-

*) Folgekosten einer Scheidung wegen Vermögensauseinandersetzung können auch dann nicht berücksichtigt werden, wenn auf Grund einer möglichen negativen Auswirkung der Scheidung auf die berufliche Existenz eine rasche und großzügige Regelung angebracht ist (BFH-Urteil vom 10. 2. 77, BStBl 1977 II, Seite 462).

**) *In Abänderung bisheriger Rechtsprechung* können zwangsläufige Wiederbeschaffungskosten eines Spätaussiedlers für Hausrat im Jahr der Verausgabung und ungeachtet einer Eigen- oder Fremdfinanzierung (durch Darlehen oder Kredit) als außergewöhnliche Belastung anerkannt werden (BFH v. 10. 6. 88 BStBl 1988 II, S. 814).

***) Kosten für eine Frischzellenbehandlung können bei Anerkennung der Zwangsläufigkeit aufgrund eines *vor* Behandlung erstellten amtsärztlichen Attestes als außergewöhnliche Belastung anerkannt werden (BFH-Urt. v. 17. 7. 81 – BStBl 1981 II, Seite 711).

****) Unter die Erstattung fallen auch Bezüge aus einer Krankenhaustagegeldversicherung (BFH vom 22. 10. 1971, BStBl 1972 II, Seite 177).

krankheit sind die Werbungskosten. Werden Krankheitskosten mit Darlehensmitteln bezahlt, können sie erst im Jahr der Rückzahlung berücksichtigt werden (BFH v. 4. 10. 68, BStBl 1969 II, S. 179). *Aufwendungen für Arzneimittel,* Stärkungsmittel usw. sind nur anzuerkennen, wenn sie ärztlich verordnet werden oder in Ausnahmefällen bei länger andauernden, bereits glaubhaft gemachten Krankheiten mit ständigem Medikamentenbedarf; Belege mit Vermerk »für Arzneimittel« reichen nicht aus (BFH vom 5. 12. 1968, BStBl 1969 II, S. 260). Auch Ausgaben für die Ausübung eines Sports können hierunter fallen, wenn er nach ärztlichem Attest *nur* zur Heilung oder Linderung einer Krankheit erforderlich ist und nach ärztlichen Anweisungen bzw. Aufsicht ausgeübt wird (BFH vom 15. 10. 1971, BStBl 1972 II, S. 14). Die Wahl der Krankenhausklasse steht frei, übliche Trinkgelder etc. können mitangesetzt werden. Auf den Abzug einer Haushaltsersparnis* wird beim Klinikaufenthalt allgemein verzichtet. Wenn auf dringenden Rat der *behandelnden Ärzte* (Attestvorlage!) wegen Beschleunigung des Heilungsprozesses oder ausschlaggebender Bedeutung die engsten Angehörigen den Kranken besuchen**, sind die entspr. Kosten ebenso wie für dem Kranken dienende Gegenstände***, wie Krücke oder Rollstuhl, abzugsfähig.

Schuldentilgung
kann incl. Zinsen allgemein nur berücksichtigt werden, wenn der *Schuldaufnahme* eine anzuerkennende außergewöhnliche Belastung zugrunde lag, z. B. im Falle schwerer Erkrankungen. Auch anerkannt bei zwangsläufiger Arbeitslosigkeit oder wegen Wiederbeschaffung von Hausrat etc. infolge eines unabwendbaren Ereignisses. *Nicht* dagegen bei Tilgung von Studien-Darlehen.

*) Bei krankheitsbedinger Unterbringung in einem Pflegeheim handelt es sich bei den Kosten um eine außergewöhnliche Belastung. Bei Weiterführung des normalen Haushaltes sind davon Haushaltsersparnisse *nicht* abzuziehen, anders dagegen bei Auflösung des bisherigen Haushaltes (2 BFH-Urteile v. 22. 8. 80; BStBl 1981 II, S. 23–26).

**) Die mit Krankenhausbesuchsfahrten zum Ehepartner verbundenen Kosten sind unabhängig von Entfernung und Krankheitsdauer *grundsätzlich* mit der ehelichen Lebensgemeinschaft verbundene, steuerlich *nicht* berücksichtigungsfähige Aufwendungen. Anders verhält es sich aber, wenn der Besuch zur Heilung und Linderung der Krankheit entscheidend beitragen kann und der *behandelnde Krankenhausarzt (nicht* Hausarzt!) dies schriftlich bestätigt (BFH-Urteil v. 2. 3. 84; BStBl 1984 II, S. 484/5).

***) Außergewöhnliche Belastungen wegen Krankheit oder Behinderung werden dann *nicht* anerkannt, wenn diese den Kauf von marktgängigen Gegenständen (hier Nachtstromspeicherheizung für eine Querschnittgelähmte zwecks erforderlicher gleichbleibender Wohnungstemperatur) betreffen und nicht nur dem Kranken dienen können oder anderweitig veräußerbar sind (BFH v. 4. 3. 83 – BStBl 1983 II, S. 378).

V. Ermittlung der Steuer nach Musterbeispiel

Nachstehend anhand der ESt-Erklärung 1989 die Ermittlung des zu versteuernden Einkommens und der Steuer-Erstattung.

Einkünfte (s. ab S. 58) aus		(Ansatz Bezüge)	(Werbungskosten)	
Selbständiger Arbeit		6 000,–	1 200,–	4 800,–
Nichtselbständiger Arbeit	54 700,–			
AN-Freibetrag****	480,–			
Weihnachtsfreibetrag****	600,–	53 620,–	3 448,–	50 172,–
Kapitalvermögen*		2 540,–*	200,–	2 340,–
Vermietung und Verpachtung		10 020,–	16 310,–**	./. 6 290,–**
Einkünfte = Basisbetrag für zumutbare Belastung				51 022,–
Vorsorgeaufwendungen***				./. 7 779,–
				43 243,–
Übrige Sonderausgaben (höhere Pauschale)				./. 540,–
				42 703,–
Außergewöhnliche Belastungen				
a) in besonderen Fällen				
Unterhaltshilfe (s. S. 112)			2 100,–	
Ausbildungsfreibetrag (s. S. 114)			1 800,–	
Körperbehinderung (s. S. 109)			840,–	4 740,–
				37 963,–
b) übrige (11 000 ./. 5217 Erstattungen)			5 783,–	
abzgl. zumutbare Belastung (s. S. 116)				
1% aus DM 51 022		=	510,–	./. 5 273,–
Kinderfreibeträge (s. S. 28)				./. 7 452,–
*Zu versteuerndes Einkommen 1989**** *				25 238,–

*) Einnahmen DM 3740,– abzgl. verdoppelten Sparerfreibetrag von *DM 1200,–*.

**) Vgl. hierzu das Formular-Beispiel mit Erläuterung (Seiten 65 + 66). Reparaturaufwendungen mit DM 5293,–, Hypothekenzinsen mit DM 2812,– und Sonstiges ergaben Ausgaben von zus. DM 8810,–, dazu kam die 7b-AfA mit 5 % aus DM 150 000,– = DM 7500,–.

***) Die Ausrechnung für dieses Musterbeispiel ergibt sich aus Seite 98. Die Vorsorgepauschale als Minimum beträgt hier DM 7020,–.

****) *Nach der Reform 1990* sind es DM 24 521,– bei folg. Veränderungen:

	DM
– Streichung Arbeitnehmer-(AN-) u. Weihnachts-Freibetrag, zus. DM 1080,– (vgl. S. 28, Fußnote 2), dadurch hier vermehrte Einkünfte und höhere zumutbare Belastung bei a.o. Aufwendungen um DM 11,– (vgl. S. 116)	./. 1 091,–
– Anhebung km-Pauschale »Wohnung–Arbeit« auf DM –,50	+ 353,–
– Höhere Vorsorge-Pauschale (7938,–), Mind. Sonderausg.-Pauschbetrag (216,–), vgl. S. 98 + 28	./. 165,–
– Erhöhung Kinderfreibeträge (vgl. Seite 28, Ziffer 3)	+ 1 620,–
Minderbetrag des zu versteuernden Einkommens in 1990	717,–

Die Eheleute Huber haben die Zusammenveranlagung gewählt, und demnach ist für die Ermittlung der Einkommensteuer die Splittingtabelle maßgebend. Die Berechnung der Einkommensteuer für das Jahr 1989 sowie der Kirchensteuer ergibt sich wie folgt:

ESt auf das zu versteuernde Einkommen von DM 25 238,– nach der im Anhang 1 beigefügten Splittingtabelle 1989	3 446,–
Kirchensteuer (hier 8 % aus DM 3 446,– ./. DM 1 800,– bei 3 Kindern*)	DM 131,68

Nach vorstehendem Beispiel hatten die Eheleute Huber einen Antrag auf LSt-Ermäßigung 1989 nicht gestellt, und sie haben entspr. ihren Angaben folgenden Steuer-Rückerstattungsanspruch:

	Steuerschuld*** DM	gezahlt DM	Überzahlung DM
Einkommensteuer**	3 446,––	6 807,12	3 361,12
Kirchensteuer	131,68	358,32	226,64
	3 577,68	7 165,44	3 587,76

Hätte im vorstehenden Musterbeispiel Max Huber bei ansonsten gleichen Einkommensverhältnissen im Laufe des Jahres 1989 zusätzlich steuerfreies Arbeitslosengeld in Höhe von DM 4000,– bezogen, ergäbe sich als Folge des insoweit gemäß § 32b EStG bestehenden Progressionsvorbehaltes folgende Steuerschuld: *Tarifliche Steuer für das mit DM 25 238,– zu versteuernde Einkommen zuzüglich Arbeitslosengeld (= DM 29 238,–)* ergibt eine Einkommensteuer von DM 4324,– oder einen Durchschnitts-Steuersatz von 14,78 % (4324,– : 29 238,–), der hier zur Anwendung käme für das zu versteuernde Einkommen von DM 25 238,–, woraus sich mit DM 3730,17 eine gegenüber DM 3446,– um DM 284,17 höhere ESt-Schuld ergeben würde, zu der ggf. noch DM 22,73 Kirchensteuer kämen. Tatsächlich könnte sich diese rein rechnerische Differenz durch Steuerstufen-Abrundungen noch etwas verringern.

*) Je Kinderfreibetrag von 0,5 = DM 300,–; hier bei 3,0 Kinderfreibeträgen 1800,–.
**) Lohnsteuer sowie Kapitalertragssteuer mit DM 162,50 und Körperschaftssteuer mit 365,62 (vgl. Seite 62 bzw. Anlage KSO und S. 70 bzw. Anlage N zur ESt-Erklärung).
***) Für das Jahr 1990 ergibt sich bei diesem Beispiel eine mit DM 2576,– um DM 870,– geringere Einkommensteuer-Schuld; dagegen liegt die Kirchensteuer mit DM 134,08 geringfügig *höher,* da von der ESt-Schuld je Kind nur noch DM 300,– statt bisher DM 600,– in Abzug zu bringen sind.

C. Antrag auf Lohnsteuerermäßigung 1990

– Freibetrag auf der Lohnsteuerkarte –

Allgemeines – Fristen und Termine

(§ 39a EStG; Abschnitt 78 LStR)

Es gibt ohne Veränderung *unbeschränkt antragsfähige* und *beschränkt antragsfähige Ermäßigungsgründe.* Unter die erste Kategorie fallen im Jahre 1990 nach *Wegfall* des Altersfreibetrages noch der Freibetrag für Körperbehinderte sowie der Freibetrag für besondere Fälle, der u. a. Vertriebenen, Spätheimkehrern und politisch Verfolgten bei entsprechenden Voraussetzungen zusteht, und der Freibetrag *zur Förderung von Wohneigentum* (vgl. hierzu S. 133–140).

Als beschränkt antragsfähig im LSt-Ermäßigungsverfahren sind Werbungskosten, Sonderausgaben *ohne* Vorsorgeaufwendungen und außergewöhnliche Belastungen allgemeiner Art oder unter bestimmten Voraussetzungen in besonderen Fällen, wie bei Unterhalt, Ausbildung und Betreuung von Kindern, *Pflege von hilflosen Personen (neu ab 1990),* Haushaltshilfe wegen anhaltender Krankheit oder Alters- und Heim- oder Pflegeunterbringung. Es gibt ab 1990 *nicht mehr* den Pauschbetrag zur Pflege des Eltern-Kind-Verhältnisses.

Ab dem Jahre 1990 haben sich aber die Voraussetzungen für den Antrag auf LSt-Ermäßigung im Bereich der nur »beschränkt antragsfähigen Ermäßigungsgründe« wesentlich geändert. Im Jahre 1989 führten noch über 1800,– liegende antragsfähige Aufwendungen zur Eintragung eines Freibetrages auf der LSt-Karte, wobei aber der Freibetrag selbst, insbesondere bei einer Vielzahl von Anträgen wegen erhöhter Werbungskosten durch Anrechnung der bereits im Lohnsteuertarif mit DM 564,– berücksichtigten Pauschale, erheblich *unter* der Antragsgrenze liegen konnte. *Im Jahre 1990* gibt es *statt* dieser Pauschale sowie Arbeitnehmer- und Weihnachts-Freibetrag (zus. DM 1644,– in 1989) einen *Arbeitnehmer-Pauschbetrag mit DM 2000,–.*

Die Antragsgrenze für beschränkt im LSt-Ermäßigungsverfahren zu berücksichtigende Aufwendungen ist zwar ab 1990 auf DM 1200,– herabgesetzt worden, doch werden nunmehr Werbungskosten darauf nur noch angerechnet, soweit sie den neuen Arbeitnehmer-Pauschbetrag übersteigen. Diese Antragsgrenze ist gleichhoch für Alleinstehende und Eheleute.

Abgesehen von außergewöhnlichen Belastungen, die in der Regel allein *über* der Antragsgrenze von DM 1200,– liegen und bei denen in besonderen Fällen, wie Unterhalt, Hilfe im Haushalt usw., die Höchstsätze angehoben wurden, dürfte es im übrigen auch bei Werbungskosten in nicht seltenen Fällen möglich sein, über dem Betrag von DM 2000,– zu liegen oder sogar mit mehr als DM 3200,– die Antragsgrenze von DM 1200,– zu übersteigen. Dazu können u. a. ein doppelter Haushalt, aber auch Fahrten zwischen Wohnung und Arbeitsstätte führen, zumal ein Arbeitgeber diese ab 1990 grundsätzlich *nicht mehr steuerfrei erstatten darf* und der Pauschalansatz bei Nutzung eines eigenen Kfz auf DM –,50 pro Pkw-Entfernungs-km angehoben wurde. Bei Kirchensteuerpflichtigen *ohne* außergewöhnliche Belastungen könnten ggf. die Kirchensteuer zusammen mit über DM 2000,– liegenden Werbungskosten zum Freibetrag auf der LSt-Karte führen.

Erwähnenswert hier noch, daß Ausbildungsfreibeträge auch für Kinder bis zur Vollendung des 29. Lebensjahres ab 1990 nach Ableistung des Grundwehr- oder Zivildienstes gewährt werden.

Unberücksichtigt bleiben Vorsorgeaufwendungen, die steuerlich begrenzt abzugsfähige Beiträge zu Versicherungen und Bausparkassen umfassen. Sie sind bereits als *Vorsorgepauschalen* in den Lohnsteuertabellen steuermindernd enthalten.

Ebenso führen *nicht* zu einem Eintrag auf der LSt-Karte der Versorgungsfreibetrag (vgl. Seite 15) sowie der Altersentlastungsbetrag. Der Altersentlastungsbetrag bezieht sich auf alle Einkünfte mit Ausnahme von Versorgungsbezügen sowie Leibrenten und beträgt 40 % vom Arbeitslohn und anderen positiven Einkünften, maximal *ab 1990 DM 3720,–* (bis 1989 DM 3000,–). Diese Vergünstigungen sind durch den Arbeitgeber zu berücksichtigen.

Zuständig für den Antrag 1990 ist das Finanzamt, in dessen Bereich der Antragsteller die Wohnung hat, von der aus er regelmäßig seine Arbeitsstätte aufsucht. Für Ehegatten, die beide Arbeitnehmer sind und mehrfachen Wohnsitz haben, ist das Finanzamt maßgebend, in dessen Bezirk sich die Familie vorwiegend aufhält. Haben Ehegatten keine gemeinsame Wohnung, ist die Wohnung des älteren Ehegatten entscheidend, von der aus er regelmäßig seine Arbeit antritt*.

Ein Freibetrag auf der LSt-Karte oder ein höherer Freibetrag, als bereits eingetragen, ist auf amtlichem Vordruck zu beantragen. Dies

* Für *Ledige* im gesetzl. Wehrdienst ist das Wohnsitz-FA zuständig, ansonsten das Standort-Finanzamt (Abschnitt 109a LStR).

sollte frühzeitig geschehen, da der Freibetrag mit Ausnahme der Antragstellung im Januar (mit Rückwirkung auf 1. Jan.) erst mit dem Folgemonat wirksam wird. Der Antrag muß spätestens bis 30. Nov. des Steuerjahres gestellt sein. Der Jahresfreibetrag wird vom Finanzamt auf die Folgemonate umgerechnet, ggf. auch auf Wochen- oder Tagesfreibeträge.
Sind bei einem Arbeitnehmer Pflegekinder zu berücksichtigen oder Kinder 1. Grades und angenommene Kinder nach Vollendung des 16. Lebensjahres zu Beginn des Steuerjahres, so ist zuständig für die Änderung der LSt-Karte (Anzahl Kinderfreibeträge oder ggf. Steuerklasse II statt I) das Wohnsitzfinanzamt. Ansonsten ist für die Eintragung des Familienstandes, der Steuerklasse und der Anzahl Kinderfreibeträge die zuständige Gemeinde, ebenso für einen Wechsel der Steuerklassen bei Ehegatten. Die Eintragung der *Anzahl Kinder* hat nur noch für die Berlin-Zulagen Bedeutung.
Bezieht sich der Antrag auf LSt-Ermäßigung lediglich auf eine *nicht* von der Gemeinde vorzunehmende Änderung der LSt-Karte wegen des Eintrags von Kinderfreibeträgen, ist ein vereinfachtes 2seitiges Antragsformular zu verwenden, das jede LSt-Stelle im Finanzamt vorrätig hat. *1990* ist auch *erstmals* der Übertrag eines Kinderfreibetrages von einem zum anderen *nicht* miteinander verheirateten Elternteil oder bei getrennt lebenden Eheleuten *bereits im Rahmen der LSt-Ermäßigung möglich.*
Bei der Ermittlung, ob für »beschränkt antragsfähige Ermäßigungsgründe« die Voraussetzungen für den Eintrag eines Freibetrages auf der LSt-Karte vorliegen, können nur die tatsächlich zu erwartenden Aufwendungen maßgebend sein. Nur wenn sie unter Einbeziehung von DM 2000,– *übersteigenden* Werbungskosten über DM 1200,– liegen, kann ein Freibetrag eingetragen werden. Außergewöhnliche Belastungen, soweit sie nicht *besondere* Freibeträge betreffen, sind um die zumutbare (Eigen-)Belastung zu kürzen. Bei Ehegatten, die beide Arbeitnehmer sind, kann der Freibetrag bis auf die jedem Ehegatten zuzurechnenden Werbungskosten (soweit über dem Arbeitnehmer-Pauschbetrag von DM 2000,–) ohne Rücksicht auf unbeschränkt oder beschränkt antragsfähige Ermäßigungsgründe durch gemeinsamen Antrag beliebig aufgeteilt werden, ansonsten die Aufteilung je zur Hälfte erfolgt. Infolge der Steuerprogression ist der Eintrag beim höher verdienenden Ehegatten grundsätzlich günstiger. Auch auf einer 2. LSt-Karte mit StKl VI kann der Freibetrag stehen.
Die Berücksichtigung von Verlusten aus anderen Einkunftsarten

ist grundsätzlich – mit Ausnahme der Wohnraum-Förderung – erst im Rahmen der ESt-Veranlagung möglich.
Wird dem Antrag auf LSt-Ermäßigung nicht voll entsprochen, ist ein schriftlicher Bescheid mit einer Belehrung über den Rechtsbehelf zu erteilen (§ 39a Abs. 4 EStG.) Nach der Abgabenordnung (AO) werden für Einsprüche keine Gebühren erhoben.

Antragsformulare mit Erläuterungen und Musterbeispiel

Der Antrag auf LSt-Ermäßigung kann nur auf amtlichem Formular unter Beifügung der Lohnsteuerkarte, bei Ehegatten beider, gestellt werden. Für das Jahr 1990 gibt es wieder *neben* dem allgemeinen, durch Neuregelungen erheblich veränderten Antragsformular ein besonderes, das nur *bei alleinigem Antrag auf Eintragung von Kinderfreibeträgen auf der LSt-Karte* zu verwenden ist. Nachfolgend wird der allgemeine Antrag behandelt. Da bei diesem in der Regel ein einwandfreier Nachweis von Aufwendungen noch nicht möglich ist, sind die Antragsgründe und die Höhe der Ausgaben glaubhaft zu machen. Dies ist möglich durch Vorlage von Ausgabebelegen des Vorjahres, Arbeitgeberbescheinigungen, amtlichen Bestätigungen usw., wie auch durch Hinweis auf Vorjahres-Belege usw.
Der Antrag ist deutlich auszufüllen. Besondere Angaben sollten mit Namen und Anschrift sowie dem Vermerk »Beilage zum Antrag auf Lohnsteuerermäßigung 1990« versehen sein.
Der Antrag wird in der Regel bei Vorsprache im zuständigen Finanzamt sofort überprüft und durch Eintrag eines Freibetrages auf der LSt-Karte erledigt. Wird er mit allen erforderlichen Unterlagen schriftlich eingereicht, können sich Verzögerungen in der Rückgabe, insbesondere am Jahresanfang, ergeben.
Die Eintragung eines Freibetrages stellt nach § 39a EStG die gesonderte Feststellung einer Besteuerungsgrundlage dar, die jederzeit, auch rückwirkend, geändert werden kann. Damit ist generell dem Finanzamt die Möglichkeit gegeben, in begründeten Fällen den Freibetrag zu ändern oder wieder zu entziehen.
Der folgende Teil zeigt bereits das mit *neuem* Musterbeispiel ausgefüllte *amtliche Antragsformular 1990.*
Der Freibetrag nach dem Musterbeispiel und die daraus resultierende Steuerentlastung ergeben sich aus den Seiten 148 und 149.
Die systematischen, auf jede Antragseite folgenden Erläuterungen sind mit Tabellen, Beispielen und neuer Rechtsprechung versehen.

Antrag auf Lohnsteuer-Ermäßigung

Zur Beachtung: Der Antrag kann nur bis zum **30. November 1990** gestellt werden. Nach diesem Zeitpunkt kann ein Antrag auf Steuerermäßigung nur noch beim Lohnsteuer-Jahresausgleich 1990 oder bei einer Veranlagung zur Einkommensteuer für 1990 berücksichtigt werden.

Bitte die **Lohnsteuerkarte(n) 1990 – ggf. auch die des Ehegatten – beifügen.** Das sorgfältige Ausfüllen des Vordrucks liegt in Ihrem Interesse; dadurch werden unnötige Rückfragen und Verzögerungen in der Antragsbearbeitung vermieden.

Für die Zulässigkeit eines Antrags auf Lohnsteuerermäßigung können u.U. die Antragsgründe maßgebend sein. Aus diesem Grund sind in Abschnitt C dieses Antrags alle Antragsgründe zusammengefaßt, für die ein Antrag ohne Einschränkung möglich ist. Aus dem Abschnitt D ergeben sich die Antragsgründe, für die ein Antrag nur dann zulässig ist, wenn die Aufwendungen und Beträge in 1990 insgesamt höher sind als **1200 DM.** Bei der Berechnung dieser Antragsgrenze zählen Werbungskosten nur mit, soweit sie **2000 DM** übersteigen.

Einzelheiten finden Sie in der Informationsschrift „Lohnsteuer '90", die Ihnen mit der Lohnsteuerkarte 1990 zugestellt worden ist.

Weiße Felder bitte ausfüllen oder ☒ ankreuzen.

Nach den Vorschriften der Datenschutzgesetze wird darauf hingewiesen, daß die mit der Steuererklärung angeforderten Daten aufgrund der §§ 149ff. der Abgabenordnung und des § 39a Abs. 2 des Einkommensteuergesetzes erhoben werden.

Ⓐ Angaben zur Person

Die Angaben für den Ehegatten bitte immer ausfüllen!

	Antragstellende Person	Ehegatte
Antragstellende Person	Familienname, Vorname: Müller, Joachim	Ehegatte (Familienname, Vorname): Müller, Renate
	Straße und Hausnummer: Bahnhofstr. 12	Straße und Hausnummer: Bahnhofstr. 12
	Postleitzahl, Wohnort: 81 Garmisch	Postleitzahl, Wohnort: 81 Garmisch
	Geburtsdatum: Tag 07, Monat 03, Jahr 41; Religion: rk.	Geburtsdatum: Tag 22, Monat 12, Jahr 47; Religion: ev.
1) Auch dann angeben, wenn die Ehe in 1990 geschieden wurde.	Verheiratet seit: 30.11.1966; Verwitwet seit: —	Geschieden seit: —; Dauernd getrennt lebend seit[1]: —
	Ausgeübter Beruf: Buchhaltungsleiter	Ausgeübter Beruf: Laborantin
	Telefonisch tagsüber zu erreichen unter Nr.: 08823/43555	Telefonisch tagsüber zu erreichen unter Nr.: 68590
2) Lt. Lohnsteuerkarte		Ist eine Lohnsteuerkarte ausgestellt? ☐ Nein ☒ Ja
	Steuerklasse[2]: IV; Zahl der Kinderfreibeträge[2]: 1,0; Kinderzahl für Berlinzulage[2]: 1	Steuerklasse[2]: IV; Zahl der Kinderfreibeträge[2]: 1,0; Kinderzahl für Berlinzulage[2]: 1
Arbeitgeber	Name (Firma): Fa. Emil Richter	Name (Firma): Fa. Hugo Schulz
	Straße und Hausnummer: Hauptstr. 11	Straße und Hausnummer: Zugspitzstr. 2
	Postleitzahl, Ort: 8102 Mittenwald	Postleitzahl, Ort:
Voraussichtlicher Bruttoarbeitslohn	(einschl. Sachbezüge, Gratifikationen, Tantiemen usw.) im Kalenderjahr: 46.300 DM	(einschl. Sachbezüge, Gratifikationen, Tantiemen usw.) im Kalenderjahr: 23.300 DM
	darin enthalten steuerbegünstigte Versorgungsbezüge: — DM	darin enthalten steuerbegünstigte Versorgungsbezüge: — DM
Voraussichtliche andere Einkünfte	(z.B. aus Gewerbebetrieb, Kapitalvermögen, Vermietung, Verpachtung, Renten) im Kalenderjahr: ./. 3.300 DM	(z.B. aus Gewerbebetrieb, Kapitalvermögen, Vermietung, Verpachtung, Renten) im Kalenderjahr: 700 DM
Werden Sie zur Einkommensteuer veranlagt?	☐ Nein; Ja, beim Finanzamt: Garmisch; Steuernummer: 12345	☐ Nein; Ja, beim Finanzamt: Garmisch; Steuernummer: 12345
Wurde ein Antrag auf Lohnsteuerermäßigung für 1989 gestellt?	☐ Nein; Ja, beim Finanzamt: Garmisch	☐ Nein; Ja, beim Finanzamt: Garmisch
Wurde ein Antrag auf Lohnsteuer-Jahresausgleich für 1988 gestellt?	☒ Nein; Ja, beim Finanzamt:	☒ Nein; Ja, beim Finanzamt:

Zu A) **Angaben zur Person**

Die *Personalien* sind vollständig anzugeben; dies bezieht sich auch auf den Ehegatten, selbst wenn dieser nicht Arbeitnehmer ist und auch ansonsten keine Einkünfte hat. Gehört der Antragsteller oder ggf. sein Ehegatte keiner *kirchensteuerberechtigten Religionsgemeinschaft* an, so sind zwei Striche »– –« einzutragen, im übrigen empfehlen sich folgende Bezeichnungen:

ev.	= evangelisch	rk.	= katholisch
lt.	= lutherisch	ak.	= altkatholisch
rf.	= reformiert	isr	= israelitisch

Der *Familienstand* ist wichtig für die Überprüfung der Steuerklasse. Er richtet sich ausschließlich nach bürgerlichem Recht. Ist ein Ehegatte verschollen oder vermißt, gilt der andere so lange als verheiratet, bis der amtliche Todeserklärungsbeschluß in Kraft tritt. Verwitwete Personen, die wieder geheiratet hatten und von dieser neuen Ehe geschieden wurden, gelten nach dem *Rechtskräftigwerden des Scheidungsurteils* wieder als verwitwet. Als *Beruf* ist die tatsächlich ausgeübte Tätigkeit einzutragen (nicht Angestellte, sondern Sekretärin). Übt die Ehefrau keine steuerpflichtige Tätigkeit (mehr) aus, genügt die Angabe »Hausfrau« oder »ohne Beruf«. Die Angabe einer *Telefonnummer,* für die übliche Arbeitszeit, empfiehlt sich wegen eventueller Rückfragen.
Beim voraussichtlichen Bruttoarbeitslohn ist von den Verhältnissen zum Jahresbeginn auszugehen, wobei aber zugesicherte und üblicherweise gezahlte Urlaubs- und Weihnachtsgelder mit zu berücksichtigen sind. Bedeutung kann dieser Eintrag für die zumutbare Belastung im Rahmen von außergewöhnlichen Belastungen haben. *Voraussichtlich andere Einkünfte* können auch negativ sein; im Rahmen des Antrages auf LSt-Ermäßigung sind sie aber nur bei Beanspruchung steuerbegünstigter, erhöhter Absetzungen für Wohneinheiten zu berücksichtigen. Unter die positiven Einkünfte fallen u. a. auch Leibrenten mit ihrem Ertragsanteil (vgl. Seite 69), aber auch Erträge aus Kapitalvermögen, wie Zinsen, Dividenden etc., die vor dem Ansatz bei Alleinstehenden um den *ab 1990 verdoppelten* Sparer-Freibetrag von DM 600,– und zusätzlich noch um DM 100,– pauschale Werbungskosten (soweit sie tatsächlich nicht höher liegen), also um zusammen DM 600,– zu kürzen sind. Für gemeinsam versteuerte Ehegatten ist jeweils der doppelte Betrag abzusetzen, d. h. ab 1990 DM 1400,– (bis 1989 = DM 800,–).

Ⓑ Angaben zu Kindern mit Wohnsitz im Inland

2

Bitte auch Kinder eintragen, die bereits auf der Lohnsteuerkarte bescheinigt sind. Leibliche Kinder sind nicht anzugeben, wenn das Verwandtschaftsverhältnis durch Adoption vor dem 1. 1. 1990 erloschen ist.

Vorname des Kindes (ggf. auch abweichender Familienname)	geboren am	Wohnort im Inland	Kindschaftsverhältnis zur antragstellenden Person: leibliches Kind/Adoptivkind	Pflegekind	zum Ehegatten: leibliches Kind/Adoptivkind	Pflegekind	Bei Pflegekindern: Für 1990 zu erwartende Unterhaltsleistungen/Pflegegelder DM
1 Rainer	15.9.67	Garmisch/Mü	☒	☐	☒	☐	
2 Dagmar	30.11.74	Garmisch	☒	☐	☒	☐	
3			☐	☐	☐	☐	
4			☐	☐	☐	☐	

Bei Kindern unter 16 Jahren (nach dem 1. 1. 1974 geboren): Das in Nr. ___ eingetragene Kind ist auf der Lohnsteuerkarte noch zu berücksichtigen. Die Lebensbescheinigung ist beigefügt für das Kind in Nr. ___

Bei Kindern über 16 Jahre (vor dem 2. 1. 1974 geboren):
Die Eintragung auf der Lohnsteuerkarte wird beantragt, weil das Kind
a) in Berufsausbildung steht (ggf. Angabe der Schule, der Ausbildungsstelle usw.)[3]
b) eine Berufsausbildung mangels Ausbildungsplatzes nicht beginnen oder fortsetzen kann[3]
c) Grundwehrdienst, Zivildienst, befreienden Dienst leistet (nur bei Unterbrechung der Berufsausbildung, bitte erläutern)[3]
d) ein freiwilliges soziales Jahr leistet[3]
e) sich wegen körperlicher, geistiger oder seelischer Behinderung nicht selbst unterhalten kann (ggf. ist anzugeben, warum der Ehegatte oder frühere Ehegatte des Kindes keinen ausreichenden Unterhalt leistet)

3) Die Kinder werden nur bis zum 27. Lebensjahr berücksichtigt (nach dem 1. 1. 1963 geboren)

zu Nr.	Antragsgrund	vom – bis
1	Jura-Studium, Uni. München	1.1.–31.12.

Von den in Nr. 1 bis 4 genannten Kindern stehen folgende zu weiteren Personen in einem Kindschaftsverhältnis:

zu Nr.	Name und Anschrift dieser Personen, Art des Kindschaftsverhältnisses	Angaben nur bei leiblichen Eltern (Elternteil) eines Pflegekindes, falls das Pflegekindschaftsverhältnis am 1.1.1990 bestand: Höhe der Unterhaltsverpflichtung DM	voraussichtliche Unterhaltsleistung DM

Angaben entfallen für Kinder nicht dauernd getrennt lebender Ehegatten, für die bei jedem Ehegatten dasselbe Kindschaftsverhältnis angekreuzt ist:
Ich beantrage den vollen Kinderfreibetrag, weil der andere Elternteil des Kindes

zu Nr.	seine Unterhaltsverpflichtung nicht mindestens zu 75 v.H. erfüllt	im Ausland lebt	der Übertragung lt. beigefügter Erklärung unwiderruflich zugestimmt hat	zu Nr.	seine Unterhaltsverpflichtung nicht mindestens zu 75 v.H. erfüllt	im Ausland lebt	der Übertragung lt. beigefügter Erklärung unwiderruflich zugestimmt hat
	☐	☐	☐		☐	☐	☐
	☐	☐	☐		☐	☐	☐

Das Kind ist/war am 1. 1. 1990 (in Fällen der Geburt oder des Zuzugs aus dem Ausland zuerst in 1990) im Inland mit Wohnung gemeldet

zu Nr.	beim Stpfl./nicht dauernd getrennt lebenden Ehegatten	und/oder bei sonstigen Personen (Name und Anschrift, ggf. Verwandtschaftsverhältnis zum Kind) oder in (Anschrift)
	☐	
	☐	

Bei Kindern, die bei beiden Elternteilen gemeldet sind:
☐ Ich beantrage die Zuordnung der Kinder (wegen Steuerklasse II/ggf. Kinderzuschlag zur Berlinzulage). Die Mutter hat lt. beigefügter Erklärung unwiderruflich zugestimmt.

Ⓒ Unbeschränkt antragsfähige Ermäßigungsgründe

I. Freibetrag für besondere Fälle in der Regel nur für das Jahr des Eintritts der Voraussetzungen und die beiden folgenden Kalenderjahre. Die steuerliche Berücksichtigung kommt nur in Betracht, wenn nicht unter Ⓓ Teil IV Nr. 6 Aufwendungen für die Wiederbeschaffung von Hausrat geltend gemacht werden. Bei Kindern auch Ⓑ ausfüllen. – **Bitte Ausweis beifügen –.**

☐ Flüchtling ☐ Vertriebener ☐ Heimatvertriebener ☐ Spätaussiedler ☐ Politisch Verfolgter

II. Behinderte und Hinterbliebene (Bei Kindern auch Abschnitt Ⓑ ausfüllen.)

Nachweis ☐ ist beigefügt. ☒ hat bereits vorgelegen.

Name	Ausweis/Rentenbescheid/Bescheinigung ausgestellt am	gültig bis	Hinterbliebener	Behinderter	blind/ständig hilflos	geh- und stehbehindert	Grad der Behinderung
Joachim Müller			☐	☒	☐	☐	50%
			☐	☐	☐	☐	

Vermerke des Finanzamts

Anfrage an V-Stelle am:

III. Freibetrag wegen Förderung des Wohneigentums (z.B. §§ 7b, 10e und 34f des Einkommensteuergesetzes, §§ 14a, 15 oder 15b des Berlinförderungsgesetzes)

☒ wie im Vorjahr (DM 3.300)

☐ Erstmalige Antragstellung oder Änderung gegenüber dem Vorjahr. (Bitte den **Vordruck Anlage LSt 3 D** ausfüllen und beifügen.)

Bitte Belege beifügen!

Zu B) **Kinderfreibeträge**

I. Allgemeine Angaben

Wegen der steuerlich begünstigten Kindschaftsverhältnisse und der Regelung, daß grundsätzlich jedem unbeschränkt steuerpflichtigen Elternteil ein Kinderfreibetrag für ein Kind mit Wohnsitz im Inland zusteht, wird auf die Seiten 18 bis 22 verwiesen. Die Berücksichtigung von Kindern bzw. Kinderfreibeträgen kann *1990* noch wie folgt zu Steuervergünstigungen führen:

- die Gewährung eines Haushaltsfreibetrages (vgl. Seite 29),
- die Berücksichtigung einer geringeren zumutbaren (Eigen-)Belastung bei außergewöhnlichen Belastungen (Seite 116),
- Ausbildungsfreibetrag (Seiten 114/115).
- eine höhere Berlinzulage nach dem Berlin-FG (Seite 31),
- eine geringere Kirchensteuer (Seite 161),
- besondere Pausch- und Freibeträge bei den »außergewöhnlichen Belastungen«.
- Steuerbonus von DM 600,–/DM 750,– je steuerlich anzuerkennendes Kind (vgl. S. 134).

II. Bemerkenswertes

Kinder werden seit Neuregelung der Kinderfreibeträge bei den Vorsorgeaufwendungen und -Pauschalen nicht mehr berücksichtigt. *Seit 1988* ist die Abzugsfähigkeit von Ausbildungskosten nicht nur unter der Voraussetzung eines Kinderfreibetrages, sondern als Ausnahme auch *ohne* diesen möglich, wenn der Arbeitnehmer einen solchen bei unbeschränkter Steuerpflicht des Kindes im Inland *erhielte* (vgl. S. 114). Ein Kinderfreibetrag kann bei fehlenden oder nur unbedeutenden Unterhaltsleistungen eines Elternteils oder bei Zustimmung eines Elternteils, *nunmehr bereits im Rahmen der Lohnsteuerermäßigung,* auf den anderen Elternteil übertragen werden; die Zustimmung hierzu kann *nicht* widerrufen werden. Über die Konsequenzen einer solchen Zustimmung vgl. Seite 57.

Zu C) **Unbeschränkt antragsfähige Ermäßigungsgründe**

Der Altersfreibetrag wird *ab 1990* nicht mehr gewährt. Die wohl dafür um DM 720,– angehobene Grenze beim Altersentlastungsbetrag (vgl. S. 44/158) ist hierfür weitgehend *kein* ausreichender Ersatz. Im übrigen bleiben unverändert folgende *»unbeschränkt* antragsfähigen Ermäßigungsgründe«:

I. Freibetrag für besondere Fälle *(§ 52 Abs. 23 EStG; Abs. 112 LStR)*

Der angesprochene Personenkreis umfaßt u. a. Vertriebene, Flüchtlinge und politisch Verfolgte mit Anspruch auf Entschädigung. Dieser Personenkreis kann im Jahr der Anerkennung als Flüchtling usw. sowie 2 Jahre danach folgende Freibeträge erhalten:

Arbeitnehmer der Steuerklasse I	DM 540,–
Arbeitnehmer der StKl II bis IV ohne Kind	DM 720,–
Arbeitnehmer mit 1–2 Kindern	DM 840,–
Für jedes weitere Kind Erhöhung um	DM 60,–

Sie können aber *statt* dieser Pauschbeträge auch tatsächliche Aufwendungen für Hausrat und Kleidung (vgl. S. 120) im Rahmen der allgemeinen außergewöhnlichen Belastungen geltend machen.

II. Behinderte und Hinterbliebene *(§ 33b EStG)*

1. Vorausgesetzt amtliche Nachweise, erhalten *Körperbehinderte* folgende Pauschbeträge nach dem Grad der Erwerbsunfähigkeit, sofern sie nicht höhere Ausgaben glaubhaft nachweisen:

Erwerbs-minderung	DM	Erwerbs-minderung	DM
ab 25%	600,–	ab 65%	1740,–
ab 35%	840,–	ab 75%	2070,–
ab 45%	1110,–	ab 85%	2400,–
ab 55%	1410,–	ab 91%	2760,–

Blinde und Behinderte, die ständig so hilflos sind, daß sie ohne fremde Hilfe und Pflege nicht auskommen, erhalten an Stelle dieser Beträge einen Jahrespauschbetrag von DM 7200,–.

Einzelheiten über die Pauschbeträge ergeben sich aus Seite 109. Steht der Pauschbetrag einem Kind bis zum vollendeten 18. Lebensjahr zu, das ihn nicht beansprucht oder noch nicht beanspruchen kann, so ist die Übertragung auf einen Elternteil oder auf die für den Unterhalt des Kindes maßgebende Person mittels Antrag möglich.

III. Förderung des Wohneigentums

(§§ 7b, 10e, 34f, 52 Abs. 21 EStG; §§ 14a, 15, 15b Berlin-FG)

Seit Beginn des Jahres 1987 gilt durch das Wohnungsbauförderungsgesetz v. 15. 5. 86 (BGBl 1986 I, S. 730) eine *grundlegende Neuregelung* bei den steuerlichen Vergünstigungen für den Bau oder Erwerb von Ein- oder Zweifamilienhäusern und Eigentumswohnungen im Inland. Steuerlich begünstigt sind *nicht mehr* allgemein diese Wohneinheiten wie bisher, sondern statt dessen grundsätzlich *nur noch selbstgenutzter und eigener, nach dem 31. 12. 1986 fertiggestellter oder angeschaffter* Wohnraum. Der eigengenutzte Wohnraum wird voll der Privatsphäre zugeordnet, und es *entfällt daher* der Ansatz eines fiktiven Nutzungs- oder Mietwertes (bisher 1 % aus 140 % des Einheitswertes pro Jahr) und die Erfassung unter der Einkunftsart »Vermietung und Verpachtung«.

Für ab 1. 1. 1987 im Inland fertiggestellte oder angeschaffte Wohneinheiten tritt ausschließlich bei Selbstnutzung anstelle der Absetzung für Abnutzung (AfA) nach § 7b EStG bzw. § 15 Berlin-FG, eine noch *höhere Absetzungsmöglichkeit* im Rahmen der Sonderausgaben gemäß dem neuen § 10e EStG bzw. § 15b Berlin-FG, die sich allgemein nicht nur auf Ein- und Zweifamilienhäuser sowie Eigentumswohnungen beschränkt, sondern auch eine beliebige Wohnung im eigenen Mehrfamilienhaus sowie allgemein Aus- und Erweiterungsbauten zu eigenen Wohnzwecken betreffen kann; ausgeschlossen davon sind jedoch erneut Ferien- und Wochenend-Wohneinheiten. In seltenen Fällen, bei Verlustvor- oder Verlustrücktrag (§ 10d EStG), kann diese Art der Abzugsmöglichkeit ein Nachteil sein.

Bemessungsgrundlage für den Abzugsbetrag der *nach* 1986 erworbenen oder gebauten und selbstgenutzten eigenen Wohneinheit sind zunächst unverändert die Herstellungs- oder Anschaffungskosten, hinzu kommt aber der Hälfte-Anteil der Kosten für den dazugehörenden Grund und Boden; *die Höchst-Bemessungsgrundlage beträgt einheitlich DM 300000,–.* Bei Miteigentümern (ausgenommen zusammenlebende Eheleute) gilt der entspr. Anteil für jeden Nutzenden als Bemessungsgrundlage, zugleich aber auch als selbständiges Wohnobjekt. Abgesehen von noch anderen Möglichkeiten in Berlin-West können von der Bemessungsgrundlage 5 %

im Erstjahr und in den folgenden 7 Jahren (pro Jahr maximal DM 15 000) abgezogen werden; *entsprechend* den alten Bestimmungen können in den ersten 3 Jahren nicht geltend gemachte Abzugsbeträge noch bis Ende des 4. Jahres nachgeholt und nachträgliche Herstell- oder Anschaffungskosten bis zum Ende dieses Zeitraumes so behandelt werden, als wären sie von Anfang an entstanden.

Vor Beginn der Eigennutzung entstandene und nicht als Anschaffungs- oder Herstellungskosten anzusehende Aufwendungen, wie Zinsen und Geldbeschaffungskosten, sind ebenfalls wie Sonderausgaben abzugsfähig. Für den Zeitraum der Inanspruchnahme vorstehender, *ab 1987* möglichen Steuerbegünstigung gibt es *auf Antrag* noch eine Steuerermäßigung von *DM 600,–*, für *ab 1990* erworbene oder hergestellte und eigengenutze Wohneinheiten DM 750,– *pro Jahr* für *jedes steuerlich anzuerkennende Kind* (§§ 34f, 32 Abs. 1–5 EStG); die auch im Fall von Ehegatten bei gleichzeitiger Begünstigung für 2 Wohnobjekte *nur einmal* gewährt wird. *Im Rahmen des Antrags auf Lohnsteuerermäßigung kann neben dem Absetzungsbetrag für eigengenutzten Wohnraum hierfür pro Kind ein Freibetrag von DM 2400,–,* bei möglicher Steuerermäßigung von DM 750,– pro Kind *(ab 1990)* von DM 3000,– *auf der Lohnsteuerkarte eingetragen werden* (§ 39a Abs. 6 EStG).

Zusammenlebende Eheleute können zwar weiterhin für 2 Wohnobjekte Steuervorteile erhalten, jedoch *nicht gleichzeitig* für 2 räumlich aneinandergrenzende bzw. im räumlichen Zusammenhang belegende Objekte (z. B. für nur 1 Wohnung im Zweifamilienhaus).

Endet die Selbstnutzung eines eigenen Wohnobjekts *vor* Ablauf des Vergünstigungszeitraumes und wird ein Folgeobjekt innerhalb der Zeitspanne von 2 Jahren *vor* bis zu 3 Jahren *nach* dem zuletzt beanspruchten Vergünstigungsjahr für das Erstobjekt angeschafft oder hergestellt, können auch für das Folgeobjekt, aber erst *im Anschluß an das Erstobjekt und* (anders als bis 1986) *unter Anrechnung der nichtgenutzten Vergünstigungsjahre des Erstobjekts,* noch Abzugsbeträge geltend gemacht werden. Als *Erstobjekt* gelten hier auch die *vor* 1987 eigengenutzten und nach § 7b EStG steuerbegünstigten Wohnobjekte. Eine volle Eigennutzung wird im übrigen auch noch dann unterstellt, wenn Teile der Wohneinheit anderen zu Wohnzwecken *unentgeltlich* überlassen werden.

Für Berlin-West gibt es bei gleicher Bemessungsgrundlage gemäß § 15b Berlin-FG noch weitergehende Vergünstigungsmöglichkeiten für ab dem Jahr 1987 hergestellte oder angeschaffte sowie eigengenutzte Wohneinheiten. Hier können statt der im übrigen möglichen Absetzungsbeträge im Jahr der Herstellung oder Anschaffung sowie im Folgejahr jeweils 10 %, maximal je DM 30 000,–, und danach noch 10 Jahre jeweils 3 %, höchstens DM 9000,– pro Jahr, steuermindernd abgesetzt werden; gegebenenfalls bei mehreren Eigentümern der entspr. Anteil, wenn Eigennutzung vorliegt. Die hohen Absetzungsbeträge *in den ersten beiden Jahren* können nur entweder für das Erstobjekt *oder* für ein Folgeobjekt beansprucht werden. Der Abnutzungszeitraum für ein Folgeobjekt beginnt hier mit der Eigennutzung. *Unverändert* kann der Bauherr einer in Berlin-West im steuerbegünstigten oder freifinanzierten Wohnungsbau hergestellten Wohneinheit bei Eigennutzung von mindestens 3 Jahren seit Fertigstellung 50 % der Herstellungskosten, nunmehr zuzüglich Hälfteanteil von Grund und Boden, maximal DM 150 000,– im Herstellungsjahr und den beiden folgenden Jahren absetzen. Unter den gleichen Voraussetzungen trifft dies auch auf Aus- und Erweiterungsbauten zu, sofern sie nicht unter die Objektbeschränkung fallen. Die gleiche Vergünstigung ist möglich bei Kauf einer Wohneinheit direkt vom Bauherrn oder auch einem Zwischenerwerber innerhalb von 3 Jahren nach Herstellung, wenn bisher *keine* steuerlichen Vergünstigungen im vorstehenden Sinne *für das entsprechende Objekt* geltend gemacht wurden.
Bei Zuzug nach Berlin-West aus beruflichen Gründen ist *weiterhin ohne* Rücksicht auf die Objektbeschränkung und *ohne* Anrechnung als Folgeobjekt die Herstellung oder der Kauf einer Wohneinheit zwecks Eigennutzung voll steuerbegünstigt, wenn dies *innerhalb* von 5 Jahren nach Tätigkeitsaufnahme geschieht. Die Bestimmungen über eine erhöhte Absetzung bei Mehrfamilienhäusern oder deren Modernisierung (§§ 14a und 14b Berlin-FG) bleiben von der ansonsten nur noch selbstgenutzte Wohneinheiten betreffenden Regelung unberührt (vgl. Fußnote auf Seite 138).

An den bisherigen steuerlichen Vergünstigungen für *bis Ende 1986* hergestellte oder angeschaffte Wohneinheiten (§ 7b EStG, §§ 14a, 15 Berlin-FG) ändert sich in materieller Hinsicht grundsätzlich nichts zum Nachteil der Steuerpflichtigen; sie laufen den bisherigen Vorschriften entsprechend aus, wobei ab 1987 die erhöhten

Absetzungsbeträge für selbstgenutzten Wohnraum wie Sonderausgaben behandelt werden und sich nicht mehr im Rahmen der Einkünfte aus »Vermietung und Verpachtung« auswirken. Insoweit ist auch der Ansatz eines fiktiven Nutzungs-(Miet-)Wertes ab 1987 gegenstandslos geworden, ebenso der Ansatz von Schuldzinsen bis zu dieser Höhe. Der erweiterte Schuldzinsenabzug (je DM 10 000,– auf 3 Jahre) für *nach* dem 30. 9. 82 genehmigte und bis Ende 1986 fertiggestellte oder im Jahr der Fertigstellung angeschaffte *und eigengenutzte* Wohneinheiten (insoweit auch mit dem pauschalierten Nutzungswert besteuerte Mehrfamilienhäuser einbezogen) ist *ab 1987* bis zum Auslaufen (falls im 1. Jahr nicht voll beansprucht, Nachholung im 4. Jahr, d. h. letztmalig 1989 für Erwerb oder Fertigstellung im Jahre 1986) auch wie Sonderausgaben zu behandeln (§ 52 Abs. 21 EStG). *Besonderheiten* in Verbindung mit der Neuregelung werden noch am Schluß dieses Kapitels angesprochen.

Die Steuerbegünstigungen für *bis Ende 1986 im Inland* hergestellte oder angeschaffte Ein- oder Zweifamilienhäuser oder Eigentumswohnungen haben *nicht* Eigennutzung, sondern nur eine Nutzung zu Wohnzwecken von mehr als 66⅔ % vorausgesetzt. Grundsätzlich war auch, wie ab 1987, die Vergünstigung auf 1 Objekt für Alleinstehende und 2 Objekte für zusammenlebende Ehegatten beschränkt. Begünstigte Objekte mit Bauantrag bis Ende 1964, für Berlin-West im Sinne der bis Ende 1976 in Kraft getretenen Vorschriften, wurden hierauf *nicht* angerechnet. Eine zusätzliche Vergünstigungsmöglichkeit bestand für Folgeobjekte, jedoch (abweichend von 1987) unter Anrechnung der Begünstigungsjahre des vorangegangenen Objekts. Begünstigt waren u. a. auch Aus- oder Erweiterungsbauten unter bestimmten Voraussetzungen und bei Objektanrechnung.

Im wesentlichen ergeben sich die Steuervorteile durch erhöhte Absetzung für Abnutzung* (AfA) und andere Maßnahmen wie folgt

*) Sofern von Beginn an *keine Eigennutzung* vorliegt, können gemäß § 7 Abs. 5 EStG vom Bauherrn oder vom Erwerber, wenn dieser die Wohneinheit *im* Jahr der Fertigstellung angeschafft hat und *zuvor* keine entsprechenden oder steuerbegünstigten Absetzungen für das Objekt beansprucht wurden, ab Baubeginn oder Erwerb 30. 7. 81 statt steuerbegünstigter Absetzungen nach § 7b EStG *oder allgemein auch bei Herstellung oder entsprechender Anschaffung ohne Selbstnutzung ab dem Jahre 1987* degressive Absetzungen für Abnutzung (ohne Ansatz von Grund und Boden) mit 5 % in den ersten 8 Jahren, 2½ % vom 9. bis 14. Jahr und 1,25 % für weitere 36 Jahre geltend gemacht werden. Insoweit ist *keine* Einschränkung durch Höchstbemessungsgrenzen gegeben. Ein Wechsel von erhöhter Absetzung nach § 7b EStG auf die degressive Methode ist ausgeschlossen.

bis Ende 1986 hergestellte oder erworbene Wohneinheiten:

- Bei Kauf oder Antrag auf Baugenehmigung *und* Baubeginn *bis 29. 7. 81* Absetzung von je 5 % der Anschaffungs- oder Herstellungskosten* (*ohne* Anteil Grund und Boden) für die Dauer von 8 Jahren, in Berlin-West können statt dessen 10 % im Erst- *und* Zweitjahr und danach je 3 % auf 10 Jahre abgesetzt werden; *höchstens* aber einheitlich *von* DM 150 000,– bei Einfamilienhäusern und Eigentumswohnungen und *von* DM 200 000,– bei Zweifamilienhäusern. Gleiches gilt für zu mehr als 80 % Wohnzwecken dienende *Aus- oder Erweiterungsbauten* an solchen bis Ende 1963, in Berlin-West bis Ende 1976 fertiggestellten bzw. an den (einheitlich) bis Ende 1976 angeschafften steuerbegünstigten Wohneinheiten. Bis zum 3. Jahr nach Fertigstellung können zuvor nicht ausgenutzte erhöhte Absetzungen generell noch nachgeholt werden.
- Für den Erwerb oder bei Baubeginn *ab 30. 7. 81* gelten verbesserte Vergünstigungen. Die Höchst-Absetzungsbasis ist seitdem um jeweils DM 50 000,– auf DM 200 000,– bzw. DM 250 000,– angehoben, und *bei Eigennutzung* tritt *ab dem zweiten,* jeweils steuerlich zu berücksichtigenden und zum Haushalt des Steuerpflichtigen gehörenden Kind *auf Antrag* eine Ermäßigung der Einkommensteuer um DM 600,– pro Jahr** während der Laufzeit erhöhter Absetzungen ein (§ 34f EStG).

Darüber hinaus gelten in Berlin-West weiterhin die besonderen Vergünstigungen für bis einschließlich 1986 hergestellte oder erworbene Wohnobjekte entsprechend den §§ 14a und 15 Berlin-FG in alter Fassung*.

*) Bemessungsgrundlage für die AfA sind bis 1986 Herstell- oder Anschaffungskosten *ohne* Grund und Boden (incl. 1 Garage pro Wohneinheit). Dazu gehören u. a. die anteilige Grunderwerbssteuer, Notariats- und Grundbuchkosten wie auch Ausgaben für Wasser-, Strom- und Kanalanschluß (*nicht* Anschlußgebühren), für Planung, Richtfest, Umzäunung und für Einrichtungen, die fester Bestandteil der Wohneinheit sind. *Nicht* dazu rechnen Eigenleistungen, Straßenanliegerkosten, Kanalanschlußgebühren usw.

**) Bei einer 1982 angeschafften und bereits für dieses Jahr nach § 7b EStG begünstigten Wohnung wurde dem Antrag auf das »Baukindergeld« nach § 34f EStG für 1982 *nicht* entsprochen, weil die Wohnung nach Renovierung erst ab März 1983 selbst genutzt wurde und dies Voraussetzung für das »Baukindergeld« ist (BFH-Urteil v. 29. 11. 88 – BStBl 1989 II, S. 322).

Gemäß § 52 Abs. 21 EStG ist die Bestimmung des Ansatzes eines pauschalen (fiktiven) Nutzungswertes für selbstgenutzten Wohnraum mit erstmaliger Wirkung auf das Jahr 1987 *ersatzlos* aufgehoben worden. Noch nicht ausgeschöpfte erhöhte Absetzungen nach § 7b EStG bzw. § 15 Berlin-FG, sind bei diesen Objekten bis zum vorgesehenen Ablauf nunmehr analog zu bisher jährlich als Sonderausgaben (§ 10e EStG) abzugsfähig. Gleiches gilt *(letztmalig im Jahre 1989 möglich)* für den erweiterten, noch nicht ausgelaufenen Schuldzinsenabzug bei nach dem 30. 9. 82 genehmigten sowie bis Ende 1986 fertiggestellten oder angeschafften selbstgenutzten Wohneinheiten und u. a. auch für bestimmte Modernisierungs- und Herstellungsaufwendungen, insbesondere entsprechend § 82a EStDV Heizungs- und Warmwasseranlagen betreffend, die nach (bis Ende 1991 möglicher) Fertigstellung jährlich mit 10 % auf 10 Jahre abgesetzt werden können, sofern für diese Maßnahmen keine Investitionszulage gewährt wird.

Soweit der Nutzungswert bis einschließlich 1986 durch Gegenüberstellung der Einnahmen und Werbungskosten, d. h. durch Überschußrechnung ermittelt wurde, so bei allen Zweifamilien- und Mehrfamilienhäusern mit Bauantrag oder Anschaffung *vor* dem 30. 7. 81 sowie allgemein bei voller oder teilweiser Vermietung, und *die gleichen Voraussetzungen* auch *nach* 1986 vorliegen, können die be-

*) Zu den Berlin-Präferenzen zählt die Einbeziehung von Mehrfamilienhäusern sowie deren Aus- oder Erweiterungsbau in die steuerbegünstigten Wohnobjekte; insoweit sogar *ohne* Höchstgrenze als Bemessungsgrundlage (§ 14a Berlin-FG). Die Voraussetzungen für die erhöhte AfA sind bis auf die Ausnahme, daß ein Erwerber sie nur erhält bei Kauf im Jahr der Fertigstellung und wenn der Bauherr keinerlei Absetzungen selbst beansprucht, die gleichen wie bei den anderen begünstigten Wohneinheiten; dies bezieht sich auch auf die Absetzungs-Prozentsätze. Für begünstigte Wohneinheiten incl. Ausbauten und Erweiterungen in Berlin-West können abweichend von den üblichen erhöhten Absetzungen vom Bauherrn im Fertigungsjahr und den 2 Folgejahren bis zu 50 % der Herstellungskosten (bzw. gegebenenfalls der Höchstbeträge) abgesetzt werden, wenn die Wohnobjekte mindestens 3 Jahre seit Fertigstellung zu mehr als 80 % Wohnzwecken dienen und im freifinanzierten oder steuerbegünstigten Wohnungsbau errichtet worden sind. Gleiches gilt (hier ausgenommen Mehrfamilienhäuser) für einen Erwerber (Privatperson) bei Anschaffung innerhalb von 3 Jahren nach Fertigstellung, wenn vom Bauherrn (oder ggf. auch Zwischenerwerber) keinerlei erhöhte Absetzungen geltend gemacht wurden; an die Stelle der Herstellungskosten treten hier die Anschaffungskosten und an Stelle der Fertigstellung das Anschaffungsjahr. Eine weitere Vergünstigung besteht bei beruflich veranlaßter Wohnsitznahme in Berlin-West; insoweit kann innerhalb von 5 Jahren nach Tätigkeitsaufnahme ohne Beachtung der Objektbeschränkung für eine *zusätzliche* Wohneinheit, vorausgesetzt Selbstnutzung, die erhöhte Absetzung beansprucht werden.

günstigten Absetzungen weiterhin im Rahmen der Einkünfte aus »Vermietung und Verpachtung« geltend gemacht und die Überschußrechnung bis 1998 beibehalten werden. Eigentümern von Zwei- oder Mehrfamilienhäusern, die bis 1986 den Nutzungswert durch Überschußrechnung für das gesamte Gebäude mit Ansatz der üblichen Marktmiete für eigengenutzte Wohneinheiten zu ermitteln haben, ist nunmehr *für den selbstgenutzten Wohnanteil ihrer Gebäude, bzw. gegebenenfalls voll,* die Wahlmöglichkeit eingeräumt worden, nach der ab 1987 geltenden Neuregelung behandelt zu werden. Dies bedeutet insoweit Wegfall der Nutzungswertbesteuerung *ohne* Verlust nicht ausgeschöpfter Steuervorteile, andererseits aber auch Verzicht auf den Abzug von Werbungskosten entsprechend dem Anteil der privat selbstgenutzten Wohneinheit, ggf. voll. *Die Behandlung nach der Neuregelung kann in jedem beliebigen Jahr ab 1987 erklärt werden, diese Erklärung ist dann aber auch bindend für die Zukunft.* Automatisch unter die Neuregelung 1987 fallen ab dem Jahr der *vollen* privaten Eigennutzung zuvor ganz oder zum Teil vermietete oder zu mindestens einem Drittel beruflichen Zwecken dienende Zwei- und Mehrfamilienhäuser mit Baugenehmigung oder Kauf nach dem 29. 7. 1981; ebenso in die Eigennutzung übergehende Einfamilienhäuser und Eigentumswohnungen.

Anders und im Gegensatz zur bisherigen Rechtsprechung* ist der Übergang eines von einem Ehegatten auf den anderen übertragenen Anteils an einer ab 1987 gemeinsam erworbenen oder hergestellten Wohneinheit *im Falle der späteren Trennung* geregelt. Insoweit und auch im Erbfall kann nunmehr von dem das ganze Objekt übernehmenden Eheteil auch die gesamte, verbliebene erhöhte Absetzung beansprucht werden (§ 10e Abs. 5 EStG).

Entsprechend den vorstehenden Ausführungen ist sowohl für steuerbegünstigte Wohnobjekte nach altem als auch nach neuem

*) Trennen sich Ehegatten, die zu je 50 % Miteigentümer an einem gemäß § 7b EStG begünstigten Zweifamilienhaus sind, und veräußert dabei der eine Ehegatte dem anderen (hier durch Ehevertrag) seinen Anteil, so kann der nunmehrige Gesamteigentümer *nicht* auch für den zuerworbenen Anteil (Zweitobjekt) erhöhte steuerliche Absetzungen zuerkannt bekommen (BFH-Urteil v. 29. 9. 82 – BStBl 1983 II, Seite 293). Haben Eheleute gemeinsam ein steuerbegünstigtes Einfamilienhaus erworben und übernimmt ein Ehegatte vom anderen nach Scheidung auch dessen Anteil, so kann er *insoweit keine* erhöhte AfA beanspruchen, weil jeder Miteigentums-Anteil als selbständiges Objekt gilt (BFH-Urteil v. 22. 10. 85; BStBl 1986 II, S. 388).

Recht eine bereits frühzeitige Steuerersparnis durch Eintragung eines Freibetrages auf der LSt-Karte gemäß § 39a Abs. 1 Nr. 6 EStG zu Beginn des Steuerjahres oder unmittelbar nach Eintritt der entsprechenden Voraussetzungen im Rahmen des Antrages auf LSt-Ermäßigung möglich. Hierfür ist der Vordruck *»Anlage LSt 3D«* dem zuständigen Finanzamt ausgefüllt miteinzureichen, bei gleichgebliebenen Verhältnissen zum Vorjahr wird darauf in der Regel verzichtet. *Dieser zweiseitige Vordruck ist im Anhang (vor dem Sachregister) abgebildet.* Der steuerfreie Betrag wird – mit Ausnahme von Mehrfamilienhäusern in Berlin-West (§ 14a Berlin-FG) – erst *nach* Fertigstellung der Wohneinheit auf der LSt-Karte eingetragen. Die Eintragung eines steuerfreien Betrages für Wohnraum-Begünstigungen führt gemäß § 46 Abs. 2 Nr. 4 EStG stets zur ESt-Veranlagung.

Interessante Urteile des BFH zum steuerbegünstigten Wohnraum:

- Kosten für den *Umbau* eines erworbenen Gebäudes auf gemischt genutztem Grundstück zu einem Einfamilien- oder Zweifamilienhaus können *nicht* zu erhöhten Absetzungen nach § 7b EStG führen (BFH-Urteil v. 30. 4. 85; BStBl 1985 II, S. 513).
- Auch ein rechtlich und in der Durchführung sowie im Preis völlig einwandfreies Mietverhältnis zwischen Eltern mit Eigentumswohnung und einem unterhaltsberechtigten, studierenden Kind, das aber aus den Unterhaltsleistungen der Eltern den Mietzins entrichtet, ändert nichts daran, daß der Nutzungswert der Wohnung den Eltern zuzurechnen ist und diese für diesen Mietzeitraum *nicht* einen Werbungskosten-Überschuß unter »Vermietung und Verpachtung« anerkannt bekommen. Insoweit wurde gemäß BFH-Urteil v. 23. 2. 88 (BStBl 1988 II, S. 604) der Abschluß des Mietvertrages als *Gestaltungsmißbrauch* angesehen.
- Bei der Ermittlung des *Restwertes* eines Eigenheimes *nach* voller Inanspruchnahme der erhöhten Absetzungen gemäß § 7b EStG ist die im geringen Nutzungswert des selbstbewohnten Eigenheimes berücksichtigte normale Absetzung für Abnutzung mindernd zu behandeln. Hier wurde der Ausgangswert reduziert für die normale Absetzung für Abnutzung einer inzwischen vermieteten Eigentumswohnung (BFH-Urteil v. 28. 10. 80, BStBl 1981 II, Seite 212).
- Doppelte Drainagekosten aus Gründen von Baumängeln, die *vor* Fertigstellung des Gebäudes entstehen, gehören zum Herstellungsaufwand und können auch nicht teilweise Werbungskosten sein. Gleiches gilt für Ausgaben an einen in Konkurs gegangenen Bauunternehmer, die zum Teil *ohne* Gegenleistung bleiben; auch kommt insoweit bei *privaten* Gebäuden keine Absetzung wegen außergewöhnlicher Umstände als Werbungskosten bei »Vermietung und Verpachtung« in Betracht. Vergleiche 2 BFH-Urteile v. 24. 3. 87 – BStBl 1987 II, S. 694–698). Ebenso zählen spätere Ausgaben zwecks Beseitigung von vor Fertigstellung eines Gebäudes aufgetretenen Baumängeln und ggf. damit verbundene Prozeßkosten zu den Herstellungskosten (BFH v. 1. 12. 87 – BStBl 1988 II, S. 432).
- Im Vergünstigungszeitraum von 8 Jahren ist ein Übergang von der degressiven AfA zur erhöhten AfA nach § 7b EStG mit Rückwirkung auf das 1. Jahr möglich, nicht aber ein Wechsel zu linearen Absetzungen. Anerkannt bei Selbstbezug eines Einfamilienhauses nach 3 Jahren Vermietung (BFH v. 10. 3. 87 – BStBl 1987 II, S. 618).

3

Vermerke des Finanzamts

Ⓓ Beschränkt antragsfähige Ermäßigungsgründe

I. Werbungskosten der antragstellenden Person	Der Arbeitgeber ersetzt steuerfrei[4]	Vermerke des Finanzamts
1. Aufwendungen für Fahrten zwischen Wohnung und Arbeitsstätte a) mit eigenem [X] Pkw · Letztes amtl. Kennzeichen GAP-X 500 · [ ] Motorrad/Motorroller · [ ] Moped/Mofa · [ ] Fahrrad	— DM	4) Nur ausfüllen, wenn die Einsatzstelle mehr als 20 km von der Wohnung entfernt ist
Arbeitstage je Woche: 5 · Urlaubs- und ggf. Krankheitstage: 33 · Erhöhter Kilometersatz wegen Behinderung: [ ] Behinderungsgrad mindestens 70 · [ ] Behinderungsgrad mindestens 50 und erhebliche Beeinträchtigung der Bewegungsfähigkeit	Im Kalenderjahr volle DM	5) Kürzeste Straßenverbindung zwischen Wohnung und Arbeitsstätte
Arbeitsstätte in (Ort und Straße) – ggf. nach besonderer Aufstellung –: 8102 Mittenwald, Hauptstr. 11 · benutzt an Tagen: 220 · einfache Entf. (km)[5]: 24 · Einsatzwechseltätigkeit vom – bis[4]	2.640	
b) mit öffentlichen Verkehrsmitteln · monatlich DM		
2. Beiträge zu Berufsverbänden (Bezeichnung der Verbände): Gewerkschaft	390	6) Ggf. auf besonderem Blatt erläutern
3. Aufwendungen für Arbeitsmittel (Art der Aufwendungen)[6] – soweit sie nicht steuerfrei ersetzt werden –: Fachliteratur (wie Vorjahr DM 150), Aktenmappe 173,–	323	7) Bitte Aufstellung über steuerfreie Ersatzleistungen des Arbeitgebers beifügen
4. Weitere Werbungskosten (z. B. Fortbildungs- und Reisekosten)[6] – soweit sie nicht steuerfrei ersetzt werden –		
5. Mehraufwendungen für Verpflegung bei Einsatzwechseltätigkeit und über 6 Stunden Abwesenheit von der Wohnung (8 DM täglich) · Anzahl der Tage · steuerfreier Arbeitgeberersatz DM		
bei Fahrtätigkeit (Art der Tätigkeit) · Fahrtätigkeit über 6 Std. Anzahl der Tage · Fahrtätigkeit über 12 Std. Anzahl der Tage · steuerfreier Arbeitgeberersatz DM		
6. Mehraufwendungen für doppelte Haushaltsführung Der doppelte Haushalt ist aus beruflichem Anlaß begründet worden · Beschäftigungsort		
Grund[6] · am · und hat seitdem ununterbrochen bestanden bis · Mein Ehegatte hat sich an meinem Beschäftigungsort aufgehalten · vom – bis		
Eigener Hausstand: [ ] Nein [ ] Ja, in · seit · Falls nein, wurde Unterkunft am bisherigen Ort beibehalten? [ ] Nein [ ] Ja		
Kosten der ersten Fahrt zum Beschäftigungsort und der letzten Fahrt zum eigenen Hausstand: [ ] mit öffentlichen Verkehrsmitteln [ ] mit eigenem Kfz (Entfernung km × DM) = DM – steuerfreier Arbeitgeberersatz DM =		→ Summe
Fahrkosten für Heimfahrten: [ ] mit öffentlichen Verkehrsmitteln [ ] mit eig. Kfz (Entfernung km) · Einzelfahrt DM × Anzahl = DM – DM =		– 2000 DM (Abzug unterbleibt, wenn außerdem Pauschsätze nach Nr. 7 anzusetzen sind)
Kosten der Unterkunft am Arbeitsort (lt. Nachweis) DM – DM =		
Mehraufwendungen für Verpflegung täglich DM × Zahl der Tage DM – DM =		Se.:
7. Besondere Pauschsätze für bestimmte Berufsgruppen (genaue Bezeichnung der Berufsgruppe)[7]	—	Übertragen in Vfg.; ggf. Pauschsätze abziehen und getrennt übertragen.
Summe	3.353	

Zu D) Beschränkt antragsfähige Ermäßigungsgründe

Die *beschränkt* antragsfähigen Ermäßigungsgründe umfassen *Werbungskosten, Sonderausgaben* (ohne Vorsorgeausgaben) und 6 Positionen *außergewöhnliche Belastungen.* Neu hinzugekommen sind 1990 als Nr. 6 unter Sonderausgaben »Aufwendungen für ein hauswirtschaftliches Beschäftigungsverhältnis« und als Nr. 1 bei außergewöhnlichen Belastungen ein »Pflege-Pauschbetrag«; dagegen wird der Freibetrag für »Aufwendungen zur Pflege des Eltern-Kind-Verhältnisses« nicht mehr gewährt.

noch Werbungskosten des Ehegatten	Im Kalenderjahr volle DM	Vermerke des Finanzamts
Übertrag von Seite 3		6) Ggf. auf besonderem Blatt erläutern
4. **Weitere Werbungskosten** (z. B. Fortbildungs- und Reisekosten)[6] – soweit sie nicht steuerfrei ersetzt werden –		7) Bitte Aufstellung über steuerfreie Ersatzleistungen des Arbeitgebers beifügen

5. Mehraufwendungen für Verpflegung
bei Einsatzwechseltätigkeit und über 6 Stunden Abwesenheit von der Wohnung (8 DM täglich) | Anzahl der Tage | steuerfreier Arbeitgeberersatz DM

bei Fahrtätigkeit (Art der Tätigkeit) | Fahrtätigkeit über 6 Std. Anzahl der Tage | Fahrtätigkeit über 12 Std. Anzahl der Tage | steuerfreier Arbeitgeberersatz DM

6. Mehraufwendungen für doppelte Haushaltsführung
Der doppelte Haushalt ist aus beruflichem Anlaß begründet worden | Beschäftigungsort
Grund[6] | am | und hat seitdem ununterbrochen bestanden bis | Mein Ehegatte hat sich an meinem Beschäftigungsort aufgehalten | vom – bis

Eigener Hausstand: ☐ Nein ☐ Ja, in | seit | Falls nein, wurde Unterkunft am bisherigen Ort beibehalten? ☐ Nein ☐ Ja

Kosten der ersten Fahrt zum Beschäftigungsort und der letzten Fahrt zum eigenen Hausstand | steuerfreier Arbeitgeberersatz
☐ mit öffentlichen Verkehrsmitteln ☐ mit eigenem Kfz (Entfernung km × DM) = DM – DM =

Fahrkosten für Heimfahrten | Einzelfahrt DM | Anzahl
☐ mit öffentlichen Verkehrsmitteln ☐ mit eig. Kfz (Entfernung km) × = DM – DM =

Kosten der Unterkunft am Arbeitsort (lt. Nachweis) DM – DM =

Mehraufwendungen für Verpflegung | Zahl der Tage
täglich DM × DM – DM =

7. Besondere Pauschsätze für bestimmte Berufsgruppen (genaue Bezeichnung der Berufsgruppe)[7]

Summe

Vermerke des Finanzamts: Summe – 2000 DM (Abzug unterbleibt, wenn außerdem Pauschsätze nach Nr. 7 anzusetzen sind) Se.: Übertragen in Vfg.; ggf. Pauschsätze abziehen und getrennt übertragen.

III. Sonderausgaben

Versicherungsbeiträge (z. B. Beiträge zu gesetzlichen Rentenversicherungen, Krankenversicherungen, Lebensversicherungen usw.) sowie Beiträge an Bausparkassen können **nicht im Ermäßigungsverfahren** geltend gemacht werden. Diese sogenannten Vorsorgeaufwendungen werden beim laufenden Lohnsteuerabzug pauschal berücksichtigt.

	Im Kalenderjahr volle DM
1. **Renten, dauernde Lasten** (Empfänger, Art und Grund der Schuld)	–
2. **Unterhaltsleistungen an den geschiedenen/dauernd getrennt lebenden Ehegatten** (Bitte den Vordruck Anlage U ausfüllen und beifügen)	–
3. **Kirchensteuer**	580
4. **Steuerberatungskosten**	180
5. **Aufwendungen für die eigene Berufsausbildung oder die Weiterbildung in einem nicht ausgeübten Beruf** (Bitte auf besonderem Blatt erläutern)	
6. **Aufwendungen für ein hauswirtschaftliches Beschäftigungsverhältnis** Pflichtbeiträge zur inländischen gesetzlichen Rentenversicherung sind entrichtet worden: ☐ Nein ☐ Ja, vom – bis; Zum Haushalt gehören ☐ Kind(er) unter 10 Jahren ☐ hilflose Person(en) vom – bis	
7. **Spenden und Beiträge** (Bitte Bescheinigungen nach vorgeschriebenem Muster beifügen) a) für wissenschaftliche und kulturelle Zwecke	120
b) für mildtätige, kirchliche, religiöse und gemeinnützige Zwecke	110
c) an politische Parteien	
Summe	990

Vermerke des Finanzamts: Summe – 108 DM – 216 DM Se.: Übertragen in Vfg.

IV. Außergewöhnliche Belastungen

1. **Pflege-Pauschbetrag:** Ein Pflege-Pauschbetrag kommt in Betracht, wenn Sie oder Ihr Ehegatte eine nicht nur vorübergehend hilflose Person in Ihrer Wohnung oder in deren Wohnung im Inland persönlich pflegen.

Name und Anschrift der hilflosen Person

Grund der Verpflichtung zur Pflege (z.B. Verwandtschaftsverhältnis)

Diese Person wird gepflegt von ☐ mir/meinem Ehegatten | Name und Anschrift anderer Pflegepersonen

Abziehbar DM Übertragen in Vfg.

Bitte Belege beifügen!

Von den auf Formularseiten 3 und 4 stehenden Positionen sind bereits im Rahmen der Erläuterungen zur ESt-Erklärung 1990 mit zahlreichen Beispielen und neuester Rechtsprechung und den *Änderungen im Steuerrecht zwischen 1989 und 1990* eingehend behandelt worden:

Die beiden im Jahr 1990 neuen Vergünstigungen auf Antragsseite 4 werden unter folgenden Voraussetzungen gewährt:

Zu »Sonderausgaben« 6. Hauswirtschaftliches Beschäftigungsverhältnis
Neu eingeführt ab 1990 unter »Sonderausgaben« gemäß § 10 Abs. 1 Nr. 8 EStG ist die Berücksichtigung von Aufwendungen für hauswirtschaftliche Hilfe in besonderen Fällen bis zu DM 12 000 im Jahr, vorausgesetzt, die Haushaltskraft steht im Beschäftigungsverhältnis *mit Abführung gesetzlicher Sozialabgaben und ggf. Lohnsteuer.* Beanspruchen können diese Vergünstigung Alleinstehende mit *einem zum Haushalt* gehörenden Kind und Verheiratete mit *zwei* dazu gehörenden Kindern, jeweils aber *im Alter unter 10 Jahren;* des weiteren Steuerpflichtige mit einer hilflosen, pflegebedürftigen Person im eigenen Haushalt. Für den gleichen Haushalt kann der Höchstbetrag nicht mehrfach beansprucht werden. Fehlen Voraussetzungen zeitweise, erfolgt entspr. Kürzung des Jahres-Höchstbetrages.
Zu »Außergewöhnliche Belastungen« *1. Pflege-Pauschbetrag*

1. *Pflege-Pauschbetrag* (§ 33b, Abs. 6 EStG)
   Erstmals 1990 können Steuerpflichtige, die persönlich eine ständig auf fremde Hilfe angewiesene Person im eigenen oder im Haushalt des Bedürftigen pflegen, *ohne* Nachweis von Ausgaben hierfür *auf Antrag* einen Freibetrag von DM 1800 im Jahr erhalten. Pflegen mehrere Personen den Behinderten, erfolgt anteilige Aufteilung dieses Betrages. Ansonsten können *statt dessen* unverändert die tatsächlichen Aufwendungen als allgemeine außergewöhnliche Belastung geltend gemacht werden.

2. Unterhalt für bedürftige Personen (z. B. Eltern, geschiedene Ehegatten, im Ausland lebende Ehegatten oder Kinder. Hier sind auch Pakete und Päckchen an Angehörige in der DDR, Berlin (Ost) oder in bestimmten osteuropäischen Staaten einzutragen. Bei mehreren Personen besonderes Blatt verwenden.)

Eine Steuerermäßigung kommt nur in Betracht, wenn weder Sie noch andere Personen für den Unterhaltenen Anspruch auf einen Kinderfreibetrag haben.

Name und Anschrift der unterhaltenen Person: Müller, Luise, 2000 Hamburg, Bremer Str. 18

Familienstand, Beruf, Verwandtschaftsverhältnis der unterhaltenen Person: Witwe, ohne, Mutter — geboren am 30.9.1914

Diese Person hat im	Bruttoarbeitslohn[8]	Renten[8]	andere Einkünfte/Bezüge sowie Vermögen (Art und Höhe)[8]
a) Unterhaltszeitraum 1990	– DM	4.918 DM	Zinsen 223 / Sparkonto + Hausrat ca. 15000
b) außerhalb des Unterhaltszeitraums 1990	DM	DM	

Diese Person lebt ☐ in meinem Haushalt ☒ im eigenen/anderen Haushalt — zusammen mit folgenden Angehörigen:

Eigene Aufwendungen für die unterhaltene Person (Art): Dauerauftrag Bank DM 100 im Monat; Kleidung etwa 600 im Jahr — vom – bis: 1.1.–31.12. — Höhe: 1.800 DM

Nur ausfüllen, wenn der Antragsteller im Haushalt der unterhaltenen Person lebt:
Die unterhaltene Person erhält außerdem für Verpflegung und Wohnung des Antragstellers — Höhe im Kj.: – DM

Grund für die Unterhaltsleistung (z. B. Alter, Krankheit): Alter und Zuckerkrankheit

Zum Unterhalt dieser Person tragen auch bei (Name, Anschrift, Zeitraum und Höhe der Unterhaltsleistung): Lutz Müller, Homburg/Saar, Obere Alleeks; wie Vorjahr = DM 5.400 in 1990

3. Ausbildungsfreibeträge: Ein Ausbildungsfreibetrag kommt nur in Betracht, wenn Ihnen Aufwendungen für die Berufsausbildung eines Kindes entstehen, für das Sie einen Kinderfreibetrag erhalten oder erhalten würden, wenn das Kind seinen Wohnsitz im Inland hätte oder das zu Beginn des Kalenderjahrs 1990 das 29. Lebensjahr noch nicht vollendet (nach dem 1. 1. 1961 geboren) und den gesetzlichen Wehr- oder Zivildienst abgeleistet hat.

(Erhalten Sie einen Kinderfreibetrag, bitte auch Abschnitt Ⓑ, in anderen Fällen auch Nummer 2, ausfüllen!)

1. Kind: Vorname, Familienstand: Rainer, ledig — Aufwendungen für die Berufsausbildung vom – bis: 1.1.–31.12.

Auswärtige Unterbringung vom – bis: 1.1.–31.12. — auswärtige Anschrift des Kindes: 8000 München 40, Neureutherstr. 12

Einnahmen des Kindes	Bruttoarbeitslohn	Renten	andere Einkünfte/Bezüge (Art und Höhe)
a) im Ausbildungszeitraum 1990	– DM	– DM	DM 1.020 Zinsen Sparguthaben
b) außerhalb des Ausbildungszeitraums 1990	DM	DM	

Öffentliche Ausbildungshilfen[9] vom – bis	Höhe	Andere Ausbildungshilfen[9] vom – bis	Höhe
	DM		DM

2. Kind: Vorname, Familienstand — Aufwendungen für die Berufsausbildung vom – bis

Auswärtige Unterbringung vom – bis — auswärtige Anschrift des Kindes

Einnahmen des Kindes	Bruttoarbeitslohn	Renten	andere Einkünfte/Bezüge (Art und Höhe)
a) im Ausbildungszeitraum 1990	DM	DM	
b) außerhalb des Ausbildungszeitraums 1990	DM	DM	

Öffentliche Ausbildungshilfen[9] vom – bis	Höhe	Andere Ausbildungshilfen[9] vom – bis	Höhe
	DM		DM

4. Aufwendungen für eine Hilfe im Haushalt oder Heim-/Pflegeunterbringung

☐ Beschäftigung einer Hilfe im Haushalt — vom – bis — Aufwendungen im Kalenderjahr DM

Name und Anschrift der beschäftigten Person oder des mit den Dienstleistungen beauftragten Unternehmens

☐ Die antragstellende Person ☐ Der Ehegatte — ist/sind in einem **Heim** oder **dauernd zur Pflege** untergebracht. Es entstehen auch Kosten für Dienstleistungen, die mit denen einer Hilfe im Haushalt vergleichbar sind.

bei ☐ Heimunterbringung ohne Pflegebedürftigkeit ☐ Heimunterbringung zur dauernden Pflege — Bezeichnung, Anschrift des Heims

Unterbringung vom – bis — Art der Dienstleistungskosten

Antragsgründe

Vollendung des 60. Lebensjahres ☐ der antragstellenden Person ☐ des Ehegatten

Die antragstellende Person, der Ehegatte, ein Kind oder eine zum Haushalt gehörende Person ist ☐ krank ☐ hilflos oder schwerbehindert

Nur bei Ehegatten: ☐ Eine gemeinsame Haushaltsführung ist wegen Pflegebedürftigkeit eines Ehegatten nicht möglich.

Vermerke des Finanzamts

8) Angaben nicht erforderlich, wenn die unterstützte Person in der DDR oder in Berlin (Ost) wohnt

Abziehbar: DM

9) Bei Zahlung von Ausbildungshilfen in monatlich unterschiedlicher Höhe bitte Art, Höhe und Zeitraum auf besonderem Blatt erläutern

Abziehbar: + DM

Abziehbar: + DM

Summe: DM

Übertragen in Vfg.

2. Unterstützung bedürftiger Personen

Eingehende Erläuterungen mit Beispiel stehen auf Seite 112, zusätzlich für ausländische Angehörige ab Seite 34. *1990* Anhebung der Höchstabzugsgrenze von DM 4 500,– auf DM 5 400,–, gleichzeitig Anhebung der Eigenverdienstgrenze des Bedürftigen auf DM 5 400,–.
In Ergänzung hierzu Einzelheiten über die allgemeine Beschränkung der Abzugsfähigkeit, als »Opfergrenze« bezeichnet, die besonders von ausländischen Arbeitnehmern zu beachten ist.

Opfergrenze:

Die Abzugsfähigkeit von Unterhaltsleistungen an bedürftige Angehörige im Rahmen der steuerlichen Bestimmungen setzt stets Zwangsläufigkeit voraus. Diese wird aber insoweit verneint, als für den Unterhaltsleistenden und ggf. seine Familie *nicht* angemessene Mittel zur Deckung des eigenen Lebensbedarfes verbleiben. Allgemeine Regelungen hierfür ergeben sich aus dem Schreiben des BFM vom 27. 7. 84 (BStBl 1984 I, S. 402), die mit Urteil des BFH v. 4. 4. 1986 (BStBl 1986 II, S. 852) anerkannt und mit dem Grundgesetz als vereinbar angesehen wurden. Danach können im Rahmen der Höchstsätze Unterhaltsleistungen nur insoweit als außergewöhnliche Belastung berücksichtigt werden, als sie eine bestimmte »Opfergrenze« überschreiten, deren Höhe sich nach dem jeweiligen *Netto*-Einkommen und Familienstand richtet. Beim *Arbeitnehmer* entspricht das sog. »Nettoeinkommen« im wesentlichen dem um Nebeneinkünfte (ggf. minus Steuer), Kindergeld, Arbeitslosen- und Kurzarbeitergeld sowie sonstige Zuflüsse (z. B. erstattete Steuern) *erhöhten* Arbeitslohn, *abzüglich* steuermindernde Frei- und Pauschbeträge (statt dessen bei Werbungskosten sowie Vorsorgeaufwendungen und Sonderausgaben gegebenenfalls höher anzuerkennende tatsächliche Ausgaben) und Lohnsteuer.

1 % je DM 1000,– aus dem so ermittelten Nettoeinkommen, *maximal* 50 % hieraus (d. h. bei DM 50 000,– = DM 25 000,–) werden bei Alleinstehenden ohne Kind als Opfergrenze anerkannt; sie verringert sich im übrigen für den Ehegatten *und* pro Kind um je 5 %, maximal um 25 %. Hierzu einige Beispiele:

Netto-Einkommen DM	Opfergrenze *Alleinst. o. Kind*	Kürzungsbetrag Ehefrau *und 2 bzw.*	*4 Kinder*	Opfergrenze Familie *2 Kinder*	*4 Kinder*
18000	18% = DM 3240	15% = DM 2700	25% = DM 4500	DM 540	DM 0
28000	28% = DM 7840	15% = DM 4200	25% = DM 7000	DM 3640	DM 840
38000	38% = DM 14440	15% = DM 5700	25% = DM 9500	DM 6740	DM 4940
48000	48% = DM 23040	15% = DM 7200	25% = DM 12000	DM 15840	DM 11040

Vermögenswirksame Leistungen mindern das Nettoeinkommen, Sparzulagen erhöhen es; Sparbuchabhebungen oder Mittel aus einer Kreditaufnahme bleiben in der Regel ohne Einfluß (BFH-Urteil v. 4. 4. 86 – BStBl 1987 II, S. 127). Bei Eheleuten, die beide Einkünfte im Inland haben, ist die Opfergrenze aus dem zusammengerechneten Nettoeinkommen zu ermitteln, auch hier sind 5 % Kürzungsbetrag für einen Ehegatten zu berücksichtigen (BFH-Urteil v. 23. 9. 86 – BStBl 1987 II, S. 130).

3. **Ausbildungsfreibeträge Kinder**

Geschiedene oder dauernd getrennt lebende Elternteile erhalten den Ausbildungsfreibetrag grundsätzlich je zur Hälfte. *Seit 1986* können ihn *beide* bereits beim Antrag auf LSt-Ermäßigung auf der LSt-Karte eingetragen erhalten; vorausgesetzt, daß ein entspr. Kinderfreibetrag eingetragen ist. Einzelheiten über die Ausbildungsfreibeträge stehen auf den Seiten 114/115 und 35. *Ab 1990* auch für Kinder bis zur Vollendung des 29. Lebensjahres *nach* Wehr- oder Zivildienst möglich.

4. **Hausgehilfin/Haushaltshilfe oder Heim-/Pflegeunterbringung**

Die Voraussetzungen ergeben sich aus Seite 110.

Ab 1990: Freibetrag bis DM 1800,– bei Hilflosigkeit oder schwerer Behinderung (mind. 45%) einer zum Haushalt gehörenden Person und Verdoppelung auf DM 2400,– wenn Ehegatten wegen Pflegebedürftigkeit eines Teils an der gemeinsamen Haushaltsführung gehindert sind.

5. **Kinderbetreuungskosten**

Wegen Einzelheiten hierzu wird auf die Seiten 115/116 verwiesen. Bei einem geschiedenen oder dauernd getrennt lebenden Elternpaar gehört hier auch der Elternteil zu den Steuerpflichtigen *mit Kind,* dem *keine* Leistungen nach dem BKGG zustehen, *wenn er seinen Unterhaltsverpflichtungen nachkommt.*

6. **Allgemeine außergewöhnliche Belastungen**

Es handelt sich hier um Einzelfälle, für die es zwar keine wertmäßige Begrenzung oder besonderen Freibeträge gibt, bei denen aber in Prozent der Einkünfte und unterschiedlich nach Familienstand eine für zumutbar gehaltene Eigenbelastung gemäß Tabelle auf Seite 116 in Abzug gebracht wird.
Die Voraussetzungen und Möglichkeiten ergeben sich aus den Seiten 116–121.

6

5. **Kinderbetreuungskosten für haushaltszugehörige Kinder bis 16 Jahre** (ggf. bitte auf besonderem Blatt erläutern und zusammenstellen) Antragsgründe				(Bitte auch Abschnitt Ⓑ ausfüllen!)		Vermerke des Finanzamts
Vorname und Anschrift des Kindes/der Kinder				Das (die) Kind(er) gehört (gehören) zu meinem Haushalt	vom – bis	Aufwendungen für Kinderbetreuung DM Übertragen in Berechnungsschema
Bei Alleinstehenden:				Es besteht ein gemeinsamer Haushalt der Elternteile	vom – bis	
Erwerbstätigkeit der antragstellenden Person	vom – bis	Behinderung der antragstellenden Person	vom – bis	Krankheit der antragstellenden Person	vom – bis	
Erwerbstätigkeit des Ehegatten/des anderen Elternteils bei gemeinsamem Haushalt	vom – bis	Behinderung des Ehegatten/des anderen Elternteils bei gemeinsamem Haushalt	vom – bis	Krankheit des Ehegatten/des anderen Elternteils bei gemeinsamem Haushalt	vom – bis	Gesamtbetrag der außergewöhnlichen Belastungen allgemeiner Art DM
Pauschbetrag ☐	oder Art und Höhe der Aufwendungen			Dienstleistungen	vom – bis	Übertragen in Berechnungsschema

6. **Außergewöhnliche Belastungen allgemeiner Art** (ggf. bitte auf besonderem Blatt erläutern und zusammenstellen) Art der Belastung (z. B. durch Krankheit, Todesfall)	Gesamtaufwendungen DM	Abzüglich erhaltene oder zu erwartende Ersatzleistungen DM	Zu berücksichtigende Aufwendungen DM
Blinddarm-Operation Sohn (7.1.–15.1.)	4.170	2.740	1.430
Zahnersatz Ehefrau (vgl. Kosten-Voranschlag)	5.810	3.150	2.660
Kieferorthopädische Behandlung Tochter	2.440	1.630	810

Verteilung der Freibeträge

Werbungskosten können nur auf der Lohnsteuerkarte des Ehegatten eingetragen werden, bei dem sie entstanden sind. Wenn der Freibetrag im übrigen anders als je zur Hälfte auf den Lohnsteuerkarten der Ehegatten aufgeteilt werden soll, dann geben Sie bitte das Aufteilungsverhältnis an (: v.H.) und fügen Sie die Lohnsteuerkarte des Ehegatten bei.

Versicherung

Bei der Ausfertigung dieses Antrags und der Anlagen hat mitgewirkt

Herr/Frau/Firma in Fernsprecher

Ich versichere, daß ich die Angaben in diesem Antrag und in den ihm beigefügten Anlagen wahrheitsgemäß nach bestem Wissen und Gewissen gemacht habe. Mir ist bekannt, daß erforderlichenfalls Angaben über Kindschaftsverhältnisse der für die Ausstellung von Lohnsteuerkarten zuständigen Gemeinde mitgeteilt werden.

Datum 21.1.1990 — Joachim Müller (Unterschrift der antragstellenden Person) — Renate Müller (Unterschrift des Ehegatten)

Vermerk des Finanzamts

Berechnung des Freibetrags nach §§ 33, 33c EStG

	Antragsteller/Ehegatten	Kinderbetreuungskosten für ___ Kinder	andere außergewöhnliche Belastungen	
Jahresarbeitslohn	DM	DM	DM	
abzüglich Versorgungs-Freibetrag, Altersentlastungsbetrag, Werbungskosten (mindestens 2000 DM)	DM	höchstens Kinderbetreuungskosten 10)	restliche zumutbare Belastung	
Zumutbare Belastung nach § 33 Abs. 3 EStG: ___ v.H. von	DM			
ergibt zumutbare Belastung	DM ▶ –	DM = –	DM	
Überbelastungsbetrag		= DM	= DM	in Vfg. übertragen
davon höchstens abziehbar nach § 33c Abs. 3 EStG 11)		DM	höheren Betrag in Vfg. übertragen	
mindestens Pauschbetrag nach § 33c Abs. 4 EStG 11)		DM		

10) nur, soweit die anerkannten Kinderbetreuungskosten den Pauschbetrag nach § 33c Abs. 4 EStG übersteigen

11) ggf. anteilmäßig nach § 33c Abs. 3 Satz 3 und 4 EStG

12) einschl. Zahl der Kinderfreibeträge und ggf. Kinderzahl für Berlinzulage

Verfügung

Gültig vom ___ bis 31. 12. 1990

	DM	Antragsteller DM	Ehegatte DM
1. Freibetrag für besondere Fälle			
Pauschbeträge für Behinderte und Hinterbliebene			
Freibetrag wegen Förderung des Wohneigentums			
Sonderausgaben			
Pflege-Pauschbetrag			
Außergewöhnliche Belastungen in besonderen Fällen			
Kinderbetreuungskosten			
Außergewöhnliche Belastungen allgemeiner Art			
Zwischensumme			
Werbungskosten			
Jahresfreibetrag			
bisher berücksichtigt			
verbleibender Freibetrag			
Monatsbetrag			
Wochenbetrag			
Tagesbetrag			

2. Freibetrag bei WK-Pauschsätzen
v.H.-Satz | monatlich DM
Gültig vom 1990 an

3. Änderung der StKl 12) in StKl 12)
Gültig vom – bis – 31. 12. 1990

4. LStK und Belege an Antragsteller zurück am

5. Bescheid zur Post am

6. ☐ Mitteilung für Gemeinde fertigen

7. Bei Übertragung von Kinderfreibeträgen: KM an Veranlagungsstelle des Arbeitnehmers am

8. Z. d. A.

(Sachgebietsleiter) (Datum) (Sachbearbeiter)

Zu **Verteilung der Freibeträge**

Bei gemeinsam besteuerten Ehegatten werden die festgestellten Freibeträge, mit Ausnahme von Werbungskosten, die jedem Ehegatten mit dem auf ihn treffenden Teil zuzurechnen sind, grundsätzlich je zur Hälfte verteilt, wenn eine andere Aufteilung nicht beantragt wird. Bei der Höhe nach sehr unterschiedlichen Bezügen, oder wenn ein Ehegatte bereits in der tariflichen Progressionszone, der andere noch darunterliegt, empfiehlt sich im Interesse einer insgesamt geringeren Steuerbelastung während des Jahres, die Freibeträge voll oder zum Großteil bei dem in der Spitze seiner Bezüge steuerlich am stärksten belasteten Ehegatten eintragen zu lassen. Auch auf der LSt-Karte mit StKl VI ist der Eintrag möglich.

III. Freibetrag und Steuerersparnis nach Musterbeispiel

Das Musterbeispiel auf dem amtlichen Antragsformular bringt neben zwei unbeschränkt antragsfähigen Ermäßigungsgründen, nämlich der Beanspruchung eines Freibetrages wegen Förderung des Wohnungseigentums und der Körperbehinderung, bei der ein entsprechender Eintrag durch die zuständige Gemeinde auf der Lohnsteuerkarte nicht unterstellt wurde, eine Vielzahl von *beschränkt* abzugsfähigen Ermäßigungsgründen. Von diesen würden vier für sich allein bereits den Antrag auf Lohnsteuer-Ermäßigung begründen und zu einem Freibetrag führen, da sie jeweils die *neue Antragsgrenze von DM 1200,–* übersteigen. Es sind dies die Werbungskosten (auch *nach* Abzug des neuen Arbeitnehmer-Pauschbetrages mit DM 2000,–) sowie der Unterhalt bedürftiger Angehöriger, der Ausbildungsfreibetrag und die außergewöhnlichen Belastungen unter Anrechnung der zumutbaren Belastung. Die zumutbare Belastung wird hier in der Regel *ohne* Berücksichtigung anderer Einkünfte nur von den Lohnbezügen wie folgt berechnet:

Voraussichtlicher Arbeitslohn	DM 69 600,–
abzgl. Werbungskosten (3353,– + 2000,–)	DM 5 353,–*
Basis für zumutbare Belastung *(Einkünfte)*	*DM 64 247,–**
Zumutbare Belastung 3 %	DM 1927,–*

Die Beantragung der Eintragung eines zweiten Kindes auf der Lohnsteuerkarte bedeutet hier bei Steuerklasse IV einen zusätzlichen tariflichen Kinderfreibetrag von (*neu*) DM 1512,–, den in gleicher Höhe auch der Ehegatte durch die entspr. Eintragung des 2. Kindes auf seiner LSt-Karte erhält. Insoweit ermäßigen sich auch bei ihm die Lohnsteuer und die Kirchensteuer.

Die Eintragungen auf den einzelnen Seiten des im vorangegangenen Abschnitt abgebildeten amtlichen Formulars für die Beantragung einer Lohnsteuer-Ermäßigung 1990 führen bei voller Anerkennung wie folgt zum Jahresfreibetrag und Monatsfreibetrag auf der Lohnsteuerkarte des Antragstellers, wobei die Ermittlung der Reihenfolge im Antragsformular entspricht:

Freibetrag Körperbehinderte (C II)		DM 1110
Erhöhte Absetzung für Eigentumswohnung (C III)		DM 3300
Werbungskosten (D I + II)	DM 3353	
abzgl. AN-Pauschbetrag	DM 2000	DM 1353
Sonderausgaben (D III)	DM 990	
abzügl. Pauschbetrag	DM 216	DM 774
Außergewöhnliche Belastungen (D V)		
– Unterstützung bedürftiger Personen (D IV/2)		
25 % aus Höchstbetrag von	DM 5400 =	DM 1350
– Berufsausbildung des Kindes mit auswärtiger Unterkunft (D IV/3)		DM 4200
– Andere außergewöhnliche Belastungen (D IV/6)		
Kosten abzgl. Erstattungen	DM 4900	
davon ab: zumutbare Belastung	DM 1927	DM 2973
Steuerfreier Jahresbetrag auf LSt-Karte		DM 15060
Steuerfreier Monatsbetrag (bei Antragstellung bis Ende Januar 1990)		DM 1255

Dieses Musterbeispiel zeigt für den Arbeitnehmer *vor* seinem Antrag auf Lohnsteuer-Ermäßigung 1990 ein zu versteuerndes Jahresgehalt von DM 46 300,– oder DM 3858,– pro Monat, wogegen *danach* nur noch DM 31 240,– zu versteuern sind. Durch die Eintragung des Freibetrages und des zweiten Kindes auf der LSt-Karte des Herrn Müller ergibt sich folgende Steuerentlastung:

	*Lohnsteuer** *DM*	*Kirchensteuer*** *DM*	*Gesamt* *DM*
Vor Ermäßigungsantrag (Steuerklasse IV/1)	7 409,—	568,72	7 977,72
Nach Ermäßigungsantrag (Steuerklasse IV/2)	3 489,—	255,12	3 744,12
Steuerentlastung 1990	3 920,—	313,60	4 233,60
Monatsdurchschnitt	326,70	26,10	352,80

Durch Eintragung des 2. Kindes auch beim Ehegatten (StKl IV/2) vermindert sich bei diesem die Jahreslohnsteuer um DM 319,– (infolge des zusätzlichen Kinderfreibetrags von DM 1512,–) und die Kirchensteuer für 1990 um DM 37,52. Die *Gesamtentlastung* beträgt somit DM 4590,12 im Jahre 1990 oder DM 382,50 im Monatsdurchschnitt.

Selbst wenn unterstellt wird, daß die Ehegatten »Müller« im Rahmen ihrer Einkommensteuer-Veranlagung für das Jahr 1990 ebenfalls alle im Musterbeispiel enthaltenen Steuervorteile geltend gemacht hätten und somit die zuviel bezahlten Steuerbeträge bis Sommer 1991 erstattet worden wären, verbleibt ein erheblicher Vorteil durch das frühzeitige Verfügen über Eigenmittel.

*) Die Lohnsteuer *nach* Eintragung des Freibetrages von DM 15 060,– ergibt sich gemäß der ESt-Grundtabelle (bei StKl IV wird jeder Ehegatte wie ein Alleinstehender behandelt) wie folgt: Lohnbezüge vermindert um den auf der LSt-Karte eingetragenen Freibetrag, verbleiben DM 31 240,–, *abzüglich* Vorsorgepauschale hieraus (3726,–), tarifliche Kinderfreibeträge von je 1512 (zus. 3024), Arbeitnehmer-Pauschbetrag (2000,–) und Sonderausgaben-Pauschbetrag (108,–), verbleiben für die Steuerablesung nach der ESt-Grundtabelle 1990 DM 22 382,–, woraus sich DM 3489,– Lohnsteuer ergeben (wie oben).

**) 8 % (9 %) Kirchensteuer aus der bei StKl IV um je 150,– *(halbiert ab 1990)* pro Kind verminderten Lohnsteuer.

Möglichkeiten und Beispiele für eine Lohnsteuerermäßigung

Ab 1990 haben sich die Voraussetzungen für die Antragstellung und frühzeitige Lohnsteuerermäßigung bei den »beschränkt antragsfähigen Ermäßigungsgründen«, soweit sie insbesondere Werbungskosten betreffen, wesentlich verändert. Es ist zwar die Grenze für beschränkt eintragungsfähige Aufwendungen von DM 1800 auf DM 1200 gesenkt worden, doch Werbungskosten je Arbeitnehmer werden aufgrund Einführung des Arbeitnehmer-Pauschbetrages von DM 2000 darauf nur noch angerechnet, soweit sie *über* diesem Betrag liegen. Dies bedeutet für Arbeitnehmer *ohne andere Antragsgründe,* daß ihre Werbungskosten voraussichtlich mindestens DM 3201 betragen müssen, ehe sie bei der LSt-Ermäßigung Berücksichtigung finden können. Für eine Vielzahl von Arbeitnehmern führt diese Beschränkung zu einer *Teilaufhebung* der allgemein verbesserten Tarifvergünstigung. Betroffen sind hiervon alle Arbeitnehmer, deren Werbungskosten über der bis 1989 geltenden entspr. Pauschale (DM 564) liegen, denn insoweit führten sie *neben* dem entfallenden Arbeitnehmer-Pauschbetrag (DM 480) und des ebenfalls zugunsten des neuen Pauschbetrages von DM 2000 für Arbeitnehmer aufgehobenen Weihnachtsfreibetrages (DM 600) zur Steuerermäßigung. Dazu kommt noch, daß die Arbeitnehmerschaft zum Großteil Aufwendungen für Fahrten Wohnung/Arbeitsstätte hat und diese nur noch sehr beschränkt zusätzlich als Werbungskosten geltend machen kann. Daran ändert auch nicht viel die Anhebung der Entfernungs-km-Pauschale von DM –,43 auf DM –,50. Ein Freibetrag *ausschließlich* für Werbungskosten wird also künftig selten möglich sein. Dazu wird noch ein »Doppelter Haushalt« führen, vielleicht auch die *ab 1990* vom Arbeitgeber erstatteten, *jedoch bereits versteuerten* Fahrtaufwendungen zur Arbeitsstätte, sofern sie nicht vom Arbeitgeber pauschal mit 15% versteuert werden, wie auch allgemein Fahrtaufwendungen bei größerer Entfernung zum Arbeitsplatz. Wohnt ein Arbeitnehmer beispielsweise 30 km entfernt zur Arbeit und fährt mit seinem Pkw an 220 Tagen im Jahr dorthin, kommt er allein dadurch über die Antragsgrenze, denn er kann DM 3300 pauschal geltend machen (vgl. Tabelle S. 74), und nach Abzug der Arbeitnehmer-Pauschale verbleiben DM 1300. Kommen hier, wenn diese Vergünstigung nicht noch ab 1990 entfällt, 200 Tage mit berufsbe-

dingter Abwesenheit von mehr als 12 Stunden hinzu, kann er weitere DM 600 als Verpflegungsmehraufwand ansetzen und erhält dann einen Freibetrag von DM 1900 im Jahr. Bei 20 km Entfernung und gleichem Verpfl.-Mehraufwand ergeben sich DM 2800, die nicht die Antragsgrenze erreichen; zusätzliche Beiträge an Gewerkschaften usw. und/oder Arbeitsmittel etc. können aber dazu führen. Wenn nicht andere Werbungskosten, können auch Sonderausgaben (*ohne* Vorsorgeaufwendungen) den Ausschlag geben, zumal durch Minderung der entspr. Pauschale von DM 540 auf DM 216 bei Ehepaaren und von DM 270 auf DM 108 bei Alleinstehenden, Pflichtige eine höhere Kirchensteuer ansetzen können.
Im übrigen ist die neue Antragsgrenze von DM 1200 für alle anderen, teilweise erheblich verbesserten Vergünstigungsmöglichkeiten *nur* von Vorteil. Bei den *Sonderausgaben* gilt dies u. a. für eig. Ausbildungskosten und den *neuen* Freibetrag für ein hauswirtschaftliches Beschäftigungsverhältnis bei Hilflosen und unter bestimmten Voraussetzungen bei Kindern *unter* 10 Jahren. Bei den *außergewöhnlichen Belastungen* dürfte fast jede Position diese Grenze erreichen; in dem entspr. Antrag können dann auch *über* DM 2000 liegende, aber allein die Antragsgrenze nicht erreichende Werbungskosten einbezogen werden.
Als außergewöhnliche Belastungen sind neben solchen allgemeiner Art mit Anrechnung einer »zumutbaren Selbstbeteiligung« (vgl. Seite 86) folgende »in besonderen Fällen« zu verstehen:

- *(neu)* Pflege-Pauschbetrag für ständige Pflege eines Hilflosen.
- Unterhalt (Anhebung Höchstbetrag und Eigenverdienst-Grenze).
- Ausbildungsfreibetrag nach Wehr- oder Ersatzdienst *neu* bis 29. Lebensjahr; allgemein auch für Kinder im Ausland möglich.
- Hilfe im Haushalt; Heim-/Pflegeunterbringung (Verbess. '90).
- Betreuungskosten für Kinder bis 16 Jahre im eig. Haushalt.

Der Übertrag des halben Kinderfreibetrages auf den anderen Elternteil ist *ab 1990* bereits bei der LSt-Ermäßigung möglich. Für sog. Baukindergeld nach § 34f EStG wird bei Anschaffung oder Fertigstellung selbstgenutzter Wohneinheiten *ab 1990* ein Freibetrag je Kind von DM 3000 (im übrigen bleibt es bei DM 2400) gewährt (vgl. Antrag »LSt 3D« *vor* dem Sachregister).
Aufgehoben wurden die Vergünstigungen »Altersfreibetrag« und »Freibetrag wegen Pflege des Eltern-Kind-Verhältnisses«.

VII. Ermittlung der Lohnsteuer anhand der Einkommensteuertabellen*

Mit Hilfe der ESt-Tabellen 1989 ist es nicht schwer festzustellen, ob ein LSt-Jahresausgleich lohnenswert ist oder ob und in welcher Höhe mit einer LSt-Erstattung auch im Rahmen einer ESt-Veranlagung gerechnet werden kann. Angesprochen sind hier Arbeitnehmer, für die die »allgemeine Lohnsteuertabelle« maßgebend ist; insoweit überwiegend Ehegatten, *wenn beide Arbeitnehmer sind,* und viele Arbeitnehmer *mit eingetr. Freibetrag* auf der LSt-Karte, die dadurch die ihnen zustehende Vorsorgepauschale geschmälert bekommen haben. Hat ein Lediger mit einem Jahreslohn von DM 25 400,– einen Freibetrag von DM 3000,–, wurde bei ihm eine Vorsorgepauschale von DM 3132,– berücksichtigt, obwohl ihm DM 3402,– zustehen, weil die Lohnbezüge** *ohne* Abzug der Freibeträge maßgebend sind. Ehegatten mit Arbeitslohn beider steht vielfach eine wesentlich höhere Vorsorgepauschale zu, als bei ihnen berücksichtigt wurde (vgl. S. 23). Haben sie Bezüge von DM 30 400,– und DM 15 400,–, ergeben sich nach StKl IV Vorsorgepauschalen von zusammen 5994,–, dagegen nach StKl III/V von nur DM 5022,– und *in richtiger Höhe* von DM 6318,–.
Die zustehenden Vorsorge-Pauschalen für Arbeitnehmer *mit* und *ohne* Beitragszahlung zur eigenen Altersversorgung ergeben sich *für 1989 und bereits 1990 vollständig und für die Abweichungsbereiche durch Gegenüberstellung aus den Tabellen auf den Seiten 154 bis 156;* Berechnungsbeispiele (auch für Beamte) zeigen die Seiten 157 bis 159.
Eine einwandfreie Ermittlung der Jahressteuer ist nur anhand der ESt-Tabellen möglich. *Vom Lohn** sind noch die Vorsorgepauschale und* tarifliche Vergünstigungen abzuziehen; gleiches gilt gegebenenfalls noch für Kinderfreibeträge, wie sie auf der LSt-Karte vermerkt sind. Es stehen *jedem unterhaltsleistenden Elternteil* DM 1242,– (ab 1990 = 1512) zu, für ein Kind insgesamt DM 2484,– (ab 1990 = 3024). Der »Zähler 0,5« entspricht bei den StKl I, II und III DM 1242, ab 1990 DM 1512 Freibetrag, bei StKl IV die Hälfte (= DM 621,– bzw. 1990 DM 756,–). Der »Zähler 1« bedeutet die doppelte Höhe. Nachfolgend die tariflichen Vergünstigungen, zuvor jedoch der Hinweis, *daß auch auf der LSt-Karte eingetragene Freibeträge wie noch anzuerkennende Aufwendungen hier zu berücksichtigen sind.*

*) vgl. ESt-Tabellen 1989 im Anhang bis DM 101 700,– *(mit Vergleichen zu 1990).*
*) ggf. minus Altersentlastungs-, Versorgungs- und bis 1989 Weihn.-Freibetrag.

Tarifliche Vergünstigungen *1989*	Alleinstehende *ohne* Zuordnung Kind	*mit* Zuordnung Kind	Eheleute *ein* Arbeitnehmer	*beide* Arbeitnehmer
Arbeitnehmerfreibetrag	480	480	480	960
Werbungskosten-Pauschale	564	564	564	1128
Sonderausgaben-Pauschbetrag	270	270	540	540
Haushaltsfreibetrag	–	4752	–	–
	1314	6066	1584	2628
Tarifliche Vergünstigungen *1990*				
Arbeitnehmer-Pauschbetrag	2000	2000	2000	4000
Sonderausgaben-Pauschale	108	108	216	216
Haushaltsfreibetrag	–	5616	–	–
	2108	7724	2216	4216

Die Vorsorgepauschalen *1989 + 1990* wie folgt in Tabellen:

Einheitliche Vorsorgepauschalen
in der allgemeinen – und der besonderen Lohnsteuertabelle 1989 und 1990

Steuerklassen I, II und IV				Steuerklasse III			
Jahreslohn* *ab* DM	Vorsorge-Pauschale** DM	Jahreslohn* *ab* DM	Vorsorge-Pauschale** DM	Jahreslohn* *ab* DM	Vorsorge-Pauschale** DM	Jahreslohn* *ab* DM	Vorsorge-Pauschale** DM
1800	324	6600	1188	13086	2322	17676	3186
2100	378	6900	1242	13194	2376	18054	3240
2400	432	7200***	1296	13464***	2430	18324	3294
2700	486	7470	1350	13842	2484	18594	3348
3000	540	7794	1404	14112	2538	18864	3402
3300	594	8064	1458	14382	2592	19242	3456
3600	648	8388	1512	14652	2646	19512	3510
3900	702	8658	1566	15030	2700	19782	3564
4200	756	8982	1620	15300	2754	20052	3618
4500	810	9252***	1674	15570	2808	20430	3672
4800	864	9576	1728	15948	2862	20700	3726
5100	918	9900	1782	16218	2916	20970	3780
5400	972	10170	1836	16488***	2970	21348	3834
5700	1026	10494	1890	16758	3024	21618	3888
6000	1080	10764	1944	17136	3078	21888	3942
6300	1134	11088	1998	17406	3132	22158	3996

*) Lohn *abzüglich: (letztmals 1989)* Weihnachtsfreibetrag (DM 600) und ggf. Versorgungsfreibetrag (40 %, maximal DM 4800) und Altersentlastungsbetrag (40 % maximal DM 3000 in 1989 und *DM 3720 ab 1990)*.

***) Minimum bei StKl I, II u. IV = DM 300, bei StKl III DM 600, entfällt ab 1990.* Endstufe in der »besonderen LSt-Tabelle« DM 1998 bzw. bei StKl III DM 3996.

***) *Steuerschwelle* (vgl. Seite 32) beginnt 1989 in den Steuerklassen I, II und IV mit DM 7416 und in StKl III mit DM 13626; *1990* sind es DM 9452 und DM 16526.

1989

Arbeitnehmer-Vorsorgepauschalen als *Mindestbeträge* für Vorsorgeaufwendungen im Lohnsteuer-Jahresausgleich oder bei der Einkommensteuer-Veranlagung 1989 ab den voneinander abweichenden Bereichen in der allgemeinen von der besonderen Jahres-Lohnsteuertabelle

Steuerklassen I, II und IV			Steuerklasse III					
Jahres-lohn* *ab* DM	*Vorsorge-Pauschalen* Allgem. LSt-Tab. DM	*Vorsorge-Pauschalen* Besond. LSt-Tab.** – Minus –	Jahres-lohn* *ab* DM	*Vorsorge-Pauschalen* Allgem. LSt-Tab. DM	*Vorsorge-Pauschalen* Besond. LSt-Tab.** – Minus –	Jahres-lohn* *ab* DM	*Vorsorge-Pauschalen* Allgem. LSt-Tab. DM	*Vorsorge-Pauschalen* Besond. LSt-Tab.** – Minus –
11088	1998	*ohne*	22158	3996	*ohne*	35820	5562	–1566
11358	2052	– 54	22536	4050	– 54	36414	5616	–1620
11682	2106	– 108	22806	4104	– 108	37008	5670	–1674
11952	2160	– 162	23076	4158	– 162	37602	5724	–1728
12276	2214	– 216	23454	4212	– 216	38196	5778	–1782
12600	2268	– 270	23724	4266	– 270	38790	5832	–1836
12870	2322	– 324	23994	4320	– 324	39384	5886	–1890
13356	2376	– 378	24246	4374	– 378	39978	5940	–1944
13950	2430	– 432	24642	4428	– 432	40572	5994	–1998
14598	2484	– 486	24912	4482	– 486	41166	6048	–2052
15192	2538	– 540	25182	4536	– 540	41760	6102	–2106
15786	2592	– 594	25452	4590	– 594	42354	6156	–2160
16380	2646	– 648	25830	4644	– 648	42948	6210	–2214
16974	2700	– 702	26208	4698	– 702	43650	6264	–2268
17568	2754	– 756	26802	4752	– 756	44244	6318	–2322
18162	2808	– 810	27396	4806	– 810	44838	6372	–2376
18756	2862	– 864	27990	4860	– 864	45432	6426	–2430
19350	2916	– 918	28584	4914	– 918	46026	6480	–2484
19998	2970	– 972	29178	4968	– 972	46620	6534	–2538
20592	3024	–1026	29772	5022	–1026	47214	6588	–2592
21186	3078	–1080	30366	5076	–1080	47808	6642	–2646
21780	3132	–1134	30960	5130	–1134	48402	6696	–2700
22374	3186	–1188	31544	5184	–1188	48996	6750	–2754
22968	3240	–1242	32148	5238	–1242	49590	6804	–2808
23562	3294	–1296	32850	5292	–1296	50184	6858	–2862
24156	3348	–1350	33444	5346	–1350	50778	6912	–2916
24750	3402	–1404	34038	5400	–1404	51732	6966	–2970
25398	3456	–1458	34632	5454	–1458	51966	7020	–3024
25992	3510	–1512	35226	5508	–1512		*Höchst-*	*bleibt*
	Maximal	*bleibt*					*betrag*	

Ab 1990 erhöhen sich die allgemeinen Vorsorgepauschalen in bestimmten, mittleren Bereichen, vgl. nächste Seite.

Nicht in Tabellenform lassen sich die sog. »Mischfälle bringen, d. h. Lohnbezüge von Eheleuten, bei denen z. B. einer Beamter und der andere Gatte im Angestelltenverhältnis tätig ist. Insoweit wird verwiesen auf die Seite 149 mit entsprechenden Berechnungsbeispielen, die zugleich eine Ergänzung zu den Seiten 26 und 27 sind.

*) Lohn *abzüglich*: (letztmals 1989) Weihnachtsfreibetrag (DM 600) sowie ggf. Versorgungsfreibetrag (40 %, maximal DM 4800) und Altersentlastungsbetrag (40 %, maximal DM 3000, *ab 1990* DM 3720).

**) Gilt für den Personenkreis mit Altersversorgung *ohne eigene* Beitragszahlung (u. a. Beamte) oder mit Altersruhegeld aus der gesetzlichen Rentenversicherung.

– Neue Vorsorgepauschalen in der allgemeinen Jahres-Lohnsteuertabelle **1990**
– Unterschiede zu den Vorsorgepauschalen in der besonderen Lohnsteuertabelle

Steuerklassen I, II und IV			Steuerklasse III					
Jahreslohn *ab* DM	*Vorsorge-Pauschalen* Allgem. LSt-Tab. DM	*Vorsorge-Pauschalen* Besond. LSt-Tab. –Minus–	Jahreslohn *ab* DM	*Vorsorge-Pauschalen* Allgem. LSt-Tab. DM	*Vorsorge-Pauschalen* Besond. LSt-Tab. –Minus–	Jahreslohn *ab* DM	*Vorsorge-Pauschalen* Allgem. LSt-Tab. DM	*Vorsorge-Pauschalen* Besond. LSt-Tab. –Minus–
11 100	1998	*ohne*	22 200	3996	*ohne*	36 600	6588	–2592
11 400	2052	– 54	22 500	4050	– 54	36 900	6642	–2646
11 700	2106	– 108	22 800	4104	– 108	37 200	6696	–2700
12 000	2160	– 162	23 100	4158	– 162	37 500	6750	–2754
12 300	2214	– 216	23 400	4212	– 216	37 800	6804	–2808
12 600	2268	– 270	23 700	4266	– 270	38 100	6858	–2862
12 900	2322	– 324	24 000	4320	– 324	38 400	6912	–2916
13 200	2430	– 432	24 300	4374	– 378	38 700	6966	–2970
13 800	2484	– 486	24 600	4428	– 432	39 000	7020	–3024
14 100	2538	– 540	24 900	4482	– 486	39 300	7074	–3078
14 400	2592	– 594	25 200	4536	– 540	39 600	7128	–3132
14 700	2646	– 648	25 500	4590	– 594	39 900	7182	–3186
15 000	2700	– 702	25 800	4644	– 648	40 200	7236	–3240
15 300	2754	– 756	26 100	4698	– 702	40 500	7290	–3294
15 600	2808	– 810	26 400	4752	– 756	40 800	7344	–3348
15 900	2862	– 864	26 700	4806	– 810	41 100	7398	–3402
16 200	2916	– 918	27 000	4860	– 864	41 400	7452	–3456
16 500	2970	– 972	27 300	4914	– 918	41 700	7506	–3510
16 800	3024	–1026	27 600	4968	– 972	42 000	7560	–3564
17 100	3078	–1080	27 900	5022	–1026	42 467	7614	–3618
17 400	3132	–1134	28 200	5076	–1080	44 267	7668	–3672
17 700	3186	–1188	28 500	5130	–1134	46 067	7722	–3726
18 000	3240	–1242	28 800	5184	–1188	47 867	7776	–3780
18 300	3294	–1296	29 100	5238	–1242	49 667	7830	–3834
18 600	3348	–1350	29 400	5292	–1296	51 467	7884	–3888
18 900	3402	–1404	29 700	5346	–1350	53 267	7938	–3942
19 200	3456	–1458	30 000	5400	–1404	55 067	7992	–3996
19 500	3510	–1512	30 300	5454	–1458	56 867	8046	–4050
19 800	3564	–1566	30 600	5508	–1512	58 117	7992	–3996
20 100	3618	–1620	30 900	5562	–1566	58 567	7938	–3942
20 400	3672	–1674	31 200	5616	–1620	59 017	7884	–3888
20 700	3726	–1728	31 500	5670	–1674	59 467	7830	–3834
21 000	3780	–1782	31 800	5724	–1728	59 917	7776	–3780
22 134	3834	–1836	32 100	5778	–1782	60 367	7722	–3726
23 934	3888	–1890	32 400	5832	–1836	60 817	7668	–3672
25 734	3942	–1944	32 700	5886	–1890	61 267	7614	–3618
27 534	3996	–1998	33 000	5940	–1944	61 717	7560	–3564
29 284	3942	–1944	33 300	5994	–1998	62 167	7506	–3510
29 734	3888	–1890	33 600	6048	–2052	62 617	7452	–3456
30 184	3834	–1836	33 900	6102	–2106	63 067	7398	–3402
30 634	3780	–1782	34 200	6156	–2160	63 517	7344	–3348
31 084	3726	–1728	34 500	6210	–2214	63 967	7290	–3294
31 534	3618	–1620	34 800	6264	–2268	64 417	7236	–3240
32 434	3564	–1566	35 100	6318	–2322	64 867	7182	–3186
32 884	3510	–1512	35 400	6372	–2376	65 317	7128	–3132
höher:	3510	–1512	35 700	6426	–2430	65 767	7074	–3078
			36 000	6480	–2484	66 217	7020	–3024
			36 300	6534	–2538	*höher:*	7020	–3024

Berechnung der Vorsorgepauschale 1989 und bereits für 1990 bei arbeitn. Eheleuten gemäß § 10c Abs. 6 EStG, wenn ein Teil im Beamten- und der andere Teil im Angest.-Verhältnis steht (vgl. S. 28).

1. Beispiel (vgl. Seite 23)

a) *1989**

Beamtenlohn DM 40 000; Angestelltenlohn (8 Monate) DM 15 000. Minus Weihnachtsfreibetr. (je DM 600) = DM 39 400 bzw. DM 14 400.

Vorsorge-Pauschale auf Beamtenbezüge
18 % aus DM 39 400, maximal DM 2000 = DM 2000

Vorsorge-Pauschale auf Angestellten-Gehalt
9 % aus DM 14 400, maximal DM 2340 = DM 1296
9 % aus DM 14 400, maximal DM 1170 = DM 1170 = DM 2466

Vorsorge-Pauschale zusammen = DM 4466
Abrundung auf den nächsten durch DM 54 teilbaren Betrag = DM 4428

Als Mindestbetrag** wären hier DM 3996 anzusetzen gewesen.

b) *1990** (Einbeziehung des Vorwegabzugs von Vorsorgeaufwendungen)

Vorsorge-Pauschale Beamtenbezüge, 18 % aus DM 40 000, max. = DM 2000
Vorsorge-Pauschale Angestellten-Gehalt
– Vorwegabzug 18 % v. Lohn, max. 4000 ./. 12 % v. Lohn = DM 900
– 18 % vom Lohn ./. Vorwegabzug, max. DM 2340 = DM 1800 DM 2700
Vorsorge-Pauschale zusammen = DM 4700
Abrundung (durch 54 teilbar) = DM 4698

2. Beispiel (vgl. Seite 27)

a) *1989**

Beamtenlohn DM 35 000; Angestelltenlohn DM 20 000.
Abzgl. Weihnachtsfreibeträge = DM 34 400 bzw. DM 19 400.

Vorsorge-Pauschale auf Beamtenbezüge
18 % aus DM 34 400,– maximal DM 2000 = DM 2000

Vorsorge-Pauschale auf Angestelltengehalt
Abweichend von der allgemeinen Regel hier 18 % aus DM 19 400 = DM 3492

Vorsorge-Pauschale zusammen = DM 5492
Dies ergäbe bei Abrundung (durch 54 teilbar) = DM 5454

Höchstbetrag der Vorsorge-Pauschale hier aber
entsprechend § 10 Abs. 3 EStG (vgl. S. 123) voll
anzuerkennende tatsächliche Vorsorgeaufwendungen bis DM 4680
zuzüglich Hälftebetrag aus Differenz von DM 5600 zu DM 4680 = DM 460
zusammen DM 5140
Vorsorge-Pauschale (Abrundung = durch 54 teilbar) DM 5130

b) *1990** (mit Vorwegabzug)

Vorsorge-Pauschale Beamtenbezüge, 18 % aus DM 34 400, max. = DM 2000
Vorsorge-Pauschale Angestellten-Gehalt
– Vorwegabzug 18 % v. Lohn, max. 4000 ./. 12 % v. Lohn = DM 1200
– 18 % v. Lohn ./. Vorwegabzug, max. DM 2340 = DM 2340
– 18 % v. Lohn ./. Beträge Vorzeilen, davon 50 %, max. 1170 = DM 30 DM 3570
Vorsorge-Pauschale zusammen = DM 5570
Abrundung (durch 54 teilbar) = DM 5562

*) Beide im Angestelltenverhältnis ergibt sich *1989* im Beispiel 1 und 2 DM 7020; bei 2 Beamten jeweils DM 3996; *1990* sind dies DM 7938 bzw. ebenfalls DM 3996.

**) Ausgehend von der Fiktion, daß der Beamte *Alleinverdiener* gewesen wäre (vgl. S. 31).

Ein Beispiel für die eigene Ermittlung der Vorsorgepauschale von Eheleuten, die beide im Arbeitsverhältnis mit Sozialversicherungsbeiträgen stehen, zeigt Seite 141. Sie können ihre Vorsorgepauschale aber auch nach Zusammenrechnung der Bezüge für 1989 aus der Tabelle auf Seite 147 und *für 1990* auf Seite 148 unter »Steuerklasse III« ablesen. Dies gilt auch für Beamtenehepaare, nicht aber für die sogenannten »Mischfälle«. Nachfolgend noch ein Beispiel mit Besonderheiten für einen pensionierten, verheirateten Beamten (StKl III) im Alter von 66 Jahren mit einer Versorgungsrente von DM 30 500,– und Arbeitslohn (Teilzeitbeschäftigung) mit DM 5000,– *im Jahre 1989:*

Gesamt-Arbeitsbezüge		DM 35 500,–
abzüglich:		
Weihnachtsfreibetrag	DM 600,–	
Versorgungsfreibetrag (40% max. DM 4800,–)	DM 4 800,–	
Altersentlastungsbetrag* (40% aus DM 5000,–)	DM 2 000,–	DM 7 400,–
Maßgebend für Vorsorgepauschale somit		DM 28 100,–
Vorsorgepauschale** (vgl. Seite 31, Ziff. 5c):		
– 18% hieraus, maximal DM 4000,–		= DM 4 000,–
		DM 4 000,–
abgerundet (durch 54 teilbar)		DM 3 996,–**

Nach eingehender Behandlung der Vorsorgepauschalen dürfte es mit zusätzlicher Tabellen-Hilfe für Tariffreibeträge auf Seite 146 und durch Angaben über Kinderfreibeträge (Seite 145 unten) jedem leichtfallen, die eigene Einkommen- oder Lohnsteuer aus der ESt-Grundtabelle (StKl I + II) oder der ESt-Splittingtabelle zu ermitteln. Der Weihnachtsfreibetrag (letztmals 1989) und ggf. auf der LSt-Karte eingetragene Freibeträge oder ganz allgemein zustehende besondere Freibeträge oder *über* den Pauschalen für Werbungskosten bzw. Sonderausgaben liegende tatsächliche Aufwendungen sind den die Bezüge mindernden Tariffreibeträgen *vor* Anwendung der Einkommensteuer-Tabelle noch hinzuzurechnen.

Folgende Beispiele sollen nochmals veranschaulichen, wie die Jahressteuerschuld 1989 bei Arbeitnehmern der Steuerklassen II und III

*) 40 % vom Arbeitslohn (ggf. zuzüglich anderer positiver Einkünfte), jedoch ohne Versorgungsbezüge (Pensionen) und Leibrenten; maximal DM 3000,–, *ab 1990 3720,–.*

**) Dieses Beispiel bezogen auf einen anderen Arbeitnehmer, der mangels entspr. Anwartschaft noch kein Ruhegeld aus der ges. Rentenversicherung erhält, ergibt auf einer Berechnungsbasis von DM 31 900,– (35 500 Lohn ⁒ 600 ⁒ 3000 Altersentlastung) eine abgerundete Vorsorgepauschale von DM 5184,– in 1989.

mit jeweils einem Kinderfreibetrag von 0,5 bzw. 1,0, und einem um den Weihnachtsfreibetrag gekürzten Arbeitslohn von DM 25 000,– bzw. DM 35 000,– zu ermitteln ist.

		DM	DM
a)	*Steuerklasse II/1*		
	Jahresarbeitslohn (minus Weihnachtsfreibetrag)	25 000,–	35 000,–
	Freibeträge und Pauschalen:		
	Arbeitnehmerfreibetrag	480,–	480,–
	– Werbungskosten-Pauschale	564,–	564,–
	– Sonderausgaben-Pauschbetrag	270,–	270,–
	– Vorsorgepauschale	3 402,–	3 510,–
	9% vom Lohn, max. 2340,–		
	9% vom Lohn, max. 1170,–		
	– Haushaltsfreibetrag	4 752,–	4 752,–
	– Kinderfreibetrag	1 242,–	1 242,–
		10 710,–	10 818,–
	Zu versteuerndes Einkommen	14 290,–	24 182,–
	Einkommensteuer nach Grundtabelle 1989	2 091,–	4 408,–

		DM	DM
b)	*Steuerklasse III/I*		
	Jahresarbeitslohn (minus Weihnachtsfreibetrag)	25 000,–	35 000,–
	Freibeträge und Pauschalen:		
	– Arbeitnehmerfreibetrag	480,–	480,–
	– Werbungskosten-Pauschale	564,–	564,–
	– Sonderausgaben-Pauschbetrag	540,–	540,–
	– Vorsorgepauschale	4 482,–	5 454,–
	9% vom Lohn, max. 4680,–		
	9% vom Lohn, max. 2340,–		
	– Kinderfreibetrag	2 484,–	2 484,–
		8 550,–	9 522,–
	Zu versteuerndes Einkommen	16 450,–	25 478,–
	Einkommensteuer nach Splittingtabelle 1989	1 520,–	3 492,–

Die Lohnsteuer ist auch Bemessungsgrundlage für die Kirchensteuer*. Sie beträgt unterschiedlich nach Ländern 8 % oder 9 % davon, doch gilt für Steuerpflichtige mit Kindern als »Maßstabsteuer« die Lohn- und Einkommensteuer nach Abzug von DM 300 *(ab 1990 DM 150)* für *jeden Kinderfreibetrag* von DM 1242 *(1990 = DM 1512)* bzw. von DM 600 *(ab 1990 DM 300)* je Kinderfreibetrag von DM 2484 *(1990 = DM 3024)*. Im Falle von 4 Kinderfreibeträgen zu je DM 2484 ergibt sich z. B. bei einer Lohnsteuer von DM 8400 abzgl. 4 × DM 600 ein Basiswert für die Berechnung der Kirchensteuer von DM 6000 (1990 = DM 7200).

*) Nach Kirchen-Austritt kann für den Folgemonat *keine* Kirchensteuer mehr erhoben werden (BFH v. 15. 2. 84; BStBl 1984 II, S. 458/9). Einheitlich wird hiernach aber nicht verfahren. Gemäß eines mir vorliegenden Schreibens des Bistums Essen v. 26. 5. 87 wird dort entsprechend dem nordrhein-westfälischen Kirchenaustrittsgesetz v. 26. 5. 81 auch für den auf den Austritt folgendem Monat noch Kirchensteuer erhoben.

Lohnsteuer als Bemessungsgrundlage für die Kirchensteuer

Die Lohnsteuer ist auch Bemessungsgrundlage für die Kirchensteuer*. Sie beträgt unterschiedlich nach Ländern 8 % oder 9 % davon, doch gilt für Steuerpflichtige mit Kindern als »Maßstabsteuer« die Lohn- und Einkommensteuer, 1989 nach Abzug von DM 300,– für *jeden Kinderfreibetrag* von DM 1242,– bzw. von DM 600,– je Kinderfreibetrag von DM 2484,–. Im Falle von 4 Kindern und 4 Kinderfreibeträgen zu je DM 2484,– ergibt sich z. B. bei einer Lohnsteuer von DM 8400,– abzgl. 4 × DM 600,– ein Basiswert für die Berechnung der Kirchensteuer von DM 6000,–. *Ab 1990* ist zwar der Kinderfreibetrag auf DM 1512,– bzw. DM 3024,– angehoben, doch hier wird der Abzug je Kinderfreibetrag auf jeweils die Hälfte gekürzt.

Steuerermittlung für höhere Einkommen

Anhand der folgenden Hilfstabelle für die Jahre 1989 und bereits 1990, mit Anleitung für das Jahr 1989, sollte es leicht möglich sein, für das *eigene, über* den Tabellenwerten im Anhang 1 liegende Einkommen die richtige Einkommensteuer zu finden.

Ein-kommens-betrag	Einkommensteuer							
	Grundtarif				Splittingtarif			
	1989		1990		1989		1990	
DM	DM	%	DM	%	DM	%	DM	%
105 000	39 662	37,77	33 137	31,56	28 662	27,30	23 798	22,66
110 000	42 316	38,47	35 608	32,37	30 766	27,97	25 430	23,12
115 000	44 977	39,11	38 128	33,15	32 916	28,62	27 100	23,57
120 000**	47 701	39,75	40 751	33,96	35 156	29,30	28 846	24,04
125 000	50 431	40,34			37 386	29,91	30 592	24,47
130 000**	53 226	40,94			39 652	30,50	32 376	24,91
140 000					44 330	31,66	36 096	25,78
150 000					49 068	32,71	39 928	26,62
160 000					53 948	33,72	43 954	27,47
180 000					63 876	35,49	52 416	29,12
200 000					74 086	37,04	61 486	30,74
220 000					84 632	38,47	71 216	32,37
240 000**					95 402	39,75	81 502	33,96
260 000**					106 452	40,94		

*) Nach Austritt aus der Kirche kann für den Folgemonat *keine* Kirchensteuer mehr erhoben werden (BFH-Urteil v. 15. 2. 84; BStBl 1984 II, S. 458/9).

**) Die Höchstbelastung im Grundtarif beträgt 1989 56 % und beginnt ab DM 130 000,–, im Jahre 1990 sind es noch 53 % ab DM 120 000,–; im Splittingtarif beginnen diese Belastungssätze bei der verdoppelten *Höhe.*

Die Steuerprogression endet 1989 mit 56 % im Grundtarif bei DM 130 000,– und im Splittingtarif bei DM 260 000,–. Bei höheren Einkommen sind den jeweiligen hier in der Endstufe ausgewiesenen Steuerbeträgen 56 % aus dem Mehrbetrag hinzuzurechnen. Danach beträgt z. B. *im Jahr 1989* die Steuer für Alleinstehende mit einem zu versteuernden Einkommen von DM 180 000,– etwa DM 79 700,– und für zusammen veranlagte Ehegatten bei zu versteuerndem Einkommen von DM 360 000,– etwa DM 162 450,–.
Die Steuerermittlung in dieser Form kann lediglich als Folge der Tabellenstufen in den amtlichen Tabellenwerten und des minimalen Progressionsanstiegs innerhalb der gewählten Tabellensprünge unbedeutende Differenzen hervorrufen.

Für die im Rahmen der Tabellen-Übersicht liegenden Einkommen ist die Steuer wie folgt *annähernd* richtig zu berechnen:
Der Prozentsatz für die Steuerbelastung des tatsächlich zu versteuernden Einkommens ist aus dem Verhältnis der nächstniedrigen zur nächsthöheren Belastungsstufe zu ermitteln.
Hat beispielsweise ein Alleinstehender ein zu versteuerndes Einkommen von DM 127 000,– *im Jahre 1989*, so liegt es zwischen DM 125 000,– und DM 130 000,– bzw. zwischen einem Belastungssatz von 40,34 % und 40,94 %, Differenz 0,60 % somit für DM 5000,–. Da das tatsächliche Einkommen mit DM 127 000,– nur um DM 2000,– über der Steuerstufe von DM 125 000,– liegt, sind hier 40 v. H. aus der Belastungsdifferenz von 0,60 %, entspricht 0,24 %, dem Belastungssatz von 40,34 % für DM 125 000,– hinzuzurechnen, so daß sich 40,58 % für ein zu versteuerndes Einkommen von DM 127 000,– ergeben. Die Steuerschuld beträgt nach dieser Rechnung DM 51 536,– und entspricht damit bis auf DM 2,– dem im Tarif mit DM 51 538,– ausgewiesenen Steuerbetrag. Die gleiche Art der Berechnung ergibt bei Ehegatten mit einem Einkommen von ebenfalls DM 127 000,– (29,91 % zuzüglich 40 % aus 0,59 % = zusammen rd. 30,146 %) einen Steuerbetrag von DM 38 285,– gegenüber DM 38 268,– nach der Splittingtariftabelle 1988.

Unbedeutende Differenzen gegenüber den amtlichen Tabellenwerten sind, wie bereits oben erwähnt, auf die Steuerstufen mit DM 54,– in der ESt-Grundtabelle und DM 108,– in der ESt-Splittingtabelle zurückzuführen.

Steuertabellen im Anhang

Anhang 1

ESt-Tabellen 1989 von DM 16 000,– bis DM 101 700,– *mit Vergleichswerten 1990* in Stufen zu je DM 500,– Einkommen.

Die Besteuerung setzt 1989 in der ESt-Grundtabelle bei DM 4806,– ein und kommt erst nach einer dann folgenden Proportionalzone mit 22 % bis zu DM 18 000,– in die Steuer-Progressionsphase, die bei 56 % endet. Nach der ESt-Splittingtabelle beginnt die Besteuerung ab einem zu versteuernden Einkommen von DM 9612,–, und die Proportionalbesteuerung mit 22 % reicht hier bis zu DM 36 000,–.
Ab 1990 setzt die Besteuerung durch höhere Grundfreibeträge erst bei 5670,– bzw. DM 11 340,– ein, *danach* folgt eine (abgekürzte) Proportionalzone bei auf 19 % vermindertem Steuersatz bis *nur* DM 8000,– bzw. DM 16 000,–, ehe die abgeschwächte Progressionsphase beginnt, die bei 53 % Steuer endet.

Anhang 2

Allgemeine Monatslohnsteuertabelle 1990 nach Steuerklassen und bis zu 3 Kindern von DM 1700,– bis DM 6500,–. Die Besteuerung beginnt bei folgendem Lohnbezug (Schwelle) in DM:

	1989	*1990*
– StKl I und IV ohne Kinderfreibeträge	618,00	787,66
– StKl II mit »Zähler 0,5« als Kinderfreibetrag	1212,00	1512,16
– StKl III ohne Kinderfreibetrag	1135,50	1377,16
mit »Zähler 1,0« als Kinderfreibetrag	1387,50	1836,16
mit »Zähler 2,0« als Kinderfreibetrag	1648,50	1989,16
– Steuerklasse V	91,50	171,16

Die *allgemeinen* Lohnsteuertabellen 1990 weichen von den *besonderen* LSt-Tabellen 1990 durch geringeren Ansatz von Vorsorgepauschalen erst in den Bereichen DM 950,– im Monat bzw. DM 11 400,– im Jahr bei den StKl I, II und IV und in den Bereichen von DM 1875,– im Monat oder DM 22 500,– im Jahr bei StKl III voneinander ab. Hier nun folgend die Zuschlagwerte pro Monat für Beamte und andere Arbeitnehmer *ohne* Beitragzahlung zur Altersversorgung, *damit auch dieser Personenkreis die eigene Steuer aus der allgemeinen Monats-Lohnsteuertabelle* (Anhang 2) richtig ablesen kann. Für die allgem. Jahreslohnsteuertabelle ist der angegebene »Ablesebetrag« × 12 zu nehmen.

Steuerklassen I, II und IV			Steuerklasse III					
Monats-lohn *ab* DM	Zu-schlag DM	Ablese-betrag DM	Monats-lohn *ab* DM	Zu-schlag DM	Ablese-betrag DM	Monats-lohn *ab* DM	Zu-schlag DM	Ablese-betrag DM
925,–	*ohne*	925,–	1850,–	*ohne*	1850,–	2834,–	216,–	3050,–
950,–	4,50	954,50	1873,–	4,50	1877,50	2854,50	220,50	3075,–
973,–	9,–	982,–	1890,–	9,–	1899,–	2875,–	225,–	3100,–
986,50	13,50	1000,–	1911,50	13,50	1925,–	2895,50	229,50	3125,–
1007,–	18,–	1025,–	1932,–	18,–	1950,–	2916,–	234,–	3150,–
1027,50	22,50	1050,–	1952,50	22,50	1975,–	2936,50	238,50	3175,–
1048,–	27,–	1075,–	1973,–	27,–	2000,–	2957,–	243,–	3200,–
1064,–	36,–	1100,–	1993,50	31,50	2025,–	2977,50	247,50	3225,–
1109,50	40,50	1150,–	2014,–	36,–	2050,–	2998,–	252,–	3250,–
1130,–	45,–	1175,–	2034,50	40,50	2075,–	3018,50	256,50	3275,–
1150,50	49,50	1200,–	2055,–	45,–	2100,–	3039,–	261,–	3300,–
1171,–	54,–	1225,–	2075,50	49,50	2125,–	3059,50	265,50	3325,–
1191,50	58,50	1250,–	2096,–	54,–	2150,–	3080,–	270,–	3350,–
1212,–	63,–	1275,–	2116,50	58,50	2175,–	3100,50	274,50	3375,–
1232,50	67,50	1300,–	2137,–	63,–	2200,–	3121,–	279,–	3400,–
1253,–	72,–	1325,–	2157,50	67,50	2225,–	3141,50	283,50	3425,–
1273,50	76,50	1350,–	2178,–	72,–	2250,–	3162,–	288,–	3450,–
1294,–	81,–	1375,–	2198,50	76,50	2275,–	3182,50	292,50	3475,–
1314,50	85,50	1400,–	2219,–	81,–	2300,–	3203,–	297,–	3500,–
1335,–	90,–	1425,–	2239,50	85,50	2325,–	3237,42	301,50	3538,92
1355,50	94,50	1450,–	2260,–	90,–	2350,–	3382,92	306,–	3688,92
1376,–	99,–	1475,–	2280,50	94,50	2375,–	3528,42	310,50	3838,92
1396,50	103,50	1500,–	2301,–	99,–	2400,–	3673,92	315,–	3988,92
1417,–	108,–	1525,–	2321,50	103,50	2425,–	3819,42	319,50	4138,92
1437,50	112,50	1550,–	2342,–	108,–	2450,–	3964,92	324,–	4288,92
1458,–	117,–	1575,–	2362,50	112,50	2475,–	4110,42	328,50	4438,92
1478,50	121,50	1600,–	2383,–	117,–	2500,–	4355,92	333,–	4588,92
1499,–	126,–	1625,–	2403,50	121,50	2525,–	4401,42	337,50	4738,92
1519,50	130,50	1650,–	2424,–	126,–	2550,–	4510,08	333,–	4843,08
1540,–	135,–	1675,–	2444,50	130,50	2575,–	4552,08	328,50	4880,58
1560,50	139,50	1700,–	2465,–	135,–	2600,–	4594,08	324,–	4918,08
1581,–	144,–	1725,–	2485,50	139,50	2625,–	4636,08	319,50	4955,58
1601,50	148,50	1750,–	2506,–	144,–	2650,–	4678,08	315,–	4993,08
1691,50	153,–	1844,50	2526,50	148,50	2675,–	4720,08	310,50	5030,58
1837,–	157,50	1994,50	2547,–	153,–	2700,–	4762,08	306,–	5068,08
1982,50	162,–	2144,50	2567,50	157,50	2725,–	4804,08	301,50	5105,58
2128,–	166,50	2294,50	2588,–	162,–	2750,–	4846,08	297,–	5143,08
2278,33	162,–	2440,33	2608,50	166,50	2775,–	4888,08	292,50	5180,58
2320,33	157,50	2477,83	2629,–	171,–	2800,–	4930,08	288,–	5218,08
2362,33	153,–	2515,33	2649,50	175,50	2825,–	4972,08	283,50	5255,58
2404,33	148,50	2552,83	2670,–	180,–	2850,–	5014,08	279,–	5293,08
2446,33	144,–	2590,33	2690,50	184,50	2875,–	5056,08	274,50	5330,58
2492,83	135,–	1627,83	2711,–	189,–	2900,–	5098,08	270,–	5368,08
2572,33	130,50	2702,83	2731,50	193,50	2925,–	5140,08	265,50	5405,58
2614,33	126,–	2740,33	2752,–	198,–	2950,–	5182,08	261,–	5443,08
höher:	126,–		2772,50	202,50	2975,–	5224,08	256,50	5480,58
			2793,–	207,–	3000,–	5266,08	252,–	5518,08
			2813,50	211,50	3025,–	*höher*	252,–	

Anhang 1

Einkommensteuer-Grund- und Splitting-Tabelle 1989
- Mit Vergleichswerten 1990 für je DM 500,– Einkommen -

Zu versteuerndes Einkommen bis DM	Einkommensteuer Grundtarif DM	Einkommensteuer Splittingtarif DM	Zu versteuerndes Einkommen bis DM	Einkommensteuer Grundtarif DM	Einkommensteuer Splittingtarif DM
15929	2447	1402	**18359**	2982	1924
15983	2459	1402	**18413**	2994	1948
16037	2471/*2064*	1426/*902*	**18467**	3006	1948
16091	2483	1426	**18521**	3018/*2605*	1972/*1378*
16145	2495	1450	**18575**	3030	1972
16199	2507	1450	**18629**	3043	1996
16253	2519	1474	**18683**	3055	1996
16307	2530	1474	**18737**	3067	2020
16361	2542	1496	**18791**	3079	2020
16415	2554	1496	**18845**	3091	2044
16469	2566	1520	**18899**	3103	2044
16523	2578/*2168*	1520/*984*	**18953**	3116	2068
16577	2590	1544	**19007**	3128/*2713*	2068/*1462*
16631	2602	1544	**19061**	3140	2090
16685	2614	1568	**19115**	3153	2090
16739	2625	1568	**19169**	3165	2114
16793	2637	1592	**19223**	3177	2114
16847	2649	1592	**19277**	3190	2138
16901	2661	1616	**19331**	3202	2138
16955	2673	1616	**19385**	3215	2162
17009	2685/*2273*	1640/*1088*	**19439**	3227	2162
17063	2697	1640	**19493**	3240	2186
17117	2709	1664	**19547**	3252/*2834*	2186/*1566*
17171	2720	1664	**19601**	3265	2210
17225	2732	1686	**19655**	3277	2210
17279	2744	1686	**19709**	3290	2234
17333	2756	1710	**19763**	3302	2234
17387	2768	1710	**19817**	3315	2258
17441	2780	1734	**19871**	3328	2258
17495	2792	1734	**19925**	3340	2280
17549	2804/*2391*	1758/*1190*	**19979**	3353	2280
17603	2816	1758	**20033**	3366/*2943*	2304/*1672*
17657	2827	1782	**20087**	3378	2304
17711	2839	1782	**20141**	3391	2328
17765	2851	1806	**20195**	3404	2328
17819	2863	1806	**20249**	3417	2352
17873	2875	1830	**20303**	3429	2352
17927	2887	1830	**20357**	3442	2376
17981	2899	1854	**20411**	3455	2376
18035	2911/*2497*	1854/*1274*	**20465**	3468	2400
18089	2922	1876	**20519**	3481/*3053*	2400/*1756*
18143	2934	1876	**20573**	3494	2424
18197	2946	1900	**20627**	3507	2424
18251	2958	1900	**20681**	3520	2448
18305	2970	1924	**20735**	3533	2448

Einkommensteuer-Grund- und Splitting-Tabelle 1989
- Mit Vergleichswerten 1990 für je DM 500,– Einkommen -

Zu versteuerndes Einkommen bis DM	Einkommensteuer		Zu versteuerndes Einkommen bis DM	Einkommensteuer	
	Grundtarif DM	Splittingtarif DM		Grundtarif DM	Splittingtarif DM
20789	3546	2470	**23219**	4153	2994
20843	3559	2470	**23273**	4167	3018
20897	3572	2494	**23327**	4181	3018
20951	3585	2494	**23381**	4195	3042
21005	3598/*3164*	2518/*1864*	**23435**	4209	3042
21059	3611	2518	**23489**	4224	3064
21113	3624	2542	**23543**	4238/*3755*	3064/*2358*
21167	3637	2542	**23597**	4252	3088
21221	3651	2566	**23651**	4266	3088
21275	3664	2566	**23705**	4280	3112
21329	3677	2590	**23759**	4294	3112
21383	3690	2590	**23813**	4308	3136
21437	3703	2614	**23867**	4323	3136
21491	3717	2614	**23921**	4337	3160
21545	3730/*3266*	2638/*1970*	**23975**	4351	3160
21599	3743	2638	**24029**	4365/*3871*	3184/*2466*
21653	3757	2662	**24083**	4380	3184
21707	3770	2662	**24137**	4394	3208
21761	3784	2684	**24191**	4408	3208
21815	3797	2684	**24245**	4423	3232
21869	3810	2708	**24299**	4437	3232
21923	3824	2708	**24353**	4452	3256
21977	3837	2732	**24407**	4466	3256
22031	3851/*3401*	2732/*2056*	**24461**	4480	3278
22085	3864	2756	**24515**	4495/*3987*	3278/*2554*
22139	3878	2756	**24569**	4509	3302
22193	3891	2780	**24623**	4524	3302
22247	3905	2780	**24677**	4538	3326
22301	3919	2804	**24731**	4553	3326
22355	3932	2804	**24785**	4568	3350
22409	3946	2828	**24839**	4582	3350
22463	3960	2828	**24893**	4597	3374
22517	3973/*3514*	2852/*2162*	**24947**	4611	3374
22571	3987	2852	**25001**	4626/*4104*	3398/*2664*
22625	4001	2874	**25055**	4641	3398
22679	4015	2874	**25109**	4655	3422
22733	4028	2898	**25163**	4670	3422
22787	4042	2898	**25217**	4685	3446
22841	4056	2922	**25271**	4700	3446
22895	4070	2922	**25325**	4714	3468
22949	4084	2946	**25379**	4729	3468
23003	4098/*3641*	2946/*2250*	**25433**	4744	3492
23057	4111	2970	**25487**	4759	3492
23111	4125	2970	**25541**	4774/*4235*	3516/*2774*
23165	4139	2994	**25595**	4789	3516

Anhang 1

Einkommensteuer-Grund- und Splitting-Tabelle 1989
- Mit Vergleichswerten 1990 für je DM 500,– Einkommen -

Zu versteuerndes Einkommen bis DM	Einkommensteuer		Zu versteuerndes Einkommen bis DM	Einkommensteuer	
	Grundtarif DM	Splittingtarif DM		Grundtarif DM	Splittingtarif DM
25649	4803	3540	**28079**	5494	4062
25703	4818	3540	**28133**	5510	4086
25757	4833	3564	**28187**	5526	4086
25811	4848	3564	**28241**	5542	4110
25865	4863	3588	**28295**	5557	4110
25919	4878	3588	**28349**	5573	4134
25973	4893	3612	**28403**	5589	4134
26027	4908/*4353*	3612/*2862*	**28457**	5605	4158
26081	4923	3636	**28511**	5621/*4969*	4158/*3374*
26135	4938	3636	**28565**	5637	4182
26189	4953	3658	**28619**	5653	4182
26243	4969	3658	**28673**	5669	4206
26297	4984	3682	**28727**	5685	4206
26351	4999	3682	**28781**	5701	4230
26405	5014	3706	**28835**	5717	4230
26459	5029	3706	**28889**	5733	4252
26513	5044/*4472*	3730/*2972*	**28943**	5749	4252
26567	5060	3730	**28997**	5765	4276
26621	5075	3754	**29051**	5781/*5106*	4276/*3488*
26675	5090	3754	**29105**	5798	4300
26729	5105	3778	**29159**	5814	4300
26783	5121	3778	**29213**	5830	4324
26837	5136	3802	**29267**	5846	4324
26891	5151	3802	**29321**	5862	4348
26945	5167	3826	**29375**	5878	4348
26999	5182	3826	**29429**	5895	4372
27053	5198/*4605*	3850/*3084*	**29483**	5911	4372
27107	5213	3850	**29537**	5927/*5229*	4396/*3602*
27161	5229	3872	**29591**	5944	4396
27215	5244	3872	**29645**	5960	4420
27269	5259	3896	**29699**	5976	4420
27323	5275	3896	**29753**	5993	4444
27377	5291	3920	**29807**	6009	4444
27431	5306	3920	**29861**	6025	4466
27485	5322	3944	**29915**	6042	4466
27539	5337/*4726*	3944/*3172*	**29969**	6058	4490
27593	5353	3968	**30023**	6075/*5354*	4490/*3692*
27647	5368	3968	**30077**	6091	4514
27701	5384	3992	**30131**	6108	4514
27755	5400	3992	**30185**	6124	4538
27809	5415	4016	**30239**	6141	4538
27863	5431	4016	**30293**	6157	4562
27917	5447	4040	**30347**	6174	4562
27971	5463	4040	**30401**	6190	4586
28025	5478/*4847*	4062/*3284*	**30455**	6207	4586

Einkommensteuer-Grund- und Splitting-Tabelle 1989
- Mit Vergleichswerten 1990 für je DM 500,– Einkommen -

Zu versteuerndes Einkommen bis DM	Einkommensteuer		Zu versteuerndes Einkommen bis DM	Einkommensteuer	
	Grundtarif DM	Splittingtarif DM		Grundtarif DM	Splittingtarif DM
30509	6224/*5479*	4610/*3806*	**32939**	6990	5132
30563	6240	4610	**32993**	7008	5156
30617	6257	4634	**33047**	7025/*6157*	5156/*4336*
30671	6274	4634	**33101**	7043	5180
30725	6290	4656	**33155**	7060	5180
30779	6307	4656	**33209**	7078	5204
30833	6324	4680	**33263**	7095	5204
30887	6341	4680	**33317**	7113	5228
30941	6357	4704	**33371**	7130	5228
30995	6374	4704	**33425**	7148	5250
31049	6391/*5618*	4728/*3920*	**33479**	7166	5250
31103	6408	4728	**33533**	7183/*6272*	5274/*4454*
31157	6425	4752	**33587**	7201	5274
31211	6441	4752	**33641**	7219	5298
31265	6458	4776	**33695**	7236	5298
31319	6475	4776	**33749**	7254	5322
31373	6492	4800	**33803**	7272	5322
31427	6509	4800	**33857**	7289	5346
31481	6526	4824	**33911**	7307	5346
31535	6543/*5745*	4824/*4012*	**33965**	7325	5370
31589	6560	4846	**34019**	7343/*6403*	5370/*4546*
31643	6577	4846	**34073**	7360	5394
31697	6594	4870	**34127**	7378	5394
31751	6611	4870	**34181**	7396	5418
31805	6628	4894	**34235**	7414	5418
31859	6645	4894	**34289**	7432	5440
31913	6662	4918	**34343**	7450	5440
31967	6679	4918	**34397**	7467	5464
32021	6696/*5872*	4942/*4128*	**34451**	7485	5464
32075	6714	4942	**34505**	7503/*6533*	5484/*4664*
32129	6731	4966	**34559**	7521	5488
32183	6748	4966	**34613**	7539	5512
32237	6765	4990	**34667**	7557	5512
32291	6782	4990	**34721**	7575	5536
32345	6800	5014	**34775**	7593	5536
32399	6817	5014	**34829**	7611	5560
32453	6834	5038	**34883**	7629	5560
32507	6851/*6000*	5038/*4220*	**34937**	7647	5584
32561	6869	5060	**34991**	7665	5584
32615	6886	5060	**35045**	7684/*6680*	5608/*4782*
32669	6903	5084	**35099**	7702	5608
32723	6921	5084	**35153**	7720	5632
32777	6938	5108	**35207**	7738	5632
32831	6956	5108	**35261**	7756	5654
32885	6973	5132	**35315**	7774	5654

Anhang 1

Einkommensteuer-Grund- und Splitting-Tabelle 1989
- Mit Vergleichswerten 1990 für je DM 500,– Einkommen -

Zu versteuerndes Einkommen bis DM	Einkommensteuer Grundtarif DM	Einkommensteuer Splittingtarif DM	Zu versteuerndes Einkommen bis DM	Einkommensteuer Grundtarif DM	Einkommensteuer Splittingtarif DM
35369	7792	5678	**37799**	8628	6206
35423	7811	5678	**37853**	8647	6232
35477	7829	5702	**37907**	8666	6232
35531	7847/*6812*	5702/*4876*	**37961**	8685	6256
35585	7865	5726	**38015**	8704/*7500*	6256/*5426*
35639	7884	5726	**38069**	8723	6280
35693	7902	5750	**38123**	8742	6280
35747	7920	5750	**38177**	8761	6306
35801	7939	5774	**38231**	8780	6306
35855	7957	5774	**38285**	8799	6330
35909	7975	5798	**38339**	8819	6330
35963	7994	5798	**38393**	8838	6354
36017	8012/*6945*	5822/*4994*	**38447**	8857	6354
36071	8031	5822	**38501**	8876/*7637*	6380/*5546*
36125	8049	5844	**38555**	8895	6380
36179	8067	5844	**38609**	8914	6404
36233	8086	5868	**38663**	8933	6404
36287	8104	5868	**38717**	8953	6430
36341	8123	5892	**38771**	8972	6430
36395	8141	5892	**38825**	8991	6454
36449	8160	5916	**38879**	9010	6454
36503	8178/*7079*	5916/*5090*	**38933**	9030	6480
36557	8197	5940	**38987**	9049	6480
36611	8216	5940	**39041**	9068/*7790*	6504/*5668*
36665	8234	5964	**39095**	9087	6504
36719	8253	5964	**39149**	9107	6530
36773	8271	5988	**39203**	9126	6530
36827	8290	5988	**39257**	9145	6554
36881	8309	6012	**39311**	9165	6554
36935	8327	6012	**39365**	9184	6580
36989	8346	6036	**39419**	9204	6580
37043	8365/*7229*	6036/*5210*	**39473**	9223	6604
37097	8384	6060	**39527**	9242/*7928*	6604/*5764*
37151	8402	6060	**39581**	9262	6630
37205	8421	6086	**39635**	9281	6630
37259	8440	6086	**39689**	9301	6656
37313	8459	6110	**39743**	9320	6656
37367	8477	6110	**39797**	9340	6680
37421	8496	6134	**39851**	9359	6680
37475	8515	6134	**39905**	9379	6706
37529	8534/*7364*	6158/*5330*	**39959**	9398	6706
37583	8553	6158	**40013**	9418/*8067*	6732/*5886*
37637	8572	6182	**40067**	9438	6732
37691	8591	6182	**40121**	9457	6756
37745	8609	6206	**40175**	9477	6756

Einkommensteuer-Grund- und Splitting-Tabelle 1989
- Mit Vergleichswerten 1990 für je DM 500,– Einkommen -

Zu versteuerndes Einkommen bis DM	Einkommensteuer Grundtarif DM	Einkommensteuer Splittingtarif DM	Zu versteuerndes Einkommen bis DM	Einkommensteuer Grundtarif DM	Einkommensteuer Splittingtarif DM
40229	9496	6782	**42659**	10395	7354
40283	9516	6782	**42713**	10415	7380
40337	9536	6808	**42767**	10436	7380
40391	9555	6808	**42821**	10456	7406
40445	9575	6834	**42875**	10476	7406
40499	9595	6834	**42929**	10497	7434
40553	9614/*8223*	6858/*6006*	**42983**	10517	7434
40607	9634	6858	**43037**	10537/*8948*	7460/*6576*
40661	9654	6884	**43091**	10558	7460
40715	9674	6884	**43145**	10578	7486
40769	9693	6910	**43199**	10599	7486
40823	9713	6910	**43253**	10619	7514
40877	9733	6936	**43307**	10639	7514
40931	9753	6936	**43361**	10660	7540
40985	9773	6962	**43415**	10680	7540
41039	9793/*8363*	6962/*6106*	**43469**	10701	7568
41093	9812	6988	**43523**	10721/*9093*	7568/*6676*
41147	9832	6988	**43577**	10742	7594
41201	9852	7014	**43631**	10763	7594
41255	9872	7014	**43685**	10783	7620
41309	9892	7040	**43739**	10804	7620
41363	9912	7040	**43793**	10824	7648
41417	9932	7066	**43847**	10845	7648
41471	9952	7066	**43901**	10865	7674
41525	9972/*8504*	7092/*6230*	**43955**	10886	7674
41579	9992	7092	**44009**	10907/*9238*	7702/*6802*
41633	10012	7118	**44063**	10927	7702
41687	10032	7118	**44117**	10948	7728
41741	10052	7144	**44171**	10969	7728
41795	10072	7144	**44225**	10989	7756
41849	10092	7170	**44279**	11010	7756
41903	10112	7170	**44333**	11031	7782
41957	10132	7196	**44387**	11052	7782
42011	10152/*8646*	7196/*6328*	**44441**	11072	7810
42065	10173	7222	**44495**	11093	7810
42119	10193	7222	**44549**	11114/*9399*	7838/*6928*
42173	10213	7248	**44603**	11135	7838
42227	10233	7248	**44657**	11155	7864
42281	10253	7274	**44711**	11176	7864
42335	10273	7274	**44765**	11197	7892
42389	10294	7302	**44819**	11218	7892
42443	10314	7302	**44873**	11239	7920
42497	10334	7328	**44927**	11260	7920
42551	10354/*8805*	7328/*6452*	**44981**	11281	7946
42605	10375	7354	**45035**	11301/*9546*	7946/*7028*

Anhang 1

Einkommensteuer-Grund- und Splitting-Tabelle 1989
- Mit Vergleichswerten 1990 für je DM 500,– Einkommen -

Zu versteuerndes Einkommen bis DM	Einkommensteuer Grundtarif DM	Einkommensteuer Splittingtarif DM	Zu versteuerndes Einkommen bis DM	Einkommensteuer Grundtarif DM	Einkommensteuer Splittingtarif DM
45089	11322	7974	**47519**	12277/*10306*	8588/*7614*
45143	11343	7974	**47573**	12299	8616
45197	11364	8002	**47627**	12320	8616
45251	11385	8002	**47681**	12342	8646
45305	11406	8030	**47735**	12363	8646
45359	11427	8030	**47789**	12385	8674
45413	11448	8056	**47843**	12407	8674
45467	11469	8056	**47897**	12428	8702
45521	11490/*9693*	8084/*7154*	**47951**	12450	8702
45575	11511	8084	**48005**	12471/*10456*	8730/*7742*
45629	11532	8112	**48059**	12493	8730
45683	11553	8112	**48113**	12515	8760
45737	11574	8140	**48167**	12536	8760
45791	11595	8140	**48221**	12558	8788
45845	11617	8168	**48275**	12580	8788
45899	11638	8168	**48329**	12601	8816
45953	11659	8196	**48383**	12623	8816
46007	11680/*9841*	8196/*7256*	**48437**	12645	8846
46061	11701	8222	**48491**	12666	8846
46115	11722	8222	**48545**	12688/*10625*	8874/*7870*
46169	11743	8250	**48599**	12710	8874
46223	11765	8250	**48653**	12732	8904
46277	11786	8278	**48707**	12754	8904
46331	11807	8278	**48761**	12775	8932
46385	11828	8306	**48815**	12797	8932
46439	11850	8306	**48869**	12819	8960
46493	11871	8334	**48923**	12841	8960
46547	11892/*10006*	8334/*7384*	**48977**	12863	8990
46601	11913	8362	**49031**	12884/*10777*	8990/*7974*
46655	11935	8362	**49085**	12906	9018
46709	11956	8390	**49139**	12928	9018
46763	11977	8390	**49193**	12950	9048
46817	11999	8418	**49247**	12972	9048
46871	12020	8418	**49301**	12994	9076
46925	12041	8448	**49355**	13016	9076
46979	12063	8448	**49409**	13038	9106
47033	12084/*10156*	8476/*7510*	**49463**	13060	9106
47087	12106	8476	**49517**	13082/*10930*	9136/*8104*
47141	12127	8504	**49571**	13104	9136
47195	12148	8504	**49625**	13126	9164
47249	12170	8532	**49679**	13148	9164
47303	12191	8532	**49733**	13170	9194
47357	12213	8560	**49787**	13192	9194
47411	12234	8560	**49841**	13214	9222
47465	12256	8588	**49895**	13236	9222

Einkommensteuer-Grund- und Splitting-Tabelle 1989
- Mit Vergleichswerten 1990 für je DM 500,– Einkommen -

Zu versteuerndes Einkommen bis DM	Einkommensteuer		Zu versteuerndes Einkommen bis DM	Einkommensteuer	
	Grundtarif DM	Splittingtarif DM		Grundtarif DM	Splittingtarif DM
49949	13258	9252	**52379**	14263	9906
50003	13280/*11084*	9252/*8208*	**52433**	14286	9938
50057	13302	9282	**52487**	14308	9938
50111	13324	9282	**52541**	14331/*11899*	9968/*8838*
50165	13346	9310	**52595**	14353	9968
50219	13368	9310	**52649**	14376	9998
50273	13391	9340	**52703**	14399	9998
50327	13413	9340	**52757**	14421	10028
50381	13435	9370	**52811**	14444	10028
50435	13457	9370	**52865**	14467	10058
50489	13479	9400	**52919**	14489	10058
50543	13501/*11256*	9400/*8338*	**52973**	14512	10088
50597	13524	9428	**53027**	14535/*12057*	10088/*8944*
50651	13546	9428	**53081**	14558	10120
50705	13568	9458	**53135**	14580	10120
50759	13590	9458	**53189**	14603	10150
50813	13613	9488	**53243**	14626	10150
50867	13635	9488	**53297**	14649	10180
50921	13657	9518	**53351**	14671	10180
50975	13679	9518	**53405**	14694	10210
51029	13702/*11411*	9548/*8470*	**53459**	14717	10210
51083	13724	9548	**53513**	14740/*12216*	10242/*9078*
51137	13746	9578	**53567**	14763	10242
51191	13769	9578	**53621**	14786	10272
51245	13791	9606	**53675**	14808	10272
51299	13813	9606	**53729**	14831	10302
51353	13836	9636	**53783**	14854	10302
51407	13858	9636	**53837**	14877	10334
51461	13881	9666	**53891**	14900	10334
51515	13903/*11567*	9666/*8574*	**53945**	14923	10364
51569	13925	9696	**53999**	14946	10364
51623	13948	9696	**54053**	14969/*12394*	10396/*9200*
51677	13970	9726	**54107**	14992	10396
51731	13993	9726	**54161**	15015	10426
51785	14015	9756	**54215**	15038	10426
51839	14038	9756	**54269**	15061	10458
51893	14060	9786	**54323**	15084	10458
51947	14083	9786	**54377**	15107	10488
52001	14105/*11724*	9816/*8706*	**54431**	15130	10488
52055	14128	9816	**54485**	15153	10518
52109	14150	9846	**54539**	15176/*12554*	10518/*9318*
52163	14173	9846	**54593**	15199	10550
52217	14195	9876	**54647**	15222	10550
52271	14218	9876	**54701**	15245	10582
52325	14240	9906	**54755**	15268	10582

Einkommensteuer-Grund- und Splitting-Tabelle 1989
- Mit Vergleichswerten 1990 für je DM 500,– Einkommen -

Zu versteuerndes Einkommen bis DM	Einkommensteuer		Zu versteuerndes Einkommen bis DM	Einkommensteuer	
	Grundtarif DM	Splittingtarif DM		Grundtarif DM	Splittingtarif DM
54809	15291	10612	**57239**	16340	11306
54863	15314	10612	**57293**	16364	11338
54917	15337	10644	**57347**	16387	11338
54971	15360	10644	**57401**	16411	11370
55025	15383/*12715*	10674/*9452*	**57455**	16435	11370
55079	15406	10674	**57509**	16458/*13550*	11402/*10074*
55133	15430	10706	**57563**	16482	11402
55187	15453	10706	**57617**	16505	11434
55241	15476	10736	**57671**	16529	11434
55295	15499	10736	**57725**	16553	11466
55349	15522	10768	**57779**	16576	11466
55403	15545	10768	**57833**	16600	11498
55457	15569	10800	**57887**	16623	11498
55511	15592/*12877*	10800/*9560*	**57941**	16647	11530
55565	15615	10830	**57995**	16671	11530
55619	15638	10830	**58049**	16695/*13734*	11562/*10212*
55673	15662	10862	**58103**	16718	11562
55727	15685	10862	**58157**	16742	11596
55781	15708	10894	**58211**	16766	11596
55835	15731	10894	**58265**	16789	11628
55889	15755	10926	**58319**	16813	11628
55943	15778	10926	**58373**	16837	11660
55997	15801	10956	**58427**	16861	11660
56051	15825/*13058*	10956/*9694*	**58481**	16884	11692
56105	15848	10988	**58535**	16908/*13901*	11692/*10322*
56159	15871	10988	**58589**	16932	11724
56213	15895	11020	**58643**	16956	11724
56267	15918	11020	**58697**	16980	11756
56321	15941	11052	**58751**	17003	11756
56375	15965	11052	**58805**	17027	11790
56429	15988	11084	**58859**	17051	11790
56483	16012	11084	**58913**	17075	11822
56537	16035/*13221*	11114/*9830*	**58967**	17099	11822
56591	16058	11114	**59021**	17123/*14068*	11854/*10458*
56645	16082	11146	**59075**	17146	11854
56699	16105	11146	**59129**	17170	11888
56753	16129	11178	**59183**	17194	11888
56807	16152	11178	**59237**	17218	11920
56861	16176	11210	**59291**	17242	11920
56915	16199	11210	**59345**	17266	11952
56969	16223	11242	**59399**	17290	11952
57023	16246/*13386*	11242/*9938*	**59453**	17314	11986
57077	16270	11274	**59507**	17338/*14236*	11986/*10568*
57131	16293	11274	**59561**	17362	12018
57185	16317	11306	**59615**	17386	12018

Einkommensteuer-Grund- und Splitting-Tabelle 1989
- Mit Vergleichswerten 1990 für je DM 500,– Einkommen -

Zu versteuerndes Einkommen bis DM	Einkommensteuer		Zu versteuerndes Einkommen bis DM	Einkommensteuer	
	Grundtarif DM	Splittingtarif DM		Grundtarif DM	Splittingtarif DM
59669	17410	12050	**62099**	18498	12782
59723	17434	12050	**62153**	18522	12816
59777	17458	12084	**62207**	18546	12816
59831	17482	12084	**62261**	18571	12850
59885	17506	12116	**62315**	18595	12850
59939	17530	12116	**62369**	18620	12882
59993	17554	12150	**62423**	18644	12882
60047	17578/*14423*	12150/*10708*	**62477**	18669	12916
60101	17602	12182	**62531**	18693/*15296*	12916/*11348*
60155	17626	12182	**62585**	18817	12950
60209	17650	12216	**62639**	18742	12950
60263	17674	12216	**62693**	18766	12984
60317	17698	12248	**62747**	18791	12984
60371	17722	12248	**62801**	18815	13018
60425	17746	12282	**62855**	18840	13018
60479	17770	12282	**62909**	18864	13052
60533	17794/*14592*	12314/*10846*	**62963**	18889	13052
60587	17818	12314	**63017**	18913/*15469*	13086/*11490*
60641	17843	12348	**63071**	18938	13086
60695	17867	12348	**63125**	18962	13120
60749	17891	12380	**63179**	18987	13120
60803	17915	12380	**63233**	19011	13154
60857	17939	12414	**63287**	19036	13154
60911	17963	12414	**63341**	19060	13188
60965	17988	12448	**63395**	19085	13188
61019	18012/*14762*	12448/*10958*	**63449**	19110	13222
61073	18036	12480	**63503**	19134/*15643*	13222/*11602*
61127	18060	12480	**63557**	19159	13256
61181	18084	12514	**63611**	19183	13256
61235	18109	12514	**63665**	19208	13290
61289	18133	12548	**63719**	19233	13290
61343	18157	12548	**63773**	19257	13324
61397	18181	12580	**63827**	19282	13324
61451	18206	12580	**63881**	19307	13358
61505	18230/*14933*	12614/*11096*	**63935**	19331	13358
61559	18254	12614	**63989**	19356	13392
61613	18279	12648	**64043**	19381/*15837*	13392/*11744*
61667	18303	12648	**64097**	19405	13428
61721	18327	12682	**64151**	19430	13428
61775	18352	12682	**64205**	19455	13462
61829	18376	12714	**64259**	19603	13564
61883	18400	12714	**64313**	19628	13564
61937	18425	12748	**64367**	19652	13600
61991	18449	12748	**64421**	19677	13600
62045	18473/*15124*	12782/*11236*	**64475**	19702	13634

Anhang 1

Einkommensteuer-Grund- und Splitting-Tabelle 1989
- Mit Vergleichswerten 1990 für je DM 500,– Einkommen -

Zu versteuerndes Einkommen bis DM	Einkommensteuer Grundtarif DM	Einkommensteuer Splittingtarif DM	Zu versteuerndes Einkommen bis DM	Einkommensteuer Grundtarif DM	Einkommensteuer Splittingtarif DM
64529	19603/*16012*	13564/*11886*	**66959**	20724	14332
64583	19628	13564	**67013**	20749/*16919*	14366/*12544*
64637	19652	13600	**67067**	20774	14366
64691	19677	13600	**67121**	20799	14402
64745	19702	13634	**67175**	20825	14402
64799	19727	13634	**67229**	20850	14438
64853	19752	13668	**67283**	20875	14438
64907	19776	13668	**67337**	20900	14472
64961	19801	13702	**67391**	20925	14472
65015	19826/*16188*	13702/*12000*	**67445**	20950	14508
65069	19851	13738	**67499**	20975	14508
65123	19876	13738	**67553**	21001/*17118*	14544/*12690*
65177	19900	13772	**67607**	21026	14544
65231	19925	13772	**67661**	21051	14578
65285	19950	13806	**67715**	21076	14578
65339	19975	13806	**67769**	21101	14614
65393	20000	13842	**67823**	21126	14614
65447	20025	13842	**67877**	21152	14650
65501	20050/*16365*	13876/*12142*	**67931**	21177	14650
65555	20074	13876	**67985**	21202	14686
65609	20099	13912	**68039**	21227/*17299*	14686/*12806*
65663	20124	13912	**68093**	21252	14720
65717	20149	13946	**68147**	21278	14720
65771	20174	13946	**68201**	21303	14756
65825	20199	13980	**68255**	21328	14756
65879	20224	13980	**68309**	21354	14792
65933	20249	14016	**68363**	21379	14792
65987	20274	14016	**68417**	21404	14828
66041	20299/*16562*	14050/*12286*	**68471**	21429	14828
66095	20324	14050	**68525**	21455/*17480*	14864/*12950*
66149	20349	14086	**68579**	21480	14864
66203	20374	14086	**68633**	21505	14900
66257	20399	14120	**68687**	21531	14900
66311	20424	14120	**68741**	21556	14934
66365	20449	14156	**68795**	21581	14934
66419	20474	14156	**68849**	21606	14970
66473	20499	14190	**68903**	21632	14970
66527	20524/*16740*	14190/*12400*	**68957**	21657	15006
66581	20549	14226	**69011**	21683/*17662*	15006/*13066*
66635	20574	14226	**69065**	21708	15042
66689	20599	14260	**69119**	21733	15042
66743	20624	14260	**69173**	21759	15078
66797	20649	14296	**69227**	21784	15078
66851	20674	14296	**69281**	21809	15114
66905	20699	14332	**69335**	21835	15114

Einkommensteuer-Grund- und Splitting-Tabelle 1989
- Mit Vergleichswerten 1990 für je DM 500,– Einkommen -

Zu versteuerndes Einkommen bis DM	Einkommensteuer		Zu versteuerndes Einkommen bis DM	Einkommensteuer	
	Grundtarif DM	Splittingtarif DM		Grundtarif DM	Splittingtarif DM
69389	21860	15150	**71819**	23009	15950
69443	31885	15150	**71873**	23035	15988
69497	21911	15186	**71927**	23061	15988
69551	21936/*17865*	15186/*13214*	**71981**	23087	16024
69605	21962	15222	**72035**	23112/*18810*	16024/*13890*
69659	21987	15222	**72089**	23138	16062
69713	22013	15258	**72143**	23164	16062
69767	22038	15258	**72197**	23189	16098
69821	22063	15294	**72251**	23215	16098
69875	22089	15294	**72305**	23241	16134
69929	22114	15330	**72359**	23267	16134
69983	22140	15330	**72413**	23292	16172
70037	22165/*18048*	15368/*13360*	**72467**	23318	16172
70091	22191	15368	**72521**	23344/*18997*	16208/*14040*
70145	22216	15404	**72575**	23370	16208
70199	22242	15404	**72629**	23395	16246
70253	22267	15440	**72683**	23421	16246
70307	22293	15440	**72737**	23447	16282
70361	22318	15476	**72791**	23473	16282
70415	22344	15476	**72845**	23498	16320
70469	22369	15512	**72899**	23524	16320
70523	22395/*18232*	15512/*13478*	**72953**	23550	16356
70577	22420	15548	**73007**	23576/*19184*	16356/*14158*
70631	22446	15548	**73061**	23602	16394
70685	22472	15584	**73115**	23627	16394
70739	22497	15584	**73169**	23653	16432
70793	22523	15622	**73223**	23679	16432
70847	22548	15622	**73277**	23705	16468
70901	22574	15658	**73331**	23731	16468
70955	22599	15658	**73385**	23757	16506
71009	22625/*18417*	15694/*13624*	**73439**	23782	16506
71063	22650	15694	**73493**	23808	16542
71117	22676	15730	**73547**	23834/*19394*	16542/*14308*
71171	22702	15730	**73601**	23860	16580
71225	22727	15768	**73655**	23886	16580
71279	22753	15768	**73709**	23912	16618
71333	22779	15804	**73763**	23938	16618
71387	22804	15804	**73817**	23964	16654
71441	22830	15840	**73871**	23989	16654
71495	22855	15840	**73925**	24015	16692
71549	22881/*18623*	15878/*13772*	**73979**	24041	16692
71603	22907	15878	**74033**	24067/*19583*	16730/*14458*
71657	22932	15914	**74087**	24093	16730
71711	22958	15914	**74141**	24119	16768
71765	22984	15950	**74195**	24145	16768

Anhang 1

Einkommensteuer-Grund- und Splitting-Tabelle 1989
- Mit Vergleichswerten 1990 für je DM 500,– Einkommen -

Zu versteuerndes Einkommen bis DM	Einkommensteuer		Zu versteuerndes Einkommen bis DM	Einkommensteuer	
	Grundtarif DM	Splittingtarif DM		Grundtarif DM	Splittingtarif DM
74249	24171	16804	**76679**	25343	17638
74303	24197	16804	**76733**	25369	17676
74357	24223	16842	**76787**	25396	17676
74411	24249	16842	**76841**	25422	17714
74465	24275	16880	**76895**	25448	17714
74519	24301/*19773*	16880/*14578*	**76949**	25474	17752
74573	24327	16918	**77003**	25500/*20777*	17752/*15274*
74627	24353	16918	**77057**	25526	17790
74681	24378	16954	**77111**	25553	17790
74735	24404	16954	**77165**	25579	17828
74789	24430	16992	**77219**	25605	17828
74843	24456	16992	**77273**	25631	17866
74897	24483	17030	**77327**	25657	17866
74951	24509	17030	**77381**	25684	17906
75005	24534/*19994*	17068/*14728*	**77435**	25710	17906
75059	24560	17068	**77489**	25376	17944
75113	24586	17106	**77543**	25763/*20971*	17944/*15426*
75167	24613	17106	**77597**	25789	17982
75221	24639	17144	**77651**	25815	17982
75275	24665	17144	**77705**	25841	18020
75329	24691	17182	**77759**	25867	18020
75383	24717	17182	**77813**	25894	18060
75437	24743	17218	**77867**	25920	18060
75491	24769	17218	**77921**	25946	18098
75545	24795/*20177*	17256/*14880*	**77975**	25972	18098
75599	24821	17256	**78029**	25999/*21167*	18136/*15580*
75653	24847	17294	**78083**	26025	18136
75707	24873	17294	**78137**	26051	18174
75761	24899	17332	**78191**	26078	18174
75815	24925	17332	**78245**	26104	18214
75869	24951	17370	**78299**	26130	18214
75923	24977	17370	**78353**	26157	18252
75977	25004	17408	**78407**	26183	18252
76031	25030/*20369*	17408/*15000*	**78461**	26209	18290
76085	25056	17446	**78515**	26236/*21363*	18290/*15702*
76139	25082	17446	**78569**	26262	18330
76193	25108	17484	**78623**	26288	18330
76247	25134	17484	**78677**	26314	18368
76301	25160	17522	**78731**	26341	18368
76355	25186	17522	**78785**	26367	18408
76409	25212	17560	**78839**	26394	18408
76463	25239	17560	**78893**	26420	18446
76517	25265/*20562*	17598/*15152*	**78947**	26446	18446
76571	25291	17598	**79001**	26473/*21559*	18484/*15856*
76625	25317	17638	**79055**	26499	18484

Einkommensteuer-Grund- und Splitting-Tabelle 1989
- Mit Vergleichswerten 1990 für je DM 500,– Einkommen -

Zu versteuerndes Einkommen bis DM	Einkommensteuer Grundtarif DM	Einkommensteuer Splittingtarif DM	Zu versteuerndes Einkommen bis DM	Einkommensteuer Grundtarif DM	Einkommensteuer Splittingtarif DM
79109	26525	18524	**81539**	27716/*22598*	19368/*16570*
79163	26552	18524	**81593**	27743	19426
79217	26578	18562	**81647**	27769	19426
79271	26605	18562	**81701**	27796	19466
79325	26631	18602	**81755**	27822	19466
79379	26657	18602	**81809**	27849	19506
79433	26684	18640	**81863**	27875	19506
79487	26710	18640	**81917**	27902	19546
79541	26736/*21778*	18680/*16010*	**81971**	27929	19546
79595	26763	18680	**82025**	27955/*22799*	19586/*16726*
79649	26789	18718	**82079**	27982	19586
79703	26816	18718	**82133**	28009	19624
79757	26842	18758	**82187**	28035	19624
79811	26869	18758	**82241**	28062	19664
79865	26895	18796	**82295**	28088	19664
79919	26921	18796	**82349**	28115	19704
79973	26948	18836	**82403**	28142	19704
80027	26974/*21977*	18836/*16134*	**82457**	28168	19744
80081	27000	18876	**82511**	28195/*23000*	19744/*16852*
80135	27026	18876	**82565**	28222	19784
80189	27053	18914	**82619**	28248	19784
80243	27079	18914	**82673**	28275	19824
80297	27106	18954	**82727**	28302	19824
80351	27132	18954	**82781**	28328	19864
80405	27159	18992	**82835**	28355	19864
80459	27185	18992	**82889**	28382	19904
80513	27212/*22175*	19032/*16290*	**82943**	28408	19904
80567	27238	19032	**82997**	28435	19944
80621	27265	19072	**83051**	28462/*23226*	19944/*17008*
80675	27291	19072	**83105**	28488	19984
80729	27318	19110	**83159**	28515	19984
80783	27344	19110	**83213**	28542	20024
80837	27371	19150	**83267**	28568	20024
80891	27397	19150	**83321**	28595	20064
80945	27424	19190	**83375**	28622	20064
80999	27450	19190	**83429**	28649	20104
81053	27477/*22397*	19228/*16446*	**83483**	28675	20104
81107	27504	19228	**83537**	28702/*23429*	20144/*17166*
81161	27530	19268	**83591**	28729	20144
81215	27557	19268	**83645**	28755	20184
81269	27583	19308	**83699**	28782	20184
81323	27610	19308	**83753**	28809	20224
81377	27636	19348	**83807**	28836	20224
81431	27663	19348	**83861**	28862	20264
81485	27689	19386	**83915**	28889	20264

Anhang 1

Einkommensteuer-Grund- und Splitting-Tabelle 1989
- Mit Vergleichswerten 1990 für je DM 500,– Einkommen -

Zu versteuerndes Einkommen bis DM	Einkommensteuer Grundtarif DM	Einkommensteuer Splittingtarif DM
83969	28916	20304
84023	28943/*23633*	20304/*17292*
84077	28969	20346
84131	28996	20346
84185	29023	20386
84239	29050	20386
84293	29077	20426
84347	29103	20426
84401	29130	20466
84455	29157	20466
84509	29184/*23838*	20506/*17450*
84563	29211	20506
84617	29237	20546
84671	29264	20546
84725	29291	20588
84779	29318	20588
84833	29345	20628
84887	29371	20628
84941	29398	20668
84995	29425	20668
85049	29452/*24066*	20708/*17610*
85103	29479	20708
85157	29506	20750
85211	29532	20750
85265	29559	20790
85319	29586	20790
85373	29613	20830
85427	29640	20830
85481	29667	20872
85535	29694/*24272*	20872/*17738*
85589	29721	20912
85643	29747	20912
85697	29774	20952
85751	29801	20952
85805	29828	20994
85859	29855	20994
85913	29882	21034
85967	29909	21034
86021	29936/*24479*	21074/*17896*
86075	29963	21074
86129	29990	21116
86183	30016	21116
86237	30043	21156
86291	30070	21156
86345	30097	21198
86399	30124	21198
86453	30151	21238
86507	30178/*24678*	21238/*18024*
86561	30205	21278
86615	30232	21278
86669	30259	21320
86723	30286	21320
86777	30313	21360
86831	30340	21360
86885	30367	21402
86939	30394	21402
86993	30421	21442
87047	30448/*24919*	21442/*18186*
87101	30475	21484
87155	30502	21484
87209	30529	21526
87263	30556	21526
87317	30583	21566
87371	30610	21566
87425	30637	21608
87479	30664	21608
87533	30691/*25128*	21648/*18346*
87587	30718	21648
87641	30745	21690
87695	30772	21690
87749	30799	21730
87803	30826	21730
87857	30853	21772
87911	30880	21772
87965	30907	21814
88019	30934/*25338*	21814/*18476*
88073	30961	21854
88127	30988	21854
88181	31016	21896
88235	31043	21896
88289	31070	21938
88343	31097	21938
88397	31124	21978
88451	31151	21978
88505	31178/*25548*	22020/*18636*
88559	31205	22020
88613	31232	22062
88667	31259	22062
88721	31286	22104
88775	31314	22104

Einkommensteuer-Grund- und Splitting-Tabelle 1989
- Mit Vergleichswerten 1990 für je DM 500,– Einkommen -

Zu versteuerndes Einkommen bis DM	Einkommensteuer		Zu versteuerndes Einkommen bis DM	Einkommensteuer	
	Grundtarif DM	Splittingtarif DM		Grundtarif DM	Splittingtarif DM
88829	31341	22144	**91259**	32565	23064
88883	31368	22144	**91313**	32593	23106
88937	31395	22186	**91367**	32620	23106
88991	31422	22186	**91421**	32647	23148
89045	31449/*25783*	22228/*18798*	**91475**	32675	23148
89099	31476	22228	**91529**	32702/*26875*	23190/*19550*
89153	31504	22270	**91583**	32729	23190
89207	31531	22270	**91637**	32757	23234
89261	31558	22310	**91691**	32784	23234
89315	31585	22310	**91745**	32811	23276
89369	31612	22352	**91799**	32839	23276
89423	31639	22352	**91853**	32866	23318
89477	31667	22394	**91907**	32893	23318
89531	31694/*25995*	22394/*18928*	**91961**	32921	23360
89585	31721	22436	**92015**	32948/*27091*	23360/*19682*
89639	31748	22436	**92069**	32976	23402
89693	31775	22478	**92123**	33003	23402
89747	31802	22478	**92177**	33030	23444
89801	31830	22520	**92231**	33058	23444
89855	31857	22520	**92285**	33085	23486
89909	31884	22562	**92339**	33112	23486
89963	31911	22562	**92393**	33140	23530
90017	31938/*26208*	22602/*19092*	**92447**	33167	23530
90071	31996	22602	**92501**	33195/*27308*	23572/*19846*
90125	31993	22644	**92555**	33222	23572
90179	32020	22644	**92609**	33249	23614
90233	32047	22686	**92663**	33277	23614
90287	32075	22686	**92717**	33304	23656
90341	32102	22728	**92771**	33332	23656
90395	32129	22728	**92825**	33359	23700
90449	32156	22770	**92879**	33387	23700
90503	32184/*26422*	22770/*19222*	**92933**	33414	23742
90557	32211	22812	**92987**	33441	23742
90611	32238	22812	**93041**	33469/*27549*	23784/*20012*
90665	32265	22854	**93095**	33496	23784
90719	32293	22854	**93149**	33524	23826
90773	32320	22896	**93203**	33551	23826
90827	32347	22896	**93257**	33579	23870
90881	32374	22938	**93311**	33606	23870
90935	32402	22938	**93365**	33634	23912
90989	32429	22980	**93419**	33661	23912
91043	32456/*26660*	22980/*19386*	**93473**	33689	23954
91097	32484	23022	**93527**	33716/*27767*	23954/*20144*
91151	32511	23022	**93581**	33744	23998
91205	32538	23064	**93635**	33771	23998

Anhang 1

Einkommensteuer-Grund- und Splitting-Tabelle 1989
- Mit Vergleichswerten 1990 für je DM 500,– Einkommen -

Zu versteuerndes Einkommen bis DM	Einkommensteuer		Zu versteuerndes Einkommen bis DM	Einkommensteuer	
	Grundtarif DM	Splittingtarif DM		Grundtarif DM	Splittingtarif DM
93689	33799	24040	**96119**	35040	24986
93743	33826	24040	**96173**	35068	25030
93797	33854	24082	**96227**	35095	25030
93851	33881	24082	**96281**	35123	25072
93905	33909	24126	**96335**	35151	25072
93959	33936	24126	**96389**	35178	25116
94013	33964/*27986*	24168/*20312*	**96443**	35206	25116
94067	33991	24168	**96497**	35234	25160
94121	34019	24212	**96551**	35261/*29140*	25160/*21082*
94175	34046	24212	**96605**	35289	25202
94229	34074	24254	**96659**	35317	25202
94283	34101	24254	**96713**	35345	25246
94337	34129	24296	**96767**	35372	25246
94391	34156	24296	**96821**	35400	25290
94445	34184	24340	**96875**	35428	25290
94499	34211	24340	**96929**	35455	25332
94553	34239/*28330*	24382/*20478*	**96983**	35483	25332
94607	34267	24382	**97037**	35511/*29363*	25376/*21250*
94661	34294	24426	**97091**	35539	25376
94715	34322	24426	**97145**	35566	25420
94769	34349	24468	**97199**	35594	25420
94823	34377	24468	**97253**	35622	25464
94877	34404	24512	**97307**	35650	25464
94931	34432	24512	**97361**	35677	25508
94985	34460	24554	**97415**	35705	25508
95039	34487/*28450*	24554/*20612*	**97469**	35733	25550
95093	34515	24598	**97523**	35761/*29587*	25550/*21386*
95147	34542	24598	**97577**	35789	*25594*
95201	34570	24640	**97631**	35816	*25594*
95255	34598	24640	**97685**	35844	*25638*
95309	34625	24684	**97739**	35872	25638
95363	34653	24684	**97793**	35900	25682
95417	34680	24726	**97847**	35928	25682
95471	34708	24726	**97901**	35955	25726
95525	34726/*28671*	24770/*20778*	**97955**	35983	25726
95579	34763	24770	**98009**	36011/*29812*	*25768/21554*
95633	34791	24814	**98063**	36039	25768
95687	34819	24814	**98117**	36067	25812
95741	34846	24856	**98171**	36095	25812
95795	34874	24856	**98225**	36122	25856
95849	34902	24900	**98279**	36150	25856
95903	34929	24900	**98333**	36178	25900
95957	34957	24942	**98387**	36206	25900
96011	34985/*28893*	24942/*20912*	**98441**	36234	25944
96065	35012	24986	**98495**	36262	25944

Einkommensteuer-Grund- und Splitting-Tabelle 1989
- Mit Vergleichswerten 1990 für je DM 500,– Einkommen -

Zu versteuerndes Einkommen bis DM	Einkommensteuer Grundtarif DM	Einkommensteuer Splittingtarif DM	Zu versteuerndes Einkommen bis DM	Einkommensteuer Grundtarif DM	Einkommensteuer Splittingtarif DM
98549	36289/*30062*	25998/*21724*	**100169**	37127	26648
98603	36317	25998	**100223**	37155	26648
98657	36345	26032	**100277**	37183	26692
98711	36373	26032	**100331**	37211	26692
98765	36401	26076	**100385**	37239	26736
98819	36429	26076	**100439**	37267	26736
98873	36457	26120	**100493**	37295	26782
98927	36485	26120	**100547**	37232/*30997*	26782/*22340*
98981	36512	26164	**100601**	37351	26826
99035	36540/*30289*	26164/*21860*	**100655**	37379	26826
99089	36568	26208	**100709**	37407	26870
99143	36596	26208	**100763**	37435	26870
99197	36624	26252	**100817**	37463	26914
99251	36652	26252	**100871**	37491	26914
99305	36680	26296	**100925**	37519	26958
99359	36708	26296	**100979**	37547	26958
99413	36736	26340	**101033**	37575/*31226*	27002/*22512*
99467	36764	26340	**101087**	37603	27002
99521	36792/*30516*	26384/*22032*	**101141**	37631	27048
99575	36820	26384	**101195**	37659	27048
99629	36847	26428	**101249**	37688	27092
99683	36875	26428	**101303**	37716	27092
99737	36903	26472	**101357**	37744	27136
99791	36931	26472	**101411**	37772	27136
99845	36959	26516	**101465**	37800	27180
99899	36987	26516	**101519**	37828/*31456*	27180/*22560*
99953	37015	26560	**101573**	37856	27226
100007	37043/*30743*	26560/*22168*	**101627**	37884	27226
100061	37071	26604	**101681**	37912	27270
100115	37099	26604	**101735**	37940	27270

Liegt das zu versteuernde Einkommen noch über vorstehenden Endstufen, ist die Einkommensteuer mit Hilfe der Tabelle auf Seite 160 (mit anschließenden Beispielen) leicht selbst zu ermitteln. Diese Tabelle berücksichtigt bereits das Jahr 1990.

Lohn bis DM	Arbeitnehmer ohne Kinder St.-Kl.	Arbeitnehmer ohne Kinder DM	AN mit Kinderfreibeträgen gemäß LSt-Karte: St.-Kl.	0,5 DM	1,0 DM	1,5 DM	2,0 DM	2,5 DM	3,0 DM
1 719,15	I,IV	151,00	I	124,75	99,16	74,08	49,58	25,58	1,66
	III	54,66	II	32,41	8,50	–	–	–	–
	V	343,50	III	30,66	6,83	–	–	–	–
	VI	390,66	IV	137,83	124,75	111,91	99,16	86,50	74,08
1 723,65	I,IV	151,91	I	125,66	100,08	75,00	50,50	26,50	2,50
	III	54,66	II	33,33	9,33	–	–	–	–
	V	344,66	III	30,66	6,83	–	–	–	–
	VI	392,00	IV	138,75	125,66	112,83	100,08	87,41	75,00
1 728,15	I,IV	151,91	I	125,66	100,08	75,00	50,50	26,50	2,50
	III	54,66	II	33,33	9,33	–	–	–	–
	V	346,00	III	30,66	6,83	–	–	–	–
	VI	393,33	IV	138,75	125,66	112,83	100,08	87,41	75,00
1 732,65	I,IV	152,91	I	126,66	100,91	75,83	51,33	27,33	3,41
	III	56,33	II	34,16	10,25	–	–	–	–
	V	347,00	III	32,33	8,50	–	–	–	–
	VI	394,66	IV	139,66	126,66	113,75	100,91	88,33	75,83
1 737,15	I,IV	153,83	I	127,58	101,83	76,75	52,16	28,16	4,25
	III	56,33	II	35,00	11,08	–	–	–	–
	V	348,33	III	32,33	8,50	–	–	–	–
	VI	396,00	IV	140,58	127,58	114,66	101,83	89,25	76,75
1 741,65	I,IV	154,75	I	128,50	102,75	77,66	53,08	29,00	5,08
	III	58,00	II	35,83	11,91	–	–	–	–
	V	349,66	III	34,16	10,16	–	–	–	–
	VI	397,33	IV	141,58	128,50	115,58	102,75	90,08	77,66
1 746,15	I,IV	155,75	I	129,41	103,66	78,50	53,91	29,91	5,91
	III	58,00	II	36,75	12,75	–	–	–	–
	V	350,83	III	34,16	10,16	–	–	–	–
	VI	398,50	IV	142,50	129,41	116,50	103,66	91,00	78,50
1 750,65	I,IV	155,75	I	129,41	103,66	78,50	53,91	29,91	5,91
	III	58,00	II	36,75	12,75	–	–	–	–
	V	352,16	III	34,16	10,16	–	–	–	–
	VI	400,00	IV	142,50	129,41	116,50	103,66	91,00	78,50
1 755,15	I,IV	156,66	I	130,33	104,58	79,41	54,83	30,75	6,83
	III	59,83	II	37,58	13,66	–	–	–	–
	V	353,50	III	35,83	11,83	–	–	–	–
	VI	401,16	IV	143,41	130,33	117,41	104,58	91,91	79,41
1 759,65	I,IV	157,66	I	131,25	105,50	80,33	55,66	31,58	7,66
	III	59,83	II	38,41	14,50	–	–	–	–
	V	354,83	III	35,83	11,83	–	–	–	–
	VI	402,50	IV	144,41	131,25	118,33	105,50	92,83	80,33
1 764,15	I,IV	158,58	I	132,16	106,41	81,16	56,50	32,41	8,50
	III	61,50	II	39,33	15,33	–	–	–	–
	V	356,00	III	37,50	13,66	–	–	–	–
	VI	403,83	IV	145,33	132,16	119,25	106,41	93,75	81,16
1 768,65	I,IV	159,50	I	133,16	107,33	82,08	57,41	33,33	9,33
	III	61,50	II	40,16	16,16	–	–	–	–
	V	357,33	III	37,50	13,66	–	–	–	–
	VI	405,16	IV	146,25	133,16	120,16	107,33	94,58	82,08
1 773,15	I,IV	160,50	I	134,08	108,25	83,00	58,25	34,16	10,25
	III	63,16	II	41,00	17,08	–	–	–	–
	V	358,50	III	39,33	15,33	–	–	–	–
	VI	406,66	IV	147,25	134,08	121,08	108,25	95,50	83,00
1 777,65	I,IV	161,41	I	135,00	109,16	83,83	59,16	35,00	11,08
	III	63,16	II	41,83	17,91	–	–	–	–
	V	359,83	III	39,33	15,33	–	–	–	–
	VI	407,83	IV	148,16	135,00	122,00	109,16	96,41	83,83

Lohn bis DM	Arbeitnehmer ohne Kinder St.-Kl.	Arbeitnehmer ohne Kinder DM	AN mit Kinderfreibeträgen gemäß LSt-Karte: St.-Kl.	0,5 DM	1,0 DM	1,5 DM	2,0 DM	2,5 DM	3,0 DM
1 845,15	I,IV	174,91	I	148,16	122,00	96,41	71,41	47,00	23,08
	III	73,50	II	53,91	29,91	5,91	–	–	–
	V	379,00	III	49,50	25,50	1,66	–	–	–
	VI	427,83	IV	161,41	148,16	135,00	122,00	109,16	96,41
1 849,65	I,IV	175,83	I	149,08	122,91	97,33	72,33	47,91	23,91
	III	75,16	II	54,83	30,75	6,83	–	–	–
	V	380,33	III	51,16	27,33	3,33	–	–	–
	VI	429,33	IV	162,41	149,08	135,91	122,91	110,08	97,33
1 854,15	I,IV	176,83	I	150,08	123,83	98,25	73,16	48,75	24,75
	III	75,16	II	55,66	31,58	7,66	–	–	–
	V	381,66	III	51,16	27,33	3,33	–	–	–
	VI	430,66	IV	163,33	150,08	136,83	123,83	111,00	98,25
1 858,65	I,IV	177,75	I	151,00	124,75	99,16	74,08	49,58	25,58
	III	75,16	II	56,50	32,41	8,50	–	–	–
	V	383,00	III	51,16	27,33	3,33	–	–	–
	VI	432,00	IV	164,33	151,00	137,83	124,75	111,91	99,16
1 863,15	I,IV	178,75	I	151,91	125,66	100,08	75,00	50,50	26,50
	III	76,83	II	57,41	33,33	9,33	–	–	–
	V	384,16	III	53,00	29,00	5,00	–	–	–
	VI	433,33	IV	165,25	151,91	138,75	125,66	112,83	100,08
1 867,65	I,IV	179,75	I	152,91	126,66	100,91	75,83	51,33	27,33
	III	76,83	II	58,25	34,16	10,25	–	–	–
	V	385,50	III	53,00	29,00	5,00	–	–	–
	VI	434,66	IV	166,25	152,91	139,66	126,66	113,75	100,91
1 872,15	I,IV	180,66	I	153,83	127,58	101,83	76,75	52,16	28,16
	III	78,66	II	59,16	35,00	11,08	–	–	–
	V	386,83	III	54,66	30,66	6,83	–	–	–
	VI	436,00	IV	167,16	153,83	140,58	127,58	114,66	101,83
1 876,65	I,IV	181,66	I	154,75	128,50	102,75	77,66	53,08	29,00
	III	78,66	II	60,00	35,83	11,91	–	–	–
	V	388,16	III	54,66	30,66	6,83	–	–	–
	VI	437,33	IV	168,16	154,75	141,58	128,50	115,58	102,75
1 881,15	I,IV	182,66	I	155,75	129,41	103,66	78,50	53,91	29,91
	III	78,66	II	60,91	36,75	12,75	–	–	–
	V	389,50	III	54,66	30,66	6,83	–	–	–
	VI	438,66	IV	169,08	155,75	142,50	129,41	116,50	103,66
1 885,65	I,IV	183,58	I	156,66	130,33	104,58	79,41	54,83	30,75
	III	80,33	II	61,75	37,58	13,66	–	–	–
	V	390,66	III	56,33	32,33	8,50	–	–	–
	VI	440,16	IV	170,08	156,66	143,41	130,33	117,41	104,58
1 890,15	I,IV	184,58	I	157,66	131,25	105,50	80,33	55,66	31,58
	III	80,33	II	62,66	38,41	14,50	–	–	–
	V	392,00	III	56,33	32,33	8,50	–	–	–
	VI	441,50	IV	171,00	157,66	144,41	131,25	118,33	105,50
1 894,65	I,IV	185,58	I	158,58	132,16	106,41	81,16	56,50	32,41
	III	82,00	II	63,50	39,33	15,33	–	–	–
	V	393,33	III	58,00	34,16	10,16	–	–	–
	VI	442,83	IV	172,00	158,58	145,33	132,16	119,25	106,41
1 899,15	I,IV	186,50	I	159,50	133,16	107,33	82,08	57,41	33,33
	III	82,00	II	64,41	40,16	16,16	–	–	–
	V	394,66	III	58,00	34,16	10,16	–	–	–
	VI	444,16	IV	172,91	159,50	146,25	133,16	120,16	107,33
1 903,65	I,IV	187,50	I	160,50	134,08	108,25	83,00	58,25	34,16
	III	82,00	II	65,25	41,00	17,08	–	–	–
	V	396,00	III	58,00	34,16	10,16	–	–	–
	VI	445,50	IV	173,91	160,50	147,25	134,08	121,08	108,25

1782,15	I,IV	162,41	I	135,91	110,08	84,75	60,00	35,83	11,91
	III	63,16	II	42,75	18,75	–	–	–	–
	V	361,00	III	39,33	15,33	–	–	–	–
	VI	409,16	IV	149,08	135,91	122,91	110,08	97,33	84,75
1786,65	I,IV	163,33	I	136,83	111,00	85,66	60,91	36,75	12,75
	III	64,83	II	43,58	19,66	–	–	–	–
	V	362,33	III	41,00	17,00	–	–	–	–
	VI	410,66	IV	150,08	136,83	123,83	111,00	98,25	85,66
1791,15	I,IV	164,33	I	137,83	111,91	86,50	61,75	37,58	13,66
	III	64,83	II	44,41	20,50	–	–	–	–
	V	363,50	III	41,00	17,00	–	–	–	–
	VI	411,83	IV	151,00	137,83	124,75	111,91	99,16	86,50
1795,65	I,IV	165,25	I	138,75	112,83	87,41	62,66	38,41	14,50
	III	66,66	II	45,33	21,33	–	–	–	–
	V	364,83	III	42,66	18,66	–	–	–	–
	VI	413,16	IV	151,91	138,75	125,66	112,83	100,08	87,41
1800,15	I,IV	166,25	I	139,66	113,75	88,33	63,50	39,33	15,33
	III	66,66	II	46,16	22,16	–	–	–	–
	V	366,33	III	42,66	18,66	–	–	–	–
	VI	414,66	IV	152,91	139,66	126,66	113,75	100,91	88,33
1804,65	I,IV	167,16	I	140,58	114,66	89,25	64,41	40,16	16,16
	III	66,66	II	47,00	23,08	–	–	–	–
	V	367,50	III	42,66	18,66	–	–	–	–
	VI	415,83	IV	153,83	140,58	127,58	114,66	101,83	89,25
1809,15	I,IV	168,16	I	141,58	115,58	90,08	65,25	41,00	17,08
	III	68,33	II	47,91	23,91	–	–	–	–
	V	368,66	III	44,33	20,50	–	–	–	–
	VI	417,16	IV	154,75	141,58	128,50	115,58	102,75	90,08
1813,65	I,IV	169,08	I	142,50	116,50	91,00	66,16	41,83	17,91
	III	68,33	II	48,75	24,75	0,83	–	–	–
	V	370,00	III	44,33	20,50	–	–	–	–
	VI	418,50	IV	155,75	142,50	129,41	116,50	103,66	91,00
1818,15	I,IV	170,08	I	143,41	117,41	91,91	67,00	42,75	18,75
	III	70,00	II	49,58	25,58	1,66	–	–	–
	V	371,16	III	46,16	22,16	–	–	–	–
	VI	419,83	IV	156,66	143,41	130,33	117,41	104,58	91,91
1822,65	I,IV	171,00	I	144,41	118,33	92,83	67,91	43,58	19,66
	III	70,00	II	50,50	26,50	2,50	–	–	–
	V	372,66	III	46,16	22,16	–	–	–	–
	VI	421,16	IV	157,66	144,41	131,25	118,33	105,50	92,83
1827,15	I,IV	172,00	I	145,33	119,25	93,75	68,75	44,41	20,50
	III	70,00	II	51,33	27,33	3,41	–	–	–
	V	373,83	III	46,16	22,16	–	–	–	–
	VI	422,50	IV	158,58	145,33	132,16	119,25	106,41	93,75
1831,65	I,IV	172,91	I	146,25	120,16	94,58	69,66	45,33	21,33
	III	71,66	II	52,16	28,16	4,25	–	–	–
	V	375,16	III	47,83	23,83	–	–	–	–
	VI	424,00	IV	159,50	146,25	133,16	120,16	107,33	94,58
1836,15	I,IV	173,91	I	147,25	121,08	95,50	70,58	46,16	22,16
	III	71,66	II	53,08	29,00	5,08	–	–	–
	V	376,33	III	47,83	23,83	–	–	–	–
	VI	425,16	IV	160,50	147,25	134,08	121,08	108,25	95,50
1840,65	I,IV	174,91	I	148,16	122,00	96,41	71,41	47,00	23,08
	III	73,50	II	53,91	29,91	5,91	–	–	–
	V	377,83	III	49,50	25,50	1,66	–	–	–
	VI	426,50	IV	161,41	148,16	135,00	122,00	109,16	96,41

1908,15	I,IV	188,50	I	161,41	135,00	109,16	83,83	59,16	35,00
	III	83,66	II	66,16	41,83	17,91	–	–	–
	V	397,33	III	59,83	35,83	11,83	–	–	–
	VI	447,00	IV	174,91	161,41	148,16	135,00	122,00	109,16
1912,65	I,IV	189,41	I	162,41	135,91	110,08	84,75	60,00	35,83
	III	83,66	II	67,00	42,75	18,75	–	–	–
	V	398,50	III	59,83	35,83	11,83	–	–	–
	VI	448,33	IV	175,83	162,41	149,08	135,91	122,91	110,08
1917,15	I,IV	190,41	I	163,33	136,83	111,00	85,66	60,91	36,75
	III	85,50	II	67,91	43,58	19,66	–	–	–
	V	400,00	III	61,50	37,50	13,66	–	–	–
	VI	449,66	IV	176,83	163,33	150,08	136,83	123,83	111,00
1921,65	I,IV	191,41	I	164,33	137,83	111,91	86,50	61,75	37,58
	III	85,50	II	68,75	44,41	20,50	–	–	–
	V	401,16	III	61,50	37,50	13,66	–	–	–
	VI	451,00	IV	177,75	164,33	151,00	137,83	124,75	111,91
1926,15	I,IV	192,33	I	165,25	138,75	112,83	87,41	62,66	38,41
	III	85,50	II	69,66	45,33	21,33	–	–	–
	V	402,50	III	61,50	37,50	13,66	–	–	–
	VI	452,33	IV	178,75	165,25	151,91	138,75	125,66	112,83
1930,65	I,IV	193,33	I	166,25	139,66	113,75	88,33	63,50	39,33
	III	87,16	II	70,58	46,16	22,16	–	–	–
	V	403,83	III	63,16	39,33	15,33	–	–	–
	VI	453,66	IV	179,75	166,25	152,91	139,66	126,66	113,75
1935,15	I,IV	194,33	I	167,16	140,58	114,66	89,25	64,41	40,16
	III	87,16	II	71,41	47,00	23,08	–	–	–
	V	405,16	III	63,16	39,33	15,33	–	–	–
	VI	455,16	IV	180,66	167,16	153,83	140,58	127,58	114,66
1939,65	I,IV	195,33	I	168,16	141,58	115,58	90,08	65,25	41,00
	III	88,83	II	72,33	47,91	23,91	–	–	–
	V	406,66	III	64,83	41,00	17,00	–	–	–
	VI	456,66	IV	181,66	168,16	154,75	141,58	128,50	115,58
1944,15	I,IV	196,33	I	169,08	142,50	116,50	91,00	66,16	41,83
	III	88,83	II	73,16	48,75	24,75	0,83	–	–
	V	407,83	III	64,83	41,00	17,00	–	–	–
	VI	458,00	IV	182,66	169,08	155,75	142,50	129,41	116,50
1948,65	I,IV	197,25	I	170,08	143,41	117,41	91,91	67,00	42,75
	III	90,66	II	74,08	49,58	25,58	1,66	–	–
	V	409,16	III	66,66	42,66	18,66	–	–	–
	VI	459,33	IV	183,58	170,08	156,66	143,41	130,33	117,41
1953,15	I,IV	198,25	I	171,00	144,41	118,33	92,83	67,91	43,58
	III	90,66	II	75,00	50,50	26,50	2,50	–	–
	V	410,66	III	66,66	42,66	18,66	–	–	–
	VI	460,66	IV	184,58	171,00	157,66	144,41	131,25	118,33
1957,65	I,IV	199,25	I	172,00	145,33	119,25	93,75	68,75	44,41
	III	90,66	II	75,83	51,33	27,33	3,41	–	–
	V	411,83	III	66,66	42,66	18,66	–	–	–
	VI	462,00	IV	185,58	172,00	158,58	145,33	132,16	119,25
1962,15	I,IV	200,25	I	172,91	146,25	120,16	94,58	69,66	45,33
	III	92,33	II	76,75	52,16	28,16	4,25	–	–
	V	413,16	III	68,33	44,33	20,50	–	–	–
	VI	463,50	IV	186,50	172,91	159,50	146,25	133,16	120,16
1966,65	I,IV	201,25	I	173,91	147,25	121,08	95,50	70,58	46,16
	III	92,33	II	77,66	53,08	29,00	5,08	–	–
	V	414,66	III	68,33	44,33	20,50	–	–	–
	VI	464,83	IV	187,50	173,91	160,50	147,25	134,08	121,08

*) Arbeitnehmer für die die besonderen Lohnsteuer-Tabellen gelten (u. a. Beamte und Rentner), können ihre Steuer unter Anwendung der Zurechnungstabelle auf Seite 163 auch von dieser allgemeinen Monats-Lohnsteuer-Tabelle ablesen.

Lohn bis DM	Arbeitnehmer ohne Kinder St.-Kl.	DM	AN mit Kinderfreibeträgen gemäß LSt-Karte: St.-Kl.	0,5 DM	1,0 DM	1,5 DM	2,0 DM	2,5 DM	3,0 DM
1971,15	I,IV	202,16	I	174,91	148,16	122,00	96,41	71,41	47,00
	III	94,00	II	78,50	53,91	29,91	5,91	–	–
	V	415,83	III	70,00	46,16	22,16	–	–	–
	VI	466,33	IV	188,50	174,91	161,41	148,16	135,00	122,00
1975,65	I,IV	203,16	I	175,83	149,08	122,91	97,33	72,33	47,91
	III	94,00	II	79,41	54,83	30,75	6,83	–	–
	V	417,16	III	70,00	46,16	22,16	–	–	–
	VI	467,66	IV	189,41	175,83	162,41	149,08	135,91	122,91
1980,15	I,IV	204,16	I	176,83	150,08	123,83	98,25	73,16	48,75
	III	94,00	II	80,33	55,66	31,58	7,66	–	–
	V	418,50	III	70,00	46,16	22,16	–	–	–
	VI	469,00	IV	190,41	176,83	163,33	150,08	136,83	123,83
1984,65	I,IV	205,16	I	177,75	151,00	124,75	99,16	74,08	49,58
	III	95,83	II	81,16	56,50	32,41	8,50	–	–
	V	419,83	III	71,66	47,83	23,83	–	–	–
	VI	470,33	IV	191,41	177,75	164,33	151,00	137,83	124,75
1989,15	I,IV	206,16	I	178,75	151,91	125,66	100,08	75,00	50,50
	III	95,83	II	82,08	57,41	33,33	9,33	–	–
	V	421,16	III	71,66	47,83	23,83	–	–	–
	VI	471,83	IV	192,33	178,75	165,25	151,91	138,75	125,66
1993,65	I,IV	207,16	I	179,75	152,91	126,66	100,91	75,83	51,33
	III	97,50	II	83,00	58,25	34,16	10,25	–	–
	V	422,50	III	73,50	49,50	25,50	1,66	–	–
	VI	473,16	IV	193,33	179,75	166,25	152,91	139,66	126,66
1998,15	I,IV	207,16	I	179,75	152,91	126,66	100,91	75,83	51,33
	III	97,50	II	83,00	58,25	34,16	10,25	–	–
	V	424,00	III	73,50	49,50	25,50	1,66	–	–
	VI	474,50	IV	193,33	179,75	166,25	152,91	139,66	126,66
2002,65	I,IV	208,08	I	180,66	153,83	127,58	101,83	76,75	52,16
	III	97,50	II	83,83	59,16	35,00	11,08	–	–
	V	425,16	III	73,50	49,50	25,50	1,66	–	–
	VI	476,16	IV	194,33	180,66	167,16	153,83	140,58	127,58
2007,15	I,IV	209,08	I	181,66	154,75	128,50	102,75	77,66	53,08
	III	99,16	II	84,75	60,00	35,83	11,91	–	–
	V	426,50	III	75,16	51,16	27,33	3,33	–	–
	VI	477,50	IV	195,33	181,66	168,16	154,75	141,58	128,50
2011,65	I,IV	210,08	I	182,66	155,75	129,41	103,66	78,50	53,91
	III	99,16	II	85,66	60,91	36,75	12,75	–	–
	V	427,83	III	75,16	51,16	27,33	3,33	–	–
	VI	478,83	IV	196,33	182,66	169,08	155,75	142,50	129,41
2016,15	I,IV	211,08	I	183,58	156,66	130,33	104,58	79,41	54,83
	III	101,00	II	86,50	61,75	37,58	13,66	–	–
	V	429,33	III	76,83	53,00	29,00	5,00	–	–
	VI	480,33	IV	197,25	183,58	170,08	156,66	143,41	130,33
2020,65	I,IV	212,08	I	184,58	157,66	131,25	105,50	80,33	55,66
	III	101,00	II	87,41	62,66	38,41	14,50	–	–
	V	430,66	III	76,83	53,00	29,00	5,00	–	–
	VI	481,66	IV	198,25	184,58	171,00	157,66	144,41	131,25
2025,15	I,IV	213,08	I	185,58	158,58	132,16	106,41	81,16	56,50
	III	101,00	II	88,33	63,50	39,33	15,33	–	–
	V	432,00	III	76,83	53,00	29,00	5,00	–	–
	VI	483,00	IV	199,25	185,58	172,00	158,58	145,33	132,16
2029,65	I,IV	214,08	I	186,50	159,50	133,16	107,33	82,08	57,41
	III	102,66	II	89,25	64,41	40,16	16,16	–	–
	V	433,33	III	78,66	54,66	30,66	6,83	–	–
	VI	484,50	IV	200,25	186,50	172,91	159,50	146,25	133,16

Lohn bis DM	Arbeitnehmer ohne Kinder St.-Kl.	DM	AN mit Kinderfreibeträgen gemäß LSt-Karte: St.-Kl.	0,5 DM	1,0 DM	1,5 DM	2,0 DM	2,5 DM	3,0 DM
2097,15	I,IV	229,08	I	201,25	173,91	147,25	121,08	95,50	70,58
	III	113,00	II	102,75	77,66	53,08	29,00	5,08	–
	V	453,66	III	88,83	64,83	41,00	17,00	–	–
	VI	505,66	IV	215,08	201,25	187,50	173,91	160,50	147,25
2101,65	I,IV	230,08	I	202,16	174,91	148,16	122,00	96,41	71,41
	III	113,00	II	103,66	78,50	53,91	29,91	5,91	–
	V	455,16	III	88,83	64,83	41,00	17,00	–	–
	VI	507,16	IV	216,08	202,16	188,50	174,91	161,41	148,16
2106,15	I,IV	231,08	I	203,16	175,83	149,08	122,91	97,33	72,33
	III	114,83	II	104,58	79,41	54,83	30,75	6,83	–
	V	456,66	III	90,66	66,66	42,66	18,66	–	–
	VI	508,50	IV	217,08	203,16	189,41	175,83	162,41	149,08
2110,65	I,IV	232,08	I	204,16	176,83	150,08	123,83	98,25	73,16
	III	114,83	II	105,50	80,33	55,66	31,58	7,66	–
	V	458,00	III	90,66	66,66	42,66	18,66	–	–
	VI	510,00	IV	218,08	204,16	190,41	176,83	163,33	150,08
2115,15	I,IV	233,08	I	205,16	177,75	151,00	124,75	99,16	74,08
	III	116,50	II	106,41	81,16	56,50	32,41	8,50	–
	V	459,33	III	92,33	68,33	44,33	20,50	–	–
	VI	511,50	IV	219,08	205,16	191,41	177,75	164,33	151,00
2119,65	I,IV	234,08	I	206,16	178,75	151,91	125,66	100,08	75,00
	III	116,50	II	107,33	82,08	57,41	33,33	9,33	–
	V	460,66	III	92,33	68,33	44,33	20,50	–	–
	VI	512,83	IV	220,08	206,16	192,33	178,75	165,25	151,91
2124,15	I,IV	235,08	I	207,16	179,75	152,91	126,66	100,91	75,83
	III	118,33	II	108,25	83,00	58,25	34,16	10,25	–
	V	462,00	III	94,00	70,00	46,16	22,16	–	–
	VI	514,33	IV	221,08	207,16	193,33	179,75	166,25	152,91
2128,65	I,IV	236,16	I	208,08	180,66	153,83	127,58	101,83	76,75
	III	118,33	II	109,16	83,83	59,16	35,00	11,08	–
	V	463,50	III	94,00	70,00	46,16	22,16	–	–
	VI	515,83	IV	222,08	208,08	194,33	180,66	167,16	153,83
2133,15	I,IV	237,16	I	209,08	181,66	154,75	128,50	102,75	77,66
	III	118,33	II	110,08	84,75	60,00	35,83	11,91	–
	V	464,83	III	94,00	70,00	46,16	22,16	–	–
	VI	517,16	IV	223,08	209,08	195,33	181,66	168,16	154,75
2137,65	I,IV	238,16	I	210,08	182,66	155,75	129,41	103,66	78,50
	III	120,00	II	111,00	85,66	60,91	36,75	12,75	–
	V	466,33	III	95,83	71,66	47,83	23,83	–	–
	VI	518,66	IV	224,08	210,08	196,33	182,66	169,08	155,75
2142,15	I,IV	239,16	I	211,08	183,58	156,66	130,33	104,58	79,41
	III	120,00	II	111,91	86,50	61,75	37,58	13,66	–
	V	467,66	III	95,83	71,66	47,83	23,83	–	–
	VI	520,16	IV	225,08	211,08	197,25	183,58	170,08	156,66
2146,65	I,IV	239,16	I	211,08	183,58	156,66	130,33	104,58	79,41
	III	121,83	II	111,91	86,50	61,75	37,58	13,66	–
	V	469,00	III	97,50	73,50	49,50	25,50	1,66	–
	VI	521,66	IV	225,08	211,08	197,25	183,58	170,08	156,66
2151,15	I,IV	240,16	I	212,08	184,58	157,66	131,25	105,50	80,33
	III	121,83	II	112,83	87,41	62,66	38,41	14,50	–
	V	470,33	III	97,50	73,50	49,50	25,50	1,66	–
	VI	523,00	IV	226,08	212,08	198,25	184,58	171,00	157,66
2155,65	I,IV	241,16	I	213,08	185,58	158,58	132,16	106,41	81,16
	III	121,83	II	113,75	88,33	63,50	39,33	15,33	–
	V	471,83	III	97,50	73,50	49,50	25,50	1,66	–
	VI	524,50	IV	227,08	213,08	199,25	185,58	172,00	158,58

2034,15	I,IV	215,08	I	187,50	160,50	134,08	108,25	83,00	58,25
	III	102,66	II	90,08	65,25	41,00	17,08	–	–
	V	434,66	III	78,66	54,66	30,66	6,83	–	–
	VI	485,83	IV	201,25	187,50	173,91	160,50	147,25	134,08
2038,65	I,IV	216,08	I	188,50	161,41	135,00	109,16	83,83	59,16
	III	104,33	II	91,00	66,16	41,83	17,91	–	–
	V	436,00	III	80,33	56,33	32,33	8,50	–	–
	VI	487,16	IV	202,16	188,50	174,91	161,41	148,16	135,00
2043,15	I,IV	217,08	I	189,41	162,41	135,91	110,08	84,75	60,00
	III	104,33	II	91,91	67,00	42,75	18,75	–	–
	V	437,33	III	80,33	56,33	32,33	8,50	–	–
	VI	488,66	IV	203,16	189,41	175,83	162,41	149,08	135,91
2047,65	I,IV	218,08	I	190,41	163,33	136,83	111,00	85,66	60,91
	III	106,16	II	92,83	67,91	43,58	19,66	–	–
	V	438,66	III	82,00	58,00	34,16	10,16	–	–
	VI	490,00	IV	204,16	190,41	176,83	163,33	150,08	136,83
2052,15	I,IV	219,08	I	191,41	164,33	137,83	111,91	86,50	61,75
	III	106,16	II	93,75	68,75	44,41	20,50	–	–
	V	440,16	III	82,00	58,00	34,16	10,16	–	–
	VI	491,50	IV	205,16	191,41	177,75	164,33	151,00	137,83
2056,65	I,IV	220,08	I	192,33	165,25	138,75	112,83	87,41	62,66
	III	106,16	II	94,58	69,66	45,33	21,33	–	–
	V	441,50	III	82,00	58,00	34,16	10,16	–	–
	VI	492,83	IV	206,16	192,33	178,75	165,25	151,91	138,75
2061,15	I,IV	221,08	I	193,33	166,25	139,66	113,75	88,33	63,50
	III	107,83	II	95,50	70,58	46,16	22,16	–	–
	V	442,83	III	83,66	59,83	35,83	11,83	–	–
	VI	494,33	IV	207,16	193,33	179,75	166,25	152,91	139,66
2065,65	I,IV	222,08	I	194,33	167,16	140,58	114,66	89,25	64,41
	III	107,83	II	96,41	71,41	47,00	23,08	–	–
	V	444,16	III	83,66	59,83	35,83	11,83	–	–
	VI	495,66	IV	208,08	194,33	180,66	167,16	153,83	140,58
2070,15	I,IV	223,08	I	195,33	168,16	141,58	115,58	90,08	65,25
	III	109,66	II	97,33	72,33	47,91	23,91	–	–
	V	445,50	III	85,50	61,50	37,50	13,66	–	–
	VI	497,16	IV	209,08	195,33	181,66	168,16	154,75	141,58
2074,65	I,IV	224,08	I	196,33	169,08	142,50	116,50	91,00	66,16
	III	109,66	II	98,25	73,16	48,75	24,75	0,83	–
	V	447,00	III	85,50	61,50	37,50	13,66	–	–
	VI	498,50	IV	210,08	196,33	182,66	169,08	155,75	142,50
2079,15	I,IV	225,08	I	197,25	170,08	143,41	117,41	91,91	67,00
	III	109,66	II	99,16	74,08	49,58	25,58	1,66	–
	V	448,33	III	85,50	61,50	37,50	13,66	–	–
	VI	500,00	IV	211,08	197,25	183,58	170,08	156,66	143,41
2083,65	I,IV	226,08	I	198,25	171,00	144,41	118,33	92,83	67,91
	III	111,33	II	100,08	75,00	50,50	26,50	2,50	–
	V	449,66	III	87,16	63,16	39,33	15,33	–	–
	VI	501,33	IV	212,08	198,25	184,58	171,00	157,66	144,41
2088,15	I,IV	227,08	I	199,25	172,00	145,33	119,25	93,75	68,75
	III	111,33	II	100,91	75,83	51,33	27,33	3,41	–
	V	451,00	III	87,16	63,16	39,33	15,33	–	–
	VI	502,83	IV	213,08	199,25	185,58	172,00	158,58	145,33
2092,65	I,IV	228,08	I	200,25	172,91	146,25	120,16	94,58	69,66
	III	113,00	II	101,83	76,75	52,16	28,16	4,25	–
	V	452,33	III	88,83	64,83	41,00	17,00	–	–
	VI	504,33	IV	214,08	200,25	186,50	172,91	159,50	146,25

2160,15	I,IV	242,25	I	214,08	186,50	159,50	133,16	107,33	82,08
	III	123,50	II	114,66	89,25	64,41	40,16	16,16	–
	V	473,16	III	99,16	75,16	51,16	27,33	3,33	–
	VI	526,00	IV	228,08	214,08	200,25	186,50	172,91	159,50
2164,65	I,IV	243,25	I	215,08	187,50	160,50	134,08	108,25	83,00
	III	123,50	II	115,58	90,08	65,25	41,00	17,08	–
	V	474,50	III	99,16	75,16	51,16	27,33	3,33	–
	VI	527,50	IV	229,08	215,08	201,25	187,50	173,91	160,50
2169,15	I,IV	244,25	I	216,08	188,50	161,41	135,00	109,16	83,83
	III	125,33	II	116,50	91,00	66,16	41,83	17,91	–
	V	476,16	III	101,00	76,83	53,00	29,00	5,00	–
	VI	528,83	IV	230,08	216,08	202,16	188,50	174,91	161,41
2173,65	I,IV	245,25	I	217,08	189,41	162,41	135,91	110,08	84,75
	III	125,33	II	117,41	91,91	67,00	42,75	18,75	–
	V	477,50	III	101,00	76,83	53,00	29,00	5,00	–
	VI	530,16	IV	231,08	217,08	203,16	189,41	175,83	162,41
2178,15	I,IV	246,25	I	218,08	190,41	163,33	136,83	111,00	85,66
	III	125,33	II	118,33	92,83	67,91	43,58	19,66	–
	V	478,83	III	101,00	76,83	53,00	29,00	5,00	–
	VI	531,66	IV	232,08	218,08	204,16	190,41	176,83	163,33
2182,65	I,IV	247,33	I	219,08	191,41	164,33	137,83	111,91	86,50
	III	127,00	II	119,25	93,75	68,75	44,41	20,50	–
	V	480,33	III	102,66	78,66	54,66	30,66	6,83	–
	VI	533,16	IV	233,08	219,08	205,16	191,41	177,75	164,33
2187,15	I,IV	248,33	I	220,08	192,33	165,25	138,75	112,83	87,41
	III	127,00	II	120,16	94,58	69,66	45,33	21,33	–
	V	481,66	III	102,66	78,66	54,66	30,66	6,83	–
	VI	534,66	IV	234,08	220,08	206,16	192,33	178,75	165,25
2191,65	I,IV	249,33	I	221,08	193,33	166,25	139,66	113,75	88,33
	III	128,83	II	121,08	95,50	70,58	46,16	22,16	–
	V	483,00	III	104,33	80,33	56,33	32,33	8,50	–
	VI	536,16	IV	235,08	221,08	207,16	193,33	179,75	166,25
2196,15	I,IV	250,33	I	222,08	194,33	167,16	140,58	114,66	89,25
	III	128,83	II	122,00	96,41	71,41	47,00	23,08	–
	V	484,50	III	104,33	80,33	56,33	32,33	8,50	–
	VI	537,66	IV	236,16	222,08	208,08	194,33	180,66	167,16
2200,65	I,IV	251,41	I	223,08	195,33	168,16	141,58	115,58	90,08
	III	128,83	II	122,91	97,33	72,33	47,91	23,91	–
	V	485,83	III	104,33	80,33	56,33	32,33	8,50	–
	VI	539,16	IV	237,16	223,08	209,08	195,33	181,66	168,16
2205,15	I,IV	252,41	I	224,08	196,33	169,08	142,50	116,50	91,00
	III	130,50	II	123,83	98,25	73,16	48,75	24,75	0,83
	V	487,16	III	106,16	82,00	58,00	34,16	10,16	–
	VI	540,50	IV	238,16	224,08	210,08	196,33	182,66	169,08
2209,65	I,IV	253,41	I	225,08	197,25	170,08	143,41	117,41	91,91
	III	130,50	II	124,75	99,16	74,08	49,58	25,58	1,66
	V	488,66	III	106,16	82,00	58,00	34,16	10,16	–
	VI	541,83	IV	239,16	225,08	211,08	197,25	183,58	170,08
2214,15	I,IV	254,41	I	226,08	198,25	171,00	144,41	118,33	92,83
	III	132,33	II	125,66	100,08	75,00	50,50	26,50	2,50
	V	490,00	III	107,83	83,66	59,83	35,83	11,83	–
	VI	543,33	IV	240,16	226,08	212,08	198,25	184,58	171,00
2218,65	I,IV	255,50	I	227,08	199,25	172,00	145,33	119,25	93,75
	III	132,33	II	126,66	100,91	75,83	51,33	27,33	3,41
	V	491,50	III	107,83	83,66	59,83	35,83	11,83	–
	VI	544,83	IV	241,16	227,08	213,08	199,25	185,58	172,00

*) Arbeitnehmer für die die besonderen Lohnsteuer-Tabellen gelten (u. a. Beamte und Rentner), können ihre Steuer unter Anwendung der Zurechnungstabelle auf Seite 163 auch von dieser allgemeinen Monats-Lohnsteuer-Tabelle ablesen.

Lohn bis DM	Arbeitnehmer ohne Kinder St.-Kl.	DM	AN mit Kinderfreibeträgen gemäß LSt-Karte: St.-Kl.	0,5 DM	1,0 DM	1,5 DM	2,0 DM	2,5 DM	3,0 DM
2223,15	I,IV	256,50	I	228,08	200,25	172,91	146,25	120,16	94,58
	III	134,00	II	127,58	101,83	76,75	52,16	28,16	4,25
	V	492,83	III	109,66	85,50	61,50	37,50	13,66	–
	VI	546,33	IV	242,25	228,08	214,08	200,25	186,50	172,91
2227,65	I,IV	257,50	I	229,08	201,25	173,91	147,25	121,08	95,50
	III	134,00	II	128,50	102,75	77,66	53,08	29,00	5,08
	V	494,33	III	109,66	85,50	61,50	37,50	13,66	–
	VI	547,83	IV	243,25	229,08	215,08	201,25	187,50	173,91
2232,15	I,IV	258,58	I	230,08	202,16	174,91	148,16	122,00	96,41
	III	134,00	II	129,41	103,66	78,50	53,91	29,91	5,91
	V	495,66	III	109,66	85,50	61,50	37,50	13,66	–
	VI	549,33	IV	244,25	230,08	216,08	202,16	188,50	174,91
2236,65	I,IV	259,58	I	231,08	203,16	175,83	149,08	122,91	97,33
	III	135,83	II	130,33	104,58	79,41	54,83	30,75	6,83
	V	497,16	III	111,33	87,16	63,16	39,33	15,33	–
	VI	550,66	IV	245,25	231,08	217,08	203,16	189,41	175,83
2241,15	I,IV	260,58	I	232,08	204,16	176,83	150,08	123,83	98,25
	III	135,83	II	131,25	105,50	80,33	55,66	31,58	7,66
	V	498,50	III	111,33	87,16	63,16	39,33	15,33	–
	VI	552,16	IV	246,25	232,08	218,08	204,16	190,41	176,83
2245,65	I,IV	261,66	I	233,08	205,16	177,75	151,00	124,75	99,16
	III	137,50	II	132,16	106,41	81,16	56,50	32,41	8,50
	V	500,00	III	113,00	88,83	64,83	41,00	17,00	–
	VI	553,83	IV	247,33	233,08	219,08	205,16	191,41	177,75
2250,15	I,IV	262,66	I	234,08	206,16	178,75	151,91	125,66	100,08
	III	137,50	II	133,16	107,33	82,08	57,41	33,33	9,33
	V	501,33	III	113,00	88,83	64,83	41,00	17,00	–
	VI	555,33	IV	248,33	234,08	220,08	206,16	192,33	178,75
2254,65	I,IV	263,66	I	235,08	207,16	179,75	152,91	126,66	100,91
	III	137,50	II	134,08	108,25	83,00	58,25	34,16	10,25
	V	502,83	III	113,00	88,83	64,83	41,00	17,00	–
	VI	556,83	IV	249,33	235,08	221,08	207,16	193,33	179,75
2259,15	I,IV	264,75	I	236,16	208,08	180,66	153,83	127,58	101,83
	III	139,33	II	135,00	109,16	83,83	59,16	35,00	11,08
	V	504,33	III	114,83	90,66	66,66	42,66	18,66	–
	VI	558,33	IV	250,33	236,16	222,08	208,08	194,33	180,66
2263,65	I,IV	265,75	I	237,16	209,08	181,66	154,75	128,50	102,75
	III	139,33	II	135,91	110,08	84,75	60,00	35,83	11,91
	V	505,66	III	114,83	90,66	66,66	42,66	18,66	–
	VI	559,66	IV	251,41	237,16	223,08	209,08	195,33	181,66
2268,15	I,IV	266,75	I	238,16	210,08	182,66	155,75	129,41	103,66
	III	141,16	II	136,83	111,00	85,66	60,91	36,75	12,75
	V	507,16	III	116,50	92,33	68,33	44,33	20,50	–
	VI	561,16	IV	252,41	238,16	224,08	210,08	196,33	182,66
2272,65	I,IV	267,83	I	239,16	211,08	183,58	156,66	130,33	104,58
	III	141,16	II	137,83	111,91	86,50	61,75	37,58	13,66
	V	508,50	III	116,50	92,33	68,33	44,33	20,50	–
	VI	562,66	IV	253,41	239,16	225,08	211,08	197,25	183,58
2277,15	I,IV	268,83	I	240,16	212,08	184,58	157,66	131,25	105,50
	III	141,16	II	138,75	112,83	87,41	62,66	38,41	14,50
	V	510,00	III	116,50	92,33	68,33	44,33	20,50	–
	VI	564,16	IV	254,41	240,16	226,08	212,08	198,25	184,58
2281,65	I,IV	269,91	I	241,16	213,08	185,58	158,58	132,16	106,41
	III	142,83	II	139,66	113,75	88,33	63,50	39,33	15,33
	V	511,50	III	118,33	94,00	70,00	46,16	22,16	–
	VI	565,50	IV	255,50	241,16	227,08	213,08	199,25	185,58

Lohn bis DM	Arbeitnehmer ohne Kinder St.-Kl.	DM	AN mit Kinderfreibeträgen gemäß LSt-Karte: St.-Kl.	0,5 DM	1,0 DM	1,5 DM	2,0 DM	2,5 DM	3,0 DM
2349,15	I,IV	284,41	I	255,50	227,08	199,25	172,00	145,33	119,25
	III	153,50	II	152,91	126,66	100,91	75,83	51,33	27,33
	V	533,16	III	128,83	104,33	80,33	56,33	32,33	8,50
	VI	588,33	IV	269,91	255,50	241,16	227,08	213,08	199,25
2353,65	I,IV	285,50	I	256,50	228,08	200,25	172,91	146,25	120,16
	III	153,50	II	153,83	127,58	101,83	76,75	52,16	28,16
	V	534,66	III	128,83	104,33	80,33	56,33	32,33	8,50
	VI	589,66	IV	270,91	256,50	242,25	228,08	214,08	200,25
2358,15	I,IV	286,58	I	257,50	229,08	201,25	173,91	147,25	121,08
	III	155,33	II	154,75	128,50	102,75	77,66	53,08	29,00
	V	536,16	III	130,50	106,16	82,00	58,00	34,16	10,16
	VI	591,16	IV	272,00	257,50	243,25	229,08	215,08	201,25
2362,65	I,IV	287,58	I	258,58	230,08	202,16	174,91	148,16	122,00
	III	155,33	II	155,75	129,41	103,66	78,50	53,91	29,91
	V	537,66	III	130,50	106,16	82,00	58,00	34,16	10,16
	VI	592,83	IV	273,00	258,58	244,25	230,08	216,08	202,16
2367,15	I,IV	288,66	I	259,58	231,08	203,16	175,83	149,08	122,91
	III	157,00	II	156,66	130,33	104,58	79,41	54,83	30,75
	V	539,16	III	132,33	107,83	83,66	59,83	35,83	11,83
	VI	594,16	IV	274,00	259,58	245,25	231,08	217,08	203,16
2371,65	I,IV	289,66	I	260,58	232,08	204,16	176,83	150,08	123,83
	III	157,00	II	157,66	131,25	105,50	80,33	55,66	31,58
	V	540,50	III	132,33	107,83	83,66	59,83	35,83	11,83
	VI	595,83	IV	275,08	260,58	246,25	232,08	218,08	204,16
2376,15	I,IV	290,75	I	261,66	233,08	205,16	177,75	151,00	124,75
	III	157,00	II	158,58	132,16	106,41	81,16	56,50	32,41
	V	541,83	III	132,33	107,83	83,66	59,83	35,83	11,83
	VI	597,33	IV	276,08	261,66	247,33	233,08	219,08	205,16
2380,65	I,IV	291,83	I	262,66	234,08	206,16	178,75	151,91	125,66
	III	158,83	II	159,50	133,16	107,33	82,08	57,41	33,33
	V	543,33	III	134,00	109,66	85,50	61,50	37,50	13,66
	VI	598,66	IV	277,16	262,66	248,33	234,08	220,08	206,16
2385,15	I,IV	292,83	I	263,66	235,08	207,16	179,75	152,91	126,66
	III	158,83	II	160,50	134,08	108,25	83,00	58,25	34,16
	V	544,83	III	134,00	109,66	85,50	61,50	37,50	13,66
	VI	600,33	IV	278,16	263,66	249,33	235,08	221,08	207,16
2389,65	I,IV	293,91	I	264,75	236,16	208,08	180,66	153,83	127,58
	III	160,66	II	161,41	135,00	109,16	83,83	59,16	35,00
	V	546,33	III	135,83	111,33	87,16	63,16	39,33	15,33
	VI	601,83	IV	279,25	264,75	250,33	236,16	222,08	208,08
2394,15	I,IV	294,91	I	265,75	237,16	209,08	181,66	154,75	128,50
	III	160,66	II	162,41	135,91	110,08	84,75	60,00	35,83
	V	547,83	III	135,83	111,33	87,16	63,16	39,33	15,33
	VI	603,33	IV	280,25	265,75	251,41	237,16	223,08	209,08
2398,65	I,IV	296,00	I	266,75	238,16	210,08	182,66	155,75	129,41
	III	162,33	II	163,33	136,83	111,00	85,66	60,91	36,75
	V	549,33	III	137,50	113,00	88,83	64,83	41,00	17,00
	VI	604,83	IV	281,33	266,75	252,41	238,16	224,08	210,08
2403,15	I,IV	297,08	I	267,83	239,16	211,08	183,58	156,66	130,33
	III	162,33	II	164,33	137,83	111,91	86,50	61,75	37,58
	V	550,66	III	137,50	113,00	88,83	64,83	41,00	17,00
	VI	606,50	IV	282,33	267,83	253,41	239,16	225,08	211,08
2407,65	I,IV	298,08	I	268,83	240,16	212,08	184,58	157,66	131,25
	III	162,33	II	165,25	138,75	112,83	87,41	62,66	38,41
	V	552,16	III	137,50	113,00	88,83	64,83	41,00	17,00
	VI	608,00	IV	283,41	268,83	254,41	240,16	226,08	212,08

Lohn	StKl	Steuer	StKl						
2 286,15	I,IV	270,91	I	242,25	214,08	186,50	159,50	133,16	107,33
	III	142,83	II	140,58	114,66	89,25	64,41	40,16	16,16
	V	512,83	III	118,33	94,00	70,00	46,16	22,16	–
	VI	567,16	IV	256,50	242,25	228,08	214,08	200,25	186,50
2 290,65	I,IV	272,00	I	243,25	215,08	187,50	160,50	134,08	108,25
	III	144,66	II	141,58	115,58	90,08	65,25	41,00	17,08
	V	514,33	III	120,00	95,83	71,66	47,83	23,83	–
	VI	568,66	IV	257,50	243,25	229,08	215,08	201,25	187,50
2 295,15	I,IV	272,00	I	243,25	215,08	187,50	160,50	134,08	108,25
	III	144,66	II	141,58	115,58	90,08	65,25	41,00	17,08
	V	515,83	III	120,00	95,83	71,66	47,83	23,83	–
	VI	570,16	IV	257,50	243,25	229,08	215,08	201,25	187,50
2 299,65	I,IV	273,00	I	244,25	216,08	188,50	161,41	135,00	109,16
	III	146,33	II	142,50	116,50	91,00	66,16	41,83	17,91
	V	517,16	III	121,83	97,50	73,50	49,50	25,50	1,66
	VI	571,66	IV	258,58	244,25	230,08	216,08	202,16	188,50
2 304,15	I,IV	274,00	I	245,25	217,08	189,41	162,41	135,91	110,08
	III	146,33	II	143,41	117,41	91,91	67,00	42,75	18,75
	V	518,66	III	121,83	97,50	73,50	49,50	25,50	1,66
	VI	573,00	IV	259,58	245,25	231,08	217,08	203,16	189,41
2 308,65	I,IV	275,08	I	246,25	218,08	190,41	163,33	136,83	111,00
	III	146,33	II	144,41	118,33	92,83	67,91	43,58	19,66
	V	520,16	III	121,83	97,50	73,50	49,50	25,50	1,66
	VI	574,66	IV	260,58	246,25	232,08	218,08	204,16	190,41
2 313,15	I,IV	276,08	I	247,33	219,08	191,41	164,33	137,83	111,91
	III	148,16	II	145,33	119,25	93,75	68,75	44,41	20,50
	V	521,66	III	123,50	99,16	75,16	51,16	27,33	3,33
	VI	576,16	IV	261,66	247,33	233,08	219,08	205,16	191,41
2 317,65	I,IV	277,16	I	248,33	220,08	192,33	165,25	138,75	112,83
	III	148,16	II	146,25	120,16	94,58	69,66	45,33	21,33
	V	523,00	III	123,50	99,16	75,16	51,16	27,33	3,33
	VI	577,66	IV	262,66	248,33	234,08	220,08	206,16	192,33
2 322,15	I,IV	278,16	I	249,33	221,08	193,33	166,25	139,66	113,75
	III	150,00	II	147,25	121,08	95,50	70,58	46,16	22,16
	V	524,50	III	125,33	101,00	76,83	53,00	29,00	5,00
	VI	579,00	IV	263,66	249,33	235,08	221,08	207,16	193,33
2 326,65	I,IV	279,25	I	250,33	222,08	194,33	167,16	140,58	114,66
	III	150,00	II	148,16	122,00	96,41	71,41	47,00	23,08
	V	526,00	III	125,33	101,00	76,83	53,00	29,00	5,00
	VI	580,66	IV	264,75	250,33	236,16	222,08	208,08	194,33
2 331,15	I,IV	280,25	I	251,41	223,08	195,33	168,16	141,58	115,58
	III	150,00	II	149,08	122,91	97,33	72,33	47,91	23,91
	V	527,50	III	125,33	101,00	76,83	53,00	29,00	5,00
	VI	582,16	IV	265,75	251,41	237,16	223,08	209,08	195,33
2 335,65	I,IV	281,33	I	252,41	224,08	196,33	169,08	142,50	116,50
	III	151,66	II	150,08	123,83	98,25	73,16	48,75	24,75
	V	528,83	III	127,00	102,66	78,66	54,66	30,66	6,83
	VI	583,50	IV	266,75	252,41	238,16	224,08	210,08	196,33
2 340,15	I,IV	282,33	I	253,41	225,08	197,25	170,08	143,41	117,41
	III	151,66	II	151,00	124,75	99,16	74,08	49,58	25,58
	V	530,16	III	127,00	102,66	78,66	54,66	30,66	6,83
	VI	585,16	IV	267,83	253,41	239,16	225,08	211,08	197,25
2 344,65	I,IV	283,41	I	254,41	226,08	198,25	171,00	144,41	118,33
	III	153,50	II	151,91	125,66	100,08	75,00	50,50	26,50
	V	531,66	III	128,83	104,33	80,33	56,33	32,33	8,50
	VI	586,66	IV	268,83	254,41	240,16	226,08	212,08	198,25
2 412,15	I,IV	299,16	I	269,91	241,16	213,08	185,58	158,58	132,16
	III	164,16	II	166,25	139,66	113,75	88,33	63,50	39,33
	V	553,83	III	139,33	114,83	90,66	66,66	42,66	18,66
	VI	609,50	IV	284,41	269,91	255,50	241,16	227,08	213,08
2 416,65	I,IV	300,25	I	270,91	242,25	214,08	186,50	159,50	133,16
	III	164,16	II	167,16	140,58	114,66	89,25	64,41	40,16
	V	555,33	III	139,33	114,83	90,66	66,66	42,66	18,66
	VI	611,16	IV	285,50	270,91	256,50	242,25	228,08	214,08
2 421,15	I,IV	301,25	I	272,00	243,25	215,08	187,50	160,50	134,08
	III	166,00	II	168,16	141,58	115,58	90,08	65,25	41,00
	V	556,83	III	141,16	116,50	92,33	68,33	44,33	20,50
	VI	612,50	IV	286,58	272,00	257,50	243,25	229,08	215,08
2 425,65	I,IV	302,33	I	273,00	244,25	216,08	188,50	161,41	135,00
	III	166,00	II	169,08	142,50	116,50	91,00	66,16	41,83
	V	558,33	III	141,16	116,50	92,33	68,33	44,33	20,50
	VI	614,16	IV	287,58	273,00	258,58	244,25	230,08	216,08
2 430,15	I,IV	303,41	I	274,00	245,25	217,08	189,41	162,41	135,91
	III	166,00	II	170,08	143,41	117,41	91,91	67,00	42,75
	V	559,66	III	141,16	116,50	92,33	68,33	44,33	20,50
	VI	615,66	IV	288,66	274,00	259,58	245,25	231,08	217,08
2 434,65	I,IV	304,41	I	275,08	246,25	218,08	190,41	163,33	136,83
	III	167,66	II	171,00	144,41	118,33	92,83	67,91	43,58
	V	561,16	III	142,83	118,33	94,00	70,00	46,16	22,16
	VI	617,16	IV	289,66	275,08	260,58	246,25	232,08	218,08
2 439,15	I,IV	305,50	I	276,08	247,33	219,08	191,41	164,33	137,83
	III	167,66	II	172,00	145,33	119,25	93,75	68,75	44,41
	V	562,66	III	142,83	118,33	94,00	70,00	46,16	22,16
	VI	618,83	IV	290,75	276,08	261,66	247,33	233,08	219,08
2 443,65	I,IV	307,66	I	278,16	249,33	221,08	193,33	166,25	139,66
	III	169,50	II	173,91	147,25	121,08	95,50	70,58	46,16
	V	564,16	III	144,66	120,00	95,83	71,66	47,83	23,83
	VI	620,16	IV	292,83	278,16	263,66	249,33	235,08	221,08
2 448,15	I,IV	308,66	I	279,25	250,33	222,08	194,33	167,16	140,58
	III	169,50	II	174,91	148,16	122,00	96,41	71,41	47,00
	V	565,50	III	144,66	120,00	95,83	71,66	47,83	23,83
	VI	621,83	IV	293,91	279,25	264,75	250,33	236,16	222,08
2 452,65	I,IV	309,75	I	280,25	251,41	223,08	195,33	168,16	141,58
	III	169,50	II	175,83	149,08	122,91	97,33	72,33	47,91
	V	567,16	III	144,66	120,00	95,83	71,66	47,83	23,83
	VI	623,50	IV	294,91	280,25	265,75	251,41	237,16	223,08
2 457,15	I,IV	310,83	I	281,33	252,41	224,08	196,33	169,08	142,50
	III	171,33	II	176,83	150,08	123,83	98,25	73,16	48,75
	V	568,66	III	146,33	121,83	97,50	73,50	49,50	25,50
	VI	625,00	IV	296,00	281,33	266,75	252,41	238,16	224,08
2 461,65	I,IV	311,91	I	282,33	253,41	225,08	197,25	170,08	143,41
	III	171,33	II	177,75	151,00	124,75	99,16	74,08	49,58
	V	570,16	III	146,33	121,83	97,50	73,50	49,50	25,50
	VI	626,50	IV	297,08	282,33	267,83	253,41	239,16	225,08
2 466,15	I,IV	312,91	I	283,41	254,41	226,08	198,25	171,00	144,41
	III	173,00	II	178,75	151,91	125,66	100,08	75,00	50,50
	V	571,66	III	148,16	123,50	99,16	75,16	51,16	27,33
	VI	628,00	IV	298,08	283,41	268,83	254,41	240,16	226,08
2 470,65	I,IV	314,00	I	284,41	255,50	227,08	199,25	172,00	145,33
	III	173,00	II	179,75	152,91	126,66	100,91	75,83	51,33
	V	573,00	III	148,16	123,50	99,16	75,16	51,16	27,33
	VI	629,66	IV	299,16	284,41	269,91	255,50	241,16	227,08

*) Arbeitnehmer für die die besonderen Lohnsteuer-Tabellen gelten (u. a. Beamte und Rentner), können ihre Steuer unter Anwendung der Zurechnungstabelle auf Seite 163 auch von dieser allgemeinen Monats-Lohnsteuer-Tabelle ablesen.

Lohn bis DM	Arbeitnehmer ohne Kinder St.-Kl.	DM	AN mit Kinderfreibeträgen gemäß LSt-Karte: St.-Kl.	0,5 DM	1,0 DM	1,5 DM	2,0 DM	2,5 DM	3,0 DM
2475,15	I,IV	315,08	I	285,50	256,50	228,08	200,25	172,91	146,25
	III	173,00	II	180,66	153,83	127,58	101,83	76,75	52,16
	V	574,66	III	148,16	123,50	99,16	75,16	51,16	27,33
	VI	631,00	IV	300,25	285,50	270,91	256,50	242,25	228,08
2479,65	I,IV	317,25	I	287,58	258,58	230,08	202,16	174,91	148,16
	III	174,83	II	182,66	155,75	129,41	103,66	78,50	53,91
	V	576,16	III	150,00	125,33	101,00	76,83	53,00	29,00
	VI	632,66	IV	302,33	287,58	273,00	258,58	244,25	230,08
2484,15	I,IV	318,33	I	288,66	259,58	231,08	203,16	175,83	149,08
	III	174,83	II	183,58	156,66	130,33	104,58	79,41	54,83
	V	577,66	III	150,00	125,33	101,00	76,83	53,00	29,00
	VI	634,33	IV	303,41	288,66	274,00	259,58	245,25	231,08
2488,65	I,IV	319,33	I	289,66	260,58	232,08	204,16	176,83	150,08
	III	176,66	II	184,58	157,66	131,25	105,50	80,33	55,66
	V	579,00	III	151,66	127,00	102,66	78,66	54,66	30,66
	VI	635,83	IV	304,41	289,66	275,08	260,58	246,25	232,08
2493,15	I,IV	320,41	I	290,75	261,66	233,08	205,16	177,75	151,00
	III	176,66	II	185,58	158,58	132,16	106,41	81,16	56,50
	V	580,66	III	151,66	127,00	102,66	78,66	54,66	30,66
	VI	637,50	IV	305,50	290,75	276,08	261,66	247,33	233,08
2497,65	I,IV	321,50	I	291,83	262,66	234,08	206,16	178,75	151,91
	III	178,50	II	186,50	159,50	133,16	107,33	82,08	57,41
	V	582,16	III	153,50	128,83	104,33	80,33	56,33	32,33
	VI	638,83	IV	306,58	291,83	277,16	262,66	248,33	234,08
2502,15	I,IV	322,58	I	292,83	263,66	235,08	207,16	179,75	152,91
	III	178,50	II	187,50	160,50	134,08	108,25	83,00	58,25
	V	583,50	III	153,50	128,83	104,33	80,33	56,33	32,33
	VI	640,50	IV	307,66	292,83	278,16	263,66	249,33	235,08
2506,65	I,IV	323,66	I	293,91	264,75	236,16	208,08	180,66	153,83
	III	178,50	II	188,50	161,41	135,00	109,16	83,83	59,16
	V	585,16	III	153,50	128,83	104,33	80,33	56,33	32,33
	VI	642,00	IV	308,66	293,91	279,25	264,75	250,33	236,16
2511,15	I,IV	324,75	I	294,91	265,75	237,16	209,08	181,66	154,75
	III	180,16	II	189,41	162,41	135,91	110,08	84,75	60,00
	V	586,66	III	155,33	130,50	106,16	82,00	58,00	34,16
	VI	643,66	IV	309,75	294,91	280,25	265,75	251,41	237,16
2515,65	I,IV	326,83	I	297,08	267,83	239,16	211,08	183,58	156,66
	III	180,16	II	191,41	164,33	137,83	111,91	86,50	61,75
	V	588,33	III	155,33	130,50	106,16	82,00	58,00	34,16
	VI	645,16	IV	311,91	297,08	282,33	267,83	253,41	239,16
2520,15	I,IV	327,91	I	298,08	268,83	240,16	212,08	184,58	157,66
	III	182,00	II	192,33	165,25	138,75	112,83	87,41	62,66
	V	589,66	III	157,00	132,33	107,83	83,66	59,83	35,83
	VI	646,83	IV	312,91	298,08	283,41	268,83	254,41	240,16
2524,65	I,IV	329,00	I	299,16	269,91	241,16	213,08	185,58	158,58
	III	182,00	II	193,33	166,25	139,66	113,75	88,33	63,50
	V	591,16	III	157,00	132,33	107,83	83,66	59,83	35,83
	VI	648,33	IV	314,00	299,16	284,41	269,91	255,50	241,16
2529,15	I,IV	330,08	I	300,25	270,91	242,25	214,08	186,50	159,50
	III	182,00	II	194,33	167,16	140,58	114,66	89,25	64,41
	V	592,83	III	157,00	132,33	107,83	83,66	59,83	35,83
	VI	650,00	IV	315,08	300,25	285,50	270,91	256,50	242,25
2533,65	I,IV	331,16	I	301,25	272,00	243,25	215,08	187,50	160,50
	III	183,83	II	195,33	168,16	141,58	115,58	90,08	65,25
	V	594,16	III	158,83	134,00	109,66	85,50	61,50	37,50
	VI	651,50	IV	316,16	301,25	286,58	272,00	257,50	243,25

Lohn bis DM	Arbeitnehmer ohne Kinder St.-Kl.	DM	AN mit Kinderfreibeträgen gemäß LSt-Karte: St.-Kl.	0,5 DM	1,0 DM	1,5 DM	2,0 DM	2,5 DM	3,0 DM
2601,15	I,IV	349,58	I	319,33	289,66	260,58	232,08	204,16	176,83
	III	194,66	II	212,08	184,58	157,66	131,25	105,50	80,33
	V	617,16	III	169,50	144,66	120,00	95,83	71,66	47,83
	VI	675,16	IV	334,41	319,33	304,41	289,66	275,08	260,58
2605,65	I,IV	350,66	I	320,41	290,75	261,66	233,08	205,16	177,75
	III	194,66	II	213,08	185,58	158,58	132,16	106,41	81,16
	V	618,83	III	169,50	144,66	120,00	95,83	71,66	47,83
	VI	676,83	IV	335,50	320,41	305,50	290,75	276,08	261,66
2610,15	I,IV	351,75	I	321,50	291,83	262,66	234,08	206,16	178,75
	III	196,50	II	214,08	186,50	159,50	133,16	107,33	82,08
	V	620,16	III	171,33	146,33	121,83	97,50	73,50	49,50
	VI	678,50	IV	336,58	321,50	306,58	291,83	277,16	262,66
2614,65	I,IV	352,91	I	322,58	292,83	263,66	235,08	207,16	179,75
	III	196,50	II	215,08	187,50	160,50	134,08	108,25	83,00
	V	621,83	III	171,33	146,33	121,83	97,50	73,50	49,50
	VI	680,16	IV	337,66	322,58	307,66	292,83	278,16	263,66
2619,15	I,IV	354,00	I	323,66	293,91	264,75	236,16	208,08	180,66
	III	198,33	II	216,08	188,50	161,41	135,00	109,16	83,83
	V	623,50	III	173,00	148,16	123,50	99,16	75,16	51,16
	VI	681,66	IV	338,75	323,66	308,66	293,91	279,25	264,75
2623,65	I,IV	355,08	I	324,75	294,91	265,75	237,16	209,08	181,66
	III	198,33	II	217,08	189,41	162,41	135,91	110,08	84,75
	V	625,00	III	173,00	148,16	123,50	99,16	75,16	51,16
	VI	683,16	IV	339,83	324,75	309,75	294,91	280,25	265,75
2628,15	I,IV	357,25	I	326,83	297,08	267,83	239,16	211,08	183,58
	III	198,33	II	219,08	191,41	164,33	137,83	111,91	86,50
	V	626,50	III	173,00	148,16	123,50	99,16	75,16	51,16
	VI	684,83	IV	342,00	326,83	311,91	297,08	282,33	267,83
2632,65	I,IV	358,33	I	327,91	298,08	268,83	240,16	212,08	184,58
	III	200,16	II	220,08	192,33	165,25	138,75	112,83	87,41
	V	628,00	III	174,83	150,00	125,33	101,00	76,83	53,00
	VI	686,50	IV	343,08	327,91	312,91	298,08	283,41	268,83
2637,15	I,IV	359,41	I	329,00	299,16	269,91	241,16	213,08	185,58
	III	200,16	II	221,08	193,33	166,25	139,66	113,75	88,33
	V	629,66	III	174,83	150,00	125,33	101,00	76,83	53,00
	VI	688,16	IV	344,16	329,00	314,00	299,16	284,41	269,91
2641,65	I,IV	360,58	I	330,08	300,25	270,91	242,25	214,08	186,50
	III	201,83	II	222,08	194,33	167,16	140,58	114,66	89,25
	V	631,00	III	176,66	151,66	127,00	102,66	78,66	54,66
	VI	689,66	IV	345,25	330,08	315,08	300,25	285,50	270,91
2646,15	I,IV	361,66	I	331,16	301,25	272,00	243,25	215,08	187,50
	III	201,83	II	223,08	195,33	168,16	141,58	115,58	90,08
	V	632,66	III	176,66	151,66	127,00	102,66	78,66	54,66
	VI	691,33	IV	346,33	331,16	316,16	301,25	286,58	272,00
2650,65	I,IV	362,75	I	332,25	302,33	273,00	244,25	216,08	188,50
	III	201,83	II	224,08	196,33	169,08	142,50	116,50	91,00
	V	634,33	III	176,66	151,66	127,00	102,66	78,66	54,66
	VI	693,00	IV	347,41	332,25	317,25	302,33	287,58	273,00
2655,15	I,IV	363,83	I	333,33	303,41	274,00	245,25	217,08	189,41
	III	203,66	II	225,08	197,25	170,08	143,41	117,41	91,91
	V	635,83	III	178,50	153,50	128,83	104,33	80,33	56,33
	VI	694,50	IV	348,50	333,33	318,33	303,41	288,66	274,00
2659,65	I,IV	364,91	I	334,41	304,41	275,08	246,25	218,08	190,41
	III	203,66	II	226,08	198,25	171,00	144,41	118,33	92,83
	V	637,50	III	178,50	153,50	128,83	104,33	80,33	56,33
	VI	696,00	IV	349,58	334,41	319,33	304,41	289,66	275,08

2538,15	I,IV	332,25	I	302,33	273,00	244,25	216,08	188,50	161,41
	III	183,83	II	196,33	169,08	142,50	116,50	91,00	66,16
	V	595,83	III	158,83	134,00	109,66	85,50	61,50	37,50
	VI	653,16	IV	317,25	302,33	287,58	273,00	258,58	244,25
2542,65	I,IV	333,33	I	303,41	274,00	245,25	217,08	189,41	162,41
	III	185,66	II	197,25	170,08	143,41	117,41	91,91	67,00
	V	597,33	III	160,66	135,83	111,33	87,16	63,16	39,33
	VI	654,66	IV	318,33	303,41	288,66	274,00	259,58	245,25
2547,15	I,IV	334,41	I	304,41	275,08	246,25	218,08	190,41	163,33
	III	185,66	II	198,25	171,00	144,41	118,33	92,83	67,91
	V	598,66	III	160,66	135,83	111,33	87,16	63,16	39,33
	VI	656,33	IV	319,33	304,41	289,66	275,08	260,58	246,25
2551,65	I,IV	335,50	I	305,50	276,08	247,33	219,08	191,41	164,33
	III	185,66	II	199,25	172,00	145,33	119,25	93,75	68,75
	V	600,33	III	160,66	135,83	111,33	87,16	63,16	39,33
	VI	657,66	IV	320,41	305,50	290,75	276,08	261,66	247,33
2556,15	I,IV	337,66	I	307,66	278,16	249,33	221,08	193,33	166,25
	III	187,50	II	201,25	173,91	147,25	121,08	95,50	70,58
	V	601,83	III	162,33	137,50	113,00	88,83	64,83	41,00
	VI	659,50	IV	322,58	307,66	292,83	278,16	263,66	249,33
2560,65	I,IV	338,75	I	308,66	279,25	250,33	222,08	194,33	167,16
	III	187,50	II	202,16	174,91	148,16	122,00	96,41	71,41
	V	603,33	III	162,33	137,50	113,00	88,83	64,83	41,00
	VI	661,00	IV	323,66	308,66	293,91	279,25	264,75	250,33
2565,15	I,IV	339,83	I	309,75	280,25	251,41	223,08	195,33	168,16
	III	189,16	II	203,16	175,83	149,08	122,91	97,33	72,33
	V	604,83	III	164,16	139,33	114,83	90,66	66,66	42,66
	VI	662,66	IV	324,75	309,75	294,91	280,25	265,75	251,41
2569,65	I,IV	340,91	I	310,83	281,33	252,41	224,08	196,33	169,08
	III	189,16	II	204,16	176,83	150,08	123,83	98,25	73,16
	V	606,50	III	164,16	139,33	114,83	90,66	66,66	42,66
	VI	664,16	IV	325,83	310,83	296,00	281,33	266,75	252,41
2574,15	I,IV	342,00	I	311,91	282,33	253,41	225,08	197,25	170,08
	III	191,00	II	205,16	177,75	151,00	124,75	99,16	74,08
	V	608,00	III	166,00	141,16	116,50	92,33	68,33	44,33
	VI	665,83	IV	326,83	311,91	297,08	282,33	267,83	253,41
2578,65	I,IV	343,08	I	312,91	283,41	254,41	226,08	198,25	171,00
	III	191,00	II	206,16	178,75	151,91	125,66	100,08	75,00
	V	609,50	III	166,00	141,16	116,50	92,33	68,33	44,33
	VI	667,33	IV	327,91	312,91	298,08	283,41	268,83	254,41
2583,15	I,IV	344,16	I	314,00	284,41	255,50	227,08	199,25	172,00
	III	191,00	II	207,16	179,75	152,91	126,66	100,91	75,83
	V	611,16	III	166,00	141,16	116,50	92,33	68,33	44,33
	VI	669,00	IV	329,00	314,00	299,16	284,41	269,91	255,50
2587,65	I,IV	345,25	I	315,08	285,50	256,50	228,08	200,25	172,91
	III	192,83	II	208,08	180,66	153,83	127,58	101,83	76,75
	V	612,50	III	167,66	142,83	118,33	94,00	70,00	46,16
	VI	670,50	IV	330,08	315,08	300,25	285,50	270,91	256,50
2592,15	I,IV	347,41	I	317,25	287,58	258,58	230,08	202,16	174,91
	III	192,83	II	210,08	182,66	155,75	129,41	103,66	78,50
	V	614,16	III	167,66	142,83	118,33	94,00	70,00	46,16
	VI	672,00	IV	332,25	317,25	302,33	287,58	273,00	258,58
2596,65	I,IV	348,50	I	318,33	288,66	259,58	231,08	203,16	175,83
	III	194,66	II	211,08	183,58	156,66	130,33	104,58	79,41
	V	615,66	III	169,50	144,66	120,00	95,83	71,66	47,83
	VI	673,66	IV	333,33	318,33	303,41	288,66	274,00	259,58

2664,15	I,IV	366,08	I	335,50	305,50	276,08	247,33	219,08	191,41
	III	205,50	II	227,08	199,25	172,00	145,33	119,25	93,75
	V	638,83	III	180,16	155,33	130,50	106,16	82,00	58,00
	VI	697,83	IV	350,66	335,50	320,41	305,50	290,75	276,08
2668,65	I,IV	368,25	I	337,66	307,66	278,16	249,33	221,08	193,33
	III	205,50	II	229,08	201,25	173,91	147,25	121,08	95,50
	V	640,50	III	180,16	155,33	130,50	106,16	82,00	58,00
	VI	699,33	IV	352,91	337,66	322,58	307,66	292,83	278,16
2673,15	I,IV	369,33	I	338,75	308,66	279,25	250,33	222,08	194,33
	III	207,33	II	230,08	202,16	174,91	148,16	122,00	96,41
	V	642,00	III	182,00	157,00	132,33	107,83	83,66	59,83
	VI	701,00	IV	354,00	338,75	323,66	308,66	293,91	279,25
2677,65	I,IV	370,50	I	339,83	309,75	280,25	251,41	223,08	195,33
	III	207,33	II	231,08	203,16	175,83	149,08	122,91	97,33
	V	643,66	III	182,00	157,00	132,33	107,83	83,66	59,83
	VI	702,66	IV	355,08	339,83	324,75	309,75	294,91	280,25
2682,15	I,IV	371,58	I	340,91	310,83	281,33	252,41	224,08	196,33
	III	207,33	II	232,08	204,16	176,83	150,08	123,83	98,25
	V	645,16	III	182,00	157,00	132,33	107,83	83,66	59,83
	VI	704,16	IV	356,16	340,91	325,83	310,83	296,00	281,33
2686,65	I,IV	372,66	I	342,00	311,91	282,33	253,41	225,08	197,25
	III	209,16	II	233,08	205,16	177,75	151,00	124,75	99,16
	V	646,83	III	183,83	158,83	134,00	109,66	85,50	61,50
	VI	705,83	IV	357,25	342,00	326,83	311,91	297,08	282,33
2691,15	I,IV	373,75	I	343,08	312,91	283,41	254,41	226,08	198,25
	III	209,16	II	234,08	206,16	178,75	151,91	125,66	100,08
	V	648,33	III	183,83	158,83	134,00	109,66	85,50	61,50
	VI	707,50	IV	358,33	343,08	327,91	312,91	298,08	283,41
2695,65	I,IV	374,91	I	344,16	314,00	284,41	255,50	227,08	199,25
	III	211,00	II	235,08	207,16	179,75	152,91	126,66	100,91
	V	650,00	III	185,66	160,66	135,83	111,33	87,16	63,16
	VI	709,16	IV	359,41	344,16	329,00	314,00	299,16	284,41
2700,15	I,IV	376,00	I	345,25	315,08	285,50	256,50	228,08	200,25
	III	211,00	II	236,16	208,08	180,66	153,83	127,58	101,83
	V	651,50	III	185,66	160,66	135,83	111,33	87,16	63,16
	VI	710,66	IV	360,58	345,25	330,08	315,08	300,25	285,50
2704,65	I,IV	378,25	I	347,41	317,25	287,58	258,58	230,08	202,16
	III	211,00	II	238,16	210,08	182,66	155,75	129,41	103,66
	V	653,16	III	185,66	160,66	135,83	111,33	87,16	63,16
	VI	712,50	IV	362,75	347,41	332,25	317,25	302,33	287,58
2709,15	I,IV	379,33	I	348,50	318,33	288,66	259,58	231,08	203,16
	III	212,83	II	239,16	211,08	183,58	156,66	130,33	104,58
	V	654,66	III	187,50	162,33	137,50	113,00	88,83	64,83
	VI	714,00	IV	363,83	348,50	333,33	318,33	303,41	288,66
2713,65	I,IV	380,41	I	349,58	319,33	289,66	260,58	232,08	204,16
	III	212,83	II	240,16	212,08	184,58	157,66	131,25	105,50
	V	656,33	III	187,50	162,33	137,50	113,00	88,83	64,83
	VI	715,50	IV	364,91	349,58	334,41	319,33	304,41	289,66
2718,15	I,IV	381,58	I	350,66	320,41	290,75	261,66	233,08	205,16
	III	214,66	II	241,16	213,08	185,58	158,58	132,16	106,41
	V	657,66	III	189,16	164,16	139,33	114,83	90,66	66,66
	VI	717,33	IV	366,08	350,66	335,50	320,41	305,50	290,75
2722,65	I,IV	382,66	I	351,75	321,50	291,83	262,66	234,08	206,16
	III	214,66	II	242,25	214,08	186,50	159,50	133,16	107,33
	V	659,50	III	189,16	164,16	139,33	114,83	90,66	66,66
	VI	718,83	IV	367,16	351,75	336,58	321,50	306,58	291,83

*) Arbeitnehmer für die die besonderen Lohnsteuer-Tabellen gelten (u. a. Beamte und Rentner), können ihre Steuer unter Anwendung der Zurechnungstabelle auf Seite 163 auch von dieser allgemeinen Monats-Lohnsteuer-Tabelle ablesen.

Lohn bis DM	Arbeitnehmer ohne Kinder St.-Kl.	DM	AN mit Kinderfreibeträgen gemäß LSt-Karte: St.-Kl.	0,5 DM	1,0 DM	1,5 DM	2,0 DM	2,5 DM	3,0 DM
2727,15	I,IV	383,75	I	352,91	322,58	292,83	263,66	235,08	207,16
	III	214,66	II	243,25	215,08	187,50	160,50	134,08	108,25
	V	661,00	III	189,16	164,16	139,33	114,83	90,66	66,66
	VI	720,50	IV	368,25	352,91	337,66	322,58	307,66	292,83
2731,65	I,IV	384,91	I	354,00	323,66	293,91	264,75	236,16	208,08
	III	216,50	II	244,25	216,08	188,50	161,41	135,00	109,16
	V	662,66	III	191,00	166,00	141,16	116,50	92,33	68,33
	VI	722,33	IV	369,33	354,00	338,75	323,66	308,66	293,91
2736,15	I,IV	386,00	I	355,08	324,75	294,91	265,75	237,16	209,08
	III	216,50	II	245,25	217,08	189,41	162,41	135,91	110,08
	V	664,16	III	191,00	166,00	141,16	116,50	92,33	68,33
	VI	723,83	IV	370,50	355,08	339,83	324,75	309,75	294,91
2740,65	I,IV	388,25	I	357,25	326,83	297,08	267,83	239,16	211,08
	III	218,33	II	247,33	219,08	191,41	164,33	137,83	111,91
	V	665,83	III	192,83	167,66	142,83	118,33	94,00	70,00
	VI	725,50	IV	372,66	357,25	342,00	326,83	311,91	297,08
2745,15	I,IV	389,33	I	358,33	327,91	298,08	268,83	240,16	212,08
	III	218,33	II	248,33	220,08	192,33	165,25	138,75	112,83
	V	667,33	III	192,83	167,66	142,83	118,33	94,00	70,00
	VI	727,00	IV	373,75	358,33	343,08	327,91	312,91	298,08
2749,65	I,IV	390,50	I	359,41	329,00	299,16	269,91	241,16	213,08
	III	220,16	II	249,33	221,08	193,33	166,25	139,66	113,75
	V	669,00	III	194,66	169,50	144,66	120,00	95,83	71,66
	VI	728,83	IV	374,91	359,41	344,16	329,00	314,00	299,16
2754,15	I,IV	391,58	I	360,58	330,08	300,25	270,91	242,25	214,08
	III	220,16	II	250,33	222,08	194,33	167,16	140,58	114,66
	V	670,50	III	194,66	169,50	144,66	120,00	95,83	71,66
	VI	730,50	IV	376,00	360,58	345,25	330,08	315,08	300,25
2758,65	I,IV	392,66	I	361,66	331,16	301,25	272,00	243,25	215,08
	III	220,16	II	251,41	223,08	195,33	168,16	141,58	115,58
	V	672,00	III	194,66	169,50	144,66	120,00	95,83	71,66
	VI	732,00	IV	377,08	361,66	346,33	331,16	316,16	301,25
2763,15	I,IV	393,83	I	362,75	332,25	302,33	273,00	244,25	216,08
	III	222,00	II	252,41	224,08	196,33	169,08	142,50	116,50
	V	673,66	III	196,50	171,33	146,33	121,83	97,50	73,50
	VI	733,66	IV	378,25	362,75	347,41	332,25	317,25	302,33
2767,65	I,IV	394,91	I	363,83	333,33	303,41	274,00	245,25	217,08
	III	222,00	II	253,41	225,08	197,25	170,08	143,41	117,41
	V	675,16	III	196,50	171,33	146,33	121,83	97,50	73,50
	VI	735,33	IV	379,33	363,83	348,50	333,33	318,33	303,41
2772,15	I,IV	396,08	I	364,91	334,41	304,41	275,08	246,25	218,08
	III	223,83	II	254,41	226,08	198,25	171,00	144,41	118,33
	V	676,83	III	198,33	173,00	148,16	123,50	99,16	75,16
	VI	737,00	IV	380,41	364,91	349,58	334,41	319,33	304,41
2776,65	I,IV	397,16	I	366,08	335,50	305,50	276,08	247,33	219,08
	III	223,83	II	255,50	227,08	199,25	172,00	145,33	119,25
	V	678,50	III	198,33	173,00	148,16	123,50	99,16	75,16
	VI	738,66	IV	381,58	366,08	350,66	335,50	320,41	305,50
2781,15	I,IV	398,33	I	367,16	336,58	306,58	277,16	248,33	220,08
	III	223,83	II	256,50	228,08	200,25	172,91	146,25	120,16
	V	680,16	III	198,33	173,00	148,16	123,50	99,16	75,16
	VI	740,33	IV	382,66	367,16	351,75	336,58	321,50	306,58
2785,65	I,IV	399,41	I	368,25	337,66	307,66	278,16	249,33	221,08
	III	225,66	II	257,50	229,08	201,25	173,91	147,25	121,08
	V	681,66	III	200,16	174,83	150,00	125,33	101,00	76,83
	VI	742,00	IV	383,75	368,25	352,91	337,66	322,58	307,66

Lohn bis DM	Arbeitnehmer ohne Kinder St.-Kl.	DM	AN mit Kinderfreibeträgen gemäß LSt-Karte: St.-Kl.	0,5 DM	1,0 DM	1,5 DM	2,0 DM	2,5 DM	3,0 DM
2853,15	I,IV	416,33	I	384,91	354,00	323,66	293,91	264,75	236,16
	III	236,66	II	273,00	244,25	216,08	188,50	161,41	135,00
	V	705,83	III	211,00	185,66	160,66	135,83	111,33	87,16
	VI	767,00	IV	400,58	384,91	369,33	354,00	338,75	323,66
2857,65	I,IV	417,50	I	386,00	355,08	324,75	294,91	265,75	237,16
	III	236,66	II	274,00	245,25	217,08	189,41	162,41	135,91
	V	707,50	III	211,00	185,66	160,66	135,83	111,33	87,16
	VI	768,66	IV	401,66	386,00	370,50	355,08	339,83	324,75
2862,15	I,IV	418,66	I	387,08	356,16	325,83	296,00	266,75	238,16
	III	238,50	II	275,08	246,25	218,08	190,41	163,33	136,83
	V	709,16	III	212,83	187,50	162,33	137,50	113,00	88,83
	VI	770,33	IV	402,83	387,08	371,58	356,16	340,91	325,83
2866,65	I,IV	419,75	I	388,25	357,25	326,83	297,08	267,83	239,16
	III	238,50	II	276,08	247,33	219,08	191,41	164,33	137,83
	V	710,66	III	212,83	187,50	162,33	137,50	113,00	88,83
	VI	772,00	IV	403,91	388,25	372,66	357,25	342,00	326,83
2871,15	I,IV	420,91	I	389,33	358,33	327,91	298,08	268,83	240,16
	III	240,33	II	277,16	248,33	220,08	192,33	165,25	138,75
	V	712,50	III	214,66	189,16	164,16	139,33	114,83	90,66
	VI	773,66	IV	405,08	389,33	373,75	358,33	343,08	327,91
2875,65	I,IV	422,08	I	390,50	359,41	329,00	299,16	269,91	241,16
	III	240,33	II	278,16	249,33	221,08	193,33	166,25	139,66
	V	714,00	III	214,66	189,16	164,16	139,33	114,83	90,66
	VI	775,33	IV	406,16	390,50	374,91	359,41	344,16	329,00
2880,15	I,IV	423,16	I	391,58	360,58	330,08	300,25	270,91	242,25
	III	240,33	II	279,25	250,33	222,08	194,33	167,16	140,58
	V	715,50	III	214,66	189,16	164,16	139,33	114,83	90,66
	VI	777,00	IV	407,33	391,58	376,00	360,58	345,25	330,08
2884,65	I,IV	424,33	I	392,66	361,66	331,16	301,25	272,00	243,25
	III	242,16	II	280,25	251,41	223,08	195,33	168,16	141,58
	V	717,33	III	216,50	191,00	166,00	141,16	116,50	92,33
	VI	778,66	IV	408,41	392,66	377,08	361,66	346,33	331,16
2889,15	I,IV	425,50	I	393,83	362,75	332,25	302,33	273,00	244,25
	III	242,16	II	281,33	252,41	224,08	196,33	169,08	142,50
	V	718,83	III	216,50	191,00	166,00	141,16	116,50	92,33
	VI	780,33	IV	409,58	393,83	378,25	362,75	347,41	332,25
2893,65	I,IV	426,58	I	394,91	363,83	333,33	303,41	274,00	245,25
	III	244,00	II	282,33	253,41	225,08	197,25	170,08	143,41
	V	720,50	III	218,33	192,83	167,66	142,83	118,33	94,00
	VI	782,00	IV	410,66	394,91	379,33	363,83	348,50	333,33
2898,15	I,IV	427,75	I	396,08	364,91	334,41	304,41	275,08	246,25
	III	244,00	II	283,41	254,41	226,08	198,25	171,00	144,41
	V	722,33	III	218,33	192,83	167,66	142,83	118,33	94,00
	VI	784,00	IV	411,83	396,08	380,41	364,91	349,58	334,41
2902,65	I,IV	428,91	I	397,16	366,08	335,50	305,50	276,08	247,33
	III	244,00	II	284,41	255,50	227,08	199,25	172,00	145,33
	V	723,83	III	218,33	192,83	167,66	142,83	118,33	94,00
	VI	785,66	IV	413,00	397,16	381,58	366,08	350,66	335,50
2907,15	I,IV	430,08	I	398,33	367,16	336,58	306,58	277,16	248,33
	III	245,83	II	285,50	256,50	228,08	200,25	172,91	146,25
	V	725,50	III	220,16	194,66	169,50	144,66	120,00	95,83
	VI	787,33	IV	414,08	398,33	382,66	367,16	351,75	336,58
2911,65	I,IV	431,16	I	399,41	368,25	337,66	307,66	278,16	249,33
	III	245,83	II	286,58	257,50	229,08	201,25	173,91	147,25
	V	727,00	III	220,16	194,66	169,50	144,66	120,00	95,83
	VI	789,00	IV	415,25	399,41	383,75	368,25	352,91	337,66

Lohn	Klasse	Steuer	Klasse						
2790,15	I,IV	400,58	I	369,33	338,75	308,66	279,25	250,33	222,08
	III	225,66	II	258,58	230,08	202,16	174,91	148,16	122,00
	V	683,16	III	200,16	174,83	150,00	125,33	101,00	76,83
	VI	743,66	IV	384,91	369,33	354,00	338,75	323,66	308,66
2794,65	I,IV	401,66	I	370,50	339,83	309,75	280,25	251,41	223,08
	III	227,50	II	259,58	231,08	203,16	175,83	149,08	122,91
	V	684,83	III	201,83	176,66	151,66	127,00	102,66	78,66
	VI	745,33	IV	386,00	370,50	355,08	339,83	324,75	309,75
2799,15	I,IV	402,83	I	371,58	340,91	310,83	281,33	252,41	224,08
	III	227,50	II	260,58	232,08	204,16	176,83	150,08	123,83
	V	686,50	III	201,83	176,66	151,66	127,00	102,66	78,66
	VI	746,83	IV	387,08	371,58	356,16	340,91	325,83	310,83
2803,65	I,IV	403,91	I	372,66	342,00	311,91	282,33	253,41	225,08
	III	227,50	II	261,66	233,08	205,16	177,75	151,00	124,75
	V	688,16	III	201,83	176,66	151,66	127,00	102,66	78,66
	VI	748,50	IV	388,25	372,66	357,25	342,00	326,83	311,91
2808,15	I,IV	405,08	I	373,75	343,08	312,91	283,41	254,41	226,08
	III	229,33	II	262,66	234,08	206,16	178,75	151,91	125,66
	V	689,66	III	203,66	178,50	153,50	128,83	104,33	80,33
	VI	750,33	IV	389,33	373,75	358,33	343,08	327,91	312,91
2812,65	I,IV	406,16	I	374,91	344,16	314,00	284,41	255,50	227,08
	III	229,33	II	263,66	235,08	207,16	179,75	152,91	126,66
	V	691,33	III	203,66	178,50	153,50	128,83	104,33	80,33
	VI	752,00	IV	390,50	374,91	359,41	344,16	329,00	314,00
2817,15	I,IV	407,33	I	376,00	345,25	315,08	285,50	256,50	228,08
	III	231,16	II	264,75	236,16	208,08	180,66	153,83	127,58
	V	693,00	III	205,50	180,16	155,33	130,50	106,16	82,00
	VI	753,66	IV	391,58	376,00	360,58	345,25	330,08	315,08
2821,65	I,IV	408,41	I	377,08	346,33	316,16	286,58	257,50	229,08
	III	231,16	II	265,75	237,16	209,08	181,66	154,75	128,50
	V	694,50	III	205,50	180,16	155,33	130,50	106,16	82,00
	VI	755,16	IV	392,66	377,08	361,66	346,33	331,16	316,16
2826,15	I,IV	409,58	I	378,25	347,41	317,25	287,58	258,58	230,08
	III	231,16	II	266,75	238,16	210,08	182,66	155,75	129,41
	V	696,00	III	205,50	180,16	155,33	130,50	106,16	82,00
	VI	756,83	IV	393,83	378,25	362,75	347,41	332,25	317,25
2830,65	I,IV	410,66	I	379,33	348,50	318,33	288,66	259,58	231,08
	III	233,00	II	267,83	239,16	211,08	183,58	156,66	130,33
	V	697,83	III	207,33	182,00	157,00	132,33	107,83	83,66
	VI	758,66	IV	394,91	379,33	363,83	348,50	333,33	318,33
2835,15	I,IV	411,83	I	380,41	349,58	319,33	289,66	260,58	232,08
	III	233,00	II	268,83	240,16	212,08	184,58	157,66	131,25
	V	699,33	III	207,33	182,00	157,00	132,33	107,83	83,66
	VI	760,33	IV	396,08	380,41	364,91	349,58	334,41	319,33
2839,65	I,IV	413,00	I	381,58	350,66	320,41	290,75	261,66	233,08
	III	234,83	II	269,91	241,16	213,08	185,58	158,58	132,16
	V	701,00	III	209,16	183,83	158,83	134,00	109,66	85,50
	VI	762,00	IV	397,16	381,58	366,08	350,66	335,50	320,41
2844,15	I,IV	414,08	I	382,66	351,75	321,50	291,83	262,66	234,08
	III	234,83	II	270,91	242,25	214,08	186,50	159,50	133,16
	V	702,66	III	209,16	183,83	158,83	134,00	109,66	85,50
	VI	763,66	IV	398,33	382,66	367,16	351,75	336,58	321,50
2848,65	I,IV	415,25	I	383,75	352,91	322,58	292,83	263,66	235,08
	III	236,66	II	272,00	243,25	215,08	187,50	160,50	134,08
	V	704,16	III	211,00	185,66	160,66	135,83	111,33	87,16
	VI	765,33	IV	399,41	383,75	368,25	352,91	337,66	322,58

Lohn	Klasse	Steuer	Klasse						
2916,15	I,IV	432,33	I	400,58	369,33	338,75	308,66	279,25	250,33
	III	247,66	II	287,58	258,58	230,08	202,16	174,91	148,16
	V	728,83	III	222,00	196,50	171,33	146,33	121,83	97,50
	VI	790,66	IV	416,33	400,58	384,91	369,33	354,00	338,75
2920,65	I,IV	433,50	I	401,66	370,50	339,83	309,75	280,25	251,41
	III	247,66	II	288,66	259,58	231,08	203,16	175,83	149,08
	V	730,50	III	222,00	196,50	171,33	146,33	121,83	97,50
	VI	792,33	IV	417,50	401,66	386,00	370,50	355,08	339,83
2925,15	I,IV	434,58	I	402,83	371,58	340,91	310,83	281,33	252,41
	III	247,66	II	289,66	260,58	232,08	204,16	176,83	150,08
	V	732,00	III	222,00	196,50	171,33	146,33	121,83	97,50
	VI	794,00	IV	418,66	402,83	387,08	371,58	356,16	340,91
2929,65	I,IV	435,75	I	403,91	372,66	342,00	311,91	282,33	253,41
	III	249,50	II	290,75	261,66	233,08	205,16	177,75	151,00
	V	733,66	III	223,83	198,33	173,00	148,16	123,50	99,16
	VI	795,66	IV	419,75	403,91	388,25	372,66	357,25	342,00
2934,15	I,IV	436,91	I	405,08	373,75	343,08	312,91	283,41	254,41
	III	249,50	II	291,83	262,66	234,08	206,16	178,75	151,91
	V	735,33	III	223,83	198,33	173,00	148,16	123,50	99,16
	VI	797,50	IV	420,91	405,08	389,33	373,75	358,33	343,08
2938,65	I,IV	438,08	I	406,16	374,91	344,16	314,00	284,41	255,50
	III	251,33	II	292,83	263,66	235,08	207,16	179,75	152,91
	V	737,00	III	225,66	200,16	174,83	150,00	125,33	101,00
	VI	799,16	IV	422,08	406,16	390,50	374,91	359,41	344,16
2943,15	I,IV	439,25	I	407,33	376,00	345,25	315,08	285,50	256,50
	III	251,33	II	293,91	264,75	236,16	208,08	180,66	153,83
	V	738,66	III	225,66	200,16	174,83	150,00	125,33	101,00
	VI	800,83	IV	423,16	407,33	391,58	376,00	360,58	345,25
2947,65	I,IV	440,33	I	408,41	377,08	346,33	316,16	286,58	257,50
	III	253,33	II	294,91	265,75	237,16	209,08	181,66	154,75
	V	740,33	III	227,50	201,83	176,66	151,66	127,00	102,66
	VI	802,50	IV	424,33	408,41	392,66	377,08	361,66	346,33
2952,15	I,IV	441,50	I	409,58	378,25	347,41	317,25	287,58	258,58
	III	253,33	II	296,00	266,75	238,16	210,08	182,66	155,75
	V	742,00	III	227,50	201,83	176,66	151,66	127,00	102,66
	VI	804,16	IV	425,50	409,58	393,83	378,25	362,75	347,41
2956,65	I,IV	442,66	I	410,66	379,33	348,50	318,33	288,66	259,58
	III	253,33	II	297,08	267,83	239,16	211,08	183,58	156,66
	V	743,66	III	227,50	201,83	176,66	151,66	127,00	102,66
	VI	806,00	IV	426,58	410,66	394,91	379,33	363,83	348,50
2961,15	I,IV	443,83	I	411,83	380,41	349,58	319,33	289,66	260,58
	III	255,16	II	298,08	268,83	240,16	212,08	184,58	157,66
	V	745,33	III	229,33	203,66	178,50	153,50	128,83	104,33
	VI	807,66	IV	427,75	411,83	396,08	380,41	364,91	349,58
2965,65	I,IV	445,00	I	413,00	381,58	350,66	320,41	290,75	261,66
	III	255,16	II	299,16	269,91	241,16	213,08	185,58	158,58
	V	746,83	III	229,33	203,66	178,50	153,50	128,83	104,33
	VI	809,33	IV	428,91	413,00	397,16	381,58	366,08	350,66
2970,15	I,IV	446,16	I	414,08	382,66	351,75	321,50	291,83	262,66
	III	257,00	II	300,25	270,91	242,25	214,08	186,50	159,50
	V	748,50	III	231,16	205,50	180,16	155,33	130,50	106,16
	VI	811,00	IV	430,08	414,08	398,33	382,66	367,16	351,75
2974,65	I,IV	447,25	I	415,25	383,75	352,91	322,58	292,83	263,66
	III	257,00	II	301,25	272,00	243,25	215,08	187,50	160,50
	V	750,33	III	231,16	205,50	180,16	155,33	130,50	106,16
	VI	812,83	IV	431,16	415,25	399,41	383,75	368,25	352,91

*) Arbeitnehmer für die die besonderen Lohnsteuer-Tabellen gelten (u. a. Beamte und Rentner), können ihre Steuer unter Anwendung der Zurechnungstabelle auf Seite 163 auch von dieser allgemeinen Monats-Lohnsteuer-Tabelle ablesen.

Lohn bis DM	Arbeitnehmer ohne Kinder St.-Kl.	Arbeitnehmer ohne Kinder DM	AN mit Kinderfreibeträgen gemäß LSt-Karte: St.-Kl.	0,5 DM	1,0 DM	1,5 DM	2,0 DM	2,5 DM	3,0 DM
2979,15	I,IV	448,41	I	416,33	384,91	354,00	323,66	293,91	264,75
	III	257,00	II	302,33	273,00	244,25	216,08	188,50	161,41
	V	752,00	III	231,16	205,50	180,16	155,33	130,50	106,16
	VI	814,50	IV	432,33	416,33	400,58	384,91	369,33	354,00
2983,65	I,IV	449,58	I	417,50	386,00	355,08	324,75	294,91	265,75
	III	258,83	II	303,41	274,00	245,25	217,08	189,41	162,41
	V	753,66	III	233,00	207,33	182,00	157,00	132,33	107,83
	VI	816,16	IV	433,50	417,50	401,66	386,00	370,50	355,08
2988,15	I,IV	450,75	I	418,66	387,08	356,16	325,83	296,00	266,75
	III	258,83	II	304,41	275,08	246,25	218,08	190,41	163,33
	V	755,16	III	233,00	207,33	182,00	157,00	132,33	107,83
	VI	818,00	IV	434,58	418,66	402,83	387,08	371,58	356,16
2992,65	I,IV	451,91	I	419,75	388,25	357,25	326,83	297,08	267,83
	III	260,66	II	305,50	276,08	247,33	219,08	191,41	164,33
	V	756,83	III	234,83	209,16	183,83	158,83	134,00	109,66
	VI	819,66	IV	435,75	419,75	403,91	388,25	372,66	357,25
2997,15	I,IV	453,08	I	420,91	389,33	358,33	327,91	298,08	268,83
	III	260,66	II	306,58	277,16	248,33	220,08	192,33	165,25
	V	758,66	III	234,83	209,16	183,83	158,83	134,00	109,66
	VI	821,33	IV	436,91	420,91	405,08	389,33	373,75	358,33
3001,65	I,IV	454,25	I	422,08	390,50	359,41	329,00	299,16	269,91
	III	260,66	II	307,66	278,16	249,33	221,08	193,33	166,25
	V	760,33	III	234,83	209,16	183,83	158,83	134,00	109,66
	VI	823,16	IV	438,08	422,08	406,16	390,50	374,91	359,41
3006,15	I,IV	455,41	I	423,16	391,58	360,58	330,08	300,25	270,91
	III	262,50	II	308,66	279,25	250,33	222,08	194,33	167,16
	V	762,00	III	236,66	211,00	185,66	160,66	135,83	111,33
	VI	824,83	IV	439,25	423,16	407,33	391,58	376,00	360,58
3010,65	I,IV	456,58	I	424,33	392,66	361,66	331,16	301,25	272,00
	III	262,50	II	309,75	280,25	251,41	223,08	195,33	168,16
	V	763,66	III	236,66	211,00	185,66	160,66	135,83	111,33
	VI	826,66	IV	440,33	424,33	408,41	392,66	377,08	361,66
3015,15	I,IV	457,66	I	425,50	393,83	362,75	332,25	302,33	273,00
	III	264,33	II	310,83	281,33	252,41	224,08	196,33	169,08
	V	765,33	III	238,50	212,83	187,50	162,33	137,50	113,00
	VI	828,33	IV	441,50	425,50	409,58	393,83	378,25	362,75
3019,65	I,IV	458,83	I	426,58	394,91	363,83	333,33	303,41	274,00
	III	264,33	II	311,91	282,33	253,41	225,08	197,25	170,08
	V	767,00	III	238,50	212,83	187,50	162,33	137,50	113,00
	VI	830,00	IV	442,66	426,58	410,66	394,91	379,33	363,83
3024,15	I,IV	460,00	I	427,75	396,08	364,91	334,41	304,41	275,08
	III	266,33	II	312,91	283,41	254,41	226,08	198,25	171,00
	V	768,66	III	240,33	214,66	189,16	164,16	139,33	114,83
	VI	831,83	IV	443,83	427,75	411,83	396,08	380,41	364,91
3028,65	I,IV	461,16	I	428,91	397,16	366,08	335,50	305,50	276,08
	III	266,33	II	314,00	284,41	255,50	227,08	199,25	172,00
	V	770,33	III	240,33	214,66	189,16	164,16	139,33	114,83
	VI	833,50	IV	445,00	428,91	413,00	397,16	381,58	366,08
3033,15	I,IV	462,33	I	430,08	398,33	367,16	336,58	306,58	277,16
	III	266,33	II	315,08	285,50	256,50	228,08	200,25	172,91
	V	772,00	III	240,33	214,66	189,16	164,16	139,33	114,83
	VI	835,33	IV	446,16	430,08	414,08	398,33	382,66	367,16
3037,65	I,IV	463,50	I	431,16	399,41	368,25	337,66	307,66	278,16
	III	268,16	II	316,16	286,58	257,50	229,08	201,25	173,91
	V	773,66	III	242,16	216,50	191,00	166,00	141,16	116,50
	VI	837,00	IV	447,25	431,16	415,25	399,41	383,75	368,25
3105,15	I,IV	481,08	I	448,41	416,33	384,91	354,00	323,66	293,91
	III	279,33	II	332,25	302,33	273,00	244,25	216,08	188,50
	V	799,16	III	253,33	227,50	201,83	176,66	151,66	127,00
	VI	863,33	IV	464,66	448,41	432,33	416,33	400,58	384,91
3109,65	I,IV	482,25	I	449,58	417,50	386,00	355,08	324,75	294,91
	III	279,33	II	333,33	303,41	274,00	245,25	217,08	189,41
	V	800,83	III	253,33	227,50	201,83	176,66	151,66	127,00
	VI	865,16	IV	465,83	449,58	433,50	417,50	401,66	386,00
3114,15	I,IV	483,41	I	450,75	418,66	387,08	356,16	325,83	296,00
	III	281,16	II	334,41	304,41	275,08	246,25	218,08	190,41
	V	802,50	III	255,16	229,33	203,66	178,50	153,50	128,83
	VI	866,83	IV	467,00	450,75	434,58	418,66	402,83	387,08
3118,65	I,IV	484,58	I	451,91	419,75	388,25	357,25	326,83	297,08
	III	281,16	II	335,50	305,50	276,08	247,33	219,08	191,41
	V	804,16	III	255,16	229,33	203,66	178,50	153,50	128,83
	VI	868,50	IV	468,16	451,91	435,75	419,75	403,91	388,25
3123,15	I,IV	485,83	I	453,08	420,91	389,33	358,33	327,91	298,08
	III	283,16	II	336,58	306,58	277,16	248,33	220,08	192,33
	V	806,00	III	257,00	231,16	205,50	180,16	155,33	130,50
	VI	870,33	IV	469,33	453,08	436,91	420,91	405,08	389,33
3127,65	I,IV	487,00	I	454,25	422,08	390,50	359,41	329,00	299,16
	III	283,16	II	337,66	307,66	278,16	249,33	221,08	193,33
	V	807,66	III	257,00	231,16	205,50	180,16	155,33	130,50
	VI	872,16	IV	470,50	454,25	438,08	422,08	406,16	390,50
3132,15	I,IV	488,16	I	455,41	423,16	391,58	360,58	330,08	300,25
	III	283,16	II	338,75	308,66	279,25	250,33	222,08	194,33
	V	809,33	III	257,00	231,16	205,50	180,16	155,33	130,50
	VI	874,00	IV	471,66	455,41	439,25	423,16	407,33	391,58
3136,65	I,IV	489,33	I	456,58	424,33	392,66	361,66	331,16	301,25
	III	285,00	II	339,83	309,75	280,25	251,41	223,08	195,33
	V	811,00	III	258,83	233,00	207,33	182,00	157,00	132,33
	VI	875,83	IV	472,83	456,58	440,33	424,33	408,41	392,66
3141,15	I,IV	490,50	I	457,66	425,50	393,83	362,75	332,25	302,33
	III	285,00	II	340,91	310,83	281,33	252,41	224,08	196,33
	V	812,83	III	258,83	233,00	207,33	182,00	157,00	132,33
	VI	877,33	IV	474,00	457,66	441,50	425,50	409,58	393,83
3145,65	I,IV	491,66	I	458,83	426,58	394,91	363,83	333,33	303,41
	III	286,83	II	342,00	311,91	282,33	253,41	225,08	197,25
	V	814,50	III	260,66	234,83	209,16	183,83	158,83	134,00
	VI	879,16	IV	475,25	458,83	442,66	426,58	410,66	394,91
3150,15	I,IV	492,91	I	460,00	427,75	396,08	364,91	334,41	304,41
	III	286,83	II	343,08	312,91	283,41	254,41	226,08	198,25
	V	816,16	III	260,66	234,83	209,16	183,83	158,83	134,00
	VI	881,00	IV	476,41	460,00	443,83	427,75	411,83	396,08
3154,65	I,IV	494,08	I	461,16	428,91	397,16	366,08	335,50	305,50
	III	286,83	II	344,16	314,00	284,41	255,50	227,08	199,25
	V	818,00	III	260,66	234,83	209,16	183,83	158,83	134,00
	VI	882,83	IV	477,58	461,16	445,00	428,91	413,00	397,16
3159,15	I,IV	495,25	I	462,33	430,08	398,33	367,16	336,58	306,58
	III	288,83	II	345,25	315,08	285,50	256,50	228,08	200,25
	V	819,66	III	262,50	236,66	211,00	185,66	160,66	135,83
	VI	884,66	IV	478,75	462,33	446,16	430,08	414,08	398,33
3163,65	I,IV	496,41	I	463,50	431,16	399,41	368,25	337,66	307,66
	III	288,83	II	346,33	316,16	286,58	257,50	229,08	201,25
	V	821,33	III	262,50	236,66	211,00	185,66	160,66	135,83
	VI	886,50	IV	479,91	463,50	447,25	431,16	415,25	399,41

3042,15	I,IV	464,66	I	432,33	400,58	369,33	338,75	308,66	279,25
	III	268,16	II	317,25	287,58	258,58	230,08	202,16	174,91
	V	775,33	III	242,16	216,50	191,00	166,00	141,16	116,50
	VI	838,83	IV	448,41	432,33	416,33	400,58	384,91	369,33
3046,65	I,IV	465,83	I	433,50	401,66	370,50	339,83	309,75	280,25
	III	270,00	II	318,33	288,66	259,58	231,08	203,16	175,83
	V	777,00	III	244,00	218,33	192,83	167,66	142,83	118,33
	VI	840,50	IV	449,58	433,50	417,50	401,66	386,00	370,50
3051,15	I,IV	467,00	I	434,58	402,83	371,58	340,91	310,83	281,33
	III	270,00	II	319,33	289,66	260,58	232,08	204,16	176,83
	V	778,66	III	244,00	218,33	192,83	167,66	142,83	118,33
	VI	842,33	IV	450,75	434,58	418,66	402,83	387,08	371,58
3055,65	I,IV	468,16	I	435,75	403,91	372,66	342,00	311,91	282,33
	III	270,00	II	320,41	290,75	261,66	233,08	205,16	177,75
	V	780,33	III	244,00	218,33	192,83	167,66	142,83	118,33
	VI	844,00	IV	451,91	435,75	419,75	403,91	388,25	372,66
3060,15	I,IV	469,33	I	436,91	405,08	373,75	343,08	312,91	283,41
	III	271,83	II	321,50	291,83	262,66	234,08	206,16	178,75
	V	782,00	III	245,83	220,16	194,66	169,50	144,66	120,00
	VI	845,83	IV	453,08	436,91	420,91	405,08	389,33	373,75
3064,65	I,IV	470,50	I	438,08	406,16	374,91	344,16	314,00	284,41
	III	271,83	II	322,58	292,83	263,66	235,08	207,16	179,75
	V	784,00	III	245,83	220,16	194,66	169,50	144,66	120,00
	VI	847,50	IV	454,25	438,08	422,08	406,16	390,50	374,91
3069,15	I,IV	471,66	I	439,25	407,33	376,00	345,25	315,08	285,50
	III	273,66	II	323,66	293,91	264,75	236,16	208,08	180,66
	V	785,66	III	247,66	222,00	196,50	171,33	146,33	121,83
	VI	849,33	IV	455,41	439,25	423,16	407,33	391,58	376,00
3073,65	I,IV	472,83	I	440,33	408,41	377,08	346,33	316,16	286,58
	III	273,66	II	324,75	294,91	265,75	237,16	209,08	181,66
	V	787,33	III	247,66	222,00	196,50	171,33	146,33	121,83
	VI	851,16	IV	456,58	440,33	424,33	408,41	392,66	377,08
3078,15	I,IV	474,00	I	441,50	409,58	378,25	347,41	317,25	287,58
	III	273,66	II	325,83	296,00	266,75	238,16	210,08	182,66
	V	789,00	III	247,66	222,00	196,50	171,33	146,33	121,83
	VI	852,66	IV	457,66	441,50	425,50	409,58	393,83	378,25
3082,65	I,IV	475,25	I	442,66	410,66	379,33	348,50	318,33	288,66
	III	275,66	II	326,83	297,08	267,83	239,16	211,08	183,58
	V	790,66	III	249,50	223,83	198,33	173,00	148,16	123,50
	VI	854,50	IV	458,83	442,66	426,58	410,66	394,91	379,33
3087,15	I,IV	476,41	I	443,83	411,83	380,41	349,58	319,33	289,66
	III	275,66	II	327,91	298,08	268,83	240,16	212,08	184,58
	V	792,33	III	249,50	223,83	198,33	173,00	148,16	123,50
	VI	856,33	IV	460,00	443,83	427,75	411,83	396,08	380,41
3091,65	I,IV	477,58	I	445,00	413,00	381,58	350,66	320,41	290,75
	III	277,50	II	329,00	299,16	269,91	241,16	213,08	185,58
	V	794,00	III	251,33	225,66	200,16	174,83	150,00	125,33
	VI	858,00	IV	461,16	445,00	428,91	413,00	397,16	381,58
3096,15	I,IV	478,75	I	446,16	414,08	382,66	351,75	321,50	291,83
	III	277,50	II	330,08	300,25	270,91	242,25	214,08	186,50
	V	795,66	III	251,33	225,66	200,16	174,83	150,00	125,33
	VI	859,83	IV	462,33	446,16	430,08	414,08	398,33	382,66
3100,65	I,IV	479,91	I	447,25	415,25	383,75	352,91	322,58	292,83
	III	277,50	II	331,16	301,25	272,00	243,25	215,08	187,50
	V	797,50	III	251,33	225,66	200,16	174,83	150,00	125,33
	VI	861,66	IV	463,50	447,25	431,16	415,25	399,41	383,75

3168,15	I,IV	497,58	I	464,66	432,33	400,58	369,33	338,75	308,66
	III	290,66	II	347,41	317,25	287,58	258,58	230,08	202,16
	V	823,16	III	264,33	238,50	212,83	187,50	162,33	137,50
	VI	888,00	IV	481,08	464,66	448,41	432,33	416,33	400,58
3172,65	I,IV	498,83	I	465,83	433,50	401,66	370,50	339,83	309,75
	III	290,66	II	348,50	318,33	288,66	259,58	231,08	203,16
	V	824,83	III	264,33	238,50	212,83	187,50	162,33	137,50
	VI	889,83	IV	482,25	465,83	449,58	433,50	417,50	401,66
3177,15	I,IV	500,00	I	467,00	434,58	402,83	371,58	340,91	310,83
	III	290,66	II	349,58	319,33	289,66	260,58	232,08	204,16
	V	826,66	III	264,33	238,50	212,83	187,50	162,33	137,50
	VI	891,66	IV	483,41	467,00	450,75	434,58	418,66	402,83
3181,65	I,IV	501,16	I	468,16	435,75	403,91	372,66	342,00	311,91
	III	292,50	II	350,66	320,41	290,75	261,66	233,08	205,16
	V	828,33	III	266,33	240,33	214,66	189,16	164,16	139,33
	VI	893,50	IV	484,58	468,16	451,91	435,75	419,75	403,91
3186,15	I,IV	502,33	I	469,33	436,91	405,08	373,75	343,08	312,91
	III	292,50	II	351,75	321,50	291,83	262,66	234,08	206,16
	V	830,00	III	266,33	240,33	214,66	189,16	164,16	139,33
	VI	895,33	IV	485,83	469,33	453,08	436,91	420,91	405,08
3190,65	I,IV	503,58	I	470,50	438,08	406,16	374,91	344,16	314,00
	III	294,50	II	352,91	322,58	292,83	263,66	235,08	207,16
	V	831,83	III	268,16	242,16	216,50	191,00	166,00	141,16
	VI	897,00	IV	487,00	470,50	454,25	438,08	422,08	406,16
3195,15	I,IV	504,75	I	471,66	439,25	407,33	376,00	345,25	315,08
	III	294,50	II	354,00	323,66	293,91	264,75	236,16	208,08
	V	833,50	III	268,16	242,16	216,50	191,00	166,00	141,16
	VI	898,83	IV	488,16	471,66	455,41	439,25	423,16	407,33
3199,65	I,IV	505,91	I	472,83	440,33	408,41	377,08	346,33	316,16
	III	296,33	II	355,08	324,75	294,91	265,75	237,16	209,08
	V	835,33	III	270,00	244,00	218,33	192,83	167,66	142,83
	VI	900,66	IV	489,33	472,83	456,58	440,33	424,33	408,41
3204,15	I,IV	507,16	I	474,00	441,50	409,58	378,25	347,41	317,25
	III	296,33	II	356,16	325,83	296,00	266,75	238,16	210,08
	V	837,00	III	270,00	244,00	218,33	192,83	167,66	142,83
	VI	902,50	IV	490,50	474,00	457,66	441,50	425,50	409,58
3208,65	I,IV	508,33	I	475,25	442,66	410,66	379,33	348,50	318,33
	III	296,33	II	357,25	326,83	297,08	267,83	239,16	211,08
	V	838,83	III	270,00	244,00	218,33	192,83	167,66	142,83
	VI	904,16	IV	491,66	475,25	458,83	442,66	426,58	410,66
3213,15	I,IV	509,50	I	476,41	443,83	411,83	380,41	349,58	319,33
	III	298,16	II	358,33	327,91	298,08	268,83	240,16	212,08
	V	840,50	III	271,83	245,83	220,16	194,66	169,50	144,66
	VI	906,00	IV	492,91	476,41	460,00	443,83	427,75	411,83
3217,65	I,IV	510,75	I	477,58	445,00	413,00	381,58	350,66	320,41
	III	298,16	II	359,41	329,00	299,16	269,91	241,16	213,08
	V	842,33	III	271,83	245,83	220,16	194,66	169,50	144,66
	VI	907,83	IV	494,08	477,58	461,16	445,00	428,91	413,00
3222,15	I,IV	511,91	I	478,75	446,16	414,08	382,66	351,75	321,50
	III	300,16	II	360,58	330,08	300,25	270,91	242,25	214,08
	V	844,00	III	273,66	247,66	222,00	196,50	171,33	146,33
	VI	909,66	IV	495,25	478,75	462,33	446,16	430,08	414,08
3226,65	I,IV	513,08	I	479,91	447,25	415,25	383,75	352,91	322,58
	III	300,16	II	361,66	331,16	301,25	272,00	243,25	215,08
	V	845,83	III	273,66	247,66	222,00	196,50	171,33	146,33
	VI	911,33	IV	496,41	479,91	463,50	447,25	431,16	415,25

*) Arbeitnehmer für die die besonderen Lohnsteuer-Tabellen gelten (u. a. Beamte und Rentner), können ihre Steuer unter Anwendung der Zurechnungstabelle auf Seite 163 auch von dieser allgemeinen Monats-Lohnsteuer-Tabelle ablesen.

Lohn bis DM	Arbeitnehmer ohne Kinder St.-Kl.	Arbeitnehmer ohne Kinder DM	AN mit Kinderfreibeträgen gemäß LSt-Karte: St.-Kl.	0,5 DM	1,0 DM	1,5 DM	2,0 DM	2,5 DM	3,0 DM
3 231,15	I,IV	514,33	I	481,08	448,41	416,33	384,91	354,00	323,66
	III	300,16	II	362,75	332,25	302,33	273,00	244,25	216,08
	V	847,50	III	273,66	247,66	222,00	196,50	171,33	146,33
	VI	913,16	IV	497,58	481,08	464,66	448,41	432,33	416,33
3 235,65	I,IV	515,50	I	482,25	449,58	417,50	386,00	355,08	324,75
	III	302,00	II	363,83	333,33	303,41	274,00	245,25	217,08
	V	849,33	III	275,66	249,50	223,83	198,33	173,00	148,16
	VI	915,00	IV	498,83	482,25	465,83	449,58	433,50	417,50
3 240,15	I,IV	516,66	I	483,41	450,75	418,66	387,08	356,16	325,83
	III	302,00	II	364,91	334,41	304,41	275,08	246,25	218,08
	V	851,16	III	275,66	249,50	223,83	198,33	173,00	148,16
	VI	916,83	IV	500,00	483,41	467,00	450,75	434,58	418,66
3 244,65	I,IV	517,91	I	484,58	451,91	419,75	388,25	357,25	326,83
	III	303,83	II	366,08	335,50	305,50	276,08	247,33	219,08
	V	852,66	III	277,50	251,33	225,66	200,16	174,83	150,00
	VI	918,66	IV	501,16	484,58	468,16	451,91	435,75	419,75
3 249,15	I,IV	519,08	I	485,83	453,08	420,91	389,33	358,33	327,91
	III	303,83	II	367,16	336,58	306,58	277,16	248,33	220,08
	V	854,50	III	277,50	251,33	225,66	200,16	174,83	150,00
	VI	920,50	IV	502,33	485,83	469,33	453,08	436,91	420,91
3 253,65	I,IV	520,33	I	487,00	454,25	422,08	390,50	359,41	329,00
	III	303,83	II	368,25	337,66	307,66	278,16	249,33	221,08
	V	856,33	III	277,50	251,33	225,66	200,16	174,83	150,00
	VI	922,33	IV	503,58	487,00	470,50	454,25	438,08	422,08
3 258,15	I,IV	521,50	I	488,16	455,41	423,16	391,58	360,58	330,08
	III	305,83	II	369,33	338,75	308,66	279,25	250,33	222,08
	V	858,00	III	279,33	253,33	227,50	201,83	176,66	151,66
	VI	924,00	IV	504,75	488,16	471,66	455,41	439,25	423,16
3 262,65	I,IV	522,66	I	489,33	456,58	424,33	392,66	361,66	331,16
	III	305,83	II	370,50	339,83	309,75	280,25	251,41	223,08
	V	859,83	III	279,33	253,33	227,50	201,83	176,66	151,66
	VI	925,83	IV	505,91	489,33	472,83	456,58	440,33	424,33
3 267,15	I,IV	523,91	I	490,50	457,66	425,50	393,83	362,75	332,25
	III	307,66	II	371,58	340,91	310,83	281,33	252,41	224,08
	V	861,66	III	281,16	255,16	229,33	203,66	178,50	153,50
	VI	927,83	IV	507,16	490,50	474,00	457,66	441,50	425,50
3 271,65	I,IV	525,08	I	491,66	458,83	426,58	394,91	363,83	333,33
	III	307,66	II	372,66	342,00	311,91	282,33	253,41	225,08
	V	863,33	III	281,16	255,16	229,33	203,66	178,50	153,50
	VI	929,50	IV	508,33	491,66	475,25	458,83	442,66	426,58
3 276,15	I,IV	526,33	I	492,91	460,00	427,75	396,08	364,91	334,41
	III	307,66	II	373,75	343,08	312,91	283,41	254,41	226,08
	V	865,16	III	281,16	255,16	229,33	203,66	178,50	153,50
	VI	931,33	IV	509,50	492,91	476,41	460,00	443,83	427,75
3 280,65	I,IV	527,50	I	494,08	461,16	428,91	397,16	366,08	335,50
	III	309,50	II	374,91	344,16	314,00	284,41	255,50	227,08
	V	866,83	III	283,16	257,00	231,16	205,50	180,16	155,33
	VI	933,16	IV	510,75	494,08	477,58	461,16	445,00	428,91
3 285,15	I,IV	528,75	I	495,25	462,33	430,08	398,33	367,16	336,58
	III	309,50	II	376,00	345,25	315,08	285,50	256,50	228,08
	V	868,50	III	283,16	257,00	231,16	205,50	180,16	155,33
	VI	934,83	IV	511,91	495,25	478,75	462,33	446,16	430,08
3 289,65	I,IV	529,91	I	496,41	463,50	431,16	399,41	368,25	337,66
	III	311,50	II	377,08	346,33	316,16	286,58	257,50	229,08
	V	870,33	III	285,00	258,83	233,00	207,33	182,00	157,00
	VI	936,83	IV	513,08	496,41	479,91	463,50	447,25	431,16

Lohn bis DM	Arbeitnehmer ohne Kinder St.-Kl.	Arbeitnehmer ohne Kinder DM	AN mit Kinderfreibeträgen gemäß LSt-Karte: St.-Kl.	0,5 DM	1,0 DM	1,5 DM	2,0 DM	2,5 DM	3,0 DM
3 357,15	I,IV	548,08	I	514,33	481,08	448,41	416,33	384,91	354,00
	III	322,83	II	393,83	362,75	332,25	302,33	273,00	244,25
	V	897,00	III	296,33	270,00	244,00	218,33	192,83	167,66
	VI	964,16	IV	531,16	514,33	497,58	481,08	464,66	448,41
3 361,65	I,IV	549,33	I	515,50	482,25	449,58	417,50	386,00	355,08
	III	322,83	II	394,91	363,83	333,33	303,41	274,00	245,25
	V	898,83	III	296,33	270,00	244,00	218,33	192,83	167,66
	VI	966,16	IV	532,33	515,50	498,83	482,25	465,83	449,58
3 366,15	I,IV	550,58	I	516,66	483,41	450,75	418,66	387,08	356,16
	III	324,83	II	396,08	364,91	334,41	304,41	275,08	246,25
	V	900,66	III	298,16	271,83	245,83	220,16	194,66	169,50
	VI	968,00	IV	533,58	516,66	500,00	483,41	467,00	450,75
3 370,65	I,IV	551,75	I	517,91	484,58	451,91	419,75	388,25	357,25
	III	324,83	II	397,16	366,08	335,50	305,50	276,08	247,33
	V	902,50	III	298,16	271,83	245,83	220,16	194,66	169,50
	VI	969,83	IV	534,75	517,91	501,16	484,58	468,16	451,91
3 375,15	I,IV	553,00	I	519,08	485,83	453,08	420,91	389,33	358,33
	III	324,83	II	398,33	367,16	336,58	306,58	277,16	248,33
	V	904,16	III	298,16	271,83	245,83	220,16	194,66	169,50
	VI	971,66	IV	536,00	519,08	502,33	485,83	469,33	453,08
3 379,65	I,IV	554,16	I	520,33	487,00	454,25	422,08	390,50	359,41
	III	326,66	II	399,41	368,25	337,66	307,66	278,16	249,33
	V	906,00	III	300,16	273,66	247,66	222,00	196,50	171,33
	VI	973,50	IV	537,16	520,33	503,58	487,00	470,50	454,25
3 384,15	I,IV	555,41	I	521,50	488,16	455,41	423,16	391,58	360,58
	III	326,66	II	400,58	369,33	338,75	308,66	279,25	250,33
	V	907,83	III	300,16	273,66	247,66	222,00	196,50	171,33
	VI	975,33	IV	538,41	521,50	504,75	488,16	471,66	455,41
3 388,65	I,IV	556,66	I	522,66	489,33	456,58	424,33	392,66	361,66
	III	328,66	II	401,66	370,50	339,83	309,75	280,25	251,41
	V	909,66	III	302,00	275,66	249,50	223,83	198,33	173,00
	VI	977,16	IV	539,58	522,66	505,91	489,33	472,83	456,58
3 393,15	I,IV	557,83	I	523,91	490,50	457,66	425,50	393,83	362,75
	III	328,66	II	402,83	371,58	340,91	310,83	281,33	252,41
	V	911,33	III	302,00	275,66	249,50	223,83	198,33	173,00
	VI	979,16	IV	540,83	523,91	507,16	490,50	474,00	457,66
3 397,65	I,IV	559,08	I	525,08	491,66	458,83	426,58	394,91	363,83
	III	330,50	II	403,91	372,66	342,00	311,91	282,33	253,41
	V	913,16	III	303,83	277,50	251,33	225,66	200,16	174,83
	VI	981,00	IV	542,00	525,08	508,33	491,66	475,25	458,83
3 402,15	I,IV	560,33	I	526,33	492,91	460,00	427,75	396,08	364,91
	III	330,50	II	405,08	373,75	343,08	312,91	283,41	254,41
	V	915,00	III	303,83	277,50	251,33	225,66	200,16	174,83
	VI	982,83	IV	543,25	526,33	509,50	492,91	476,41	460,00
3 406,65	I,IV	561,58	I	527,50	494,08	461,16	428,91	397,16	366,08
	III	330,50	II	406,16	374,91	344,16	314,00	284,41	255,50
	V	916,83	III	303,83	277,50	251,33	225,66	200,16	174,83
	VI	984,66	IV	544,41	527,50	510,75	494,08	477,58	461,16
3 411,15	I,IV	562,75	I	528,75	495,25	462,33	430,08	398,33	367,16
	III	332,50	II	407,33	376,00	345,25	315,08	285,50	256,50
	V	918,66	III	305,83	279,33	253,33	227,50	201,83	176,66
	VI	986,50	IV	545,66	528,75	511,91	495,25	478,75	462,33
3 415,65	I,IV	564,00	I	529,91	496,41	463,50	431,16	399,41	368,25
	III	332,50	II	408,41	377,08	346,33	316,16	286,58	257,50
	V	920,50	III	305,83	279,33	253,33	227,50	201,83	176,66
	VI	988,50	IV	546,91	529,91	513,08	496,41	479,91	463,50

3 294,15	I,IV	531,16	I	497,58	464,66	432,33	400,58	369,33	338,75
	III	311,50	II	378,25	347,41	317,25	287,58	258,58	230,08
	V	872,16	III	285,00	258,83	233,00	207,33	182,00	157,00
	VI	938,66	IV	514,33	497,58	481,08	464,66	448,41	432,33
3 298,65	I,IV	532,33	I	498,83	465,83	433,50	401,66	370,50	339,83
	III	313,33	II	379,33	348,50	318,33	288,66	259,58	231,08
	V	874,00	III	286,83	260,66	234,83	209,16	183,83	158,83
	VI	940,33	IV	515,50	498,83	482,25	465,83	449,58	433,50
3 303,15	I,IV	533,58	I	500,00	467,00	434,58	402,83	371,58	340,91
	III	313,33	II	380,41	349,58	319,33	289,66	260,58	232,08
	V	875,83	III	286,83	260,66	234,83	209,16	183,83	158,83
	VI	942,33	IV	516,66	500,00	483,41	467,00	450,75	434,58
3 307,65	I,IV	534,75	I	501,16	468,16	435,75	403,91	372,66	342,00
	III	313,33	II	381,58	350,66	320,41	290,75	261,66	233,08
	V	877,33	III	286,83	260,66	234,83	209,16	183,83	158,83
	VI	944,16	IV	517,91	501,16	484,58	468,16	451,91	435,75
3 312,15	I,IV	536,00	I	502,33	469,33	436,91	405,08	373,75	343,08
	III	315,33	II	382,66	351,75	321,50	291,83	262,66	234,08
	V	879,16	III	288,83	262,50	236,66	211,00	185,66	160,66
	VI	945,83	IV	519,08	502,33	485,83	469,33	453,08	436,91
3 316,65	I,IV	537,16	I	503,58	470,50	438,08	406,16	374,91	344,16
	III	315,33	II	383,75	352,91	322,58	292,83	263,66	235,08
	V	881,00	III	288,83	262,50	236,66	211,00	185,66	160,66
	VI	947,83	IV	520,33	503,58	487,00	470,50	454,25	438,08
3 321,15	I,IV	538,41	I	504,75	471,66	439,25	407,33	376,00	345,25
	III	317,16	II	384,91	354,00	323,66	293,91	264,75	236,16
	V	882,83	III	290,66	264,33	238,50	212,83	187,50	162,33
	VI	949,66	IV	521,50	504,75	488,16	471,66	455,41	439,25
3 325,65	I,IV	539,58	I	505,91	472,83	440,33	408,41	377,08	346,33
	III	317,16	II	386,00	355,08	324,75	294,91	265,75	237,16
	V	884,66	III	290,66	264,33	238,50	212,83	187,50	162,33
	VI	951,33	IV	522,66	505,91	489,33	472,83	456,58	440,33
3 330,15	I,IV	540,83	I	507,16	474,00	441,50	409,58	378,25	347,41
	III	317,16	II	387,08	356,16	325,83	296,00	266,75	238,16
	V	886,50	III	290,66	264,33	238,50	212,83	187,50	162,33
	VI	953,33	IV	523,91	507,16	490,50	474,00	457,66	441,50
3 334,65	I,IV	542,00	I	508,33	475,25	442,66	410,66	379,33	348,50
	III	319,00	II	388,25	357,25	326,83	297,08	267,83	239,16
	V	888,00	III	292,50	266,33	240,33	214,66	189,16	164,16
	VI	955,00	IV	525,08	508,33	491,66	475,25	458,83	442,66
3 339,15	I,IV	543,25	I	509,50	476,41	443,83	411,83	380,41	349,58
	III	319,00	II	389,33	358,33	327,91	298,08	268,83	240,16
	V	889,83	III	292,50	266,33	240,33	214,66	189,16	164,16
	VI	957,00	IV	526,33	509,50	492,91	476,41	460,00	443,83
3 343,65	I,IV	544,41	I	510,75	477,58	445,00	413,00	381,58	350,66
	III	321,00	II	390,50	359,41	329,00	299,16	269,91	241,16
	V	891,66	III	294,50	268,16	242,16	216,50	191,00	166,00
	VI	958,83	IV	527,50	510,75	494,08	477,58	461,16	445,00
3 348,15	I,IV	545,66	I	511,91	478,75	446,16	414,08	382,66	351,75
	III	321,00	II	391,58	360,58	330,08	300,25	270,91	242,25
	V	893,50	III	294,50	268,16	242,16	216,50	191,00	166,00
	VI	960,50	IV	528,75	511,91	495,25	478,75	462,33	446,16
3 352,65	I,IV	546,91	I	513,08	479,91	447,25	415,25	383,75	352,91
	III	321,00	II	392,66	361,66	331,16	301,25	272,00	243,25
	V	895,33	III	294,50	268,16	242,16	216,50	191,00	166,00
	VI	962,50	IV	529,91	513,08	496,41	479,91	463,50	447,25

3 420,15	I,IV	565,25	I	531,16	497,58	464,66	432,33	400,58	369,33
	III	334,33	II	409,58	378,25	347,41	317,25	287,58	258,58
	V	922,33	III	307,66	281,16	255,16	229,33	203,66	178,50
	VI	990,16	IV	548,08	531,16	514,33	497,58	481,08	464,66
3 424,65	I,IV	566,41	I	532,33	498,83	465,83	433,50	401,66	370,50
	III	334,33	II	410,66	379,33	348,50	318,33	288,66	259,58
	V	924,00	III	307,66	281,16	255,16	229,33	203,66	178,50
	VI	992,16	IV	549,33	532,33	515,50	498,83	482,25	465,83
3 429,15	I,IV	567,66	I	533,58	500,00	467,00	434,58	402,83	371,58
	III	334,33	II	411,83	380,41	349,58	319,33	289,66	260,58
	V	925,83	III	307,66	281,16	255,16	229,33	203,66	178,50
	VI	994,00	IV	550,58	533,58	516,66	500,00	483,41	467,00
3 433,65	I,IV	568,91	I	534,75	501,16	468,16	435,75	403,91	372,66
	III	336,33	II	413,00	381,58	350,66	320,41	290,75	261,66
	V	927,83	III	309,50	283,16	257,00	231,16	205,50	180,16
	VI	995,83	IV	551,75	534,75	517,91	501,16	484,58	468,16
3 438,15	I,IV	570,16	I	536,00	502,33	469,33	436,91	405,08	373,75
	III	336,33	II	414,08	382,66	351,75	321,50	291,83	262,66
	V	929,50	III	309,50	283,16	257,00	231,16	205,50	180,16
	VI	997,66	IV	553,00	536,00	519,08	502,33	485,83	469,33
3 442,65	I,IV	571,33	I	537,16	503,58	470,50	438,08	406,16	374,91
	III	338,16	II	415,25	383,75	352,91	322,58	292,83	263,66
	V	931,33	III	311,50	285,00	258,83	233,00	207,33	182,00
	VI	999,66	IV	554,16	537,16	520,33	503,58	487,00	470,50
3 447,15	I,IV	572,58	I	538,41	504,75	471,66	439,25	407,33	376,00
	III	338,16	II	416,33	384,91	354,00	323,66	293,91	264,75
	V	933,16	III	311,50	285,00	258,83	233,00	207,33	182,00
	VI	1001,50	IV	555,41	538,41	521,50	504,75	488,16	471,66
3 451,65	I,IV	573,83	I	539,58	505,91	472,83	440,33	408,41	377,08
	III	338,16	II	417,50	386,00	355,08	324,75	294,91	265,75
	V	934,83	III	311,50	285,00	258,83	233,00	207,33	182,00
	VI	1003,33	IV	556,66	539,58	522,66	505,91	489,33	472,83
3 456,15	I,IV	575,08	I	540,83	507,16	474,00	441,50	409,58	378,25
	III	340,16	II	418,66	387,08	356,16	325,83	296,00	266,75
	V	936,83	III	313,33	286,83	260,66	234,83	209,16	183,83
	VI	1005,16	IV	557,83	540,83	523,91	507,16	490,50	474,00
3 460,65	I,IV	576,33	I	542,00	508,33	475,25	442,66	410,66	379,33
	III	340,16	II	419,75	388,25	357,25	326,83	297,08	267,83
	V	938,66	III	313,33	286,83	260,66	234,83	209,16	183,83
	VI	1007,16	IV	559,08	542,00	525,08	508,33	491,66	475,25
3 465,15	I,IV	577,50	I	543,25	509,50	476,41	443,83	411,83	380,41
	III	342,00	II	420,91	389,33	358,33	327,91	298,08	268,83
	V	940,33	III	315,33	288,83	262,50	236,66	211,00	185,66
	VI	1009,00	IV	560,33	543,25	526,33	509,50	492,91	476,41
3 469,65	I,IV	578,75	I	544,41	510,75	477,58	445,00	413,00	381,58
	III	342,00	II	422,08	390,50	359,41	329,00	299,16	269,91
	V	942,33	III	315,33	288,83	262,50	236,66	211,00	185,66
	VI	1011,00	IV	561,58	544,41	527,50	510,75	494,08	477,58
3 474,15	I,IV	580,00	I	545,66	511,91	478,75	446,16	414,08	382,66
	III	344,00	II	423,16	391,58	360,58	330,08	300,25	270,91
	V	944,16	III	317,16	290,66	264,33	238,50	212,83	187,50
	VI	1012,66	IV	562,75	545,66	528,75	511,91	495,25	478,75
3 478,65	I,IV	581,25	I	546,91	513,08	479,91	447,25	415,25	383,75
	III	344,00	II	424,33	392,66	361,66	331,16	301,25	272,00
	V	945,83	III	317,16	290,66	264,33	238,50	212,83	187,50
	VI	1014,66	IV	564,00	546,91	529,91	513,08	496,41	479,91

*) Arbeitnehmer für die die besonderen Lohnsteuer-Tabellen gelten (u. a. Beamte und Rentner), können ihre Steuer unter Anwendung der Zurechnungstabelle auf Seite 163 auch von dieser allgemeinen Monats-Lohnsteuer-Tabelle ablesen.

Lohn bis DM	Arbeitnehmer ohne Kinder St.-Kl.	DM	AN mit Kinderfreibeträgen gemäß LSt-Karte: St.-Kl.	0,5 DM	1,0 DM	1,5 DM	2,0 DM	2,5 DM	3,0 DM
3 483,15	I,IV	582,50	I	548,08	514,33	481,08	448,41	416,33	384,91
	III	344,00	II	425,50	393,83	362,75	332,25	302,33	273,00
	V	947,83	III	317,16	290,66	264,33	238,50	212,83	187,50
	VI	1016,50	IV	565,25	548,08	531,16	514,33	497,58	481,08
3 487,65	I,IV	583,75	I	549,33	515,50	482,25	449,58	417,50	386,00
	III	345,83	II	426,58	394,91	363,83	333,33	303,41	274,00
	V	949,66	III	319,00	292,50	266,33	240,33	214,66	189,16
	VI	1018,33	IV	566,41	549,33	532,33	515,50	498,83	482,25
3 492,15	I,IV	585,00	I	550,58	516,66	483,41	450,75	418,66	387,08
	III	345,83	II	427,75	396,08	364,91	334,41	304,41	275,08
	V	951,33	III	319,00	292,50	266,33	240,33	214,66	189,16
	VI	1020,33	IV	567,66	550,58	533,58	516,66	500,00	483,41
3 496,65	I,IV	586,16	I	551,75	517,91	484,58	451,91	419,75	388,25
	III	347,83	II	428,91	397,16	366,08	335,50	305,50	276,08
	V	953,33	III	321,00	294,50	268,16	242,16	216,50	191,00
	VI	1022,16	IV	568,91	551,75	534,75	517,91	501,16	484,58
3 501,15	I,IV	587,41	I	553,00	519,08	485,83	453,08	420,91	389,33
	III	347,83	II	430,08	398,33	367,16	336,58	306,58	277,16
	V	955,00	III	321,00	294,50	268,16	242,16	216,50	191,00
	VI	1024,16	IV	570,16	553,00	536,00	519,08	502,33	485,83
3 505,65	I,IV	588,66	I	554,16	520,33	487,00	454,25	422,08	390,50
	III	347,83	II	431,16	399,41	368,25	337,66	307,66	278,16
	V	957,00	III	321,00	294,50	268,16	242,16	216,50	191,00
	VI	1026,00	IV	571,33	554,16	537,16	520,33	503,58	487,00
3 510,15	I,IV	589,91	I	555,41	521,50	488,16	455,41	423,16	391,58
	III	349,83	II	432,33	400,58	369,33	338,75	308,66	279,25
	V	958,83	III	322,83	296,33	270,00	244,00	218,33	192,83
	VI	1028,00	IV	572,58	555,41	538,41	521,50	504,75	488,16
3 514,65	I,IV	591,16	I	556,66	522,66	489,33	456,58	424,33	392,66
	III	349,83	II	433,50	401,66	370,50	339,83	309,75	280,25
	V	960,50	III	322,83	296,33	270,00	244,00	218,33	192,83
	VI	1029,83	IV	573,83	556,66	539,58	522,66	505,91	489,33
3 519,15	I,IV	592,41	I	557,83	523,91	490,50	457,66	425,50	393,83
	III	351,66	II	434,58	402,83	371,58	340,91	310,83	281,33
	V	962,50	III	324,83	298,16	271,83	245,83	220,16	194,66
	VI	1031,66	IV	575,08	557,83	540,83	523,91	507,16	490,50
3 523,65	I,IV	593,66	I	559,08	525,08	491,66	458,83	426,58	394,91
	III	351,66	II	435,75	403,91	372,66	342,00	311,91	282,33
	V	964,16	III	324,83	298,16	271,83	245,83	220,16	194,66
	VI	1033,66	IV	576,33	559,08	542,00	525,08	508,33	491,66
3 528,15	I,IV	594,91	I	560,33	526,33	492,91	460,00	427,75	396,08
	III	353,66	II	436,91	405,08	373,75	343,08	312,91	283,41
	V	966,16	III	326,66	300,16	273,66	247,66	222,00	196,50
	VI	1035,50	IV	577,50	560,33	543,25	526,33	509,50	492,91
3 532,65	I,IV	596,16	I	561,58	527,50	494,08	461,16	428,91	397,16
	III	353,66	II	438,08	406,16	374,91	344,16	314,00	284,41
	V	968,00	III	326,66	300,16	273,66	247,66	222,00	196,50
	VI	1037,50	IV	578,75	561,58	544,41	527,50	510,75	494,08
3 537,15	I,IV	597,41	I	562,75	528,75	495,25	462,33	430,08	398,33
	III	355,50	II	439,25	407,33	376,00	345,25	315,08	285,50
	V	969,83	III	328,66	302,00	275,66	249,50	223,83	198,33
	VI	1039,33	IV	580,00	562,75	545,66	528,75	511,91	495,25
3 541,65	I,IV	598,66	I	564,00	529,91	496,41	463,50	431,16	399,41
	III	355,50	II	440,33	408,41	377,08	346,33	316,16	286,58
	V	971,66	III	328,66	302,00	275,66	249,50	223,83	198,33
	VI	1041,16	IV	581,25	564,00	546,91	529,91	513,08	496,41

Lohn bis DM	Arbeitnehmer ohne Kinder St.-Kl.	DM	AN mit Kinderfreibeträgen gemäß LSt-Karte: St.-Kl.	0,5 DM	1,0 DM	1,5 DM	2,0 DM	2,5 DM	3,0 DM
3 609,15	I,IV	617,41	I	582,50	548,08	514,33	481,08	448,41	416,33
	III	369,16	II	457,66	425,50	393,83	362,75	332,25	302,33
	V	999,66	III	342,00	315,33	288,83	262,50	236,66	211,00
	VI	1070,00	IV	599,91	582,50	565,25	548,08	531,16	514,33
3 613,65	I,IV	618,66	I	583,75	549,33	515,50	482,25	449,58	417,50
	III	371,16	II	458,83	426,58	394,91	363,83	333,33	303,41
	V	1001,50	III	344,00	317,16	290,66	264,33	238,50	212,83
	VI	1071,83	IV	601,16	583,75	566,41	549,33	532,33	515,50
3 618,15	I,IV	620,00	I	585,00	550,58	516,66	483,41	450,75	418,66
	III	371,16	II	460,00	427,75	396,08	364,91	334,41	304,41
	V	1003,33	III	344,00	317,16	290,66	264,33	238,50	212,83
	VI	1073,66	IV	602,41	585,00	567,66	550,58	533,58	516,66
3 622,65	I,IV	621,25	I	586,16	551,75	517,91	484,58	451,91	419,75
	III	373,00	II	461,16	428,91	397,16	366,08	335,50	305,50
	V	1005,16	III	345,83	319,00	292,50	266,33	240,33	214,66
	VI	1075,83	IV	603,66	586,16	568,91	551,75	534,75	517,91
3 627,15	I,IV	622,50	I	587,41	553,00	519,08	485,83	453,08	420,91
	III	373,00	II	462,33	430,08	398,33	367,16	336,58	306,58
	V	1007,16	III	345,83	319,00	292,50	266,33	240,33	214,66
	VI	1077,66	IV	604,91	587,41	570,16	553,00	536,00	519,08
3 631,65	I,IV	623,75	I	588,66	554,16	520,33	487,00	454,25	422,08
	III	375,00	II	463,50	431,16	399,41	368,25	337,66	307,66
	V	1009,00	III	347,83	321,00	294,50	268,16	242,16	216,50
	VI	1079,50	IV	606,16	588,66	571,33	554,16	537,16	520,33
3 636,15	I,IV	625,00	I	589,91	555,41	521,50	488,16	455,41	423,16
	III	375,00	II	464,66	432,33	400,58	369,33	338,75	308,66
	V	1011,00	III	347,83	321,00	294,50	268,16	242,16	216,50
	VI	1081,50	IV	607,41	589,91	572,58	555,41	538,41	521,50
3 640,65	I,IV	626,25	I	591,16	556,66	522,66	489,33	456,58	424,33
	III	377,00	II	465,83	433,50	401,66	370,50	339,83	309,75
	V	1012,66	III	349,83	322,83	296,33	270,00	244,00	218,33
	VI	1083,50	IV	608,66	591,16	573,83	556,66	539,58	522,66
3 645,15	I,IV	627,58	I	592,41	557,83	523,91	490,50	457,66	425,50
	III	377,00	II	467,00	434,58	402,83	371,58	340,91	310,83
	V	1014,66	III	349,83	322,83	296,33	270,00	244,00	218,33
	VI	1085,33	IV	609,91	592,41	575,08	557,83	540,83	523,91
3 649,65	I,IV	628,83	I	593,66	559,08	525,08	491,66	458,83	426,58
	III	378,83	II	468,16	435,75	403,91	372,66	342,00	311,91
	V	1016,50	III	351,66	324,83	298,16	271,83	245,83	220,16
	VI	1087,33	IV	611,16	593,66	576,33	559,08	542,00	525,08
3 654,15	I,IV	630,08	I	594,91	560,33	526,33	492,91	460,00	427,75
	III	378,83	II	469,33	436,91	405,08	373,75	343,08	312,91
	V	1018,33	III	351,66	324,83	298,16	271,83	245,83	220,16
	VI	1089,16	IV	612,41	594,91	577,50	560,33	543,25	526,33
3 658,65	I,IV	631,33	I	596,16	561,58	527,50	494,08	461,16	428,91
	III	380,83	II	470,50	438,08	406,16	374,91	344,16	314,00
	V	1020,33	III	353,66	326,66	300,16	273,66	247,66	222,00
	VI	1091,16	IV	613,66	596,16	578,75	561,58	544,41	527,50
3 663,15	I,IV	632,58	I	597,41	562,75	528,75	495,25	462,33	430,08
	III	380,83	II	471,66	439,25	407,33	376,00	345,25	315,08
	V	1022,16	III	353,66	326,66	300,16	273,66	247,66	222,00
	VI	1093,16	IV	614,91	597,41	580,00	562,75	545,66	528,75
3 667,65	I,IV	633,91	I	598,66	564,00	529,91	496,41	463,50	431,16
	III	382,83	II	472,83	440,33	408,41	377,08	346,33	316,16
	V	1024,16	III	355,50	328,66	302,00	275,66	249,50	223,83
	VI	1095,00	IV	616,16	598,66	581,25	564,00	546,91	529,91

3 546,15	I,IV	599,91	I	565,25	531,16	497,58	464,66	432,33	400,58
	III	355,50	II	441,50	409,58	378,25	347,41	317,25	287,58
	V	973,50	III	328,66	302,00	275,66	249,50	223,83	198,33
	VI	1043,16	IV	582,50	565,25	548,08	531,16	514,33	497,58
3 550,65	I,IV	601,16	I	566,41	532,33	498,83	465,83	433,50	401,66
	III	357,50	II	442,66	410,66	379,33	348,50	318,33	288,66
	V	975,33	III	330,50	303,83	277,50	251,33	225,66	200,16
	VI	1045,00	IV	583,75	566,41	549,33	532,33	515,50	498,83
3 555,15	I,IV	602,41	I	567,66	533,58	500,00	467,00	434,58	402,83
	III	357,50	II	443,83	411,83	380,41	349,58	319,33	289,66
	V	977,16	III	330,50	303,83	277,50	251,33	225,66	200,16
	VI	1047,00	IV	585,00	567,66	550,58	533,58	516,66	500,00
3 559,65	I,IV	603,66	I	568,91	534,75	501,16	468,16	435,75	403,91
	III	359,50	II	445,00	413,00	381,58	350,66	320,41	290,75
	V	979,16	III	332,50	305,83	279,33	253,33	227,50	201,83
	VI	1048,83	IV	586,16	568,91	551,75	534,75	517,91	501,16
3 564,15	I,IV	604,91	I	570,16	536,00	502,33	469,33	436,91	405,08
	III	359,50	II	446,16	414,08	382,66	351,75	321,50	291,83
	V	981,00	III	332,50	305,83	279,33	253,33	227,50	201,83
	VI	1050,66	IV	587,41	570,16	553,00	536,00	519,08	502,33
3 568,65	I,IV	606,16	I	571,33	537,16	503,58	470,50	438,08	406,16
	III	361,33	II	447,25	415,25	383,75	352,91	322,58	292,83
	V	982,83	III	334,33	307,66	281,16	255,16	229,33	203,66
	VI	1052,66	IV	588,66	571,33	554,16	537,16	520,33	503,58
3 573,15	I,IV	607,41	I	572,58	538,41	504,75	471,66	439,25	407,33
	III	361,33	II	448,41	416,33	384,91	354,00	323,66	293,91
	V	984,66	III	334,33	307,66	281,16	255,16	229,33	203,66
	VI	1054,50	IV	589,91	572,58	555,41	538,41	521,50	504,75
3 577,65	I,IV	608,66	I	573,83	539,58	505,91	472,83	440,33	408,41
	III	363,33	II	449,58	417,50	386,00	355,08	324,75	294,91
	V	986,50	III	336,33	309,50	283,16	257,00	231,16	205,50
	VI	1056,33	IV	591,16	573,83	556,66	539,58	522,66	505,91
3 582,15	I,IV	609,91	I	575,08	540,83	507,16	474,00	441,50	409,58
	III	363,33	II	450,75	418,66	387,08	356,16	325,83	296,00
	V	988,50	III	336,33	309,50	283,16	257,00	231,16	205,50
	VI	1058,50	IV	592,41	575,08	557,83	540,83	523,91	507,16
3 586,65	I,IV	611,16	I	576,33	542,00	508,33	475,25	442,66	410,66
	III	365,33	II	451,91	419,75	388,25	357,25	326,83	297,08
	V	990,16	III	338,16	311,50	285,00	258,83	233,00	207,33
	VI	1060,33	IV	593,66	576,33	559,08	542,00	525,08	508,33
3 591,15	I,IV	612,41	I	577,50	543,25	509,50	476,41	443,83	411,83
	III	365,33	II	453,08	420,91	389,33	358,33	327,91	298,08
	V	992,16	III	338,16	311,50	285,00	258,83	233,00	207,33
	VI	1062,16	IV	594,91	577,50	560,33	543,25	526,33	509,50
3 595,65	I,IV	613,66	I	578,75	544,41	510,75	477,58	445,00	413,00
	III	367,16	II	454,25	422,08	390,50	359,41	329,00	299,16
	V	994,00	III	340,16	313,33	286,83	260,66	234,83	209,16
	VI	1064,16	IV	596,16	578,75	561,58	544,41	527,50	510,75
3 600,15	I,IV	614,91	I	580,00	545,66	511,91	478,75	446,16	414,08
	III	367,16	II	455,41	423,16	391,58	360,58	330,08	300,25
	V	995,83	III	340,16	313,33	286,83	260,66	234,83	209,16
	VI	1066,00	IV	597,41	580,00	562,75	545,66	528,75	511,91
3 604,65	I,IV	616,16	I	581,25	546,91	513,08	479,91	447,25	415,25
	III	369,16	II	456,58	424,33	392,66	361,66	331,16	301,25
	V	997,66	III	342,00	315,33	288,83	262,50	236,66	211,00
	VI	1068,00	IV	598,66	581,25	564,00	546,91	529,91	513,08

3 672,15	I,IV	635,16	I	599,91	565,25	531,16	497,58	464,66	432,33
	III	382,83	II	474,00	441,50	409,58	378,25	347,41	317,25
	V	1026,00	III	355,50	328,66	302,00	275,66	249,50	223,83
	VI	1097,00	IV	617,41	599,91	582,50	565,25	548,08	531,16
3 676,65	I,IV	636,41	I	601,16	566,41	532,33	498,83	465,83	433,50
	III	384,66	II	475,25	442,66	410,66	379,33	348,50	318,33
	V	1028,00	III	357,50	330,50	303,83	277,50	251,33	225,66
	VI	1099,00	IV	618,66	601,16	583,75	566,41	549,33	532,33
3 681,15	I,IV	637,66	I	602,41	567,66	533,58	500,00	467,00	434,58
	III	384,66	II	476,41	443,83	411,83	380,41	349,58	319,33
	V	1029,83	III	357,50	330,50	303,83	277,50	251,33	225,66
	VI	1101,00	IV	620,00	602,41	585,00	567,66	550,58	533,58
3 685,65	I,IV	638,91	I	603,66	568,91	534,75	501,16	468,16	435,75
	III	386,66	II	477,58	445,00	413,00	381,58	350,66	320,41
	V	1031,66	III	359,50	332,50	305,83	279,33	253,33	227,50
	VI	1102,83	IV	621,25	603,66	586,16	568,91	551,75	534,75
3 690,15	I,IV	640,25	I	604,91	570,16	536,00	502,33	469,33	436,91
	III	386,66	II	478,75	446,16	414,08	382,66	351,75	321,50
	V	1033,66	III	359,50	332,50	305,83	279,33	253,33	227,50
	VI	1104,83	IV	622,50	604,91	587,41	570,16	553,00	536,00
3 694,65	I,IV	641,50	I	606,16	571,33	537,16	503,58	470,50	438,08
	III	386,66	II	479,91	447,25	415,25	383,75	352,91	322,58
	V	1035,50	III	359,50	332,50	305,83	279,33	253,33	227,50
	VI	1106,83	IV	623,75	606,16	588,66	571,33	554,16	537,16
3 699,15	I,IV	642,75	I	607,41	572,58	538,41	504,75	471,66	439,25
	III	388,66	II	481,08	448,41	416,33	384,91	354,00	323,66
	V	1037,50	III	361,33	334,33	307,66	281,16	255,16	229,33
	VI	1108,83	IV	625,00	607,41	589,91	572,58	555,41	538,41
3 703,65	I,IV	644,08	I	608,66	573,83	539,58	505,91	472,83	440,33
	III	388,66	II	482,25	449,58	417,50	386,00	355,08	324,75
	V	1039,33	III	361,33	334,33	307,66	281,16	255,16	229,33
	VI	1110,66	IV	626,25	608,66	591,16	573,83	556,66	539,58
3 708,15	I,IV	645,33	I	609,91	575,08	540,83	507,16	474,00	441,50
	III	390,66	II	483,41	450,75	418,66	387,08	356,16	325,83
	V	1041,16	III	363,33	336,33	309,50	283,16	257,00	231,16
	VI	1112,66	IV	627,58	609,91	592,41	575,08	557,83	540,83
3 712,65	I,IV	646,58	I	611,16	576,33	542,00	508,33	475,25	442,66
	III	390,66	II	484,58	451,91	419,75	388,25	357,25	326,83
	V	1043,16	III	363,33	336,33	309,50	283,16	257,00	231,16
	VI	1114,50	IV	628,83	611,16	593,66	576,33	559,08	542,00
3 717,15	I,IV	647,91	I	612,41	577,50	543,25	509,50	476,41	443,83
	III	392,66	II	485,83	453,08	420,91	389,33	358,33	327,91
	V	1045,00	III	365,33	338,16	311,50	285,00	258,83	233,00
	VI	1116,66	IV	630,08	612,41	594,91	577,50	560,33	543,25
3 721,65	I,IV	649,16	I	613,66	578,75	544,41	510,75	477,58	445,00
	III	392,66	II	487,00	454,25	422,08	390,50	359,41	329,00
	V	1047,00	III	365,33	338,16	311,50	285,00	258,83	233,00
	VI	1118,66	IV	631,33	613,66	596,16	578,75	561,58	544,41
3 726,15	I,IV	650,41	I	614,91	580,00	545,66	511,91	478,75	446,16
	III	394,50	II	488,16	455,41	423,16	391,58	360,58	330,08
	V	1048,83	III	367,16	340,16	313,33	286,83	260,66	234,83
	VI	1120,50	IV	632,58	614,91	597,41	580,00	562,75	545,66
3 730,65	I,IV	651,75	I	616,16	581,25	546,91	513,08	479,91	447,25
	III	394,50	II	489,33	456,58	424,33	392,66	361,66	331,16
	V	1050,66	III	367,16	340,16	313,33	286,83	260,66	234,83
	VI	1122,50	IV	633,91	616,16	598,66	581,25	564,00	546,91

*) Arbeitnehmer für die die besonderen Lohnsteuer-Tabellen gelten (u. a. Beamte und Rentner), können ihre Steuer unter Anwendung der Zurechnungstabelle auf Seite 163 auch von dieser allgemeinen Monats-Lohnsteuer-Tabelle ablesen.

Lohn bis DM	Arbeitnehmer ohne Kinder St.-Kl.	Arbeitnehmer ohne Kinder DM	AN mit Kinderfreibeträgen gemäß LSt-Karte: St.-Kl.	0,5 DM	1,0 DM	1,5 DM	2,0 DM	2,5 DM	3,0 DM
3735,15	I,IV	653,00	I	617,41	582,50	548,08	514,33	481,08	448,41
	III	396,50	II	490,50	457,66	425,50	393,83	362,75	332,25
	V	1052,66	III	369,16	342,00	315,33	288,83	262,50	236,66
	VI	1124,33	IV	635,16	617,41	599,91	582,50	565,25	548,08
3739,65	I,IV	654,25	I	618,66	583,75	549,33	515,50	482,25	449,58
	III	396,50	II	491,66	458,83	426,58	394,91	363,83	333,33
	V	1054,50	III	369,16	342,00	315,33	288,83	262,50	236,66
	VI	1126,33	IV	636,41	618,66	601,16	583,75	566,41	549,33
3744,15	I,IV	655,58	I	620,00	585,00	550,58	516,66	483,41	450,75
	III	398,50	II	492,91	460,00	427,75	396,08	364,91	334,41
	V	1056,33	III	371,16	344,00	317,16	290,66	264,33	238,50
	VI	1128,50	IV	637,66	620,00	602,41	585,00	567,66	550,58
3748,65	I,IV	656,83	I	621,25	586,16	551,75	517,91	484,58	451,91
	III	398,50	II	494,08	461,16	428,91	397,16	366,08	335,50
	V	1058,50	III	371,16	344,00	317,16	290,66	264,33	238,50
	VI	1130,33	IV	638,91	621,25	603,66	586,16	568,91	551,75
3753,15	I,IV	658,08	I	622,50	587,41	553,00	519,08	485,83	453,08
	III	400,50	II	495,25	462,33	430,08	398,33	367,16	336,58
	V	1060,33	III	373,00	345,83	319,00	292,50	266,33	240,33
	VI	1132,33	IV	640,25	622,50	604,91	587,41	570,16	553,00
3757,65	I,IV	659,41	I	623,75	588,66	554,16	520,33	487,00	454,25
	III	400,50	II	496,41	463,50	431,16	399,41	368,25	337,66
	V	1062,16	III	373,00	345,83	319,00	292,50	266,33	240,33
	VI	1134,33	IV	641,50	623,75	606,16	588,66	571,33	554,16
3762,15	I,IV	660,66	I	625,00	589,91	555,41	521,50	488,16	455,41
	III	402,50	II	497,58	464,66	432,33	400,58	369,33	338,75
	V	1064,16	III	375,00	347,83	321,00	294,50	268,16	242,16
	VI	1136,16	IV	642,75	625,00	607,41	589,91	572,58	555,41
3766,65	I,IV	662,00	I	626,25	591,16	556,66	522,66	489,33	456,58
	III	402,50	II	498,83	465,83	433,50	401,66	370,50	339,83
	V	1066,00	III	375,00	347,83	321,00	294,50	268,16	242,16
	VI	1138,16	IV	644,08	626,25	608,66	591,16	573,83	556,66
3771,15	I,IV	663,25	I	627,58	592,41	557,83	523,91	490,50	457,66
	III	404,33	II	500,00	467,00	434,58	402,83	371,58	340,91
	V	1068,00	III	377,00	349,83	322,83	296,33	270,00	244,00
	VI	1140,33	IV	645,33	627,58	609,91	592,41	575,08	557,83
3775,65	I,IV	664,50	I	628,83	593,66	559,08	525,08	491,66	458,83
	III	404,33	II	501,16	468,16	435,75	403,91	372,66	342,00
	V	1070,00	III	377,00	349,83	322,83	296,33	270,00	244,00
	VI	1142,33	IV	646,58	628,83	611,16	593,66	576,33	559,08
3780,15	I,IV	665,83	I	630,08	594,91	560,33	526,33	492,91	460,00
	III	406,33	II	502,33	469,33	436,91	405,08	373,75	343,08
	V	1071,83	III	378,83	351,66	324,83	298,16	271,83	245,83
	VI	1144,16	IV	647,91	630,08	612,41	594,91	577,50	560,33
3784,65	I,IV	667,08	I	631,33	596,16	561,58	527,50	494,08	461,16
	III	406,33	II	503,58	470,50	438,08	406,16	374,91	344,16
	V	1073,66	III	378,83	351,66	324,83	298,16	271,83	245,83
	VI	1146,16	IV	649,16	631,33	613,66	596,16	578,75	561,58
3789,15	I,IV	668,41	I	632,58	597,41	562,75	528,75	495,25	462,33
	III	408,33	II	504,75	471,66	439,25	407,33	376,00	345,25
	V	1075,83	III	380,83	353,66	326,66	300,16	273,66	247,66
	VI	1148,16	IV	650,41	632,58	614,91	597,41	580,00	562,75
3793,65	I,IV	669,66	I	633,91	598,66	564,00	529,91	496,41	463,50
	III	408,33	II	505,91	472,83	440,33	408,41	377,08	346,33
	V	1077,66	III	380,83	353,66	326,66	300,16	273,66	247,66
	VI	1150,16	IV	651,75	633,91	616,16	598,66	581,25	564,00

Lohn bis DM	Arbeitnehmer ohne Kinder St.-Kl.	Arbeitnehmer ohne Kinder DM	AN mit Kinderfreibeträgen gemäß LSt-Karte: St.-Kl.	0,5 DM	1,0 DM	1,5 DM	2,0 DM	2,5 DM	3,0 DM
3861,15	I,IV	689,08	I	653,00	617,41	582,50	548,08	514,33	481,08
	III	422,16	II	523,91	490,50	457,66	425,50	393,83	362,75
	V	1106,83	III	394,50	367,16	340,16	313,33	286,83	260,66
	VI	1180,16	IV	671,00	653,00	635,16	617,41	599,91	582,50
3865,65	I,IV	690,41	I	654,25	618,66	583,75	549,33	515,50	482,25
	III	424,16	II	525,08	491,66	458,83	426,58	394,91	363,83
	V	1108,83	III	396,50	369,16	342,00	315,33	288,83	262,50
	VI	1182,16	IV	672,25	654,25	636,41	618,66	601,16	583,75
3870,15	I,IV	691,66	I	655,58	620,00	585,00	550,58	516,66	483,41
	III	424,16	II	526,33	492,91	460,00	427,75	396,08	364,91
	V	1110,66	III	396,50	369,16	342,00	315,33	288,83	262,50
	VI	1184,16	IV	673,58	655,58	637,66	620,00	602,41	585,00
3874,65	I,IV	693,00	I	656,83	621,25	586,16	551,75	517,91	484,58
	III	426,16	II	527,50	494,08	461,16	428,91	397,16	366,08
	V	1112,66	III	398,50	371,16	344,00	317,16	290,66	264,33
	VI	1186,16	IV	674,83	656,83	638,91	621,25	603,66	586,16
3879,15	I,IV	694,33	I	658,08	622,50	587,41	553,00	519,08	485,83
	III	426,16	II	528,75	495,25	462,33	430,08	398,33	367,16
	V	1114,50	III	398,50	371,16	344,00	317,16	290,66	264,33
	VI	1188,16	IV	676,16	658,08	640,25	622,50	604,91	587,41
3883,65	I,IV	695,58	I	659,41	623,75	588,66	554,16	520,33	487,00
	III	428,16	II	529,91	496,41	463,50	431,16	399,41	368,25
	V	1116,66	III	400,50	373,00	345,83	319,00	292,50	266,33
	VI	1190,16	IV	677,41	659,41	641,50	623,75	606,16	588,66
3888,15	I,IV	696,91	I	660,66	625,00	589,91	555,41	521,50	488,16
	III	428,16	II	531,16	497,58	464,66	432,33	400,58	369,33
	V	1118,66	III	400,50	373,00	345,83	319,00	292,50	266,33
	VI	1192,16	IV	678,75	660,66	642,75	625,00	607,41	589,91
3892,65	I,IV	698,25	I	662,00	626,25	591,16	556,66	522,66	489,33
	III	430,16	II	532,33	498,83	465,83	433,50	401,66	370,50
	V	1120,50	III	402,50	375,00	347,83	321,00	294,50	268,16
	VI	1194,16	IV	680,00	662,00	644,08	626,25	608,66	591,16
3897,15	I,IV	699,50	I	663,25	627,58	592,41	557,83	523,91	490,50
	III	430,16	II	533,58	500,00	467,00	434,58	402,83	371,58
	V	1122,50	III	402,50	375,00	347,83	321,00	294,50	268,16
	VI	1196,16	IV	681,33	663,25	645,33	627,58	609,91	592,41
3901,65	I,IV	700,83	I	664,50	628,83	593,66	559,08	525,08	491,66
	III	432,16	II	534,75	501,16	468,16	435,75	403,91	372,66
	V	1124,33	III	404,33	377,00	349,83	322,83	296,33	270,00
	VI	1198,33	IV	682,58	664,50	646,58	628,83	611,16	593,66
3906,15	I,IV	702,16	I	665,83	630,08	594,91	560,33	526,33	492,91
	III	432,16	II	536,00	502,33	469,33	436,91	405,08	373,75
	V	1126,33	III	404,33	377,00	349,83	322,83	296,33	270,00
	VI	1200,33	IV	683,91	665,83	647,91	630,08	612,41	594,91
3910,65	I,IV	703,41	I	667,08	631,33	596,16	561,58	527,50	494,08
	III	434,16	II	537,16	503,58	470,50	438,08	406,16	374,91
	V	1128,50	III	406,33	378,83	351,66	324,83	298,16	271,83
	VI	1202,33	IV	685,25	667,08	649,16	631,33	613,66	596,16
3915,15	I,IV	704,75	I	668,41	632,58	597,41	562,75	528,75	495,25
	III	434,16	II	538,41	504,75	471,66	439,25	407,33	376,00
	V	1130,33	III	406,33	378,83	351,66	324,83	298,16	271,83
	VI	1204,33	IV	686,50	668,41	650,41	632,58	614,91	597,41
3919,65	I,IV	706,08	I	669,66	633,91	598,66	564,00	529,91	496,41
	III	436,16	II	539,58	505,91	472,83	440,33	408,41	377,08
	V	1132,33	III	408,33	380,83	353,66	326,66	300,16	273,66
	VI	1206,33	IV	687,83	669,66	651,75	633,91	616,16	598,66

3 798,15	I,IV	671,00	I	635,16	599,91	565,25	531,16	497,58	464,66
	III	410,33	II	507,16	474,00	441,50	409,58	378,25	347,41
	V	1079,50	III	382,83	355,50	328,66	302,00	275,66	249,50
	VI	1152,16	IV	653,00	635,16	617,41	599,91	582,50	565,25
3 802,65	I,IV	672,25	I	636,41	601,16	566,41	532,33	498,83	465,83
	III	410,33	II	508,33	475,25	442,66	410,66	379,33	348,50
	V	1081,50	III	382,83	355,50	328,66	302,00	275,66	249,50
	VI	1154,16	IV	654,25	636,41	618,66	601,16	583,75	566,41
3 807,15	I,IV	673,58	I	637,66	602,41	567,66	533,58	500,00	467,00
	III	412,33	II	509,50	476,41	443,83	411,83	380,41	349,58
	V	1083,50	III	384,66	357,50	330,50	303,83	277,50	251,33
	VI	1156,00	IV	655,58	637,66	620,00	602,41	585,00	567,66
3 811,65	I,IV	674,83	I	638,91	603,66	568,91	534,75	501,16	468,16
	III	412,33	II	510,75	477,58	445,00	413,00	381,58	350,66
	V	1085,33	III	384,66	357,50	330,50	303,83	277,50	251,33
	VI	1158,00	IV	656,83	638,91	621,25	603,66	586,16	568,91
3 816,15	I,IV	676,16	I	640,25	604,91	570,16	536,00	502,33	469,33
	III	414,33	II	511,91	478,75	446,16	414,08	382,66	351,75
	V	1087,33	III	386,66	359,50	332,50	305,83	279,33	253,33
	VI	1160,16	IV	658,08	640,25	622,50	604,91	587,41	570,16
3 820,65	I,IV	677,41	I	641,50	606,16	571,33	537,16	503,58	470,50
	III	414,33	II	513,08	479,91	447,25	415,25	383,75	352,91
	V	1089,16	III	386,66	359,50	332,50	305,83	279,33	253,33
	VI	1162,16	IV	659,41	641,50	623,75	606,16	588,66	571,33
3 825,15	I,IV	678,75	I	642,75	607,41	572,58	538,41	504,75	471,66
	III	416,16	II	514,33	481,08	448,41	416,33	384,91	354,00
	V	1091,16	III	388,66	361,33	334,33	307,66	281,16	255,16
	VI	1164,16	IV	660,66	642,75	625,00	607,41	589,91	572,58
3 829,65	I,IV	680,00	I	644,08	608,66	573,83	539,58	505,91	472,83
	III	416,16	II	515,50	482,25	449,58	417,50	386,00	355,08
	V	1093,16	III	388,66	361,33	334,33	307,66	281,16	255,16
	VI	1166,16	IV	662,00	644,08	626,25	608,66	591,16	573,83
3 834,15	I,IV	681,33	I	645,33	609,91	575,08	540,83	507,16	474,00
	III	418,16	II	516,66	483,41	450,75	418,66	387,08	356,16
	V	1095,00	III	390,66	363,33	336,33	309,50	283,16	257,00
	VI	1168,16	IV	663,25	645,33	627,58	609,91	592,41	575,08
3 838,65	I,IV	682,58	I	646,58	611,16	576,33	542,00	508,33	475,25
	III	418,16	II	517,91	484,58	451,91	419,75	388,25	357,25
	V	1097,00	III	390,66	363,33	336,33	309,50	283,16	257,00
	VI	1170,16	IV	664,50	646,58	628,83	611,16	593,66	576,33
3 843,15	I,IV	683,91	I	647,91	612,41	577,50	543,25	509,50	476,41
	III	418,16	II	519,08	485,83	453,08	420,91	389,33	358,33
	V	1099,00	III	390,66	363,33	336,33	309,50	283,16	257,00
	VI	1172,16	IV	665,83	647,91	630,08	612,41	594,91	577,50
3 847,65	I,IV	685,25	I	649,16	613,66	578,75	544,41	510,75	477,58
	III	420,16	II	520,33	487,00	454,25	422,08	390,50	359,41
	V	1101,00	III	392,66	365,33	338,16	311,50	285,00	258,83
	VI	1174,16	IV	667,08	649,16	631,33	613,66	596,16	578,75
3 852,15	I,IV	686,50	I	650,41	614,91	580,00	545,66	511,91	478,75
	III	420,16	II	521,50	488,16	455,41	423,16	391,58	360,58
	V	1102,83	III	392,66	365,33	338,16	311,50	285,00	258,83
	VI	1176,16	IV	668,41	650,41	632,58	614,91	597,41	580,00
3 856,65	I,IV	687,83	I	651,75	616,16	581,25	546,91	513,08	479,91
	III	422,16	II	522,66	489,33	456,58	424,33	392,66	361,66
	V	1104,83	III	394,50	367,16	340,16	313,33	286,83	260,66
	VI	1178,16	IV	669,66	651,75	633,91	616,16	598,66	581,25

3 924,15	I,IV	707,41	I	671,00	635,16	599,91	565,25	531,16	497,58
	III	436,16	II	540,83	507,16	474,00	441,50	409,58	378,25
	V	1134,33	III	408,33	380,83	353,66	326,66	300,16	273,66
	VI	1208,50	IV	689,08	671,00	653,00	635,16	617,41	599,91
3 928,65	I,IV	708,66	I	672,25	636,41	601,16	566,41	532,33	498,83
	III	438,16	II	542,00	508,33	475,25	442,66	410,66	379,33
	V	1136,16	III	410,33	382,83	355,50	328,66	302,00	275,66
	VI	1210,50	IV	690,41	672,25	654,25	636,41	618,66	601,16
3 933,15	I,IV	710,00	I	673,58	637,66	602,41	567,66	533,58	500,00
	III	438,16	II	543,25	509,50	476,41	443,83	411,83	380,41
	V	1138,16	III	410,33	382,83	355,50	328,66	302,00	275,66
	VI	1212,50	IV	691,66	673,58	655,58	637,66	620,00	602,41
3 937,65	I,IV	711,33	I	674,83	638,91	603,66	568,91	534,75	501,16
	III	440,16	II	544,41	510,75	477,58	445,00	413,00	381,58
	V	1140,33	III	412,33	384,66	357,50	330,50	303,83	277,50
	VI	1214,50	IV	693,00	674,83	656,83	638,91	621,25	603,66
3 942,15	I,IV	712,66	I	676,16	640,25	604,91	570,16	536,00	502,33
	III	440,16	II	545,66	511,91	478,75	446,16	414,08	382,66
	V	1142,33	III	412,33	384,66	357,50	330,50	303,83	277,50
	VI	1216,66	IV	694,33	676,16	658,08	640,25	622,50	604,91
3 946,65	I,IV	713,91	I	677,41	641,50	606,16	571,33	537,16	503,58
	III	442,16	II	546,91	513,08	479,91	447,25	415,25	383,75
	V	1144,16	III	414,33	386,66	359,50	332,50	305,83	279,33
	VI	1218,66	IV	695,58	677,41	659,41	641,50	623,75	606,16
3 951,15	I,IV	715,25	I	678,75	642,75	607,41	572,58	538,41	504,75
	III	442,16	II	548,08	514,33	481,08	448,41	416,33	384,91
	V	1146,16	III	414,33	386,66	359,50	332,50	305,83	279,33
	VI	1220,66	IV	696,91	678,75	660,66	642,75	625,00	607,41
3 955,65	I,IV	716,58	I	680,00	644,08	608,66	573,83	539,58	505,91
	III	444,16	II	549,33	515,50	482,25	449,58	417,50	386,00
	V	1148,16	III	416,16	388,66	361,33	334,33	307,66	281,16
	VI	1222,66	IV	698,25	680,00	662,00	644,08	626,25	608,66
3 960,15	I,IV	717,91	I	681,33	645,33	609,91	575,08	540,83	507,16
	III	444,16	II	550,58	516,66	483,41	450,75	418,66	387,08
	V	1150,16	III	416,16	388,66	361,33	334,33	307,66	281,16
	VI	1224,83	IV	699,50	681,33	663,25	645,33	627,58	609,91
3 964,65	I,IV	719,16	I	682,58	646,58	611,16	576,33	542,00	508,33
	III	446,16	II	551,75	517,91	484,58	451,91	419,75	388,25
	V	1152,16	III	418,16	390,66	363,33	336,33	309,50	283,16
	VI	1226,83	IV	700,83	682,58	664,50	646,58	628,83	611,16
3 969,15	I,IV	720,50	I	683,91	647,91	612,41	577,50	543,25	509,50
	III	446,16	II	553,00	519,08	485,83	453,08	420,91	389,33
	V	1154,16	III	418,16	390,66	363,33	336,33	309,50	283,16
	VI	1228,66	IV	702,16	683,91	665,83	647,91	630,08	612,41
3 973,65	I,IV	721,83	I	685,25	649,16	613,66	578,75	544,41	510,75
	III	448,16	II	554,16	520,33	487,00	454,25	422,08	390,50
	V	1156,00	III	420,16	392,66	365,33	338,16	311,50	285,00
	VI	1230,83	IV	703,41	685,25	667,08	649,16	631,33	613,66
3 978,15	I,IV	723,16	I	686,50	650,41	614,91	580,00	545,66	511,91
	III	448,16	II	555,41	521,50	488,16	455,41	423,16	391,58
	V	1158,00	III	420,16	392,66	365,33	338,16	311,50	285,00
	VI	1232,83	IV	704,75	686,50	668,41	650,41	632,58	614,91
3 982,65	I,IV	724,50	I	687,83	651,75	616,16	581,25	546,91	513,08
	III	450,16	II	556,66	522,66	489,33	456,58	424,33	392,66
	V	1160,16	III	422,16	394,50	367,16	340,16	313,33	286,83
	VI	1235,00	IV	706,08	687,83	669,66	651,75	633,91	616,16

*) Arbeitnehmer für die die besonderen Lohnsteuer-Tabellen gelten (u. a. Beamte und Rentner), können ihre Steuer unter Anwendung der Zurechnungstabelle auf Seite 163 auch von dieser allgemeinen Monats-Lohnsteuer-Tabelle ablesen.

Lohn bis DM	Arbeitnehmer ohne Kinder St.-Kl.	Arbeitnehmer ohne Kinder DM	St.-Kl.	0,5 DM	1,0 DM	1,5 DM	2,0 DM	2,5 DM	3,0 DM
3987,15	I,IV	725,83	I	689,08	653,00	617,41	582,50	548,08	514,33
	III	450,16	II	557,83	523,91	490,50	457,66	425,50	393,83
	V	1162,16	III	422,16	394,50	367,16	340,16	313,33	286,83
	VI	1237,00	IV	707,41	689,08	671,00	653,00	635,16	617,41
3991,65	I,IV	727,08	I	690,41	654,25	618,66	583,75	549,33	515,50
	III	450,16	II	559,08	525,08	491,66	458,83	426,58	394,91
	V	1164,16	III	422,16	394,50	367,16	340,16	313,33	286,83
	VI	1239,00	IV	708,66	690,41	672,25	654,25	636,41	618,66
3996,15	I,IV	728,41	I	691,66	655,58	620,00	585,00	550,58	516,66
	III	452,16	II	560,33	526,33	492,91	460,00	427,75	396,08
	V	1166,16	III	424,16	396,50	369,16	342,00	315,33	288,83
	VI	1241,16	IV	710,00	691,66	673,58	655,58	637,66	620,00
4000,65	I,IV	729,75	I	693,00	656,83	621,25	586,16	551,75	517,91
	III	452,16	II	561,58	527,50	494,08	461,16	428,91	397,16
	V	1168,16	III	424,16	396,50	369,16	342,00	315,33	288,83
	VI	1243,16	IV	711,33	693,00	674,83	656,83	638,91	621,25
4005,15	I,IV	731,08	I	694,33	658,08	622,50	587,41	553,00	519,08
	III	454,16	II	562,75	528,75	495,25	462,33	430,08	398,33
	V	1170,16	III	426,16	398,50	371,16	344,00	317,16	290,66
	VI	1245,33	IV	712,66	694,33	676,16	658,08	640,25	622,50
4009,65	I,IV	732,41	I	695,58	659,41	623,75	588,66	554,16	520,33
	III	454,16	II	564,00	529,91	496,41	463,50	431,16	399,41
	V	1172,16	III	426,16	398,50	371,16	344,00	317,16	290,66
	VI	1247,16	IV	713,91	695,58	677,41	659,41	641,50	623,75
4014,15	I,IV	733,75	I	696,91	660,66	625,00	589,91	555,41	521,50
	III	456,16	II	565,25	531,16	497,58	464,66	432,33	400,58
	V	1174,16	III	428,16	400,50	373,00	345,83	319,00	292,50
	VI	1249,33	IV	715,25	696,91	678,75	660,66	642,75	625,00
4018,65	I,IV	735,08	I	698,25	662,00	626,25	591,16	556,66	522,66
	III	456,16	II	566,41	532,33	498,83	465,83	433,50	401,66
	V	1176,16	III	428,16	400,50	373,00	345,83	319,00	292,50
	VI	1251,33	IV	716,58	698,25	680,00	662,00	644,08	626,25
4023,15	I,IV	736,41	I	699,50	663,25	627,58	592,41	557,83	523,91
	III	458,16	II	567,66	533,58	500,00	467,00	434,58	402,83
	V	1178,16	III	430,16	402,50	375,00	347,83	321,00	294,50
	VI	1253,50	IV	717,91	699,50	681,33	663,25	645,33	627,58
4027,65	I,IV	737,75	I	700,83	664,50	628,83	593,66	559,08	525,08
	III	458,16	II	568,91	534,75	501,16	468,16	435,75	403,91
	V	1180,16	III	430,16	402,50	375,00	347,83	321,00	294,50
	VI	1255,50	IV	719,16	700,83	682,58	664,50	646,58	628,83
4032,15	I,IV	739,08	I	702,16	665,83	630,08	594,91	560,33	526,33
	III	460,16	II	570,16	536,00	502,33	469,33	436,91	405,08
	V	1182,16	III	432,16	404,33	377,00	349,83	322,83	296,33
	VI	1257,66	IV	720,50	702,16	683,91	665,83	647,91	630,08
4036,65	I,IV	740,41	I	703,41	667,08	631,33	596,16	561,58	527,50
	III	460,16	II	571,33	537,16	503,58	470,50	438,08	406,16
	V	1184,16	III	432,16	404,33	377,00	349,83	322,83	296,33
	VI	1259,66	IV	721,83	703,41	685,25	667,08	649,16	631,33
4041,15	I,IV	741,66	I	704,75	668,41	632,58	597,41	562,75	528,75
	III	462,16	II	572,58	538,41	504,75	471,66	439,25	407,33
	V	1186,16	III	434,16	406,33	378,83	351,66	324,83	298,16
	VI	1261,66	IV	723,16	704,75	686,50	668,41	650,41	632,58
4045,65	I,IV	743,00	I	706,08	669,66	633,91	598,66	564,00	529,91
	III	462,16	II	573,83	539,58	505,91	472,83	440,33	408,41
	V	1188,16	III	434,16	406,33	378,83	351,66	324,83	298,16
	VI	1263,83	IV	724,50	706,08	687,83	669,66	651,75	633,91

Lohn bis DM	Arbeitnehmer ohne Kinder St.-Kl.	Arbeitnehmer ohne Kinder DM	St.-Kl.	0,5 DM	1,0 DM	1,5 DM	2,0 DM	2,5 DM	3,0 DM
4113,15	I,IV	763,08	I	725,83	689,08	653,00	617,41	582,50	548,08
	III	478,33	II	592,41	557,83	523,91	490,50	457,66	425,50
	V	1218,66	III	450,16	422,16	394,50	367,16	340,16	313,33
	VI	1295,00	IV	744,33	725,83	707,41	689,08	671,00	653,00
4117,65	I,IV	764,41	I	727,08	690,41	654,25	618,66	583,75	549,33
	III	478,33	II	593,66	559,08	525,08	491,66	458,83	426,58
	V	1220,66	III	450,16	422,16	394,50	367,16	340,16	313,33
	VI	1297,16	IV	745,66	727,08	708,66	690,41	672,25	654,25
4122,15	I,IV	765,75	I	728,41	691,66	655,58	620,00	585,00	550,58
	III	480,33	II	594,91	560,33	526,33	492,91	460,00	427,75
	V	1222,66	III	452,16	424,16	396,50	369,16	342,00	315,33
	VI	1299,33	IV	747,00	728,41	710,00	691,66	673,58	655,58
4126,65	I,IV	767,08	I	729,75	693,00	656,83	621,25	586,16	551,75
	III	480,33	II	596,16	561,58	527,50	494,08	461,16	428,91
	V	1224,83	III	452,16	424,16	396,50	369,16	342,00	315,33
	VI	1301,33	IV	748,33	729,75	711,33	693,00	674,83	656,83
4131,15	I,IV	768,41	I	731,08	694,33	658,08	622,50	587,41	553,00
	III	482,33	II	597,41	562,75	528,75	495,25	462,33	430,08
	V	1226,83	III	454,16	426,16	398,50	371,16	344,00	317,16
	VI	1303,33	IV	749,66	731,08	712,66	694,33	676,16	658,08
4135,65	I,IV	769,83	I	732,41	695,58	659,41	623,75	588,66	554,16
	III	482,33	II	598,66	564,00	529,91	496,41	463,50	431,16
	V	1228,66	III	454,16	426,16	398,50	371,16	344,00	317,16
	VI	1305,50	IV	751,00	732,41	713,91	695,58	677,41	659,41
4140,15	I,IV	771,16	I	733,75	696,91	660,66	625,00	589,91	555,41
	III	482,33	II	599,91	565,25	531,16	497,58	464,66	432,33
	V	1230,83	III	454,16	426,16	398,50	371,16	344,00	317,16
	VI	1307,50	IV	752,33	733,75	715,25	696,91	678,75	660,66
4144,65	I,IV	772,50	I	735,08	698,25	662,00	626,25	591,16	556,66
	III	484,50	II	601,16	566,41	532,33	498,83	465,83	433,50
	V	1232,83	III	456,16	428,16	400,50	373,00	345,83	319,00
	VI	1309,66	IV	753,66	735,08	716,58	698,25	680,00	662,00
4149,15	I,IV	773,83	I	736,41	699,50	663,25	627,58	592,41	557,83
	III	484,50	II	602,41	567,66	533,58	500,00	467,00	434,58
	V	1235,00	III	456,16	428,16	400,50	373,00	345,83	319,00
	VI	1311,83	IV	755,08	736,41	717,91	699,50	681,33	663,25
4153,65	I,IV	775,16	I	737,75	700,83	664,50	628,83	593,66	559,08
	III	486,50	II	603,66	568,91	534,75	501,16	468,16	435,75
	V	1237,00	III	458,16	430,16	402,50	375,00	347,83	321,00
	VI	1314,00	IV	756,41	737,75	719,16	700,83	682,58	664,50
4158,15	I,IV	776,50	I	739,08	702,16	665,83	630,08	594,91	560,33
	III	486,50	II	604,91	570,16	536,00	502,33	469,33	436,91
	V	1239,00	III	458,16	430,16	402,50	375,00	347,83	321,00
	VI	1316,00	IV	757,75	739,08	720,50	702,16	683,91	665,83
4162,65	I,IV	777,91	I	740,41	703,41	667,08	631,33	596,16	561,58
	III	488,50	II	606,16	571,33	537,16	503,58	470,50	438,08
	V	1241,16	III	460,16	432,16	404,33	377,00	349,83	322,83
	VI	1318,16	IV	759,08	740,41	721,83	703,41	685,25	667,08
4167,15	I,IV	779,25	I	741,66	704,75	668,41	632,58	597,41	562,75
	III	488,50	II	607,41	572,58	538,41	504,75	471,66	439,25
	V	1243,16	III	460,16	432,16	404,33	377,00	349,83	322,83
	VI	1320,33	IV	760,41	741,66	723,16	704,75	686,50	668,41
4171,65	I,IV	780,58	I	743,00	706,08	669,66	633,91	598,66	564,00
	III	490,50	II	608,66	573,83	539,58	505,91	472,83	440,33
	V	1245,33	III	462,16	434,16	406,33	378,83	351,66	324,83
	VI	1322,33	IV	761,75	743,00	724,50	706,08	687,83	669,66

4 050,15	I,IV	744,33	I	707,41	671,00	635,16	599,91	565,25	531,16
	III	464,16	II	575,08	540,83	507,16	474,00	441,50	409,58
	V	1190,16	III	436,16	408,33	380,83	353,66	326,66	300,16
	VI	1265,83	IV	725,83	707,41	689,08	671,00	653,00	635,16
4 054,65	I,IV	745,66	I	708,66	672,25	636,41	601,16	566,41	532,33
	III	464,16	II	576,33	542,00	508,33	475,25	442,66	410,66
	V	1192,16	III	436,16	408,33	380,83	353,66	326,66	300,16
	VI	1268,00	IV	727,08	708,66	690,41	672,25	654,25	636,41
4 059,15	I,IV	747,00	I	710,00	673,58	637,66	602,41	567,66	533,58
	III	466,16	II	577,50	543,25	509,50	476,41	443,83	411,83
	V	1194,16	III	438,16	410,33	382,83	355,50	328,66	302,00
	VI	1270,00	IV	728,41	710,00	691,66	673,58	655,58	637,66
4 063,65	I,IV	748,33	I	711,33	674,83	638,91	603,66	568,91	534,75
	III	466,16	II	578,75	544,41	510,75	477,58	445,00	413,00
	V	1196,16	III	438,16	410,33	382,83	355,50	328,66	302,00
	VI	1272,00	IV	729,75	711,33	693,00	674,83	656,83	638,91
4 068,15	I,IV	749,66	I	712,66	676,16	640,25	604,91	570,16	536,00
	III	468,16	II	580,00	545,66	511,91	478,75	446,16	414,08
	V	1198,33	III	440,16	412,33	384,66	357,50	330,50	303,83
	VI	1274,16	IV	731,08	712,66	694,33	676,16	658,08	640,25
4 072,65	I,IV	751,00	I	713,91	677,41	641,50	606,16	571,33	537,16
	III	468,16	II	581,25	546,91	513,08	479,91	447,25	415,25
	V	1200,33	III	440,16	412,33	384,66	357,50	330,50	303,83
	VI	1276,16	IV	732,41	713,91	695,58	677,41	659,41	641,50
4 077,15	I,IV	752,33	I	715,25	678,75	642,75	607,41	572,58	538,41
	III	470,16	II	582,50	548,08	514,33	481,08	448,41	416,33
	V	1202,33	III	442,16	414,33	386,66	359,50	332,50	305,83
	VI	1278,33	IV	733,75	715,25	696,91	678,75	660,66	642,75
4 081,65	I,IV	753,66	I	716,58	680,00	644,08	608,66	573,83	539,58
	III	470,16	II	583,75	549,33	515,50	482,25	449,58	417,50
	V	1204,33	III	442,16	414,33	386,66	359,50	332,50	305,83
	VI	1280,50	IV	735,08	716,58	698,25	680,00	662,00	644,08
4 086,15	I,IV	755,08	I	717,91	681,33	645,33	609,91	575,08	540,83
	III	472,33	II	585,00	550,58	516,66	483,41	450,75	418,66
	V	1206,33	III	444,16	416,16	388,66	361,33	334,33	307,66
	VI	1282,50	IV	736,41	717,91	699,50	681,33	663,25	645,33
4 090,65	I,IV	756,41	I	719,16	682,58	646,58	611,16	576,33	542,00
	III	472,33	II	586,16	551,75	517,91	484,58	451,91	419,75
	V	1208,50	III	444,16	416,16	388,66	361,33	334,33	307,66
	VI	1284,50	IV	737,75	719,16	700,83	682,58	664,50	646,58
4 095,15	I,IV	757,75	I	720,50	683,91	647,91	612,41	577,50	543,25
	III	474,33	II	587,41	553,00	519,08	485,83	453,08	420,91
	V	1210,50	III	446,16	418,16	390,66	363,33	336,33	309,50
	VI	1286,66	IV	739,08	720,50	702,16	683,91	665,83	647,91
4 099,65	I,IV	759,08	I	721,83	685,25	649,16	613,66	578,75	544,41
	III	474,33	II	588,66	554,16	520,33	487,00	454,25	422,08
	V	1212,50	III	446,16	418,16	390,66	363,33	336,33	309,50
	VI	1288,83	IV	740,41	721,83	703,41	685,25	667,08	649,16
4 104,15	I,IV	760,41	I	723,16	686,50	650,41	614,91	580,00	545,66
	III	476,33	II	589,91	555,41	521,50	488,16	455,41	423,16
	V	1214,50	III	448,16	420,16	392,66	365,33	338,16	311,50
	VI	1291,00	IV	741,66	723,16	704,75	686,50	668,41	650,41
4 108,65	I,IV	761,75	I	724,50	687,83	651,75	616,16	581,25	546,91
	III	476,33	II	591,16	556,66	522,66	489,33	456,58	424,33
	V	1216,66	III	448,16	420,16	392,66	365,33	338,16	311,50
	VI	1292,83	IV	743,00	724,50	706,08	687,83	669,66	651,75

4 176,15	I,IV	781,91	I	744,33	707,41	671,00	635,16	599,91	565,25
	III	490,50	II	609,91	575,08	540,83	507,16	474,00	441,50
	V	1247,16	III	462,16	434,16	406,33	378,83	351,66	324,83
	VI	1324,50	IV	763,08	744,33	725,83	707,41	689,08	671,00
4 180,65	I,IV	783,25	I	745,66	708,66	672,25	636,41	601,16	566,41
	III	492,50	II	611,16	576,33	542,00	508,33	475,25	442,66
	V	1249,33	III	464,16	436,16	408,33	380,83	353,66	326,66
	VI	1326,66	IV	764,41	745,66	727,08	708,66	690,41	672,25
4 185,15	I,IV	784,66	I	747,00	710,00	673,58	637,66	602,41	567,66
	III	492,50	II	612,41	577,50	543,25	509,50	476,41	443,83
	V	1251,33	III	464,16	436,16	408,33	380,83	353,66	326,66
	VI	1328,66	IV	765,75	747,00	728,41	710,00	691,66	673,58
4 189,65	I,IV	786,00	I	748,33	711,33	674,83	638,91	603,66	568,91
	III	494,66	II	613,66	578,75	544,41	510,75	477,58	445,00
	V	1253,50	III	466,16	438,16	410,33	382,83	355,50	328,66
	VI	1330,83	IV	767,08	748,33	729,75	711,33	693,00	674,83
4 194,15	I,IV	787,33	I	749,66	712,66	676,16	640,25	604,91	570,16
	III	494,66	II	614,91	580,00	545,66	511,91	478,75	446,16
	V	1255,50	III	466,16	438,16	410,33	382,83	355,50	328,66
	VI	1333,00	IV	768,41	749,66	731,08	712,66	694,33	676,16
4 198,65	I,IV	788,66	I	751,00	713,91	677,41	641,50	606,16	571,33
	III	496,66	II	616,16	581,25	546,91	513,08	479,91	447,25
	V	1257,66	III	468,16	440,16	412,33	384,66	357,50	330,50
	VI	1335,00	IV	769,83	751,00	732,41	713,91	695,58	677,41
4 203,15	I,IV	790,08	I	752,33	715,25	678,75	642,75	607,41	572,58
	III	496,66	II	617,41	582,50	548,08	514,33	481,08	448,41
	V	1259,66	III	468,16	440,16	412,33	384,66	357,50	330,50
	VI	1337,16	IV	771,16	752,33	733,75	715,25	696,91	678,75
4 207,65	I,IV	791,41	I	753,66	716,58	680,00	644,08	608,66	573,83
	III	498,66	II	618,66	583,75	549,33	515,50	482,25	449,58
	V	1261,66	III	470,16	442,16	414,33	386,66	359,50	332,50
	VI	1339,33	IV	772,50	753,66	735,08	716,58	698,25	680,00
4 212,15	I,IV	792,75	I	755,08	717,91	681,33	645,33	609,91	575,08
	III	498,66	II	620,00	585,00	550,58	516,66	483,41	450,75
	V	1263,83	III	470,16	442,16	414,33	386,66	359,50	332,50
	VI	1341,33	IV	773,83	755,08	736,41	717,91	699,50	681,33
4 216,65	I,IV	794,16	I	756,41	719,16	682,58	646,58	611,16	576,33
	III	500,66	II	621,25	586,16	551,75	517,91	484,58	451,91
	V	1265,83	III	472,33	444,16	416,16	388,66	361,33	334,33
	VI	1343,50	IV	775,16	756,41	737,75	719,16	700,83	682,58
4 221,15	I,IV	795,50	I	757,75	720,50	683,91	647,91	612,41	577,50
	III	500,66	II	622,50	587,41	553,00	519,08	485,83	453,08
	V	1268,00	III	472,33	444,16	416,16	388,66	361,33	334,33
	VI	1345,66	IV	776,50	757,75	739,08	720,50	702,16	683,91
4 225,65	I,IV	796,83	I	759,08	721,83	685,25	649,16	613,66	578,75
	III	502,83	II	623,75	588,66	554,16	520,33	487,00	454,25
	V	1270,00	III	474,33	446,16	418,16	390,66	363,33	336,33
	VI	1347,83	IV	777,91	759,08	740,41	721,83	703,41	685,25
4 230,15	I,IV	798,25	I	760,41	723,16	686,50	650,41	614,91	580,00
	III	502,83	II	625,00	589,91	555,41	521,50	488,16	455,41
	V	1272,00	III	474,33	446,16	418,16	390,66	363,33	336,33
	VI	1350,00	IV	779,25	760,41	741,66	723,16	704,75	686,50
4 234,65	I,IV	799,58	I	761,75	724,50	687,83	651,75	616,16	581,25
	III	504,83	II	626,25	591,16	556,66	522,66	489,33	456,58
	V	1274,16	III	476,33	448,16	420,16	392,66	365,33	338,16
	VI	1352,00	IV	780,58	761,75	743,00	724,50	706,08	687,83

*) Arbeitnehmer für die die besonderen Lohnsteuer-Tabellen gelten (u. a. Beamte und Rentner), können ihre Steuer unter Anwendung der Zurechnungstabelle auf Seite 163 auch von dieser allgemeinen Monats-Lohnsteuer-Tabelle ablesen.

Lohn bis DM	Arbeitnehmer ohne Kinder St.-Kl.	Arbeitnehmer ohne Kinder DM	AN mit Kinderfreibeträgen gemäß LSt-Karte: St.-Kl.	0,5 DM	1,0 DM	1,5 DM	2,0 DM	2,5 DM	3,0 DM
4239,15	I,IV	800,91	I	763,08	725,83	689,08	653,00	617,41	582,50
	III	504,83	II	627,58	592,41	557,83	523,91	490,50	457,66
	V	1276,16	III	476,33	448,16	420,16	392,66	365,33	338,16
	VI	1354,16	IV	781,91	763,08	744,33	725,83	707,41	689,08
4243,65	I,IV	802,33	I	764,41	727,08	690,41	654,25	618,66	583,75
	III	506,83	II	628,83	593,66	559,08	525,08	491,66	458,83
	V	1278,33	III	478,33	450,16	422,16	394,50	367,16	340,16
	VI	1356,33	IV	783,25	764,41	745,66	727,08	708,66	690,41
4248,15	I,IV	803,66	I	765,75	728,41	691,66	655,58	620,00	585,00
	III	506,83	II	630,08	594,91	560,33	526,33	492,91	460,00
	V	1280,50	III	478,33	450,16	422,16	394,50	367,16	340,16
	VI	1358,33	IV	784,66	765,75	747,00	728,41	710,00	691,66
4252,65	I,IV	805,00	I	767,08	729,75	693,00	656,83	621,25	586,16
	III	508,83	II	631,33	596,16	561,58	527,50	494,08	461,16
	V	1282,50	III	480,33	452,16	424,16	396,50	369,16	342,00
	VI	1360,66	IV	786,00	767,08	748,33	729,75	711,33	693,00
4257,15	I,IV	806,41	I	768,41	731,08	694,33	658,08	622,50	587,41
	III	508,83	II	632,58	597,41	562,75	528,75	495,25	462,33
	V	1284,50	III	480,33	452,16	424,16	396,50	369,16	342,00
	VI	1362,66	IV	787,33	768,41	749,66	731,08	712,66	694,33
4261,65	I,IV	807,75	I	769,83	732,41	695,58	659,41	623,75	588,66
	III	511,00	II	633,91	598,66	564,00	529,91	496,41	463,50
	V	1286,66	III	482,33	454,16	426,16	398,50	371,16	344,00
	VI	1364,83	IV	788,66	769,83	751,00	732,41	713,91	695,58
4266,15	I,IV	809,08	I	771,16	733,75	696,91	660,66	625,00	589,91
	III	511,00	II	635,16	599,91	565,25	531,16	497,58	464,66
	V	1288,83	III	482,33	454,16	426,16	398,50	371,16	344,00
	VI	1367,00	IV	790,08	771,16	752,33	733,75	715,25	696,91
4270,65	I,IV	810,50	I	772,50	735,08	698,25	662,00	626,25	591,16
	III	513,00	II	636,41	601,16	566,41	532,33	498,83	465,83
	V	1291,00	III	484,50	456,16	428,16	400,50	373,00	345,83
	VI	1369,16	IV	791,41	772,50	753,66	735,08	716,58	698,25
4275,15	I,IV	811,83	I	773,83	736,41	699,50	663,25	627,58	592,41
	III	513,00	II	637,66	602,41	567,66	533,58	500,00	467,00
	V	1292,83	III	484,50	456,16	428,16	400,50	373,00	345,83
	VI	1371,33	IV	792,75	773,83	755,08	736,41	717,91	699,50
4279,65	I,IV	813,25	I	775,16	737,75	700,83	664,50	628,83	593,66
	III	515,00	II	638,91	603,66	568,91	534,75	501,16	468,16
	V	1295,00	III	486,50	458,16	430,16	402,50	375,00	347,83
	VI	1373,33	IV	794,16	775,16	756,41	737,75	719,16	700,83
4284,15	I,IV	814,58	I	776,50	739,08	702,16	665,83	630,08	594,91
	III	515,00	II	640,25	604,91	570,16	536,00	502,33	469,33
	V	1297,16	III	486,50	458,16	430,16	402,50	375,00	347,83
	VI	1375,66	IV	795,50	776,50	757,75	739,08	720,50	702,16
4288,65	I,IV	816,00	I	777,91	740,41	703,41	667,08	631,33	596,16
	III	517,16	II	641,50	606,16	571,33	537,16	503,58	470,50
	V	1299,33	III	488,50	460,16	432,16	404,33	377,00	349,83
	VI	1377,83	IV	796,83	777,91	759,08	740,41	721,83	703,41
4293,15	I,IV	817,33	I	779,25	741,66	704,75	668,41	632,58	597,41
	III	517,16	II	642,75	607,41	572,58	538,41	504,75	471,66
	V	1301,33	III	488,50	460,16	432,16	404,33	377,00	349,83
	VI	1379,83	IV	798,25	779,25	760,41	741,66	723,16	704,75
4297,65	I,IV	818,66	I	780,58	743,00	706,08	669,66	633,91	598,66
	III	517,16	II	644,08	608,66	573,83	539,58	505,91	472,83
	V	1303,33	III	488,50	460,16	432,16	404,33	377,00	349,83
	VI	1382,16	IV	799,58	780,58	761,75	743,00	724,50	706,08

Lohn bis DM	Arbeitnehmer ohne Kinder St.-Kl.	Arbeitnehmer ohne Kinder DM	AN mit Kinderfreibeträgen gemäß LSt-Karte: St.-Kl.	0,5 DM	1,0 DM	1,5 DM	2,0 DM	2,5 DM	3,0 DM
4365,15	I,IV	839,33	I	800,91	763,08	725,83	689,08	653,00	617,41
	III	533,50	II	663,25	627,58	592,41	557,83	523,91	490,50
	V	1335,00	III	504,83	476,33	448,16	420,16	392,66	365,33
	VI	1414,50	IV	820,08	800,91	781,91	763,08	744,33	725,83
4369,65	I,IV	840,75	I	802,33	764,41	727,08	690,41	654,25	618,66
	III	533,50	II	664,50	628,83	593,66	559,08	525,08	491,66
	V	1337,16	III	504,83	476,33	448,16	420,16	392,66	365,33
	VI	1416,66	IV	821,41	802,33	783,25	764,41	745,66	727,08
4374,15	I,IV	842,16	I	803,66	765,75	728,41	691,66	655,58	620,00
	III	535,66	II	665,83	630,08	594,91	560,33	526,33	492,91
	V	1339,33	III	506,83	478,33	450,16	422,16	394,50	367,16
	VI	1418,83	IV	822,83	803,66	784,66	765,75	747,00	728,41
4378,65	I,IV	843,50	I	805,00	767,08	729,75	693,00	656,83	621,25
	III	535,66	II	667,08	631,33	596,16	561,58	527,50	494,08
	V	1341,33	III	506,83	478,33	450,16	422,16	394,50	367,16
	VI	1421,16	IV	824,16	805,00	786,00	767,08	748,33	729,75
4383,15	I,IV	844,91	I	806,41	768,41	731,08	694,33	658,08	622,50
	III	537,66	II	668,41	632,58	597,41	562,75	528,75	495,25
	V	1343,50	III	508,83	480,33	452,16	424,16	396,50	369,16
	VI	1423,16	IV	825,58	806,41	787,33	768,41	749,66	731,08
4387,65	I,IV	846,33	I	807,75	769,83	732,41	695,58	659,41	623,75
	III	537,66	II	669,66	633,91	598,66	564,00	529,91	496,41
	V	1345,66	III	508,83	480,33	452,16	424,16	396,50	369,16
	VI	1425,50	IV	826,91	807,75	788,66	769,83	751,00	732,41
4392,15	I,IV	847,66	I	809,08	771,16	733,75	696,91	660,66	625,00
	III	539,83	II	671,00	635,16	599,91	565,25	531,16	497,58
	V	1347,83	III	511,00	482,33	454,16	426,16	398,50	371,16
	VI	1427,66	IV	828,33	809,08	790,08	771,16	752,33	733,75
4396,65	I,IV	849,08	I	810,50	772,50	735,08	698,25	662,00	626,25
	III	539,83	II	672,25	636,41	601,16	566,41	532,33	498,83
	V	1350,00	III	511,00	482,33	454,16	426,16	398,50	371,16
	VI	1429,66	IV	829,66	810,50	791,41	772,50	753,66	735,08
4401,15	I,IV	850,41	I	811,83	773,83	736,41	699,50	663,25	627,58
	III	541,83	II	673,58	637,66	602,41	567,66	533,58	500,00
	V	1352,00	III	513,00	484,50	456,16	428,16	400,50	373,00
	VI	1432,00	IV	831,08	811,83	792,75	773,83	755,08	736,41
4405,65	I,IV	851,83	I	813,25	775,16	737,75	700,83	664,50	628,83
	III	541,83	II	674,83	638,91	603,66	568,91	534,75	501,16
	V	1354,16	III	513,00	484,50	456,16	428,16	400,50	373,00
	VI	1434,16	IV	832,50	813,25	794,16	775,16	756,41	737,75
4410,15	I,IV	853,25	I	814,58	776,50	739,08	702,16	665,83	630,08
	III	544,00	II	676,16	640,25	604,91	570,16	536,00	502,33
	V	1356,33	III	515,00	486,50	458,16	430,16	402,50	375,00
	VI	1436,33	IV	833,83	814,58	795,50	776,50	757,75	739,08
4414,65	I,IV	854,66	I	816,00	777,91	740,41	703,41	667,08	631,33
	III	544,00	II	677,41	641,50	606,16	571,33	537,16	503,58
	V	1358,33	III	515,00	486,50	458,16	430,16	402,50	375,00
	VI	1438,50	IV	835,25	816,00	796,83	777,91	759,08	740,41
4419,15	I,IV	856,00	I	817,33	779,25	741,66	704,75	668,41	632,58
	III	546,00	II	678,75	642,75	607,41	572,58	538,41	504,75
	V	1360,66	III	517,16	488,50	460,16	432,16	404,33	377,00
	VI	1440,83	IV	836,58	817,33	798,25	779,25	760,41	741,66
4423,65	I,IV	857,41	I	818,66	780,58	743,00	706,08	669,66	633,91
	III	546,00	II	680,00	644,08	608,66	573,83	539,58	505,91
	V	1362,66	III	517,16	488,50	460,16	432,16	404,33	377,00
	VI	1443,00	IV	838,00	818,66	799,58	780,58	761,75	743,00

Lohn	Kl.	Steuer	Kl.						
4302,15	I,IV	820,08	I	781,91	744,33	707,41	671,00	635,16	599,91
	III	519,16	II	645,33	609,91	575,08	540,83	507,16	474,00
	V	1305,50	III	490,50	462,16	434,16	406,33	378,83	351,66
	VI	1384,16	IV	800,91	781,91	763,08	744,33	725,83	707,41
4306,65	I,IV	821,41	I	783,25	745,66	708,66	672,25	636,41	601,16
	III	519,16	II	646,58	611,16	576,33	542,00	508,33	475,25
	V	1307,50	III	490,50	462,16	434,16	406,33	378,83	351,66
	VI	1386,33	IV	802,33	783,25	764,41	745,66	727,08	708,66
4311,15	I,IV	822,83	I	784,66	747,00	710,00	673,58	637,66	602,41
	III	521,16	II	647,91	612,41	577,50	543,25	509,50	476,41
	V	1309,66	III	492,50	464,16	436,16	408,33	380,83	353,66
	VI	1388,50	IV	803,66	784,66	765,75	747,00	728,41	710,00
4315,65	I,IV	824,16	I	786,00	748,33	711,33	674,83	638,91	603,66
	III	521,16	II	649,16	613,66	578,75	544,41	510,75	477,58
	V	1311,83	III	492,50	464,16	436,16	408,33	380,83	353,66
	VI	1390,66	IV	805,00	786,00	767,08	748,33	729,75	711,33
4320,15	I,IV	825,58	I	787,33	749,66	712,66	676,16	640,25	604,91
	III	523,33	II	650,41	614,91	580,00	545,66	511,91	478,75
	V	1314,00	III	494,66	466,16	438,16	410,33	382,83	355,50
	VI	1392,83	IV	806,41	787,33	768,41	749,66	731,08	712,66
4324,65	I,IV	826,91	I	788,66	751,00	713,91	677,41	641,50	606,16
	III	523,33	II	651,75	616,16	581,25	546,91	513,08	479,91
	V	1316,00	III	494,66	466,16	438,16	410,33	382,83	355,50
	VI	1395,00	IV	807,75	788,66	769,83	751,00	732,41	713,91
4329,15	I,IV	828,33	I	790,08	752,33	715,25	678,75	642,75	607,41
	III	525,33	II	653,00	617,41	582,50	548,08	514,33	481,08
	V	1318,16	III	496,66	468,16	440,16	412,33	384,66	357,50
	VI	1397,16	IV	809,08	790,08	771,16	752,33	733,75	715,25
4333,65	I,IV	829,66	I	791,41	753,66	716,58	680,00	644,08	608,66
	III	525,33	II	654,25	618,66	583,75	549,33	515,50	482,25
	V	1320,33	III	496,66	468,16	440,16	412,33	384,66	357,50
	VI	1399,33	IV	810,50	791,41	772,50	753,66	735,08	716,58
4338,15	I,IV	831,08	I	792,75	755,08	717,91	681,33	645,33	609,91
	III	527,33	II	655,58	620,00	585,00	550,58	516,66	483,41
	V	1322,33	III	498,66	470,16	442,16	414,33	386,66	359,50
	VI	1401,50	IV	811,83	792,75	773,83	755,08	736,41	717,91
4342,65	I,IV	832,50	I	794,16	756,41	719,16	682,58	646,58	611,16
	III	527,33	II	656,83	621,25	586,16	551,75	517,91	484,58
	V	1324,50	III	498,66	470,16	442,16	414,33	386,66	359,50
	VI	1403,66	IV	813,25	794,16	775,16	756,41	737,75	719,16
4347,15	I,IV	833,83	I	795,50	757,75	720,50	683,91	647,91	612,41
	III	529,50	II	658,08	622,50	587,41	553,00	519,08	485,83
	V	1326,66	III	500,66	472,33	444,16	416,16	388,66	361,33
	VI	1405,83	IV	814,58	795,50	776,50	757,75	739,08	720,50
4351,65	I,IV	835,25	I	796,83	759,08	721,83	685,25	649,16	613,66
	III	529,50	II	659,41	623,75	588,66	554,16	520,33	487,00
	V	1328,66	III	500,66	472,33	444,16	416,16	388,66	361,33
	VI	1408,00	IV	816,00	796,83	777,91	759,08	740,41	721,83
4356,15	I,IV	836,58	I	798,25	760,41	723,16	686,50	650,41	614,91
	III	531,50	II	660,66	625,00	589,91	555,41	521,50	488,16
	V	1330,83	III	502,83	474,33	446,16	418,16	390,66	363,33
	VI	1410,16	IV	817,33	798,25	779,25	760,41	741,66	723,16
4360,65	I,IV	838,00	I	799,58	761,75	724,50	687,83	651,75	616,16
	III	531,50	II	662,00	626,25	591,16	556,66	522,66	489,33
	V	1333,00	III	502,83	474,33	446,16	418,16	390,66	363,33
	VI	1412,33	IV	818,66	799,58	780,58	761,75	743,00	724,50

Lohn	Kl.	Steuer	Kl.						
4428,15	I,IV	858,83	I	820,08	781,91	744,33	707,41	671,00	635,16
	III	548,00	II	681,33	645,33	609,91	575,08	540,83	507,16
	V	1364,83	III	519,16	490,50	462,16	434,16	406,33	378,83
	VI	1445,00	IV	839,33	820,08	800,91	781,91	763,08	744,33
4432,65	I,IV	860,16	I	821,41	783,25	745,66	708,66	672,25	636,41
	III	548,00	II	682,58	646,58	611,16	576,33	542,00	508,33
	V	1367,00	III	519,16	490,50	462,16	434,16	406,33	378,83
	VI	1447,33	IV	840,75	821,41	802,33	783,25	764,41	745,66
4437,15	I,IV	861,58	I	822,83	784,66	747,00	710,00	673,58	637,66
	III	550,16	II	683,91	647,91	612,41	577,50	543,25	509,50
	V	1369,16	III	521,16	492,50	464,16	436,16	408,33	380,83
	VI	1449,50	IV	842,16	822,83	803,66	784,66	765,75	747,00
4441,65	I,IV	863,00	I	824,16	786,00	748,33	711,33	674,83	638,91
	III	550,16	II	685,25	649,16	613,66	578,75	544,41	510,75
	V	1371,33	III	521,16	492,50	464,16	436,16	408,33	380,83
	VI	1451,83	IV	843,50	824,16	805,00	786,00	767,08	748,33
4446,15	I,IV	864,41	I	825,58	787,33	749,66	712,66	676,16	640,25
	III	550,16	II	686,50	650,41	614,91	580,00	545,66	511,91
	V	1373,33	III	521,16	492,50	464,16	436,16	408,33	380,83
	VI	1454,00	IV	844,91	825,58	806,41	787,33	768,41	749,66
4450,65	I,IV	865,75	I	826,91	788,66	751,00	713,91	677,41	641,50
	III	552,16	II	687,83	651,75	616,16	581,25	546,91	513,08
	V	1375,66	III	523,33	494,66	466,16	438,16	410,33	382,83
	VI	1456,00	IV	846,33	826,91	807,75	788,66	769,83	751,00
4455,15	I,IV	867,16	I	828,33	790,08	752,33	715,25	678,75	642,75
	III	552,16	II	689,08	653,00	617,41	582,50	548,08	514,33
	V	1377,83	III	523,33	494,66	466,16	438,16	410,33	382,83
	VI	1458,33	IV	847,66	828,33	809,08	790,08	771,16	752,33
4459,65	I,IV	868,58	I	829,66	791,41	753,66	716,58	680,00	644,08
	III	554,33	II	690,41	654,25	618,66	583,75	549,33	515,50
	V	1379,83	III	525,33	496,66	468,16	440,16	412,33	384,66
	VI	1460,50	IV	849,08	829,66	810,50	791,41	772,50	753,66
4464,15	I,IV	870,00	I	831,08	792,75	755,08	717,91	681,33	645,33
	III	554,33	II	691,66	655,58	620,00	585,00	550,58	516,66
	V	1382,16	III	525,33	496,66	468,16	440,16	412,33	384,66
	VI	1462,66	IV	850,41	831,08	811,83	792,75	773,83	755,08
4468,65	I,IV	871,33	I	832,50	794,16	756,41	719,16	682,58	646,58
	III	556,33	II	693,00	656,83	621,25	586,16	551,75	517,91
	V	1384,16	III	527,33	498,66	470,16	442,16	414,33	386,66
	VI	1465,00	IV	851,83	832,50	813,25	794,16	775,16	756,41
4473,15	I,IV	872,75	I	833,83	795,50	757,75	720,50	683,91	647,91
	III	556,33	II	694,33	658,08	622,50	587,41	553,00	519,08
	V	1386,33	III	527,33	498,66	470,16	442,16	414,33	386,66
	VI	1467,16	IV	853,25	833,83	814,58	795,50	776,50	757,75
4477,65	I,IV	874,16	I	835,25	796,83	759,08	721,83	685,25	649,16
	III	558,50	II	695,58	659,41	623,75	588,66	554,16	520,33
	V	1388,50	III	529,50	500,66	472,33	444,16	416,16	388,66
	VI	1469,50	IV	854,66	835,25	816,00	796,83	777,91	759,08
4482,15	I,IV	875,58	I	836,58	798,25	760,41	723,16	686,50	650,41
	III	558,50	II	696,91	660,66	625,00	589,91	555,41	521,50
	V	1390,66	III	529,50	500,66	472,33	444,16	416,16	388,66
	VI	1471,66	IV	856,00	836,58	817,33	798,25	779,25	760,41
4486,65	I,IV	877,00	I	838,00	799,58	761,75	724,50	687,83	651,75
	III	560,50	II	698,25	662,00	626,25	591,16	556,66	522,66
	V	1392,83	III	531,50	502,83	474,33	446,16	418,16	390,66
	VI	1473,83	IV	857,41	838,00	818,66	799,58	780,58	761,75

*) Arbeitnehmer für die die besonderen Lohnsteuer-Tabellen gelten (u. a. Beamte und Rentner), können ihre Steuer unter Anwendung der Zurechnungstabelle auf Seite 163 auch von dieser allgemeinen Monats-Lohnsteuer-Tabelle ablesen.

Lohn bis DM	Arbeitnehmer ohne Kinder St.-Kl.	Arbeitnehmer ohne Kinder DM	AN mit Kinderfreibeträgen gemäß LSt-Karte: St.-Kl.	0,5 DM	1,0 DM	1,5 DM	2,0 DM	2,5 DM	3,0 DM
4491,15	I,IV	878,41	I	839,33	800,91	763,08	725,83	689,08	653,00
	III	560,50	II	699,50	663,25	627,58	592,41	557,83	523,91
	V	1395,00	III	531,50	502,83	474,33	446,16	418,16	390,66
	VI	1476,16	IV	858,83	839,33	820,08	800,91	781,91	763,08
4495,65	I,IV	879,75	I	840,75	802,33	764,41	727,08	690,41	654,25
	III	562,66	II	700,83	664,50	628,83	593,66	559,08	525,08
	V	1397,16	III	533,50	504,83	476,33	448,16	420,16	392,66
	VI	1478,16	IV	860,16	840,75	821,41	802,33	783,25	764,41
4500,15	I,IV	881,16	I	842,16	803,66	765,75	728,41	691,66	655,58
	III	562,66	II	702,16	665,83	630,08	594,91	560,33	526,33
	V	1399,33	III	533,50	504,83	476,33	448,16	420,16	392,66
	VI	1480,33	IV	861,58	842,16	822,83	803,66	784,66	765,75
4504,65	I,IV	882,58	I	843,50	805,00	767,08	729,75	693,00	656,83
	III	564,66	II	703,41	667,08	631,33	596,16	561,58	527,50
	V	1401,50	III	535,66	506,83	478,33	450,16	422,16	394,50
	VI	1482,50	IV	863,00	843,50	824,16	805,00	786,00	767,08
4509,15	I,IV	884,00	I	844,91	806,41	768,41	731,08	694,33	658,08
	III	564,66	II	704,75	668,41	632,58	597,41	562,75	528,75
	V	1403,66	III	535,66	506,83	478,33	450,16	422,16	394,50
	VI	1485,00	IV	864,41	844,91	825,58	806,41	787,33	768,41
4513,65	I,IV	885,41	I	846,33	807,75	769,83	732,41	695,58	659,41
	III	566,83	II	706,08	669,66	633,91	598,66	564,00	529,91
	V	1405,83	III	537,66	508,83	480,33	452,16	424,16	396,50
	VI	1487,16	IV	865,75	846,33	826,91	807,75	788,66	769,83
4518,15	I,IV	886,83	I	847,66	809,08	771,16	733,75	696,91	660,66
	III	566,83	II	707,41	671,00	635,16	599,91	565,25	531,16
	V	1408,00	III	537,66	508,83	480,33	452,16	424,16	396,50
	VI	1489,33	IV	867,16	847,66	828,33	809,08	790,08	771,16
4522,65	I,IV	888,25	I	849,08	810,50	772,50	735,08	698,25	662,00
	III	568,83	II	708,66	672,25	636,41	601,16	566,41	532,33
	V	1410,16	III	539,83	511,00	482,33	454,16	426,16	398,50
	VI	1491,66	IV	868,58	849,08	829,66	810,50	791,41	772,50
4527,15	I,IV	889,66	I	850,41	811,83	773,83	736,41	699,50	663,25
	III	568,83	II	710,00	673,58	637,66	602,41	567,66	533,58
	V	1412,33	III	539,83	511,00	482,33	454,16	426,16	398,50
	VI	1493,83	IV	870,00	850,41	831,08	811,83	792,75	773,83
4531,65	I,IV	891,08	I	851,83	813,25	775,16	737,75	700,83	664,50
	III	571,00	II	711,33	674,83	638,91	603,66	568,91	534,75
	V	1414,50	III	541,83	513,00	484,50	456,16	428,16	400,50
	VI	1496,00	IV	871,33	851,83	832,50	813,25	794,16	775,16
4536,15	I,IV	892,41	I	853,25	814,58	776,50	739,08	702,16	665,83
	III	571,00	II	712,66	676,16	640,25	604,91	570,16	536,00
	V	1416,66	III	541,83	513,00	484,50	456,16	428,16	400,50
	VI	1498,33	IV	872,75	853,25	833,83	814,58	795,50	776,50
4540,65	I,IV	893,83	I	854,66	816,00	777,91	740,41	703,41	667,08
	III	573,16	II	713,91	677,41	641,50	606,16	571,33	537,16
	V	1418,83	III	544,00	515,00	486,50	458,16	430,16	402,50
	VI	1500,50	IV	874,16	854,66	835,25	816,00	796,83	777,91
4545,15	I,IV	895,25	I	856,00	817,33	779,25	741,66	704,75	668,41
	III	573,16	II	715,25	678,75	642,75	607,41	572,58	538,41
	V	1421,16	III	544,00	515,00	486,50	458,16	430,16	402,50
	VI	1502,66	IV	875,58	856,00	836,58	817,33	798,25	779,25
4549,65	I,IV	896,66	I	857,41	818,66	780,58	743,00	706,08	669,66
	III	575,16	II	716,58	680,00	644,08	608,66	573,83	539,58
	V	1423,16	III	546,00	517,16	488,50	460,16	432,16	404,33
	VI	1504,83	IV	877,00	857,41	838,00	818,66	799,58	780,58

Lohn bis DM	Arbeitnehmer ohne Kinder St.-Kl.	Arbeitnehmer ohne Kinder DM	AN mit Kinderfreibeträgen gemäß LSt-Karte: St.-Kl.	0,5 DM	1,0 DM	1,5 DM	2,0 DM	2,5 DM	3,0 DM
4617,15	I,IV	918,00	I	878,41	839,33	800,91	763,08	725,83	689,08
	III	589,83	II	736,41	699,50	663,25	627,58	592,41	557,83
	V	1456,00	III	560,50	531,50	502,83	474,33	446,16	418,16
	VI	1538,66	IV	898,08	878,41	858,83	839,33	820,08	800,91
4621,65	I,IV	919,41	I	879,75	840,75	802,33	764,41	727,08	690,41
	III	589,83	II	737,75	700,83	664,50	628,83	593,66	559,08
	V	1458,33	III	560,50	531,50	502,83	474,33	446,16	418,16
	VI	1540,83	IV	899,50	879,75	860,16	840,75	821,41	802,33
4626,15	I,IV	920,83	I	881,16	842,16	803,66	765,75	728,41	691,66
	III	592,00	II	739,08	702,16	665,83	630,08	594,91	560,33
	V	1460,50	III	562,66	533,50	504,83	476,33	448,16	420,16
	VI	1543,16	IV	900,91	881,16	861,58	842,16	822,83	803,66
4630,65	I,IV	922,25	I	882,58	843,50	805,00	767,08	729,75	693,00
	III	592,00	II	740,41	703,41	667,08	631,33	596,16	561,58
	V	1462,66	III	562,66	533,50	504,83	476,33	448,16	420,16
	VI	1545,33	IV	902,33	882,58	863,00	843,50	824,16	805,00
4635,15	I,IV	923,66	I	884,00	844,91	806,41	768,41	731,08	694,33
	III	594,16	II	741,66	704,75	668,41	632,58	597,41	562,75
	V	1465,00	III	564,66	535,66	506,83	478,33	450,16	422,16
	VI	1547,83	IV	903,75	884,00	864,41	844,91	825,58	806,41
4639,65	I,IV	925,08	I	885,41	846,33	807,75	769,83	732,41	695,58
	III	594,16	II	743,00	706,08	669,66	633,91	598,66	564,00
	V	1467,16	III	564,66	535,66	506,83	478,33	450,16	422,16
	VI	1550,00	IV	905,16	885,41	865,75	846,33	826,91	807,75
4644,15	I,IV	926,50	I	886,83	847,66	809,08	771,16	733,75	696,91
	III	596,16	II	744,33	707,41	671,00	635,16	599,91	565,25
	V	1469,50	III	566,83	537,66	508,83	480,33	452,16	424,16
	VI	1552,16	IV	906,58	886,83	867,16	847,66	828,33	809,08
4648,65	I,IV	928,00	I	888,25	849,08	810,50	772,50	735,08	698,25
	III	596,16	II	745,66	708,66	672,25	636,41	601,16	566,41
	V	1471,66	III	566,83	537,66	508,83	480,33	452,16	424,16
	VI	1554,50	IV	908,00	888,25	868,58	849,08	829,66	810,50
4653,15	I,IV	929,41	I	889,66	850,41	811,83	773,83	736,41	699,50
	III	598,33	II	747,00	710,00	673,58	637,66	602,41	567,66
	V	1473,83	III	568,83	539,83	511,00	482,33	454,16	426,16
	VI	1556,66	IV	909,41	889,66	870,00	850,41	831,08	811,83
4657,65	I,IV	930,83	I	891,08	851,83	813,25	775,16	737,75	700,83
	III	598,33	II	748,33	711,33	674,83	638,91	603,66	568,91
	V	1476,16	III	568,83	539,83	511,00	482,33	454,16	426,16
	VI	1559,00	IV	910,83	891,08	871,33	851,83	832,50	813,25
4662,15	I,IV	932,25	I	892,41	853,25	814,58	776,50	739,08	702,16
	III	600,50	II	749,66	712,66	676,16	640,25	604,91	570,16
	V	1478,16	III	571,00	541,83	513,00	484,50	456,16	428,16
	VI	1561,33	IV	912,25	892,41	872,75	853,25	833,83	814,58
4666,65	I,IV	933,66	I	893,83	854,66	816,00	777,91	740,41	703,41
	III	600,50	II	751,00	713,91	677,41	641,50	606,16	571,33
	V	1480,33	III	571,00	541,83	513,00	484,50	456,16	428,16
	VI	1563,66	IV	913,66	893,83	874,16	854,66	835,25	816,00
4671,15	I,IV	935,08	I	895,25	856,00	817,33	779,25	741,66	704,75
	III	602,50	II	752,33	715,25	678,75	642,75	607,41	572,58
	V	1482,50	III	573,16	544,00	515,00	486,50	458,16	430,16
	VI	1565,83	IV	915,16	895,25	875,58	856,00	836,58	817,33
4675,65	I,IV	936,58	I	896,66	857,41	818,66	780,58	743,00	706,08
	III	602,50	II	753,66	716,58	680,00	644,08	608,66	573,83
	V	1485,00	III	573,16	544,00	515,00	486,50	458,16	430,16
	VI	1568,16	IV	916,58	896,66	877,00	857,41	838,00	818,66

Lohn	Kl.	Steuer	Kl.						
4 554,15	I,IV	898,08	I	858,83	820,08	781,91	744,33	707,41	671,00
	III	575,16	II	717,91	681,33	645,33	609,91	575,08	540,83
	V	1425,50	III	546,00	517,16	488,50	460,16	432,16	404,33
	VI	1507,16	IV	878,41	858,83	839,33	820,08	800,91	781,91
4 558,65	I,IV	899,50	I	860,16	821,41	783,25	745,66	708,66	672,25
	III	577,33	II	719,16	682,58	646,58	611,16	576,33	542,00
	V	1427,66	III	548,00	519,16	490,50	462,16	434,16	406,33
	VI	1509,50	IV	879,75	860,16	840,75	821,41	802,33	783,25
4 563,15	I,IV	900,91	I	861,58	822,83	784,66	747,00	710,00	673,58
	III	577,33	II	720,50	683,91	647,91	612,41	577,50	543,25
	V	1429,66	III	548,00	519,16	490,50	462,16	434,16	406,33
	VI	1511,66	IV	881,16	861,58	842,16	822,83	803,66	784,66
4 567,65	I,IV	902,33	I	863,00	824,16	786,00	748,33	711,33	674,83
	III	579,33	II	721,83	685,25	649,16	613,66	578,75	544,41
	V	1432,00	III	550,16	521,16	492,50	464,16	436,16	408,33
	VI	1513,83	IV	882,58	863,00	843,50	824,16	805,00	786,00
4 572,15	I,IV	903,75	I	864,41	825,58	787,33	749,66	712,66	676,16
	III	579,33	II	723,16	686,50	650,41	614,91	580,00	545,66
	V	1434,16	III	550,16	521,16	492,50	464,16	436,16	408,33
	VI	1516,16	IV	884,00	864,41	844,91	825,58	806,41	787,33
4 576,65	I,IV	905,16	I	865,75	826,91	788,66	751,00	713,91	677,41
	III	581,50	II	724,50	687,83	651,75	616,16	581,25	546,91
	V	1436,33	III	552,16	523,33	494,66	466,16	438,16	410,33
	VI	1518,33	IV	885,41	865,75	846,33	826,91	807,75	788,66
4 581,15	I,IV	906,58	I	867,16	828,33	790,08	752,33	715,25	678,75
	III	581,50	II	725,83	689,08	653,00	617,41	582,50	548,08
	V	1438,50	III	552,16	523,33	494,66	466,16	438,16	410,33
	VI	1520,66	IV	886,83	867,16	847,66	828,33	809,08	790,08
4 585,65	I,IV	908,00	I	868,58	829,66	791,41	753,66	716,58	680,00
	III	583,66	II	727,08	690,41	654,25	618,66	583,75	549,33
	V	1440,83	III	554,33	525,33	496,66	468,16	440,16	412,33
	VI	1522,83	IV	888,25	868,58	849,08	829,66	810,50	791,41
4 590,15	I,IV	909,41	I	870,00	831,08	792,75	755,08	717,91	681,33
	III	583,66	II	728,41	691,66	655,58	620,00	585,00	550,58
	V	1443,00	III	554,33	525,33	496,66	468,16	440,16	412,33
	VI	1525,16	IV	889,66	870,00	850,41	831,08	811,83	792,75
4 594,65	I,IV	910,83	I	871,33	832,50	794,16	756,41	719,16	682,58
	III	583,66	II	729,75	693,00	656,83	621,25	586,16	551,75
	V	1445,00	III	554,33	525,33	496,66	468,16	440,16	412,33
	VI	1527,33	IV	891,08	871,33	851,83	832,50	813,25	794,16
4 599,15	I,IV	912,25	I	872,75	833,83	795,50	757,75	720,50	683,91
	III	585,66	II	731,08	694,33	658,08	622,50	587,41	553,00
	V	1447,33	III	556,33	527,33	498,66	470,16	442,16	414,33
	VI	1529,66	IV	892,41	872,75	853,25	833,83	814,58	795,50
4 603,65	I,IV	913,66	I	874,16	835,25	796,83	759,08	721,83	685,25
	III	585,66	II	732,41	695,58	659,41	623,75	588,66	554,16
	V	1449,50	III	556,33	527,33	498,66	470,16	442,16	414,33
	VI	1531,83	IV	893,83	874,16	854,66	835,25	816,00	796,83
4 608,15	I,IV	915,16	I	875,58	836,58	798,25	760,41	723,16	686,50
	III	587,83	II	733,75	696,91	660,66	625,00	589,91	555,41
	V	1451,83	III	558,50	529,50	500,66	472,33	444,16	416,16
	VI	1534,00	IV	895,25	875,58	856,00	836,58	817,33	798,25
4 612,65	I,IV	916,58	I	877,00	838,00	799,58	761,75	724,50	687,83
	III	587,83	II	735,08	698,25	662,00	626,25	591,16	556,66
	V	1454,00	III	558,50	529,50	500,66	472,33	444,16	416,16
	VI	1536,50	IV	896,66	877,00	857,41	838,00	818,66	799,58

Lohn	Kl.	Steuer	Kl.						
4 680,15	I,IV	938,00	I	898,08	858,83	820,08	781,91	744,33	707,41
	III	604,66	II	755,08	717,91	681,33	645,33	609,91	575,08
	V	1487,16	III	575,16	546,00	517,16	488,50	460,16	432,16
	VI	1570,33	IV	918,00	898,08	878,41	858,83	839,33	820,08
4 684,65	I,IV	939,41	I	899,50	860,16	821,41	783,25	745,66	708,66
	III	604,66	II	756,41	719,16	682,58	646,58	611,16	576,33
	V	1489,33	III	575,16	546,00	517,16	488,50	460,16	432,16
	VI	1572,66	IV	919,41	899,50	879,75	860,16	840,75	821,41
4 689,15	I,IV	940,83	I	900,91	861,58	822,83	784,66	747,00	710,00
	III	606,83	II	757,75	720,50	683,91	647,91	612,41	577,50
	V	1491,66	III	577,33	548,00	519,16	490,50	462,16	434,16
	VI	1574,83	IV	920,83	900,91	881,16	861,58	842,16	822,83
4 693,65	I,IV	942,33	I	902,33	863,00	824,16	786,00	748,33	711,33
	III	606,83	II	759,08	721,83	685,25	649,16	613,66	578,75
	V	1493,83	III	577,33	548,00	519,16	490,50	462,16	434,16
	VI	1577,16	IV	922,25	902,33	882,58	863,00	843,50	824,16
4 698,15	I,IV	943,75	I	903,75	864,41	825,58	787,33	749,66	712,66
	III	608,83	II	760,41	723,16	686,50	650,41	614,91	580,00
	V	1496,00	III	579,33	550,16	521,16	492,50	464,16	436,16
	VI	1579,66	IV	923,66	903,75	884,00	864,41	844,91	825,58
4 702,65	I,IV	945,16	I	905,16	865,75	826,91	788,66	751,00	713,91
	III	608,83	II	761,75	724,50	687,83	651,75	616,16	581,25
	V	1498,33	III	579,33	550,16	521,16	492,50	464,16	436,16
	VI	1581,83	IV	925,08	905,16	885,41	865,75	846,33	826,91
4 707,15	I,IV	946,58	I	906,58	867,16	828,33	790,08	752,33	715,25
	III	611,00	II	763,08	725,83	689,08	653,00	617,41	582,50
	V	1500,50	III	581,50	552,16	523,33	494,66	466,16	438,16
	VI	1584,16	IV	926,50	906,58	886,83	867,16	847,66	828,33
4 711,65	I,IV	948,08	I	908,00	868,58	829,66	791,41	753,66	716,58
	III	611,00	II	764,41	727,08	690,41	654,25	618,66	583,75
	V	1502,66	III	581,50	552,16	523,33	494,66	466,16	438,16
	VI	1586,50	IV	928,00	908,00	888,25	868,58	849,08	829,66
4 716,15	I,IV	949,50	I	909,41	870,00	831,08	792,75	755,08	717,91
	III	613,16	II	765,75	728,41	691,66	655,58	620,00	585,00
	V	1504,83	III	583,66	554,33	525,33	496,66	468,16	440,16
	VI	1588,66	IV	929,41	909,41	889,66	870,00	850,41	831,08
4 720,65	I,IV	950,91	I	910,83	871,33	832,50	794,16	756,41	719,16
	III	613,16	II	767,08	729,75	693,00	656,83	621,25	586,16
	V	1507,16	III	583,66	554,33	525,33	496,66	468,16	440,16
	VI	1591,00	IV	930,83	910,83	891,08	871,33	851,83	832,50
4 725,15	I,IV	952,33	I	912,25	872,75	833,83	795,50	757,75	720,50
	III	615,33	II	768,41	731,08	694,33	658,08	622,50	587,41
	V	1509,50	III	585,66	556,33	527,33	498,66	470,16	442,16
	VI	1593,33	IV	932,25	912,25	892,41	872,75	853,25	833,83
4 729,65	I,IV	953,83	I	913,66	874,16	835,25	796,83	759,08	721,83
	III	615,33	II	769,83	732,41	695,58	659,41	623,75	588,66
	V	1511,66	III	585,66	556,33	527,33	498,66	470,16	442,16
	VI	1595,50	IV	933,66	913,66	893,83	874,16	854,66	835,25
4 734,15	I,IV	955,25	I	915,16	875,58	836,58	798,25	760,41	723,16
	III	617,33	II	771,16	733,75	696,91	660,66	625,00	589,91
	V	1513,83	III	587,83	558,50	529,50	500,66	472,33	444,16
	VI	1597,83	IV	935,08	915,16	895,25	875,58	856,00	836,58
4 738,65	I,IV	956,66	I	916,58	877,00	838,00	799,58	761,75	724,50
	III	617,33	II	772,50	735,08	698,25	662,00	626,25	591,16
	V	1516,16	III	587,83	558,50	529,50	500,66	472,33	444,16
	VI	1600,16	IV	936,58	916,58	896,66	877,00	857,41	838,00

*) Arbeitnehmer für die die besonderen Lohnsteuer-Tabellen gelten (u. a. Beamte und Rentner), können ihre Steuer unter Anwendung der Zurechnungstabelle auf Seite 163 auch von dieser allgemeinen Monats-Lohnsteuer-Tabelle ablesen.

Allgemeine MONATSLOHNSTEUERTABELLE 1990

Lohn bis DM	Arbeitnehmer ohne Kinder St.-Kl.	Arbeitnehmer ohne Kinder DM	AN mit Kinderfreibeträgen gemäß LSt-Karte: St.-Kl.	0,5 DM	1,0 DM	1,5 DM	2,0 DM	2,5 DM	3,0 DM
4743,15	I,IV	958,16	I	918,00	878,41	839,33	800,91	763,08	725,83
	III	617,33	II	773,83	736,41	699,50	663,25	627,58	592,41
	V	1518,33	III	587,83	558,50	529,50	500,66	472,33	444,16
	VI	1602,33	IV	938,00	918,00	898,08	878,41	858,83	839,33
4747,65	I,IV	959,58	I	919,41	879,75	840,75	802,33	764,41	727,08
	III	619,50	II	775,16	737,75	700,83	664,50	628,83	593,66
	V	1520,66	III	589,83	560,50	531,50	502,83	474,33	446,16
	VI	1604,66	IV	939,41	919,41	899,50	879,75	860,16	840,75
4752,15	I,IV	961,00	I	920,83	881,16	842,16	803,66	765,75	728,41
	III	619,50	II	776,50	739,08	702,16	665,83	630,08	594,91
	V	1522,83	III	589,83	560,50	531,50	502,83	474,33	446,16
	VI	1607,00	IV	940,83	920,83	900,91	881,16	861,58	842,16
4756,65	I,IV	962,50	I	922,25	882,58	843,50	805,00	767,08	729,75
	III	621,66	II	777,91	740,41	703,41	667,08	631,33	596,16
	V	1525,16	III	592,00	562,66	533,50	504,83	476,33	448,16
	VI	1609,33	IV	942,33	922,25	902,33	882,58	863,00	843,50
4761,15	I,IV	963,91	I	923,66	884,00	844,91	806,41	768,41	731,08
	III	621,66	II	779,25	741,66	704,75	668,41	632,58	597,41
	V	1527,33	III	592,00	562,66	533,50	504,83	476,33	448,16
	VI	1611,50	IV	943,75	923,66	903,75	884,00	864,41	844,91
4765,65	I,IV	965,41	I	925,08	885,41	846,33	807,75	769,83	732,41
	III	623,83	II	780,58	743,00	706,08	669,66	633,91	598,66
	V	1529,66	III	594,16	564,66	535,66	506,83	478,33	450,16
	VI	1614,00	IV	945,16	925,08	905,16	885,41	865,75	846,33
4770,15	I,IV	966,83	I	926,50	886,83	847,66	809,08	771,16	733,75
	III	623,83	II	781,91	744,33	707,41	671,00	635,16	599,91
	V	1531,83	III	594,16	564,66	535,66	506,83	478,33	450,16
	VI	1616,33	IV	946,58	926,50	906,58	886,83	867,16	847,66
4774,65	I,IV	968,25	I	928,00	888,25	849,08	810,50	772,50	735,08
	III	625,83	II	783,25	745,66	708,66	672,25	636,41	601,16
	V	1534,00	III	596,16	566,83	537,66	508,83	480,33	452,16
	VI	1618,66	IV	948,08	928,00	908,00	888,25	868,58	849,08
4779,15	I,IV	969,75	I	929,41	889,66	850,41	811,83	773,83	736,41
	III	625,83	II	784,66	747,00	710,00	673,58	637,66	602,41
	V	1536,50	III	596,16	566,83	537,66	508,83	480,33	452,16
	VI	1621,00	IV	949,50	929,41	909,41	889,66	870,00	850,41
4783,65	I,IV	971,16	I	930,83	891,08	851,83	813,25	775,16	737,75
	III	628,00	II	786,00	748,33	711,33	674,83	638,91	603,66
	V	1538,66	III	598,33	568,83	539,83	511,00	482,33	454,16
	VI	1623,33	IV	950,91	930,83	910,83	891,08	871,33	851,83
4788,15	I,IV	972,66	I	932,25	892,41	853,25	814,58	776,50	739,08
	III	628,00	II	787,33	749,66	712,66	676,16	640,25	604,91
	V	1540,83	III	598,33	568,83	539,83	511,00	482,33	454,16
	VI	1625,66	IV	952,33	932,25	912,25	892,41	872,75	853,25
4792,65	I,IV	974,08	I	933,66	893,83	854,66	816,00	777,91	740,41
	III	630,16	II	788,66	751,00	713,91	677,41	641,50	606,16
	V	1543,16	III	600,50	571,00	541,83	513,00	484,50	456,16
	VI	1627,83	IV	953,83	933,66	913,66	893,83	874,16	854,66
4797,15	I,IV	975,50	I	935,08	895,25	856,00	817,33	779,25	741,66
	III	630,16	II	790,08	752,33	715,25	678,75	642,75	607,41
	V	1545,33	III	600,50	571,00	541,83	513,00	484,50	456,16
	VI	1630,16	IV	955,25	935,08	915,16	895,25	875,58	856,00
4801,65	I,IV	977,00	I	936,58	896,66	857,41	818,66	780,58	743,00
	III	632,33	II	791,41	753,66	716,58	680,00	644,08	608,66
	V	1547,83	III	602,50	573,16	544,00	515,00	486,50	458,16
	VI	1632,50	IV	956,66	936,58	916,58	896,66	877,00	857,41

Lohn bis DM	Arbeitnehmer ohne Kinder St.-Kl.	Arbeitnehmer ohne Kinder DM	AN mit Kinderfreibeträgen gemäß LSt-Karte: St.-Kl.	0,5 DM	1,0 DM	1,5 DM	2,0 DM	2,5 DM	3,0 DM
4869,15	I,IV	998,91	I	958,16	918,00	878,41	839,33	800,91	763,08
	III	649,50	II	811,83	773,83	736,41	699,50	663,25	627,58
	V	1581,83	III	619,50	589,83	560,50	531,50	502,83	474,33
	VI	1667,50	IV	978,41	958,16	938,00	918,00	898,08	878,41
4873,65	I,IV	1000,33	I	959,58	919,41	879,75	840,75	802,33	764,41
	III	649,50	II	813,25	775,16	737,75	700,83	664,50	628,83
	V	1584,16	III	619,50	589,83	560,50	531,50	502,83	474,33
	VI	1669,83	IV	979,91	959,58	939,41	919,41	899,50	879,75
4878,15	I,IV	1001,83	I	961,00	920,83	881,16	842,16	803,66	765,75
	III	651,66	II	814,58	776,50	739,08	702,16	665,83	630,08
	V	1586,50	III	621,66	592,00	562,66	533,50	504,83	476,33
	VI	1672,16	IV	981,33	961,00	940,83	920,83	900,91	881,16
4882,65	I,IV	1003,33	I	962,50	922,25	882,58	843,50	805,00	767,08
	III	653,66	II	816,00	777,91	740,41	703,41	667,08	631,33
	V	1588,66	III	623,83	594,16	564,66	535,66	506,83	478,33
	VI	1674,50	IV	982,83	962,50	942,33	922,25	902,33	882,58
4887,15	I,IV	1004,75	I	963,91	923,66	884,00	844,91	806,41	768,41
	III	653,66	II	817,33	779,25	741,66	704,75	668,41	632,58
	V	1591,00	III	623,83	594,16	564,66	535,66	506,83	478,33
	VI	1676,66	IV	984,25	963,91	943,75	923,66	903,75	884,00
4891,65	I,IV	1006,25	I	965,41	925,08	885,41	846,33	807,75	769,83
	III	655,83	II	818,66	780,58	743,00	706,08	669,66	633,91
	V	1593,33	III	625,83	596,16	566,83	537,66	508,83	480,33
	VI	1679,00	IV	985,75	965,41	945,16	925,08	905,16	885,41
4896,15	I,IV	1007,66	I	966,83	926,50	886,83	847,66	809,08	771,16
	III	655,83	II	820,08	781,91	744,33	707,41	671,00	635,16
	V	1595,50	III	625,83	596,16	566,83	537,66	508,83	480,33
	VI	1681,50	IV	987,16	966,83	946,58	926,50	906,58	886,83
4900,65	I,IV	1009,16	I	968,25	928,00	888,25	849,08	810,50	772,50
	III	658,00	II	821,41	783,25	745,66	708,66	672,25	636,41
	V	1597,83	III	628,00	598,33	568,83	539,83	511,00	482,33
	VI	1683,83	IV	988,66	968,25	948,08	928,00	908,00	888,25
4905,15	I,IV	1010,66	I	969,75	929,41	889,66	850,41	811,83	773,83
	III	658,00	II	822,83	784,66	747,00	710,00	673,58	637,66
	V	1600,16	III	628,00	598,33	568,83	539,83	511,00	482,33
	VI	1686,16	IV	990,08	969,75	949,50	929,41	909,41	889,66
4909,65	I,IV	1012,08	I	971,16	930,83	891,08	851,83	813,25	775,16
	III	660,16	II	824,16	786,00	748,33	711,33	674,83	638,91
	V	1602,33	III	630,16	600,50	571,00	541,83	513,00	484,50
	VI	1688,50	IV	991,58	971,16	950,91	930,83	910,83	891,08
4914,15	I,IV	1013,58	I	972,66	932,25	892,41	853,25	814,58	776,50
	III	660,16	II	825,58	787,33	749,66	712,66	676,16	640,25
	V	1604,66	III	630,16	600,50	571,00	541,83	513,00	484,50
	VI	1691,00	IV	993,00	972,66	952,33	932,25	912,25	892,41
4918,65	I,IV	1015,08	I	974,08	933,66	893,83	854,66	816,00	777,91
	III	662,33	II	826,91	788,66	751,00	713,91	677,41	641,50
	V	1607,00	III	632,33	602,50	573,16	544,00	515,00	486,50
	VI	1693,33	IV	994,50	974,08	953,83	933,66	913,66	893,83
4923,15	I,IV	1016,50	I	975,50	935,08	895,25	856,00	817,33	779,25
	III	664,50	II	828,33	790,08	752,33	715,25	678,75	642,75
	V	1609,33	III	634,50	604,66	575,16	546,00	517,16	488,50
	VI	1695,50	IV	996,00	975,50	955,25	935,08	915,16	895,25
4927,65	I,IV	1018,00	I	977,00	936,58	896,66	857,41	818,66	780,58
	III	664,50	II	829,66	791,41	753,66	716,58	680,00	644,08
	V	1611,50	III	634,50	604,66	575,16	546,00	517,16	488,50
	VI	1698,00	IV	997,41	977,00	956,66	936,58	916,58	896,66

4806,15	I,IV	978,41	I	938,00	898,08	858,83	820,08	781,91	744,33
	III	632,33	II	792,75	755,08	717,91	681,33	645,33	609,91
	V	1550,00	III	602,50	573,16	544,00	515,00	486,50	458,16
	VI	1634,83	IV	958,16	938,00	918,00	898,08	878,41	858,83
4810,65	I,IV	979,91	I	939,41	899,50	860,16	821,41	783,25	745,66
	III	634,50	II	794,16	756,41	719,16	682,58	646,58	611,16
	V	1552,16	III	604,66	575,16	546,00	517,16	488,50	460,16
	VI	1637,16	IV	959,58	939,41	919,41	899,50	879,75	860,16
4815,15	I,IV	981,33	I	940,83	900,91	861,58	822,83	784,66	747,00
	III	634,50	II	795,50	757,75	720,50	683,91	647,91	612,41
	V	1554,50	III	604,66	575,16	546,00	517,16	488,50	460,16
	VI	1639,50	IV	961,00	940,83	920,83	900,91	881,16	861,58
4819,65	I,IV	982,83	I	942,33	902,33	863,00	824,16	786,00	748,33
	III	636,66	II	796,83	759,08	721,83	685,25	649,16	613,66
	V	1556,66	III	606,83	577,33	548,00	519,16	490,50	462,16
	VI	1641,83	IV	962,50	942,33	922,25	902,33	882,58	863,00
4824,15	I,IV	984,25	I	943,75	903,75	864,41	825,58	787,33	749,66
	III	636,66	II	798,25	760,41	723,16	686,50	650,41	614,91
	V	1559,00	III	606,83	577,33	548,00	519,16	490,50	462,16
	VI	1644,00	IV	963,91	943,75	923,66	903,75	884,00	864,41
4828,65	I,IV	985,75	I	945,16	905,16	865,75	826,91	788,66	751,00
	III	638,66	II	799,58	761,75	724,50	687,83	651,75	616,16
	V	1561,33	III	608,83	579,33	550,16	521,16	492,50	464,16
	VI	1646,33	IV	965,41	945,16	925,08	905,16	885,41	865,75
4833,15	I,IV	987,16	I	946,58	906,58	867,16	828,33	790,08	752,33
	III	638,66	II	800,91	763,08	725,83	689,08	653,00	617,41
	V	1563,66	III	608,83	579,33	550,16	521,16	492,50	464,16
	VI	1648,66	IV	966,83	946,58	926,50	906,58	886,83	867,16
4837,65	I,IV	988,66	I	948,08	908,00	868,58	829,66	791,41	753,66
	III	640,83	II	802,33	764,41	727,08	690,41	654,25	618,66
	V	1565,83	III	611,00	581,50	552,16	523,33	494,66	466,16
	VI	1651,00	IV	968,25	948,08	928,00	908,00	888,25	868,58
4842,15	I,IV	990,08	I	949,50	909,41	870,00	831,08	792,75	755,08
	III	640,83	II	803,66	765,75	728,41	691,66	655,58	620,00
	V	1568,16	III	611,00	581,50	552,16	523,33	494,66	466,16
	VI	1653,33	IV	969,75	949,50	929,41	909,41	889,66	870,00
4846,65	I,IV	991,58	I	950,91	910,83	871,33	832,50	794,16	756,41
	III	643,00	II	805,00	767,08	729,75	693,00	656,83	621,25
	V	1570,33	III	613,16	583,66	554,33	525,33	496,66	468,16
	VI	1655,66	IV	971,16	950,91	930,83	910,83	891,08	871,33
4851,15	I,IV	993,00	I	952,33	912,25	872,75	833,83	795,50	757,75
	III	645,16	II	806,41	768,41	731,08	694,33	658,08	622,50
	V	1572,66	III	615,33	585,66	556,33	527,33	498,66	470,16
	VI	1658,00	IV	972,66	952,33	932,25	912,25	892,41	872,75
4855,65	I,IV	994,50	I	953,83	913,66	874,16	835,25	796,83	759,08
	III	645,16	II	807,75	769,83	732,41	695,58	659,41	623,75
	V	1574,83	III	615,33	585,66	556,33	527,33	498,66	470,16
	VI	1660,33	IV	974,08	953,83	933,66	913,66	893,83	874,16
4860,15	I,IV	996,00	I	955,25	915,16	875,58	836,58	798,25	760,41
	III	647,33	II	809,08	771,16	733,75	696,91	660,66	625,00
	V	1577,16	III	617,33	587,83	558,50	529,50	500,66	472,33
	VI	1662,66	IV	975,50	955,25	935,08	915,16	895,25	875,58
4864,65	I,IV	997,41	I	956,66	916,58	877,00	838,00	799,58	761,75
	III	647,33	II	810,50	772,50	735,08	698,25	662,00	626,25
	V	1579,66	III	617,33	587,83	558,50	529,50	500,66	472,33
	VI	1665,16	IV	977,00	956,66	936,58	916,58	896,66	877,00

4932,15	I,IV	1019,50	I	978,41	938,00	898,08	858,83	820,08	781,91
	III	666,66	II	831,08	792,75	755,08	717,91	681,33	645,33
	V	1614,00	III	636,66	606,83	577,33	548,00	519,16	490,50
	VI	1700,33	IV	998,91	978,41	958,16	938,00	918,00	898,08
4936,65	I,IV	1021,00	I	979,91	939,41	899,50	860,16	821,41	783,25
	III	666,66	II	832,50	794,16	756,41	719,16	682,58	646,58
	V	1616,33	III	636,66	606,83	577,33	548,00	519,16	490,50
	VI	1702,66	IV	1000,33	979,91	959,58	939,41	919,41	899,50
4941,15	I,IV	1022,41	I	981,33	940,83	900,91	861,58	822,83	784,66
	III	668,83	II	833,83	795,50	757,75	720,50	683,91	647,91
	V	1618,66	III	638,66	608,83	579,33	550,16	521,16	492,50
	VI	1705,16	IV	1001,83	981,33	961,00	940,83	920,83	900,91
4945,65	I,IV	1023,91	I	982,83	942,33	902,33	863,00	824,16	786,00
	III	668,83	II	835,25	796,83	759,08	721,83	685,25	649,16
	V	1621,00	III	638,66	608,83	579,33	550,16	521,16	492,50
	VI	1707,50	IV	1003,33	982,83	962,50	942,33	922,25	902,33
4950,15	I,IV	1025,41	I	984,25	943,75	903,75	864,41	825,58	787,33
	III	671,00	II	836,58	798,25	760,41	723,16	686,50	650,41
	V	1623,33	III	640,83	611,00	581,50	552,16	523,33	494,66
	VI	1709,83	IV	1004,75	984,25	963,91	943,75	923,66	903,75
4954,65	I,IV	1026,83	I	985,75	945,16	905,16	865,75	826,91	788,66
	III	671,00	II	838,00	799,58	761,75	724,50	687,83	651,75
	V	1625,66	III	640,83	611,00	581,50	552,16	523,33	494,66
	VI	1712,16	IV	1006,25	985,75	965,41	945,16	925,08	905,16
4959,15	I,IV	1028,33	I	987,16	946,58	906,58	867,16	828,33	790,08
	III	673,16	II	839,33	800,91	763,08	725,83	689,08	653,00
	V	1627,83	III	643,00	613,16	583,66	554,33	525,33	496,66
	VI	1714,50	IV	1007,66	987,16	966,83	946,58	926,50	906,58
4963,65	I,IV	1029,83	I	988,66	948,08	908,00	868,58	829,66	791,41
	III	675,33	II	840,75	802,33	764,41	727,08	690,41	654,25
	V	1630,16	III	645,16	615,33	585,66	556,33	527,33	498,66
	VI	1716,83	IV	1009,16	988,66	968,25	948,08	928,00	908,00
4968,15	I,IV	1031,33	I	990,08	949,50	909,41	870,00	831,08	792,75
	III	675,33	II	842,16	803,66	765,75	728,41	691,66	655,58
	V	1632,50	III	645,16	615,33	585,66	556,33	527,33	498,66
	VI	1719,33	IV	1010,66	990,08	969,75	949,50	929,41	909,41
4972,65	I,IV	1032,83	I	991,58	950,91	910,83	871,33	832,50	794,16
	III	677,50	II	843,50	805,00	767,08	729,75	693,00	656,83
	V	1634,83	III	647,33	617,33	587,83	558,50	529,50	500,66
	VI	1721,66	IV	1012,08	991,58	971,16	950,91	930,83	910,83
4977,15	I,IV	1034,25	I	993,00	952,33	912,25	872,75	833,83	795,50
	III	677,50	II	844,91	806,41	768,41	731,08	694,33	658,08
	V	1637,16	III	647,33	617,33	587,83	558,50	529,50	500,66
	VI	1724,00	IV	1013,58	993,00	972,66	952,33	932,25	912,25
4981,65	I,IV	1035,75	I	994,50	953,83	913,66	874,16	835,25	796,83
	III	679,66	II	846,33	807,75	769,83	732,41	695,58	659,41
	V	1639,50	III	649,50	619,50	589,83	560,50	531,50	502,83
	VI	1726,33	IV	1015,08	994,50	974,08	953,83	933,66	913,66
4986,15	I,IV	1037,25	I	996,00	955,25	915,16	875,58	836,58	798,25
	III	679,66	II	847,66	809,08	771,16	733,75	696,91	660,66
	V	1641,83	III	649,50	619,50	589,83	560,50	531,50	502,83
	VI	1728,83	IV	1016,50	996,00	975,50	955,25	935,08	915,16
4990,65	I,IV	1038,75	I	997,41	956,66	916,58	877,00	838,00	799,58
	III	681,83	II	849,08	810,50	772,50	735,08	698,25	662,00
	V	1644,00	III	651,66	621,66	592,00	562,66	533,50	504,83
	VI	1731,16	IV	1018,00	997,41	977,00	956,66	936,58	916,58

*) Arbeitnehmer für die die besonderen Lohnsteuer-Tabellen gelten (u. a. Beamte und Rentner), können ihre Steuer unter Anwendung der Zurechnungstabelle auf Seite 163 auch von dieser allgemeinen Monats-Lohnsteuer-Tabelle ablesen.

Lohn bis DM	Arbeitnehmer ohne Kinder St.-Kl.	Arbeitnehmer ohne Kinder DM	AN mit Kinderfreibeträgen gemäß LSt-Karte: St.-Kl.	0,5 DM	1,0 DM	1,5 DM	2,0 DM	2,5 DM	3,0 DM
4995,15	I,IV	1040,25	I	998,91	958,16	918,00	878,41	839,33	800,91
	III	684,00	II	850,41	811,83	773,83	736,41	699,50	663,25
	V	1646,33	III	653,66	623,83	594,16	564,66	535,66	506,83
	VI	1733,50	IV	1019,50	998,91	978,41	958,16	938,00	918,00
4999,65	I,IV	1041,66	I	1000,33	959,58	919,41	879,75	840,75	802,33
	III	684,00	II	851,83	813,25	775,16	737,75	700,83	664,50
	V	1648,66	III	653,66	623,83	594,16	564,66	535,66	506,83
	VI	1735,83	IV	1021,00	1000,33	979,91	959,58	939,41	919,41
5004,15	I,IV	1043,16	I	1001,83	961,00	920,83	881,16	842,16	803,66
	III	686,16	II	853,25	814,58	776,50	739,08	702,16	665,83
	V	1651,00	III	655,83	625,83	596,16	566,83	537,66	508,83
	VI	1738,33	IV	1022,41	1001,83	981,33	961,00	940,83	920,83
5008,65	I,IV	1044,66	I	1003,33	962,50	922,25	882,58	843,50	805,00
	III	686,16	II	854,66	816,00	777,91	740,41	703,41	667,08
	V	1653,33	III	655,83	625,83	596,16	566,83	537,66	508,83
	VI	1740,66	IV	1023,91	1003,33	982,83	962,50	942,33	922,25
5013,15	I,IV	1046,16	I	1004,75	963,91	923,66	884,00	844,91	806,41
	III	688,33	II	856,00	817,33	779,25	741,66	704,75	668,41
	V	1655,66	III	658,00	628,00	598,33	568,83	539,83	511,00
	VI	1743,00	IV	1025,41	1004,75	984,25	963,91	943,75	923,66
5017,65	I,IV	1047,66	I	1006,25	965,41	925,08	885,41	846,33	807,75
	III	688,33	II	857,41	818,66	780,58	743,00	706,08	669,66
	V	1658,00	III	658,00	628,00	598,33	568,83	539,83	511,00
	VI	1745,41	IV	1026,83	1006,25	985,75	965,41	945,16	925,08
5022,15	I,IV	1049,16	I	1007,66	966,83	926,50	886,83	847,66	809,08
	III	690,50	II	858,83	820,08	781,91	744,33	707,41	671,00
	V	1660,33	III	660,16	630,16	600,50	571,00	541,83	513,00
	VI	1747,75	IV	1028,33	1007,66	987,16	966,83	946,58	926,50
5026,65	I,IV	1050,66	I	1009,16	968,25	928,00	888,25	849,08	810,50
	III	690,50	II	860,16	821,41	783,25	745,66	708,66	672,25
	V	1662,66	III	660,16	630,16	600,50	571,00	541,83	513,00
	VI	1750,16	IV	1029,83	1009,16	988,66	968,25	948,08	928,00
5031,15	I,IV	1052,16	I	1010,66	969,75	929,41	889,66	850,41	811,83
	III	692,66	II	861,58	822,83	784,66	747,00	710,00	673,58
	V	1665,16	III	662,33	632,33	602,50	573,16	544,00	515,00
	VI	1752,58	IV	1031,33	1010,66	990,08	969,75	949,50	929,41
5035,65	I,IV	1053,66	I	1012,08	971,16	930,83	891,08	851,83	813,25
	III	694,83	II	863,00	824,16	786,00	748,33	711,33	674,83
	V	1667,50	III	664,50	634,50	604,66	575,16	546,00	517,16
	VI	1754,91	IV	1032,83	1012,08	991,58	971,16	950,91	930,83
5040,15	I,IV	1055,08	I	1013,58	972,66	932,25	892,41	853,25	814,58
	III	694,83	II	864,41	825,58	787,33	749,66	712,66	676,16
	V	1669,83	III	664,50	634,50	604,66	575,16	546,00	517,16
	VI	1757,33	IV	1034,25	1013,58	993,00	972,66	952,33	932,25
5044,65	I,IV	1056,58	I	1015,08	974,08	933,66	893,83	854,66	816,00
	III	697,00	II	865,75	826,91	788,66	751,00	713,91	677,41
	V	1672,16	III	666,66	636,66	606,83	577,33	548,00	519,16
	VI	1759,66	IV	1035,75	1015,08	994,50	974,08	953,83	933,66
5049,15	I,IV	1058,08	I	1016,50	975,50	935,08	895,25	856,00	817,33
	III	697,00	II	867,16	828,33	790,08	752,33	715,25	678,75
	V	1674,50	III	666,66	636,66	606,83	577,33	548,00	519,16
	VI	1762,08	IV	1037,25	1016,50	996,00	975,50	955,25	935,08
5053,65	I,IV	1059,58	I	1018,00	977,00	936,58	896,66	857,41	818,66
	III	699,16	II	868,58	829,66	791,41	753,66	716,58	680,00
	V	1676,66	III	668,83	638,66	608,83	579,33	550,16	521,16
	VI	1764,50	IV	1038,75	1018,00	997,41	977,00	956,66	936,58

Lohn bis DM	Arbeitnehmer ohne Kinder St.-Kl.	Arbeitnehmer ohne Kinder DM	AN mit Kinderfreibeträgen gemäß LSt-Karte: St.-Kl.	0,5 DM	1,0 DM	1,5 DM	2,0 DM	2,5 DM	3,0 DM
5121,15	I,IV	1082,16	I	1040,25	998,91	958,16	918,00	878,41	839,33
	III	716,66	II	889,66	850,41	811,83	773,83	736,41	699,50
	V	1712,16	III	686,16	655,83	625,83	596,16	566,33	537,66
	VI	1800,25	IV	1061,08	1040,25	1019,50	998,91	978,41	958,16
5125,65	I,IV	1083,66	I	1041,66	1000,33	959,58	919,41	879,75	840,75
	III	718,83	II	891,08	851,83	813,25	775,16	737,75	700,83
	V	1714,50	III	688,33	658,00	628,00	598,33	568,83	539,83
	VI	1802,66	IV	1062,58	1041,66	1021,00	1000,33	979,91	959,58
5130,15	I,IV	1085,16	I	1043,16	1001,83	961,00	920,83	881,16	842,16
	III	718,83	II	892,41	853,25	814,58	776,50	739,08	702,16
	V	1716,83	III	688,33	658,00	628,00	598,33	568,83	539,83
	VI	1805,00	IV	1064,08	1043,16	1022,41	1001,83	981,33	961,00
5134,65	I,IV	1086,66	I	1044,66	1003,33	962,50	922,25	882,58	843,50
	III	721,16	II	893,83	854,66	816,00	777,91	740,41	703,41
	V	1719,33	III	690,50	660,16	630,16	600,50	571,00	541,83
	VI	1807,41	IV	1065,58	1044,66	1023,91	1003,33	982,83	962,50
5139,15	I,IV	1088,16	I	1046,16	1004,75	963,91	923,66	884,00	844,91
	III	721,16	II	895,25	856,00	817,33	779,25	741,66	704,75
	V	1721,66	III	690,50	660,16	630,16	600,50	571,00	541,83
	VI	1809,75	IV	1067,08	1046,16	1025,41	1004,75	984,25	963,91
5143,65	I,IV	1089,66	I	1047,66	1006,25	965,41	925,08	885,41	846,33
	III	723,33	II	896,66	857,41	818,66	780,58	743,00	706,08
	V	1724,00	III	692,66	662,33	632,33	602,50	573,16	544,00
	VI	1812,16	IV	1068,58	1047,66	1026,83	1006,25	985,75	965,41
5148,15	I,IV	1091,16	I	1049,16	1007,66	966,83	926,50	886,83	847,66
	III	725,50	II	898,08	858,83	820,08	781,91	744,33	707,41
	V	1726,33	III	694,83	664,50	634,50	604,66	575,16	546,00
	VI	1814,58	IV	1070,08	1049,16	1028,33	1007,66	987,16	966,83
5152,65	I,IV	1092,66	I	1050,66	1009,16	968,25	928,00	888,25	849,08
	III	725,50	II	899,50	860,16	821,41	783,25	745,66	708,66
	V	1728,83	III	694,83	664,50	634,50	604,66	575,16	546,00
	VI	1816,91	IV	1071,58	1050,66	1029,83	1009,16	988,66	968,25
5157,15	I,IV	1094,25	I	1052,16	1010,66	969,75	929,41	889,66	850,41
	III	727,66	II	900,91	861,58	822,83	784,66	747,00	710,00
	V	1731,16	III	697,00	666,66	636,66	606,83	577,33	548,00
	VI	1819,33	IV	1073,08	1052,16	1031,33	1010,66	990,08	969,75
5161,65	I,IV	1095,75	I	1053,66	1012,08	971,16	930,83	891,08	851,83
	III	727,66	II	902,33	863,00	824,16	786,00	748,33	711,33
	V	1733,50	III	697,00	666,66	636,66	606,83	577,33	548,00
	VI	1821,75	IV	1074,58	1053,66	1032,83	1012,08	991,58	971,16
5166,15	I,IV	1097,25	I	1055,08	1013,58	972,66	932,25	892,41	853,25
	III	729,83	II	903,75	864,41	825,58	787,33	749,66	712,66
	V	1735,83	III	699,16	668,83	638,66	608,83	579,33	550,16
	VI	1824,08	IV	1076,08	1055,08	1034,25	1013,58	993,00	972,66
5170,65	I,IV	1098,75	I	1056,58	1015,08	974,08	933,66	893,83	854,66
	III	729,83	II	905,16	865,75	826,91	788,66	751,00	713,91
	V	1738,33	III	699,16	668,83	638,66	608,83	579,33	550,16
	VI	1826,50	IV	1077,58	1056,58	1035,75	1015,08	994,50	974,08
5175,15	I,IV	1100,25	I	1058,08	1016,50	975,50	935,08	895,25	856,00
	III	732,16	II	906,58	867,16	828,33	790,08	752,33	715,25
	V	1740,66	III	701,33	671,00	640,83	611,00	581,50	552,16
	VI	1828,83	IV	1079,08	1058,08	1037,25	1016,50	996,00	975,50
5179,65	I,IV	1101,75	I	1059,58	1018,00	977,00	936,58	896,66	857,41
	III	732,16	II	908,00	868,58	829,66	791,41	753,66	716,58
	V	1743,00	III	701,33	671,00	640,83	611,00	581,50	552,16
	VI	1831,25	IV	1080,58	1059,58	1038,75	1018,00	997,41	977,00

5 058,15	I,IV	1061,08	I	1019,50	978,41	938,00	898,08	858,83	820,08
	III	699,16	II	870,00	831,08	792,75	755,08	717,91	681,33
	V	1679,00	III	668,83	638,66	608,83	579,33	550,16	521,16
	VI	1766,83	IV	1040,25	1019,50	998,91	978,41	958,16	938,00
5 062,65	I,IV	1062,58	I	1021,00	979,91	939,41	899,50	860,16	821,41
	III	701,33	II	871,33	832,50	794,16	756,41	719,16	682,58
	V	1681,50	III	671,00	640,83	611,00	581,50	552,16	523,33
	VI	1769,25	IV	1041,66	1021,00	1000,33	979,91	959,58	939,41
5 067,15	I,IV	1064,08	I	1022,41	981,33	940,83	900,91	861,58	822,83
	III	701,33	II	872,75	833,83	795,50	757,75	720,50	683,91
	V	1683,83	III	671,00	640,83	611,00	581,50	552,16	523,33
	VI	1771,66	IV	1043,16	1022,41	1001,83	981,33	961,00	940,83
5 071,65	I,IV	1065,58	I	1023,91	982,83	942,33	902,33	863,00	824,16
	III	703,50	II	874,16	835,25	796,83	759,08	721,83	685,25
	V	1686,16	III	673,16	643,00	613,16	583,66	554,33	525,33
	VI	1774,00	IV	1044,66	1023,91	1003,33	982,83	962,50	942,33
5 076,15	I,IV	1067,08	I	1025,41	984,25	943,75	903,75	864,41	825,58
	III	705,83	II	875,58	836,58	798,25	760,41	723,16	686,50
	V	1688,50	III	675,33	645,16	615,33	585,66	556,33	527,33
	VI	1776,41	IV	1046,16	1025,41	1004,75	984,25	963,91	943,75
5 080,65	I,IV	1068,58	I	1026,83	985,75	945,16	905,16	865,75	826,91
	III	705,83	II	877,00	838,00	799,58	761,75	724,50	687,83
	V	1691,00	III	675,33	645,16	615,33	585,66	556,33	527,33
	VI	1778,75	IV	1047,66	1026,83	1006,25	985,75	965,41	945,16
5 085,15	I,IV	1070,08	I	1028,33	987,16	946,58	906,58	867,16	828,33
	III	708,00	II	878,41	839,33	800,91	763,08	725,83	689,08
	V	1693,33	III	677,50	647,33	617,33	587,83	558,50	529,50
	VI	1781,16	IV	1049,16	1028,33	1007,66	987,16	966,83	946,58
5 089,65	I,IV	1071,58	I	1029,83	988,66	948,08	908,00	868,58	829,66
	III	708,00	II	879,75	840,75	802,33	764,41	727,08	690,41
	V	1695,50	III	677,50	647,33	617,33	587,83	558,50	529,50
	VI	1783,58	IV	1050,66	1029,83	1009,16	988,66	968,25	948,08
5 094,15	I,IV	1073,08	I	1031,33	990,08	949,50	909,41	870,00	831,08
	III	710,16	II	881,16	842,16	803,66	765,75	728,41	691,66
	V	1698,00	III	679,66	649,50	619,50	589,83	560,50	531,50
	VI	1785,91	IV	1052,16	1031,33	1010,66	990,08	969,75	949,50
5 098,65	I,IV	1074,58	I	1032,83	991,58	950,91	910,83	871,33	832,50
	III	710,16	II	882,58	843,50	805,00	767,08	729,75	693,00
	V	1700,33	III	679,66	649,50	619,50	589,83	560,50	531,50
	VI	1788,33	IV	1053,66	1032,83	1012,08	991,58	971,16	950,91
5 103,15	I,IV	1076,08	I	1034,25	993,00	952,33	912,25	872,75	833,83
	III	712,33	II	884,00	844,91	806,41	768,41	731,08	694,33
	V	1702,66	III	681,83	651,66	621,66	592,00	562,66	533,50
	VI	1790,75	IV	1055,08	1034,25	1013,58	993,00	972,66	952,33
5 107,65	I,IV	1077,58	I	1035,75	994,50	953,83	913,66	874,16	835,25
	III	714,50	II	885,41	846,33	807,75	769,83	732,41	695,58
	V	1705,16	III	684,00	653,66	623,83	594,16	564,66	535,66
	VI	1793,08	IV	1056,58	1035,75	1015,08	994,50	974,08	953,83
5 112,15	I,IV	1079,08	I	1037,25	996,00	955,25	915,16	875,58	836,58
	III	714,50	II	886,83	847,66	809,08	771,16	733,75	696,91
	V	1707,50	III	684,00	653,66	623,83	594,16	564,66	535,66
	VI	1795,50	IV	1058,08	1037,25	1016,50	996,00	975,50	955,25
5 116,65	I,IV	1080,58	I	1038,75	997,41	956,66	916,58	877,00	838,00
	III	716,66	II	888,25	849,08	810,50	772,50	735,08	698,25
	V	1709,83	III	686,16	655,83	625,83	596,16	566,83	537,66
	VI	1797,83	IV	1059,58	1038,75	1018,00	997,41	977,00	956,66

5 184,15	I,IV	1103,33	I	1061,08	1019,50	978,41	938,00	898,08	858,83
	III	734,33	II	909,41	870,00	831,08	792,75	755,08	717,91
	V	1745,41	III	703,50	673,16	643,00	613,16	583,66	554,33
	VI	1833,66	IV	1082,16	1061,08	1040,25	1019,50	998,91	978,41
5 188,65	I,IV	1104,83	I	1062,58	1021,00	979,91	939,41	899,50	860,16
	III	736,50	II	910,83	871,33	832,50	794,16	756,41	719,16
	V	1747,75	III	705,83	675,33	645,16	615,33	585,66	556,33
	VI	1836,00	IV	1083,66	1062,58	1041,66	1021,00	1000,33	979,91
5 193,15	I,IV	1106,33	I	1064,08	1022,41	981,33	940,83	900,91	861,58
	III	736,50	II	912,25	872,75	833,83	795,50	757,75	720,50
	V	1750,16	III	705,83	675,33	645,16	615,33	585,66	556,33
	VI	1838,41	IV	1085,16	1064,08	1043,16	1022,41	1001,83	981,33
5 197,65	I,IV	1107,83	I	1065,58	1023,91	982,83	942,33	902,33	863,00
	III	738,66	II	913,66	874,16	835,25	796,83	759,08	721,83
	V	1752,58	III	708,00	677,50	647,33	617,33	587,83	558,50
	VI	1840,83	IV	1086,66	1065,58	1044,66	1023,91	1003,33	982,83
5 202,15	I,IV	1109,33	I	1067,08	1025,41	984,25	943,75	903,75	864,41
	III	738,66	II	915,16	875,58	836,58	798,25	760,41	723,16
	V	1754,91	III	708,00	677,50	647,33	617,33	587,83	558,50
	VI	1843,16	IV	1088,16	1067,08	1046,16	1025,41	1004,75	984,25
5 206,65	I,IV	1110,91	I	1068,58	1026,83	985,75	945,16	905,16	865,75
	III	741,00	II	916,58	877,00	838,00	799,58	761,75	724,50
	V	1757,33	III	710,16	679,66	649,50	619,50	589,83	560,50
	VI	1845,58	IV	1089,66	1068,58	1047,66	1026,83	1006,25	985,75
5 211,15	I,IV	1112,41	I	1070,08	1028,33	987,16	946,58	906,58	867,16
	III	741,00	II	918,00	878,41	839,33	800,91	763,08	725,83
	V	1759,66	III	710,16	679,66	649,50	619,50	589,83	560,50
	VI	1847,91	IV	1091,16	1070,08	1049,16	1028,33	1007,66	987,16
5 215,65	I,IV	1113,91	I	1071,58	1029,83	988,66	948,08	908,00	868,58
	III	743,16	II	919,41	879,75	840,75	802,33	764,41	727,08
	V	1762,08	III	712,33	681,83	651,66	621,66	592,00	562,66
	VI	1850,33	IV	1092,66	1071,58	1050,66	1029,83	1009,16	988,66
5 220,15	I,IV	1115,50	I	1073,08	1031,33	990,08	949,50	909,41	870,00
	III	745,33	II	920,83	881,16	842,16	803,66	765,75	728,41
	V	1764,50	III	714,50	684,00	653,66	623,83	594,16	564,66
	VI	1852,75	IV	1094,25	1073,08	1052,16	1031,33	1010,66	990,08
5 224,65	I,IV	1117,00	I	1074,58	1032,83	991,58	950,91	910,83	871,33
	III	745,33	II	922,25	882,58	843,50	805,00	767,08	729,75
	V	1766,83	III	714,50	684,00	653,66	623,83	594,16	564,66
	VI	1855,08	IV	1095,75	1074,58	1053,66	1032,83	1012,08	991,58
5 229,15	I,IV	1118,50	I	1076,08	1034,25	993,00	952,33	912,25	872,75
	III	747,50	II	923,66	884,00	844,91	806,41	768,41	731,08
	V	1769,25	III	716,66	686,16	655,83	625,83	596,16	566,83
	VI	1857,50	IV	1097,25	1076,08	1055,08	1034,25	1013,58	993,00
5 233,65	I,IV	1120,00	I	1077,58	1035,75	994,50	953,83	913,66	874,16
	III	747,50	II	925,08	885,41	846,33	807,75	769,83	732,41
	V	1771,66	III	716,66	686,16	655,83	625,83	596,16	566,83
	VI	1859,91	IV	1098,75	1077,58	1056,58	1035,75	1015,08	994,50
5 238,15	I,IV	1121,58	I	1079,08	1037,25	996,00	955,25	915,16	875,58
	III	749,83	II	926,50	886,83	847,66	809,08	771,16	733,75
	V	1774,00	III	718,83	688,33	658,00	628,00	598,33	568,83
	VI	1862,25	IV	1100,25	1079,08	1058,08	1037,25	1016,50	996,00
5 242,65	I,IV	1123,08	I	1080,58	1038,75	997,41	956,66	916,58	877,00
	III	749,83	II	928,00	888,25	849,08	810,50	772,50	735,08
	V	1776,41	III	718,83	688,33	658,00	628,00	598,33	568,83
	VI	1864,66	IV	1101,75	1080,58	1059,58	1038,75	1018,00	997,41

*) Arbeitnehmer für die die besonderen Lohnsteuer-Tabellen gelten (u. a. Beamte und Rentner), können ihre Steuer unter Anwendung der Zurechnungstabelle auf Seite 163 auch von dieser allgemeinen Monats-Lohnsteuer-Tabelle ablesen.

Lohn bis DM	Arbeitnehmer ohne Kinder St.-Kl.	Arbeitnehmer ohne Kinder DM	AN mit Kinderfreibeträgen gemäß LSt-Karte: St.-Kl.	0,5 DM	1,0 DM	1,5 DM	2,0 DM	2,5 DM	3,0 DM
5 247,15	I,IV	1124,58	I	1082,16	1040,25	998,91	958,16	918,00	878,41
	III	752,00	II	929,41	889,66	850,41	811,83	773,83	736,41
	V	1778,75	III	721,16	690,50	660,16	630,16	600,50	571,00
	VI	1867,00	IV	1103,33	1082,16	1061,08	1040,25	1019,50	998,91
5 251,65	I,IV	1126,16	I	1083,66	1041,66	1000,33	959,58	919,41	879,75
	III	752,00	II	930,83	891,08	851,83	813,25	775,16	737,75
	V	1781,16	III	721,16	690,50	660,16	630,16	600,50	571,00
	VI	1869,41	IV	1104,83	1083,66	1062,58	1041,66	1021,00	1000,33
5 256,15	I,IV	1127,66	I	1085,16	1043,16	1001,83	961,00	920,83	881,16
	III	754,16	II	932,25	892,41	853,25	814,58	776,50	739,08
	V	1783,58	III	723,33	692,66	662,33	632,33	602,50	573,16
	VI	1871,83	IV	1106,33	1085,16	1064,08	1043,16	1022,41	1001,83
5 260,65	I,IV	1129,16	I	1086,66	1044,66	1003,33	962,50	922,25	882,58
	III	756,50	II	933,66	893,83	854,66	816,00	777,91	740,41
	V	1785,91	III	725,50	694,83	664,50	634,50	604,66	575,16
	VI	1874,16	IV	1107,83	1086,66	1065,58	1044,66	1023,91	1003,33
5 265,15	I,IV	1130,75	I	1088,16	1046,16	1004,75	963,91	923,66	884,00
	III	756,50	II	935,08	895,25	856,00	817,33	779,25	741,66
	V	1788,33	III	725,50	694,83	664,50	634,50	604,66	575,16
	VI	1876,58	IV	1109,33	1088,16	1067,08	1046,16	1025,41	1004,75
5 269,65	I,IV	1132,25	I	1089,66	1047,66	1006,25	965,41	925,08	885,41
	III	758,66	II	936,58	896,66	857,41	818,66	780,58	743,00
	V	1790,75	III	727,66	697,00	666,66	636,66	606,83	577,33
	VI	1878,91	IV	1110,91	1089,66	1068,58	1047,66	1026,83	1006,25
5 274,15	I,IV	1133,83	I	1091,16	1049,16	1007,66	966,83	926,50	886,83
	III	758,66	II	938,00	898,08	858,83	820,08	781,91	744,33
	V	1793,08	III	727,66	697,00	666,66	636,66	606,83	577,33
	VI	1881,33	IV	1112,41	1091,16	1070,08	1049,16	1028,33	1007,66
5 278,65	I,IV	1135,33	I	1092,66	1050,66	1009,16	968,25	928,00	888,25
	III	760,83	II	939,41	899,50	860,16	821,41	783,25	745,66
	V	1795,50	III	729,83	699,16	668,83	638,66	608,83	579,33
	VI	1883,75	IV	1113,91	1092,66	1071,58	1050,66	1029,83	1009,16
5 283,15	I,IV	1136,83	I	1094,25	1052,16	1010,66	969,75	929,41	889,66
	III	760,83	II	940,83	900,91	861,58	822,83	784,66	747,00
	V	1797,83	III	729,83	699,16	668,83	638,66	608,83	579,33
	VI	1886,08	IV	1115,50	1094,25	1073,08	1052,16	1031,33	1010,66
5 287,65	I,IV	1138,41	I	1095,75	1053,66	1012,08	971,16	930,83	891,08
	III	763,16	II	942,33	902,33	863,00	824,16	786,00	748,33
	V	1800,25	III	732,16	701,33	671,00	640,83	611,00	581,50
	VI	1888,50	IV	1117,00	1095,75	1074,58	1053,66	1032,83	1012,08
5 292,15	I,IV	1139,91	I	1097,25	1055,08	1013,58	972,66	932,25	892,41
	III	763,16	II	943,75	903,75	864,41	825,58	787,33	749,66
	V	1802,66	III	732,16	701,33	671,00	640,83	611,00	581,50
	VI	1890,91	IV	1118,50	1097,25	1076,08	1055,08	1034,25	1013,58
5 296,65	I,IV	1141,50	I	1098,75	1056,58	1015,08	974,08	933,66	893,83
	III	765,33	II	945,16	905,16	865,75	826,91	788,66	751,00
	V	1805,00	III	734,33	703,50	673,16	643,00	613,16	583,66
	VI	1893,25	IV	1120,00	1098,75	1077,58	1056,58	1035,75	1015,08
5 301,15	I,IV	1143,00	I	1100,25	1058,08	1016,50	975,50	935,08	895,25
	III	767,50	II	946,58	906,58	867,16	828,33	790,08	752,33
	V	1807,41	III	736,50	705,83	675,33	645,16	615,33	585,66
	VI	1895,66	IV	1121,58	1100,25	1079,08	1058,08	1037,25	1016,50
5 305,65	I,IV	1144,50	I	1101,75	1059,58	1018,00	977,00	936,58	896,66
	III	767,50	II	948,08	908,00	868,58	829,66	791,41	753,66
	V	1809,75	III	736,50	705,83	675,33	645,16	615,33	585,66
	VI	1898,00	IV	1123,08	1101,75	1080,58	1059,58	1038,75	1018,00

Lohn bis DM	Arbeitnehmer ohne Kinder St.-Kl.	Arbeitnehmer ohne Kinder DM	AN mit Kinderfreibeträgen gemäß LSt-Karte: St.-Kl.	0,5 DM	1,0 DM	1,5 DM	2,0 DM	2,5 DM	3,0 DM
5 373,15	I,IV	1167,66	I	1124,58	1082,16	1040,25	998,91	958,16	918,00
	III	787,66	II	969,75	929,41	889,66	850,41	811,83	773,83
	V	1845,58	III	756,50	725,50	694,83	664,50	634,50	604,66
	VI	1933,83	IV	1146,08	1124,58	1103,33	1082,16	1061,08	1040,25
5 377,65	I,IV	1169,25	I	1126,16	1083,66	1041,66	1000,33	959,58	919,41
	III	787,66	II	971,16	930,83	891,08	851,83	813,25	775,16
	V	1847,91	III	756,50	725,50	694,83	664,50	634,50	604,66
	VI	1936,16	IV	1147,58	1126,16	1104,83	1083,66	1062,58	1041,66
5 382,15	I,IV	1170,75	I	1127,66	1085,16	1043,16	1001,83	961,00	920,83
	III	789,83	II	972,66	932,25	892,41	853,25	814,58	776,50
	V	1850,33	III	758,66	727,66	697,00	666,66	636,66	606,83
	VI	1938,58	IV	1149,16	1127,66	1106,33	1085,16	1064,08	1043,16
5 386,65	I,IV	1172,33	I	1129,16	1086,66	1044,66	1003,33	962,50	922,25
	III	789,83	II	974,08	933,66	893,83	854,66	816,00	777,91
	V	1852,75	III	758,66	727,66	697,00	666,66	636,66	606,83
	VI	1941,00	IV	1150,66	1129,16	1107,83	1086,66	1065,58	1044,66
5 391,15	I,IV	1173,91	I	1130,75	1088,16	1046,16	1004,75	963,91	923,66
	III	792,16	II	975,50	935,08	895,25	856,00	817,33	779,25
	V	1855,08	III	760,83	729,83	699,16	668,83	638,66	608,83
	VI	1943,33	IV	1152,25	1130,75	1109,33	1088,16	1067,08	1046,16
5 395,65	I,IV	1175,41	I	1132,25	1089,66	1047,66	1006,25	965,41	925,08
	III	792,16	II	977,00	936,58	896,66	857,41	818,66	780,58
	V	1857,50	III	760,83	729,83	699,16	668,83	638,66	608,83
	VI	1945,75	IV	1153,75	1132,25	1110,91	1089,66	1068,58	1047,66
5 400,15	I,IV	1177,00	I	1133,83	1091,16	1049,16	1007,66	966,83	926,50
	III	794,33	II	978,41	938,00	898,08	858,83	820,08	781,91
	V	1859,91	III	763,16	732,16	701,33	671,00	640,83	611,00
	VI	1948,08	IV	1155,33	1133,83	1112,41	1091,16	1070,08	1049,16
5 404,65	I,IV	1178,50	I	1135,33	1092,66	1050,66	1009,16	968,25	928,00
	III	794,33	II	979,91	939,41	899,50	860,16	821,41	783,25
	V	1862,25	III	763,16	732,16	701,33	671,00	640,83	611,00
	VI	1950,50	IV	1156,83	1135,33	1113,91	1092,66	1071,58	1050,66
5 409,15	I,IV	1180,08	I	1136,83	1094,25	1052,16	1010,66	969,75	929,41
	III	796,66	II	981,33	940,83	900,91	861,58	822,83	784,66
	V	1864,66	III	765,33	734,33	703,50	673,16	643,00	613,16
	VI	1952,91	IV	1158,41	1136,83	1115,50	1094,25	1073,08	1052,16
5 413,65	I,IV	1181,66	I	1138,41	1095,75	1053,66	1012,08	971,16	930,83
	III	798,83	II	982,83	942,33	902,33	863,00	824,16	786,00
	V	1867,00	III	767,50	736,50	705,83	675,33	645,16	615,33
	VI	1955,25	IV	1159,91	1138,41	1117,00	1095,75	1074,58	1053,66
5 418,15	I,IV	1183,16	I	1139,91	1097,25	1055,08	1013,58	972,66	932,25
	III	798,83	II	984,25	943,75	903,75	864,41	825,58	787,33
	V	1869,41	III	767,50	736,50	705,83	675,33	645,16	615,33
	VI	1957,66	IV	1161,50	1139,91	1118,50	1097,25	1076,08	1055,08
5 422,65	I,IV	1184,75	I	1141,50	1098,75	1056,58	1015,08	974,08	933,66
	III	801,16	II	985,75	945,16	905,16	865,75	826,91	788,66
	V	1871,83	III	769,83	738,66	708,00	677,50	647,33	617,33
	VI	1960,08	IV	1163,00	1141,50	1120,00	1098,75	1077,58	1056,58
5 427,15	I,IV	1186,33	I	1143,00	1100,25	1058,08	1016,50	975,50	935,08
	III	801,16	II	987,16	946,58	906,58	867,16	828,33	790,08
	V	1874,16	III	769,83	738,66	708,00	677,50	647,33	617,33
	VI	1962,41	IV	1164,58	1143,00	1121,58	1100,25	1079,08	1058,08
5 431,65	I,IV	1187,83	I	1144,50	1101,75	1059,58	1018,00	977,00	936,58
	III	803,33	II	988,66	948,08	908,00	868,58	829,66	791,41
	V	1876,58	III	772,00	741,00	710,16	679,66	649,50	619,50
	VI	1964,83	IV	1166,16	1144,50	1123,08	1101,75	1080,58	1059,58

Lohn	StKl	Lohnsteuer	StKl						
5310,15	I,IV	1146,08	I	1103,33	1061,08	1019,50	978,41	938,00	898,08
	III	769,83	II	949,50	909,41	870,00	831,08	792,75	755,08
	V	1812,16	III	738,66	708,00	677,50	647,33	617,33	587,83
	VI	1900,41	IV	1124,58	1103,33	1082,16	1061,08	1040,25	1019,50
5314,65	I,IV	1147,58	I	1104,83	1062,58	1021,00	979,91	939,41	899,50
	III	769,83	II	950,91	910,83	871,33	832,50	794,16	756,41
	V	1814,58	III	738,66	708,00	677,50	647,33	617,33	587,83
	VI	1902,83	IV	1126,16	1104,83	1083,66	1062,58	1041,66	1021,00
5319,15	I,IV	1149,16	I	1106,33	1064,08	1022,41	981,33	940,83	900,91
	III	772,00	II	952,33	912,25	872,75	833,83	795,50	757,75
	V	1816,91	III	741,00	710,16	679,66	649,50	619,50	589,83
	VI	1905,16	IV	1127,66	1106,33	1085,16	1064,08	1043,16	1022,41
5323,65	I,IV	1150,66	I	1107,83	1065,58	1023,91	982,83	942,33	902,33
	III	772,00	II	953,83	913,66	874,16	835,25	796,83	759,08
	V	1819,33	III	741,00	710,16	679,66	649,50	619,50	589,83
	VI	1907,58	IV	1129,16	1107,83	1086,66	1065,58	1044,66	1023,91
5328,15	I,IV	1152,25	I	1109,33	1067,08	1025,41	984,25	943,75	903,75
	III	774,16	II	955,25	915,16	875,58	836,58	798,25	760,41
	V	1821,75	III	743,16	712,33	681,83	651,66	621,66	592,00
	VI	1910,00	IV	1130,75	1109,33	1088,16	1067,08	1046,16	1025,41
5332,65	I,IV	1153,75	I	1110,91	1068,58	1026,83	985,75	945,16	905,16
	III	776,50	II	956,66	916,58	877,00	838,00	799,58	761,75
	V	1824,08	III	745,33	714,50	684,00	653,66	623,83	594,16
	VI	1912,33	IV	1132,25	1110,91	1089,66	1068,58	1047,66	1026,83
5337,15	I,IV	1155,33	I	1112,41	1070,08	1028,33	987,16	946,58	906,58
	III	776,50	II	958,16	918,00	878,41	839,33	800,91	763,08
	V	1826,50	III	745,33	714,50	684,00	653,66	623,83	594,16
	VI	1914,75	IV	1133,83	1112,41	1091,16	1070,08	1049,16	1028,33
5341,65	I,IV	1156,83	I	1113,91	1071,58	1029,83	988,66	948,08	908,00
	III	778,66	II	959,58	919,41	879,75	840,75	802,33	764,41
	V	1828,83	III	747,50	716,66	686,16	655,83	625,83	596,16
	VI	1917,08	IV	1135,33	1113,91	1092,66	1071,58	1050,66	1029,83
5346,15	I,IV	1158,41	I	1115,50	1073,08	1031,33	990,08	949,50	909,41
	III	778,66	II	961,00	920,83	881,16	842,16	803,66	765,75
	V	1831,25	III	747,50	716,66	686,16	655,83	625,83	596,16
	VI	1919,50	IV	1136,83	1115,50	1094,25	1073,08	1052,16	1031,33
5350,65	I,IV	1159,91	I	1117,00	1074,58	1032,83	991,58	950,91	910,83
	III	781,00	II	962,50	922,25	882,58	843,50	805,00	767,08
	V	1833,66	III	749,83	718,83	688,33	658,00	628,00	598,33
	VI	1921,91	IV	1138,41	1117,00	1095,75	1074,58	1053,66	1032,83
5355,15	I,IV	1161,50	I	1118,50	1076,08	1034,25	993,00	952,33	912,25
	III	781,00	II	963,91	923,66	884,00	844,91	806,41	768,41
	V	1836,00	III	749,83	718,83	688,33	658,00	628,00	598,33
	VI	1924,25	IV	1139,91	1118,50	1097,25	1076,08	1055,08	1034,25
5359,65	I,IV	1163,00	I	1120,00	1077,58	1035,75	994,50	953,83	913,66
	III	783,16	II	965,41	925,08	885,41	846,33	807,75	769,83
	V	1838,41	III	752,00	721,16	690,50	660,16	630,16	600,50
	VI	1926,66	IV	1141,50	1120,00	1098,75	1077,58	1056,58	1035,75
5364,15	I,IV	1164,58	I	1121,58	1079,08	1037,25	996,00	955,25	915,16
	III	783,16	II	966,83	926,50	886,83	847,66	809,08	771,16
	V	1840,83	III	752,00	721,16	690,50	660,16	630,16	600,50
	VI	1929,00	IV	1143,00	1121,58	1100,25	1079,08	1058,08	1037,25
5368,65	I,IV	1166,16	I	1123,08	1080,58	1038,75	997,41	956,66	916,58
	III	785,33	II	968,25	928,00	888,25	849,08	810,50	772,50
	V	1843,16	III	754,16	723,33	692,66	662,33	632,33	602,50
	VI	1931,41	IV	1144,50	1123,08	1101,75	1080,58	1059,58	1038,75
5436,15	I,IV	1189,41	I	1146,08	1103,33	1061,08	1019,50	978,41	938,00
	III	803,33	II	990,08	949,50	909,41	870,00	831,08	792,75
	V	1878,91	III	772,00	741,00	710,16	679,66	649,50	619,50
	VI	1967,16	IV	1167,66	1146,08	1124,58	1103,33	1082,16	1061,08
5440,65	I,IV	1191,00	I	1147,58	1104,83	1062,58	1021,00	979,91	939,41
	III	805,66	II	991,58	950,91	910,83	871,33	832,50	794,16
	V	1881,33	III	774,16	743,16	712,33	681,83	651,66	621,66
	VI	1969,58	IV	1169,25	1147,58	1126,16	1104,83	1083,66	1062,58
5445,15	I,IV	1192,58	I	1149,16	1106,33	1064,08	1022,41	981,33	940,83
	III	807,83	II	993,00	952,33	912,25	872,75	833,83	795,50
	V	1883,75	III	776,50	745,33	714,50	684,00	653,66	623,83
	VI	1972,00	IV	1170,75	1149,16	1127,66	1106,33	1085,16	1064,08
5449,65	I,IV	1194,08	I	1150,66	1107,83	1065,58	1023,91	982,83	942,33
	III	807,83	II	994,50	953,83	913,66	874,16	835,25	796,83
	V	1886,08	III	776,50	745,33	714,50	684,00	653,66	623,83
	VI	1974,33	IV	1172,33	1150,66	1129,16	1107,83	1086,66	1065,58
5454,15	I,IV	1195,66	I	1152,25	1109,33	1067,08	1025,41	984,25	943,75
	III	810,16	II	996,00	955,25	915,16	875,58	836,58	798,25
	V	1888,50	III	778,66	747,50	716,66	686,16	655,83	625,83
	VI	1976,75	IV	1173,91	1152,25	1130,75	1109,33	1088,16	1067,08
5458,65	I,IV	1197,25	I	1153,75	1110,91	1068,58	1026,83	985,75	945,16
	III	810,16	II	997,41	956,66	916,58	877,00	838,00	799,58
	V	1890,91	III	778,66	747,50	716,66	686,16	655,83	625,83
	VI	1979,16	IV	1175,41	1153,75	1132,25	1110,91	1089,66	1068,58
5463,15	I,IV	1198,83	I	1155,33	1112,41	1070,08	1028,33	987,16	946,58
	III	812,33	II	998,91	958,16	918,00	878,41	839,33	800,91
	V	1893,25	III	781,00	749,83	718,83	688,33	658,00	628,00
	VI	1981,50	IV	1177,00	1155,33	1133,83	1112,41	1091,16	1070,08
5467,65	I,IV	1200,33	I	1156,83	1113,91	1071,58	1029,83	988,66	948,08
	III	812,33	II	1000,33	959,58	919,41	879,75	840,75	802,33
	V	1895,66	III	781,00	749,83	718,83	688,33	658,00	628,00
	VI	1983,91	IV	1178,50	1156,83	1135,33	1113,91	1092,66	1071,58
5472,15	I,IV	1201,91	I	1158,41	1115,50	1073,08	1031,33	990,08	949,50
	III	814,66	II	1001,83	961,00	920,83	881,16	842,16	803,66
	V	1898,00	III	783,16	752,00	721,16	690,50	660,16	630,16
	VI	1986,25	IV	1180,08	1158,41	1136,83	1115,50	1094,25	1073,08
5476,65	I,IV	1203,50	I	1159,91	1117,00	1074,58	1032,83	991,58	950,91
	III	814,66	II	1003,33	962,50	922,25	882,58	843,50	805,00
	V	1900,41	III	783,16	752,00	721,16	690,50	660,16	630,16
	VI	1988,66	IV	1181,66	1159,91	1138,41	1117,00	1095,75	1074,58
5481,15	I,IV	1205,08	I	1161,50	1118,50	1076,08	1034,25	993,00	952,33
	III	816,83	II	1004,75	963,91	923,66	884,00	844,91	806,41
	V	1902,83	III	785,33	754,16	723,33	692,66	662,33	632,33
	VI	1991,08	IV	1183,16	1161,50	1139,91	1118,50	1097,25	1076,08
5485,65	I,IV	1206,58	I	1163,00	1120,00	1077,58	1035,75	994,50	953,83
	III	819,16	II	1006,25	965,41	925,08	885,41	846,33	807,75
	V	1905,16	III	787,66	756,50	725,50	694,83	664,50	634,50
	VI	1993,41	IV	1184,75	1163,00	1141,50	1120,00	1098,75	1077,58
5490,15	I,IV	1208,16	I	1164,58	1121,58	1079,08	1037,25	996,00	955,25
	III	819,16	II	1007,66	966,83	926,50	886,83	847,66	809,08
	V	1907,58	III	787,66	756,50	725,50	694,83	664,50	634,50
	VI	1995,83	IV	1186,33	1164,58	1143,00	1121,58	1100,25	1079,08
5494,65	I,IV	1209,75	I	1166,16	1123,08	1080,58	1038,75	997,41	956,66
	III	821,33	II	1009,16	968,25	928,00	888,25	849,08	810,50
	V	1910,00	III	789,83	758,66	727,66	697,00	666,66	636,66
	VI	1998,16	IV	1187,83	1166,16	1144,50	1123,08	1101,75	1080,58

*) Arbeitnehmer für die die besonderen Lohnsteuer-Tabellen gelten (u. a. Beamte und Rentner), können ihre Steuer unter Anwendung der Zurechnungstabelle auf Seite 163 auch von dieser allgemeinen Monats-Lohnsteuer-Tabelle ablesen.

Lohn bis DM	Arbeitnehmer ohne Kinder St.-Kl.	Arbeitnehmer ohne Kinder DM	AN mit Kinderfreibeträgen gemäß LSt-Karte: St.-Kl.	0,5 DM	1,0 DM	1,5 DM	2,0 DM	2,5 DM	3,0 DM
5 499,15	I,IV	1211,33	I	1167,66	1124,58	1082,16	1040,25	998,91	958,16
	III	821,33	II	1010,66	969,75	929,41	889,66	850,41	811,83
	V	1912,33	III	789,83	758,66	727,66	697,00	666,66	636,66
	VI	2000,58	IV	1189,41	1167,66	1146,08	1124,58	1103,33	1082,16
5 503,65	I,IV	1212,91	I	1169,25	1126,16	1083,66	1041,66	1000,33	959,58
	III	823,66	II	1012,08	971,16	930,83	891,08	851,83	813,25
	V	1914,75	III	792,16	760,83	729,83	699,16	668,83	638,66
	VI	2003,00	IV	1191,00	1169,25	1147,58	1126,16	1104,83	1083,66
5 508,15	I,IV	1214,50	I	1170,75	1127,66	1085,16	1043,16	1001,83	961,00
	III	823,66	II	1013,58	972,66	932,25	892,41	853,25	814,58
	V	1917,08	III	792,16	760,83	729,83	699,16	668,83	638,66
	VI	2005,33	IV	1192,58	1170,75	1149,16	1127,66	1106,33	1085,16
5 512,65	I,IV	1216,00	I	1172,33	1129,16	1086,66	1044,66	1003,33	962,50
	III	826,00	II	1015,08	974,08	933,66	893,83	854,66	816,00
	V	1919,50	III	794,33	763,16	732,16	701,33	671,00	640,83
	VI	2007,75	IV	1194,08	1172,33	1150,66	1129,16	1107,83	1086,66
5 517,15	I,IV	1217,58	I	1173,91	1130,75	1088,16	1046,16	1004,75	963,91
	III	826,00	II	1016,50	975,50	935,08	895,25	856,00	817,33
	V	1921,91	III	794,33	763,16	732,16	701,33	671,00	640,83
	VI	2010,16	IV	1195,66	1173,91	1152,25	1130,75	1109,33	1088,16
5 521,65	I,IV	1219,16	I	1175,41	1132,25	1089,66	1047,66	1006,25	965,41
	III	828,16	II	1018,00	977,00	936,58	896,66	857,41	818,66
	V	1924,25	III	796,66	765,33	734,33	703,50	673,16	643,00
	VI	2012,50	IV	1197,25	1175,41	1153,75	1132,25	1110,91	1089,66
5 526,15	I,IV	1220,75	I	1177,00	1133,83	1091,16	1049,16	1007,66	966,83
	III	830,50	II	1019,50	978,41	938,00	898,08	858,83	820,08
	V	1926,66	III	798,83	767,50	736,50	705,83	675,33	645,16
	VI	2014,91	IV	1198,83	1177,00	1155,33	1133,83	1112,41	1091,16
5 530,65	I,IV	1222,33	I	1178,50	1135,33	1092,66	1050,66	1009,16	968,25
	III	830,50	II	1021,00	979,91	939,41	899,50	860,16	821,41
	V	1929,00	III	798,83	767,50	736,50	705,83	675,33	645,16
	VI	2017,25	IV	1200,33	1178,50	1156,83	1135,33	1113,91	1092,66
5 535,15	I,IV	1223,91	I	1180,08	1136,83	1094,25	1052,16	1010,66	969,75
	III	832,66	II	1022,41	981,33	940,83	900,91	861,58	822,83
	V	1931,41	III	801,16	769,83	738,66	708,00	677,50	647,33
	VI	2019,66	IV	1201,91	1180,08	1158,41	1136,83	1115,50	1094,25
5 539,65	I,IV	1225,50	I	1181,66	1138,41	1095,75	1053,66	1012,08	971,16
	III	832,66	II	1023,91	982,83	942,33	902,33	863,00	824,16
	V	1933,83	III	801,16	769,83	738,66	708,00	677,50	647,33
	VI	2022,08	IV	1203,50	1181,66	1159,91	1138,41	1117,00	1095,75
5 544,15	I,IV	1227,08	I	1183,16	1139,91	1097,25	1055,08	1013,58	972,66
	III	835,00	II	1025,41	984,25	943,75	903,75	864,41	825,58
	V	1936,16	III	803,33	772,00	741,00	710,16	679,66	649,50
	VI	2024,41	IV	1205,08	1183,16	1161,50	1139,91	1118,50	1097,25
5 548,65	I,IV	1228,66	I	1184,75	1141,50	1098,75	1056,58	1015,08	974,08
	III	835,00	II	1026,83	985,75	945,16	905,16	865,75	826,91
	V	1938,58	III	803,33	772,00	741,00	710,16	679,66	649,50
	VI	2026,83	IV	1206,58	1184,75	1163,00	1141,50	1120,00	1098,75
5 553,15	I,IV	1230,16	I	1186,33	1143,00	1100,25	1058,08	1016,50	975,50
	III	837,33	II	1028,33	987,16	946,58	906,58	867,16	828,33
	V	1941,00	III	805,66	774,16	743,16	712,33	681,83	651,66
	VI	2029,25	IV	1208,16	1186,33	1164,58	1143,00	1121,58	1100,25
5 557,65	I,IV	1231,75	I	1187,83	1144,50	1101,75	1059,58	1018,00	977,00
	III	837,33	II	1029,83	988,66	948,08	908,00	868,58	829,66
	V	1943,33	III	805,66	774,16	743,16	712,33	681,83	651,66
	VI	2031,58	IV	1209,75	1187,83	1166,16	1144,50	1123,08	1101,75

Lohn bis DM	Arbeitnehmer ohne Kinder St.-Kl.	Arbeitnehmer ohne Kinder DM	AN mit Kinderfreibeträgen gemäß LSt-Karte: St.-Kl.	0,5 DM	1,0 DM	1,5 DM	2,0 DM	2,5 DM	3,0 DM
5 625,15	I,IV	1255,58	I	1211,33	1167,66	1124,58	1082,16	1040,25	998,91
	III	855,50	II	1052,16	1010,66	969,75	929,41	889,66	850,41
	V	1979,16	III	823,66	792,16	760,83	729,83	699,16	668,83
	VI	2067,33	IV	1233,33	1211,33	1189,41	1167,66	1146,08	1124,58
5 629,65	I,IV	1257,16	I	1212,91	1169,25	1126,16	1083,66	1041,66	1000,33
	III	855,50	II	1053,66	1012,08	971,16	930,83	891,08	851,83
	V	1981,50	III	823,66	792,16	760,83	729,83	699,16	668,83
	VI	2069,75	IV	1234,91	1212,91	1191,00	1169,25	1147,58	1126,16
5 634,15	I,IV	1258,75	I	1214,50	1170,75	1127,66	1085,16	1043,16	1001,83
	III	857,83	II	1055,08	1013,58	972,66	932,25	892,41	853,25
	V	1983,91	III	826,00	794,33	763,16	732,16	701,33	671,00
	VI	2072,16	IV	1236,50	1214,50	1192,58	1170,75	1149,16	1127,66
5 638,65	I,IV	1260,33	I	1216,00	1172,33	1129,16	1086,66	1044,66	1003,33
	III	857,83	II	1056,58	1015,08	974,08	933,66	893,83	854,66
	V	1986,25	III	826,00	794,33	763,16	732,16	701,33	671,00
	VI	2074,50	IV	1238,08	1216,00	1194,08	1172,33	1150,66	1129,16
5 643,15	I,IV	1261,91	I	1217,58	1173,91	1130,75	1088,16	1046,16	1004,75
	III	860,16	II	1058,08	1016,50	975,50	935,08	895,25	856,00
	V	1988,66	III	828,16	796,66	765,33	734,33	703,50	673,16
	VI	2076,91	IV	1239,66	1217,58	1195,66	1173,91	1152,25	1130,75
5 647,65	I,IV	1263,50	I	1219,16	1175,41	1132,25	1089,66	1047,66	1006,25
	III	860,16	II	1059,58	1018,00	977,00	936,58	896,66	857,41
	V	1991,08	III	828,16	796,66	765,33	734,33	703,50	673,16
	VI	2079,33	IV	1241,25	1219,16	1197,25	1175,41	1153,75	1132,25
5 652,15	I,IV	1265,08	I	1220,75	1177,00	1133,83	1091,16	1049,16	1007,66
	III	862,33	II	1061,08	1019,50	978,41	938,00	898,08	858,83
	V	1993,41	III	830,50	798,83	767,50	736,50	705,83	675,33
	VI	2081,66	IV	1242,83	1220,75	1198,83	1177,00	1155,33	1133,83
5 656,65	I,IV	1266,66	I	1222,33	1178,50	1135,33	1092,66	1050,66	1009,16
	III	862,33	II	1062,58	1021,00	979,91	939,41	899,50	860,16
	V	1995,83	III	830,50	798,83	767,50	736,50	705,83	675,33
	VI	2084,08	IV	1244,41	1222,33	1200,33	1178,50	1156,83	1135,33
5 661,15	I,IV	1268,25	I	1223,91	1180,08	1136,83	1094,25	1052,16	1010,66
	III	864,66	II	1064,08	1022,41	981,33	940,83	900,91	861,58
	V	1998,16	III	832,66	801,16	769,83	738,66	708,00	677,50
	VI	2086,41	IV	1246,00	1223,91	1201,91	1180,08	1158,41	1136,83
5 665,65	I,IV	1269,91	I	1225,50	1181,66	1138,41	1095,75	1053,66	1012,08
	III	864,66	II	1065,58	1023,91	982,83	942,33	902,33	863,00
	V	2000,58	III	832,66	801,16	769,83	738,66	708,00	677,50
	VI	2088,83	IV	1247,58	1225,50	1203,50	1181,66	1159,91	1138,41
5 670,15	I,IV	1271,50	I	1227,08	1183,16	1139,91	1097,25	1055,08	1013,58
	III	867,00	II	1067,08	1025,41	984,25	943,75	903,75	864,41
	V	2003,00	III	835,00	803,33	772,00	741,00	710,16	679,66
	VI	2091,25	IV	1249,16	1227,08	1205,08	1183,16	1161,50	1139,91
5 674,65	I,IV	1273,08	I	1228,66	1184,75	1141,50	1098,75	1056,58	1015,08
	III	867,00	II	1068,58	1026,83	985,75	945,16	905,16	865,75
	V	2005,33	III	835,00	803,33	772,00	741,00	710,16	679,66
	VI	2093,58	IV	1250,75	1228,66	1206,58	1184,75	1163,00	1141,50
5 679,15	I,IV	1274,66	I	1230,16	1186,33	1143,00	1100,25	1058,08	1016,50
	III	869,16	II	1070,08	1028,33	987,16	946,58	906,58	867,16
	V	2007,75	III	837,33	805,66	774,16	743,16	712,33	681,83
	VI	2096,00	IV	1252,33	1230,16	1208,16	1186,33	1164,58	1143,00
5 683,65	I,IV	1276,25	I	1231,75	1187,83	1144,50	1101,75	1059,58	1018,00
	III	869,16	II	1071,58	1029,83	988,66	948,08	908,00	868,58
	V	2010,16	III	837,33	805,66	774,16	743,16	712,33	681,83
	VI	2098,41	IV	1254,00	1231,75	1209,75	1187,83	1166,16	1144,50

Lohn	Klasse	Steuer	Klasse						
5562,15	I,IV	1233,33	I	1189,41	1146,08	1103,33	1061,08	1019,50	978,41
	III	839,50	II	1031,33	990,08	949,50	909,41	870,00	831,08
	V	1945,75	III	807,83	776,50	745,33	714,50	684,00	653,66
	VI	2034,00	IV	1211,33	1189,41	1167,66	1146,08	1124,58	1103,33
5566,65	I,IV	1234,91	I	1191,00	1147,58	1104,83	1062,58	1021,00	979,91
	III	839,50	II	1032,83	991,58	950,91	910,83	871,33	832,50
	V	1948,08	III	807,83	776,50	745,33	714,50	684,00	653,66
	VI	2036,33	IV	1212,91	1191,00	1169,25	1147,58	1126,16	1104,83
5571,15	I,IV	1236,50	I	1192,58	1149,16	1106,33	1064,08	1022,41	981,33
	III	841,83	II	1034,25	993,00	952,33	912,25	872,75	833,83
	V	1950,50	III	810,16	778,66	747,50	716,66	686,16	655,83
	VI	2038,75	IV	1214,50	1192,58	1170,75	1149,16	1127,66	1106,33
5575,65	I,IV	1238,08	I	1194,08	1150,66	1107,83	1065,58	1023,91	982,83
	III	841,83	II	1035,75	994,50	953,83	913,66	874,16	835,25
	V	1952,91	III	810,16	778,66	747,50	716,66	686,16	655,83
	VI	2041,16	IV	1216,00	1194,08	1172,33	1150,66	1129,16	1107,83
5580,15	I,IV	1239,66	I	1195,66	1152,25	1109,33	1067,08	1025,41	984,25
	III	844,16	II	1037,25	996,00	955,25	915,16	875,58	836,58
	V	1955,25	III	812,33	781,00	749,83	718,83	688,33	658,00
	VI	2043,50	IV	1217,58	1195,66	1173,91	1152,25	1130,75	1109,33
5584,65	I,IV	1241,25	I	1197,25	1153,75	1110,91	1068,58	1026,83	985,75
	III	844,16	II	1038,75	997,41	956,66	916,58	877,00	838,00
	V	1957,66	III	812,33	781,00	749,83	718,83	688,33	658,00
	VI	2045,91	IV	1219,16	1197,25	1175,41	1153,75	1132,25	1110,91
5589,15	I,IV	1242,83	I	1198,83	1155,33	1112,41	1070,08	1028,33	987,16
	III	846,33	II	1040,25	998,91	958,16	918,00	878,41	839,33
	V	1960,08	III	814,66	783,16	752,00	721,16	690,50	660,16
	VI	2048,25	IV	1220,75	1198,83	1177,00	1155,33	1133,83	1112,41
5593,65	I,IV	1244,41	I	1200,33	1156,83	1113,91	1071,58	1029,83	988,66
	III	846,33	II	1041,66	1000,33	959,58	919,41	879,75	840,75
	V	1962,41	III	814,66	783,16	752,00	721,16	690,50	660,16
	VI	2050,66	IV	1222,33	1200,33	1178,50	1156,83	1135,33	1113,91
5598,15	I,IV	1246,00	I	1201,91	1158,41	1115,50	1073,08	1031,33	990,08
	III	848,66	II	1043,16	1001,83	961,00	920,83	881,16	842,16
	V	1964,83	III	816,83	785,33	754,16	723,33	692,66	662,33
	VI	2053,08	IV	1223,91	1201,91	1180,08	1158,41	1136,83	1115,50
5602,65	I,IV	1247,58	I	1203,50	1159,91	1117,00	1074,58	1032,83	991,58
	III	848,66	II	1044,66	1003,33	962,50	922,25	882,58	843,50
	V	1967,16	III	816,83	785,33	754,16	723,33	692,66	662,33
	VI	2055,41	IV	1225,50	1203,50	1181,66	1159,91	1138,41	1117,00
5607,15	I,IV	1249,16	I	1205,08	1161,50	1118,50	1076,08	1034,25	993,00
	III	851,00	II	1046,16	1004,75	963,91	923,66	884,00	844,91
	V	1969,58	III	819,16	787,66	756,50	725,50	694,83	664,50
	VI	2057,83	IV	1227,08	1205,08	1183,16	1161,50	1139,91	1118,50
5611,65	I,IV	1250,75	I	1206,58	1163,00	1120,00	1077,58	1035,75	994,50
	III	851,00	II	1047,66	1006,25	965,41	925,08	885,41	846,33
	V	1972,00	III	819,16	787,66	756,50	725,50	694,83	664,50
	VI	2060,25	IV	1228,66	1206,58	1184,75	1163,00	1141,50	1120,00
5616,15	I,IV	1252,33	I	1208,16	1164,58	1121,58	1079,08	1037,25	996,00
	III	853,16	II	1049,16	1007,66	966,83	926,50	886,83	847,66
	V	1974,33	III	821,33	789,83	758,66	727,66	697,00	666,66
	VI	2062,58	IV	1230,16	1208,16	1186,33	1164,58	1143,00	1121,58
5620,65	I,IV	1254,00	I	1209,75	1166,16	1123,08	1080,58	1038,75	997,41
	III	853,16	II	1050,66	1009,16	968,25	928,00	888,25	849,08
	V	1976,75	III	821,33	789,83	758,66	727,66	697,00	666,66
	VI	2065,00	IV	1231,75	1209,75	1187,83	1166,16	1144,50	1123,08
5688,15	I,IV	1277,91	I	1233,33	1189,41	1146,08	1103,33	1061,08	1019,50
	III	871,50	II	1073,08	1031,33	990,08	949,50	909,41	870,00
	V	2012,50	III	839,50	807,83	776,50	745,33	714,50	684,00
	VI	2100,75	IV	1255,58	1233,33	1211,33	1189,41	1167,66	1146,08
5692,65	I,IV	1279,50	I	1234,91	1191,00	1147,58	1104,83	1062,58	1021,00
	III	871,50	II	1074,58	1032,83	991,58	950,91	910,83	871,33
	V	2014,91	III	839,50	807,83	776,50	745,33	714,50	684,00
	VI	2103,16	IV	1257,16	1234,91	1212,91	1191,00	1169,25	1147,58
5697,15	I,IV	1281,08	I	1236,50	1192,58	1149,16	1106,33	1064,08	1022,41
	III	873,83	II	1076,08	1034,25	993,00	952,33	912,25	872,75
	V	2017,25	III	841,83	810,16	778,66	747,50	716,66	686,16
	VI	2105,50	IV	1258,75	1236,50	1214,50	1192,58	1170,75	1149,16
5701,65	I,IV	1282,66	I	1238,08	1194,08	1150,66	1107,83	1065,58	1023,91
	III	873,83	II	1077,58	1035,75	994,50	953,83	913,66	874,16
	V	2019,66	III	841,83	810,16	778,66	747,50	716,66	686,16
	VI	2107,91	IV	1260,33	1238,08	1216,00	1194,08	1172,33	1150,66
5706,15	I,IV	1284,25	I	1239,66	1195,66	1152,25	1109,33	1067,08	1025,41
	III	876,16	II	1079,08	1037,25	996,00	955,25	915,16	875,58
	V	2022,08	III	844,16	812,33	781,00	749,83	718,83	688,33
	VI	2110,33	IV	1261,91	1239,66	1217,58	1195,66	1173,91	1152,25
5710,65	I,IV	1285,91	I	1241,25	1197,25	1153,75	1110,91	1068,58	1026,83
	III	876,16	II	1080,58	1038,75	997,41	956,66	916,58	877,00
	V	2024,41	III	844,16	812,33	781,00	749,83	718,83	688,33
	VI	2112,66	IV	1263,50	1241,25	1219,16	1197,25	1175,41	1153,75
5715,15	I,IV	1287,50	I	1242,83	1198,83	1155,33	1112,41	1070,08	1028,33
	III	878,50	II	1082,16	1040,25	998,91	958,16	918,00	878,41
	V	2026,83	III	846,33	814,66	783,16	752,00	721,16	690,50
	VI	2115,08	IV	1265,08	1242,83	1220,75	1198,83	1177,00	1155,33
5719,65	I,IV	1289,08	I	1244,41	1200,33	1156,83	1113,91	1071,58	1029,83
	III	878,50	II	1083,66	1041,66	1000,33	959,58	919,41	879,75
	V	2029,25	III	846,33	814,66	783,16	752,00	721,16	690,50
	VI	2117,41	IV	1266,66	1244,41	1222,33	1200,33	1178,50	1156,83
5724,15	I,IV	1290,66	I	1246,00	1201,91	1158,41	1115,50	1073,08	1031,33
	III	880,66	II	1085,16	1043,16	1001,83	961,00	920,83	881,16
	V	2031,58	III	848,66	816,83	785,33	754,16	723,33	692,66
	VI	2119,83	IV	1268,25	1246,00	1223,91	1201,91	1180,08	1158,41
5728,65	I,IV	1292,33	I	1247,58	1203,50	1159,91	1117,00	1074,58	1032,83
	III	880,66	II	1086,66	1044,66	1003,33	962,50	922,25	882,58
	V	2034,00	III	848,66	816,83	785,33	754,16	723,33	692,66
	VI	2122,25	IV	1269,91	1247,58	1225,50	1203,50	1181,66	1159,91
5733,15	I,IV	1293,91	I	1249,16	1205,08	1161,50	1118,50	1076,08	1034,25
	III	883,00	II	1088,16	1046,16	1004,75	963,91	923,66	884,00
	V	2036,33	III	851,00	819,16	787,66	756,50	725,50	694,83
	VI	2124,58	IV	1271,50	1249,16	1227,08	1205,08	1183,16	1161,50
5737,65	I,IV	1295,50	I	1250,75	1206,58	1163,00	1120,00	1077,58	1035,75
	III	883,00	II	1089,66	1047,66	1006,25	965,41	925,08	885,41
	V	2038,75	III	851,00	819,16	787,66	756,50	725,50	694,83
	VI	2127,00	IV	1273,08	1250,75	1228,66	1206,58	1184,75	1163,00
5742,15	I,IV	1297,16	I	1252,33	1208,16	1164,58	1121,58	1079,08	1037,25
	III	885,33	II	1091,16	1049,16	1007,66	966,83	926,50	886,83
	V	2041,16	III	853,16	821,33	789,83	758,66	727,66	697,00
	VI	2129,41	IV	1274,66	1252,33	1230,16	1208,16	1186,33	1164,58
5746,65	I,IV	1298,75	I	1254,00	1209,75	1166,16	1123,08	1080,58	1038,75
	III	885,33	II	1092,66	1050,66	1009,16	968,25	928,00	888,25
	V	2043,50	III	853,16	821,33	789,83	758,66	727,66	697,00
	VI	2131,75	IV	1276,25	1254,00	1231,75	1209,75	1187,83	1166,16

*) Arbeitnehmer für die die besonderen Lohnsteuer-Tabellen gelten (u. a. Beamte und Rentner), können ihre Steuer unter Anwendung der Zurechnungstabelle auf Seite 163 auch von dieser allgemeinen Monats-Lohnsteuer-Tabelle ablesen.

Lohn bis DM	Arbeitnehmer ohne Kinder St.-Kl.	DM	AN mit Kinderfreibeträgen gemäß LSt-Karte: St.-Kl.	0,5 DM	1,0 DM	1,5 DM	2,0 DM	2,5 DM	3,0 DM
5751,15	I,IV	1300,33	I	1255,58	1211,33	1167,66	1124,58	1082,16	1040,25
	III	887,66	II	1094,25	1052,16	1010,66	969,75	929,41	889,66
	V	2045,91	III	855,50	823,66	792,16	760,83	729,83	699,16
	VI	2134,16	IV	1277,91	1255,58	1233,33	1211,33	1189,41	1167,66
5755,65	I,IV	1302,00	I	1257,16	1212,91	1169,25	1126,16	1083,66	1041,66
	III	887,66	II	1095,75	1053,66	1012,08	971,16	930,83	891,08
	V	2048,25	III	855,50	823,66	792,16	760,83	729,83	699,16
	VI	2136,50	IV	1279,50	1257,16	1234,91	1212,91	1191,00	1169,25
5760,15	I,IV	1303,58	I	1258,75	1214,50	1170,75	1127,66	1085,16	1043,16
	III	890,00	II	1097,25	1055,08	1013,58	972,66	932,25	892,41
	V	2050,66	III	857,83	826,00	794,33	763,16	732,16	701,33
	VI	2138,91	IV	1281,08	1258,75	1236,50	1214,50	1192,58	1170,75
5764,65	I,IV	1305,16	I	1260,33	1216,00	1172,33	1129,16	1086,66	1044,66
	III	890,00	II	1098,75	1056,58	1015,08	974,08	933,66	893,83
	V	2053,08	III	857,83	826,00	794,33	763,16	732,16	701,33
	VI	2141,33	IV	1282,66	1260,33	1238,08	1216,00	1194,08	1172,33
5769,15	I,IV	1306,83	I	1261,91	1217,58	1173,91	1130,75	1088,16	1046,16
	III	892,33	II	1100,25	1058,08	1016,50	975,50	935,08	895,25
	V	2055,41	III	860,16	828,16	796,66	765,33	734,33	703,50
	VI	2143,66	IV	1284,25	1261,91	1239,66	1217,58	1195,66	1173,91
5773,65	I,IV	1308,41	I	1263,50	1219,16	1175,41	1132,25	1089,66	1047,66
	III	892,33	II	1101,75	1059,58	1018,00	977,00	936,58	896,66
	V	2057,83	III	860,16	828,16	796,66	765,33	734,33	703,50
	VI	2146,08	IV	1285,91	1263,50	1241,25	1219,16	1197,25	1175,41
5778,15	I,IV	1310,00	I	1265,08	1220,75	1177,00	1133,83	1091,16	1049,16
	III	894,50	II	1103,33	1061,08	1019,50	978,41	938,00	898,08
	V	2060,25	III	862,33	830,50	798,83	767,50	736,50	705,83
	VI	2148,50	IV	1287,50	1265,08	1242,83	1220,75	1198,83	1177,00
5782,65	I,IV	1311,66	I	1266,66	1222,33	1178,50	1135,33	1092,66	1050,66
	III	894,50	II	1104,83	1062,58	1021,00	979,91	939,41	899,50
	V	2062,58	III	862,33	830,50	798,83	767,50	736,50	705,83
	VI	2150,83	IV	1289,08	1266,66	1244,41	1222,33	1200,33	1178,50
5787,15	I,IV	1313,25	I	1268,25	1223,91	1180,08	1136,83	1094,25	1052,16
	III	896,83	II	1106,33	1064,08	1022,41	981,33	940,83	900,91
	V	2065,00	III	864,66	832,66	801,16	769,83	738,66	708,00
	VI	2153,25	IV	1290,66	1268,25	1246,00	1223,91	1201,91	1180,08
5791,65	I,IV	1314,83	I	1269,91	1225,50	1181,66	1138,41	1095,75	1053,66
	III	896,83	II	1107,83	1065,58	1023,91	982,83	942,33	902,33
	V	2067,33	III	864,66	832,66	801,16	769,83	738,66	708,00
	VI	2155,58	IV	1292,33	1269,91	1247,58	1225,50	1203,50	1181,66
5796,15	I,IV	1316,50	I	1271,50	1227,08	1183,16	1139,91	1097,25	1055,08
	III	899,16	II	1109,33	1067,08	1025,41	984,25	943,75	903,75
	V	2069,75	III	867,00	835,00	803,33	772,00	741,00	710,16
	VI	2158,00	IV	1293,91	1271,50	1249,16	1227,08	1205,08	1183,16
5800,65	I,IV	1318,08	I	1273,08	1228,66	1184,75	1141,50	1098,75	1056,58
	III	899,16	II	1110,91	1068,58	1026,83	985,75	945,16	905,16
	V	2072,16	III	867,00	835,00	803,33	772,00	741,00	710,16
	VI	2160,41	IV	1295,50	1273,08	1250,75	1228,66	1206,58	1184,75
5805,15	I,IV	1319,75	I	1274,66	1230,16	1186,33	1143,00	1100,25	1058,08
	III	901,50	II	1112,41	1070,08	1028,33	987,16	946,58	906,58
	V	2074,50	III	869,16	837,33	805,66	774,16	743,16	712,33
	VI	2162,75	IV	1297,16	1274,66	1252,33	1230,16	1208,16	1186,33
5809,65	I,IV	1321,33	I	1276,25	1231,75	1187,83	1144,50	1101,75	1059,58
	III	901,50	II	1113,91	1071,58	1029,83	988,66	948,08	908,00
	V	2076,91	III	869,16	837,33	805,66	774,16	743,16	712,33
	VI	2165,16	IV	1298,75	1276,25	1254,00	1231,75	1209,75	1187,83

Lohn bis DM	Arbeitnehmer ohne Kinder St.-Kl.	DM	AN mit Kinderfreibeträgen gemäß LSt-Karte: St.-Kl.	0,5 DM	1,0 DM	1,5 DM	2,0 DM	2,5 DM	3,0 DM
5877,15	I,IV	1345,75	I	1300,33	1255,58	1211,33	1167,66	1124,58	1082,16
	III	920,00	II	1136,83	1094,25	1052,16	1010,66	969,75	929,41
	V	2112,66	III	887,66	855,50	823,66	792,16	760,83	729,83
	VI	2200,91	IV	1323,00	1300,33	1277,91	1255,58	1233,33	1211,33
5881,65	I,IV	1347,33	I	1302,00	1257,16	1212,91	1169,25	1126,16	1083,66
	III	920,00	II	1138,41	1095,75	1053,66	1012,08	971,16	930,83
	V	2115,08	III	887,66	855,50	823,66	792,16	760,83	729,83
	VI	2203,33	IV	1324,58	1302,00	1279,50	1257,16	1234,91	1212,91
5886,15	I,IV	1349,00	I	1303,58	1258,75	1214,50	1170,75	1127,66	1085,16
	III	922,33	II	1139,91	1097,25	1055,08	1013,58	972,66	932,25
	V	2117,41	III	890,00	857,83	826,00	794,33	763,16	732,16
	VI	2205,66	IV	1326,25	1303,58	1281,08	1258,75	1236,50	1214,50
5890,65	I,IV	1350,66	I	1305,16	1260,33	1216,00	1172,33	1129,16	1086,66
	III	922,33	II	1141,50	1098,75	1056,58	1015,08	974,08	933,66
	V	2119,83	III	890,00	857,83	826,00	794,33	763,16	732,16
	VI	2208,08	IV	1327,83	1305,16	1282,66	1260,33	1238,08	1216,00
5895,15	I,IV	1352,25	I	1306,83	1261,91	1217,58	1173,91	1130,75	1088,16
	III	924,66	II	1143,00	1100,25	1058,08	1016,50	975,50	935,08
	V	2122,25	III	892,33	860,16	828,16	796,66	765,33	734,33
	VI	2210,50	IV	1329,41	1306,83	1284,25	1261,91	1239,66	1217,58
5899,65	I,IV	1353,91	I	1308,41	1263,50	1219,16	1175,41	1132,25	1089,66
	III	924,66	II	1144,50	1101,75	1059,58	1018,00	977,00	936,58
	V	2124,58	III	892,33	860,16	828,16	796,66	765,33	734,33
	VI	2212,83	IV	1331,08	1308,41	1285,91	1263,50	1241,25	1219,16
5904,15	I,IV	1355,50	I	1310,00	1265,08	1220,75	1177,00	1133,83	1091,16
	III	927,00	II	1146,08	1103,33	1061,08	1019,50	978,41	938,00
	V	2127,00	III	894,50	862,33	830,50	798,83	767,50	736,50
	VI	2215,25	IV	1332,66	1310,00	1287,50	1265,08	1242,83	1220,75
5908,65	I,IV	1357,16	I	1311,66	1266,66	1222,33	1178,50	1135,33	1092,66
	III	927,00	II	1147,58	1104,83	1062,58	1021,00	979,91	939,41
	V	2129,41	III	894,50	862,33	830,50	798,83	767,50	736,50
	VI	2217,66	IV	1334,33	1311,66	1289,08	1266,66	1244,41	1222,33
5913,15	I,IV	1358,83	I	1313,25	1268,25	1223,91	1180,08	1136,83	1094,25
	III	929,33	II	1149,16	1106,33	1064,08	1022,41	981,33	940,83
	V	2131,75	III	896,83	864,66	832,66	801,16	769,83	738,66
	VI	2220,00	IV	1335,91	1313,25	1290,66	1268,25	1246,00	1223,91
5917,65	I,IV	1360,41	I	1314,83	1269,91	1225,50	1181,66	1138,41	1095,75
	III	929,33	II	1150,66	1107,83	1065,58	1023,91	982,83	942,33
	V	2134,16	III	896,83	864,66	832,66	801,16	769,83	738,66
	VI	2222,41	IV	1337,58	1314,83	1292,33	1269,91	1247,58	1225,50
5922,15	I,IV	1362,08	I	1316,50	1271,50	1227,08	1183,16	1139,91	1097,25
	III	931,66	II	1152,25	1109,33	1067,08	1025,41	984,25	943,75
	V	2136,50	III	899,16	867,00	835,00	803,33	772,00	741,00
	VI	2224,75	IV	1339,25	1316,50	1293,91	1271,50	1249,16	1227,08
5926,65	I,IV	1363,75	I	1318,08	1273,08	1228,66	1184,75	1141,50	1098,75
	III	931,66	II	1153,75	1110,91	1068,58	1026,83	985,75	945,16
	V	2138,91	III	899,16	867,00	835,00	803,33	772,00	741,00
	VI	2227,16	IV	1340,83	1318,08	1295,50	1273,08	1250,75	1228,66
5931,15	I,IV	1365,33	I	1319,75	1274,66	1230,16	1186,33	1143,00	1100,25
	III	934,00	II	1155,33	1112,41	1070,08	1028,33	987,16	946,58
	V	2141,33	III	901,50	869,16	837,33	805,66	774,16	743,16
	VI	2229,58	IV	1342,50	1319,75	1297,16	1274,66	1252,33	1230,16
5935,65	I,IV	1367,00	I	1321,33	1276,25	1231,75	1187,83	1144,50	1101,75
	III	934,00	II	1156,83	1113,91	1071,58	1029,83	988,66	948,08
	V	2143,66	III	901,50	869,16	837,33	805,66	774,16	743,16
	VI	2231,91	IV	1344,08	1321,33	1298,75	1276,25	1254,00	1231,75

5814,15	I,IV	1323,00	I	1277,91	1233,33	1189,41	1146,08	1103,33	1061,08
	III	903,83	II	1115,50	1073,08	1031,33	990,08	949,50	909,41
	V	2079,33	III	871,50	839,50	807,83	776,50	745,33	714,50
	VI	2167,50	IV	1300,33	1277,91	1255,58	1233,33	1211,33	1189,41
5818,65	I,IV	1324,58	I	1279,50	1234,91	1191,00	1147,58	1104,83	1062,58
	III	903,83	II	1117,00	1074,58	1032,83	991,58	950,91	910,83
	V	2081,66	III	871,50	839,50	807,83	776,50	745,33	714,50
	VI	2169,91	IV	1302,00	1279,50	1257,16	1234,91	1212,91	1191,00
5823,15	I,IV	1326,25	I	1281,08	1236,50	1192,58	1149,16	1106,33	1064,08
	III	906,16	II	1118,50	1076,08	1034,25	993,00	952,33	912,25
	V	2084,08	III	873,83	841,83	810,16	778,66	747,50	716,66
	VI	2172,33	IV	1303,58	1281,08	1258,75	1236,50	1214,50	1192,58
5827,65	I,IV	1327,83	I	1282,66	1238,08	1194,08	1150,66	1107,83	1065,58
	III	906,16	II	1120,00	1077,58	1035,75	994,50	953,83	913,66
	V	2086,41	III	873,83	841,83	810,16	778,66	747,50	716,66
	VI	2174,66	IV	1305,16	1282,66	1260,33	1238,08	1216,00	1194,08
5832,15	I,IV	1329,41	I	1284,25	1239,66	1195,66	1152,25	1109,33	1067,08
	III	908,50	II	1121,58	1079,08	1037,25	996,00	955,25	915,16
	V	2088,83	III	876,16	844,16	812,33	781,00	749,83	718,83
	VI	2177,08	IV	1306,83	1284,25	1261,91	1239,66	1217,58	1195,66
5836,65	I,IV	1331,08	I	1285,91	1241,25	1197,25	1153,75	1110,91	1068,58
	III	908,50	II	1123,08	1080,58	1038,75	997,41	956,66	916,58
	V	2091,25	III	876,16	844,16	812,33	781,00	749,83	718,83
	VI	2179,50	IV	1308,41	1285,91	1263,50	1241,25	1219,16	1197,25
5841,15	I,IV	1332,66	I	1287,50	1242,83	1198,83	1155,33	1112,41	1070,08
	III	910,83	II	1124,58	1082,16	1040,25	998,91	958,16	918,00
	V	2093,58	III	878,50	846,33	814,66	783,16	752,00	721,16
	VI	2181,83	IV	1310,00	1287,50	1265,08	1242,83	1220,75	1198,83
5845,65	I,IV	1334,33	I	1289,08	1244,41	1200,33	1156,83	1113,91	1071,58
	III	910,83	II	1126,16	1083,66	1041,66	1000,33	959,58	919,41
	V	2096,00	III	878,50	846,33	814,66	783,16	752,00	721,16
	VI	2184,25	IV	1311,66	1289,08	1266,66	1244,41	1222,33	1200,33
5850,15	I,IV	1335,91	I	1290,66	1246,00	1201,91	1158,41	1115,50	1073,08
	III	913,16	II	1127,66	1085,16	1043,16	1001,83	961,00	920,83
	V	2098,41	III	880,66	848,66	816,83	785,33	754,16	723,33
	VI	2186,58	IV	1313,25	1290,66	1268,25	1246,00	1223,91	1201,91
5854,65	I,IV	1337,58	I	1292,33	1247,58	1203,50	1159,91	1117,00	1074,58
	III	913,16	II	1129,16	1086,66	1044,66	1003,33	962,50	922,25
	V	2100,75	III	880,66	848,66	816,83	785,33	754,16	723,33
	VI	2189,00	IV	1314,83	1292,33	1269,91	1247,58	1225,50	1203,50
5859,15	I,IV	1339,25	I	1293,91	1249,16	1205,08	1161,50	1118,50	1076,08
	III	915,33	II	1130,75	1088,16	1046,16	1004,75	963,91	923,66
	V	2103,16	III	883,00	851,00	819,16	787,66	756,50	725,50
	VI	2191,41	IV	1316,50	1293,91	1271,50	1249,16	1227,08	1205,08
5863,65	I,IV	1340,83	I	1295,50	1250,75	1206,58	1163,00	1120,00	1077,58
	III	915,33	II	1132,25	1089,66	1047,66	1006,25	965,41	925,08
	V	2105,50	III	883,00	851,00	819,16	787,66	756,50	725,50
	VI	2193,75	IV	1318,08	1295,50	1273,08	1250,75	1228,66	1206,58
5868,15	I,IV	1342,50	I	1297,16	1252,33	1208,16	1164,58	1121,58	1079,08
	III	917,66	II	1133,83	1091,16	1049,16	1007,66	966,83	926,50
	V	2107,91	III	885,33	853,16	821,33	789,83	758,66	727,66
	VI	2196,16	IV	1319,75	1297,16	1274,66	1252,33	1230,16	1208,16
5872,65	I,IV	1344,08	I	1298,75	1254,00	1209,75	1166,16	1123,08	1080,58
	III	917,66	II	1135,33	1092,66	1050,66	1009,16	968,25	928,00
	V	2110,33	III	885,33	853,16	821,33	789,83	758,66	727,66
	VI	2198,58	IV	1321,33	1298,75	1276,25	1254,00	1231,75	1209,75

5940,15	I,IV	1368,66	I	1323,00	1277,91	1233,33	1189,41	1146,08	1103,33
	III	936,33	II	1158,41	1115,50	1073,08	1031,33	990,08	949,50
	V	2146,08	III	903,83	871,50	839,50	807,83	776,50	745,33
	VI	2234,33	IV	1345,75	1323,00	1300,33	1277,91	1255,58	1233,33
5944,65	I,IV	1370,25	I	1324,58	1279,50	1234,91	1191,00	1147,58	1104,83
	III	936,33	II	1159,91	1117,00	1074,58	1032,83	991,58	950,91
	V	2148,50	III	903,83	871,50	839,50	807,83	776,50	745,33
	VI	2236,66	IV	1347,33	1324,58	1302,00	1279,50	1257,16	1234,91
5949,15	I,IV	1371,91	I	1326,25	1281,08	1236,50	1192,58	1149,16	1106,33
	III	938,66	II	1161,50	1118,50	1076,08	1034,25	993,00	952,33
	V	2150,83	III	906,16	873,83	841,83	810,16	778,66	747,50
	VI	2239,08	IV	1349,00	1326,25	1303,58	1281,08	1258,75	1236,50
5953,65	I,IV	1373,58	I	1327,83	1282,66	1238,08	1194,08	1150,66	1107,83
	III	938,66	II	1163,00	1120,00	1077,58	1035,75	994,50	953,83
	V	2153,25	III	906,16	873,83	841,83	810,16	778,66	747,50
	VI	2241,50	IV	1350,66	1327,83	1305,16	1282,66	1260,33	1238,08
5958,15	I,IV	1375,25	I	1329,41	1284,25	1239,66	1195,66	1152,25	1109,33
	III	941,00	II	1164,58	1121,58	1079,08	1037,25	996,00	955,25
	V	2155,58	III	908,50	876,16	844,16	812,33	781,00	749,83
	VI	2243,83	IV	1352,25	1329,41	1306,83	1284,25	1261,91	1239,66
5962,65	I,IV	1376,83	I	1331,08	1285,91	1241,25	1197,25	1153,75	1110,91
	III	941,00	II	1166,16	1123,08	1080,58	1038,75	997,41	956,66
	V	2158,00	III	908,50	876,16	844,16	812,33	781,00	749,83
	VI	2246,25	IV	1353,91	1331,08	1308,41	1285,91	1263,50	1241,25
5967,15	I,IV	1378,50	I	1332,66	1287,50	1242,83	1198,83	1155,33	1112,41
	III	943,33	II	1167,66	1124,58	1082,16	1040,25	998,91	958,16
	V	2160,41	III	910,83	878,50	846,33	814,66	783,16	752,00
	VI	2248,66	IV	1355,50	1332,66	1310,00	1287,50	1265,08	1242,83
5971,65	I,IV	1380,16	I	1334,33	1289,08	1244,41	1200,33	1156,83	1113,91
	III	943,33	II	1169,25	1126,16	1083,66	1041,66	1000,33	959,58
	V	2162,75	III	910,83	878,50	846,33	814,66	783,16	752,00
	VI	2251,00	IV	1357,16	1334,33	1311,66	1289,08	1266,66	1244,41
5976,15	I,IV	1381,83	I	1335,91	1290,66	1246,00	1201,91	1158,41	1115,50
	III	945,66	II	1170,75	1127,66	1085,16	1043,16	1001,83	961,00
	V	2165,16	III	913,16	880,66	848,66	816,83	785,33	754,16
	VI	2253,41	IV	1358,83	1335,91	1313,25	1290,66	1268,25	1246,00
5980,65	I,IV	1383,41	I	1337,58	1292,33	1247,58	1203,50	1159,91	1117,00
	III	945,66	II	1172,33	1129,16	1086,66	1044,66	1003,33	962,50
	V	2167,50	III	913,16	880,66	848,66	816,83	785,33	754,16
	VI	2255,75	IV	1360,41	1337,58	1314,83	1292,33	1269,91	1247,58
5985,15	I,IV	1385,08	I	1339,25	1293,91	1249,16	1205,08	1161,50	1118,50
	III	948,00	II	1173,91	1130,75	1088,16	1046,16	1004,75	963,91
	V	2169,91	III	915,33	883,00	851,00	819,16	787,66	756,50
	VI	2258,16	IV	1362,08	1339,25	1316,50	1293,91	1271,50	1249,16
5989,65	I,IV	1386,75	I	1340,83	1295,50	1250,75	1206,58	1163,00	1120,00
	III	948,00	II	1175,41	1132,25	1089,66	1047,66	1006,25	965,41
	V	2172,33	III	915,33	883,00	851,00	819,16	787,66	756,50
	VI	2260,58	IV	1363,75	1340,83	1318,08	1295,50	1273,08	1250,75
5994,15	I,IV	1388,41	I	1342,50	1297,16	1252,33	1208,16	1164,58	1121,58
	III	950,50	II	1177,00	1133,83	1091,16	1049,16	1007,66	966,83
	V	2174,66	III	917,66	885,33	853,16	821,33	789,83	758,66
	VI	2262,91	IV	1365,33	1342,50	1319,75	1297,16	1274,66	1252,33
5998,65	I,IV	1390,00	I	1344,08	1298,75	1254,00	1209,75	1166,16	1123,08
	III	950,50	II	1178,50	1135,33	1092,66	1050,66	1009,16	968,25
	V	2177,08	III	917,66	885,33	853,16	821,33	789,83	758,66
	VI	2265,33	IV	1367,00	1344,08	1321,33	1298,75	1276,25	1254,00

*) Arbeitnehmer für die die besonderen Lohnsteuer-Tabellen gelten (u. a. Beamte und Rentner), können ihre Steuer unter Anwendung der Zurechnungstabelle auf Seite 163 auch von dieser allgemeinen Monats-Lohnsteuer-Tabelle ablesen.

Allgemeine MONATSLOHNSTEUERTABELLE 1990

Lohn bis DM	Arbeitnehmer ohne Kinder St.-Kl.	DM	AN mit Kinderfreibeträgen gemäß LSt-Karte: St.-Kl.	0,5 DM	1,0 DM	1,5 DM	2,0 DM	2,5 DM	3,0 DM
6003,15	I,IV	1391,66	I	1345,75	1300,33	1255,58	1211,33	1167,66	1124,58
	III	952,83	II	1180,08	1136,83	1094,25	1052,16	1010,66	969,75
	V	2179,50	III	920,00	887,66	855,50	823,66	792,16	760,83
	VI	2267,75	IV	1368,66	1345,75	1323,00	1300,33	1277,91	1255,58
6007,65	I,IV	1393,33	I	1347,33	1302,00	1257,16	1212,91	1169,25	1126,16
	III	952,83	II	1181,66	1138,41	1095,75	1053,66	1012,08	971,16
	V	2181,83	III	920,00	887,66	855,50	823,66	792,16	760,83
	VI	2270,08	IV	1370,25	1347,33	1324,58	1302,00	1279,50	1257,16
6012,15	I,IV	1395,00	I	1349,00	1303,58	1258,75	1214,50	1170,75	1127,66
	III	955,16	II	1183,16	1139,91	1097,25	1055,08	1013,58	972,66
	V	2184,25	III	922,33	890,00	857,83	826,00	794,33	763,16
	VI	2272,50	IV	1371,91	1349,00	1326,25	1303,58	1281,08	1258,75
6016,65	I,IV	1396,66	I	1350,66	1305,16	1260,33	1216,00	1172,33	1129,16
	III	955,16	II	1184,75	1141,50	1098,75	1056,58	1015,08	974,08
	V	2186,58	III	922,33	890,00	857,83	826,00	794,33	763,16
	VI	2274,83	IV	1373,58	1350,66	1327,83	1305,16	1282,66	1260,33
6021,15	I,IV	1398,33	I	1352,25	1306,83	1261,91	1217,58	1173,91	1130,75
	III	957,50	II	1186,33	1143,00	1100,25	1058,08	1016,50	975,50
	V	2189,00	III	924,66	892,33	860,16	828,16	796,66	765,33
	VI	2277,25	IV	1375,25	1352,25	1329,41	1306,83	1284,25	1261,91
6025,65	I,IV	1400,00	I	1353,91	1308,41	1263,50	1219,16	1175,41	1132,25
	III	957,50	II	1187,83	1144,50	1101,75	1059,58	1018,00	977,00
	V	2191,41	III	924,66	892,33	860,16	828,16	796,66	765,33
	VI	2279,66	IV	1376,83	1353,91	1331,08	1308,41	1285,91	1263,50
6030,15	I,IV	1401,58	I	1355,50	1310,00	1265,08	1220,75	1177,00	1133,83
	III	959,83	II	1189,41	1146,08	1103,33	1061,08	1019,50	978,41
	V	2193,75	III	927,00	894,50	862,33	830,50	798,83	767,50
	VI	2282,00	IV	1378,50	1355,50	1332,66	1310,00	1287,50	1265,08
6034,65	I,IV	1403,25	I	1357,16	1311,66	1266,66	1222,33	1178,50	1135,33
	III	959,83	II	1191,00	1147,58	1104,83	1062,58	1021,00	979,91
	V	2196,16	III	927,00	894,50	862,33	830,50	798,83	767,50
	VI	2284,41	IV	1380,16	1357,16	1334,33	1311,66	1289,08	1266,66
6039,15	I,IV	1404,91	I	1358,83	1313,25	1268,25	1223,91	1180,08	1136,83
	III	962,16	II	1192,58	1149,16	1106,33	1064,08	1022,41	981,33
	V	2198,58	III	929,33	896,83	864,66	832,66	801,16	769,83
	VI	2286,75	IV	1381,83	1358,83	1335,91	1313,25	1290,66	1268,25
6043,65	I,IV	1406,58	I	1360,41	1314,83	1269,91	1225,50	1181,66	1138,41
	III	962,16	II	1194,08	1150,66	1107,83	1065,58	1023,91	982,83
	V	2200,91	III	929,33	896,83	864,66	832,66	801,16	769,83
	VI	2289,16	IV	1383,41	1360,41	1337,58	1314,83	1292,33	1269,91
6048,15	I,IV	1408,25	I	1362,08	1316,50	1271,50	1227,08	1183,16	1139,91
	III	964,50	II	1195,66	1152,25	1109,33	1067,08	1025,41	984,25
	V	2203,33	III	931,66	899,16	867,00	835,00	803,33	772,00
	VI	2291,58	IV	1385,08	1362,08	1339,25	1316,50	1293,91	1271,50
6052,65	I,IV	1409,91	I	1363,75	1318,08	1273,08	1228,66	1184,75	1141,50
	III	964,50	II	1197,25	1153,75	1110,91	1068,58	1026,83	985,75
	V	2205,66	III	931,66	899,16	867,00	835,00	803,33	772,00
	VI	2293,91	IV	1386,75	1363,75	1340,83	1318,08	1295,50	1273,08
6057,15	I,IV	1411,58	I	1365,33	1319,75	1274,66	1230,16	1186,33	1143,00
	III	966,83	II	1198,83	1155,33	1112,41	1070,08	1028,33	987,16
	V	2208,08	III	934,00	901,50	869,16	837,33	805,66	774,16
	VI	2296,33	IV	1388,41	1365,33	1342,50	1319,75	1297,16	1274,66
6061,65	I,IV	1413,25	I	1367,00	1321,33	1276,25	1231,75	1187,83	1144,50
	III	966,83	II	1200,33	1156,83	1113,91	1071,58	1029,83	988,66
	V	2210,50	III	934,00	901,50	869,16	837,33	805,66	774,16
	VI	2298,75	IV	1390,00	1367,00	1344,08	1321,33	1298,75	1276,25
6129,15	I,IV	1438,25	I	1391,66	1345,75	1300,33	1255,58	1211,33	1167,66
	III	985,83	II	1223,91	1180,08	1136,83	1094,25	1052,16	1010,66
	V	2246,25	III	952,83	920,00	887,66	855,50	823,66	792,16
	VI	2334,50	IV	1414,91	1391,66	1368,66	1345,75	1323,00	1300,33
6133,65	I,IV	1439,91	I	1393,33	1347,33	1302,00	1257,16	1212,91	1169,25
	III	985,83	II	1225,50	1181,66	1138,41	1095,75	1053,66	1012,08
	V	2248,66	III	952,83	920,00	887,66	855,50	823,66	792,16
	VI	2336,91	IV	1416,58	1393,33	1370,25	1347,33	1324,58	1302,00
6138,15	I,IV	1441,58	I	1395,00	1349,00	1303,58	1258,75	1214,50	1170,75
	III	988,16	II	1227,08	1183,16	1139,91	1097,25	1055,08	1013,58
	V	2251,00	III	955,16	922,33	890,00	857,83	826,00	794,33
	VI	2339,25	IV	1418,25	1395,00	1371,91	1349,00	1326,25	1303,58
6142,65	I,IV	1443,25	I	1396,66	1350,66	1305,16	1260,33	1216,00	1172,33
	III	988,16	II	1228,66	1184,75	1141,50	1098,75	1056,58	1015,08
	V	2253,41	III	955,16	922,33	890,00	857,83	826,00	794,33
	VI	2341,66	IV	1419,91	1396,66	1373,58	1350,66	1327,83	1305,16
6147,15	I,IV	1444,91	I	1398,33	1352,25	1306,83	1261,91	1217,58	1173,91
	III	990,50	II	1230,16	1186,33	1143,00	1100,25	1058,08	1016,50
	V	2255,75	III	957,50	924,66	892,33	860,16	828,16	796,66
	VI	2344,00	IV	1421,58	1398,33	1375,25	1352,25	1329,41	1306,83
6151,65	I,IV	1446,58	I	1400,00	1353,91	1308,41	1263,50	1219,16	1175,41
	III	990,50	II	1231,75	1187,83	1144,50	1101,75	1059,58	1018,00
	V	2258,16	III	957,50	924,66	892,33	860,16	828,16	796,66
	VI	2346,41	IV	1423,16	1400,00	1376,83	1353,91	1331,08	1308,41
6156,15	I,IV	1448,25	I	1401,58	1355,50	1310,00	1265,08	1220,75	1177,00
	III	992,83	II	1233,33	1189,41	1146,08	1103,33	1061,08	1019,50
	V	2260,58	III	959,83	927,00	894,50	862,33	830,50	798,83
	VI	2348,83	IV	1424,83	1401,58	1378,50	1355,50	1332,66	1310,00
6160,65	I,IV	1449,91	I	1403,25	1357,16	1311,66	1266,66	1222,33	1178,50
	III	992,83	II	1234,91	1191,00	1147,58	1104,83	1062,58	1021,00
	V	2262,91	III	959,83	927,00	894,50	862,33	830,50	798,83
	VI	2351,16	IV	1426,50	1403,25	1380,16	1357,16	1334,33	1311,66
6165,15	I,IV	1451,66	I	1404,91	1358,83	1313,25	1268,25	1223,91	1180,08
	III	995,16	II	1236,50	1192,58	1149,16	1106,33	1064,08	1022,41
	V	2265,33	III	962,16	929,33	896,83	864,66	832,66	801,16
	VI	2353,58	IV	1428,25	1404,91	1381,83	1358,83	1335,91	1313,25
6169,65	I,IV	1453,33	I	1406,58	1360,41	1314,83	1269,91	1225,50	1181,66
	III	995,16	II	1238,08	1194,08	1150,66	1107,83	1065,58	1023,91
	V	2267,75	III	962,16	929,33	896,83	864,66	832,66	801,16
	VI	2355,91	IV	1429,91	1406,58	1383,41	1360,41	1337,58	1314,83
6174,15	I,IV	1455,00	I	1408,25	1362,08	1316,50	1271,50	1227,08	1183,16
	III	997,66	II	1239,66	1195,66	1152,25	1109,33	1067,08	1025,41
	V	2270,08	III	964,50	931,66	899,16	867,00	835,00	803,33
	VI	2358,33	IV	1431,58	1408,25	1385,08	1362,08	1339,25	1316,50
6178,65	I,IV	1456,66	I	1409,91	1363,75	1318,08	1273,08	1228,66	1184,75
	III	997,66	II	1241,25	1197,25	1153,75	1110,91	1068,58	1026,83
	V	2272,50	III	964,50	931,66	899,16	867,00	835,00	803,33
	VI	2360,75	IV	1433,25	1409,91	1386,75	1363,75	1340,83	1318,08
6183,15	I,IV	1458,33	I	1411,58	1365,33	1319,75	1274,66	1230,16	1186,33
	III	1000,00	II	1242,83	1198,83	1155,33	1112,41	1070,08	1028,33
	V	2274,83	III	966,83	934,00	901,50	869,16	837,33	805,66
	VI	2363,08	IV	1434,91	1411,58	1388,41	1365,33	1342,50	1319,75
6187,65	I,IV	1460,00	I	1413,25	1367,00	1321,33	1276,25	1231,75	1187,83
	III	1000,00	II	1244,41	1200,33	1156,83	1113,91	1071,58	1029,83
	V	2277,25	III	966,83	934,00	901,50	869,16	837,33	805,66
	VI	2365,50	IV	1436,58	1413,25	1390,00	1367,00	1344,08	1321,33

6066,15	I,IV	1414,91	I	1368,66	1323,00	1277,91	1233,33	1189,41	1146,08
	III	969,16	II	1201,91	1158,41	1115,50	1073,08	1031,33	990,08
	V	2212,83	III	936,33	903,83	871,50	839,50	807,83	776,50
	VI	2301,08	IV	1391,66	1368,66	1345,75	1323,00	1300,33	1277,91
6070,65	I,IV	1416,58	I	1370,25	1324,58	1279,50	1234,91	1191,00	1147,58
	III	969,16	II	1203,50	1159,91	1117,00	1074,58	1032,83	991,58
	V	2215,25	III	936,33	903,83	871,50	839,50	807,83	776,50
	VI	2303,50	IV	1393,33	1370,25	1347,33	1324,58	1302,00	1279,50
6075,15	I,IV	1418,25	I	1371,91	1326,25	1281,08	1236,50	1192,58	1149,16
	III	971,66	II	1205,08	1161,50	1118,50	1076,08	1034,25	993,00
	V	2217,66	III	938,66	906,16	873,83	841,83	810,16	778,66
	VI	2305,83	IV	1395,00	1371,91	1349,00	1326,25	1303,58	1281,08
6079,65	I,IV	1419,91	I	1373,58	1327,83	1282,66	1238,08	1194,08	1150,66
	III	971,66	II	1206,58	1163,00	1120,00	1077,58	1035,75	994,50
	V	2220,00	III	938,66	906,16	873,83	841,83	810,16	778,66
	VI	2308,25	IV	1396,66	1373,58	1350,66	1327,83	1305,16	1282,66
6084,15	I,IV	1421,58	I	1375,25	1329,41	1284,25	1239,66	1195,66	1152,25
	III	974,00	II	1208,16	1164,58	1121,58	1079,08	1037,25	996,00
	V	2222,41	III	941,00	908,50	876,16	844,16	812,33	781,00
	VI	2310,66	IV	1398,33	1375,25	1352,25	1329,41	1306,83	1284,25
6088,65	I,IV	1423,16	I	1376,83	1331,08	1285,91	1241,25	1197,25	1153,75
	III	974,00	II	1209,75	1166,16	1123,08	1080,58	1038,75	997,41
	V	2224,75	III	941,00	908,50	876,16	844,16	812,33	781,00
	VI	2313,00	IV	1400,00	1376,83	1353,91	1331,08	1308,41	1285,91
6093,15	I,IV	1424,83	I	1378,50	1332,66	1287,50	1242,83	1198,83	1155,33
	III	976,33	II	1211,33	1167,66	1124,58	1082,16	1040,25	998,91
	V	2227,16	III	943,33	910,83	878,50	846,33	814,66	783,16
	VI	2315,41	IV	1401,58	1378,50	1355,50	1332,66	1310,00	1287,50
6097,65	I,IV	1426,50	I	1380,16	1334,33	1289,08	1244,41	1200,33	1156,83
	III	976,33	II	1212,91	1169,25	1126,16	1083,66	1041,66	1000,33
	V	2229,58	III	943,33	910,83	878,50	846,33	814,66	783,16
	VI	2317,83	IV	1403,25	1380,16	1357,16	1334,33	1311,66	1289,08
6102,15	I,IV	1428,25	I	1381,83	1335,91	1290,66	1246,00	1201,91	1158,41
	III	978,66	II	1214,50	1170,75	1127,66	1085,16	1043,16	1001,83
	V	2231,91	III	945,66	913,16	880,66	848,66	816,83	785,33
	VI	2320,16	IV	1404,91	1381,83	1358,83	1335,91	1313,25	1290,66
6106,65	I,IV	1429,91	I	1383,41	1337,58	1292,33	1247,58	1203,50	1159,91
	III	978,66	II	1216,00	1172,33	1129,16	1086,66	1044,66	1003,33
	V	2234,33	III	945,66	913,16	880,66	848,66	816,83	785,33
	VI	2322,58	IV	1406,58	1383,41	1360,41	1337,58	1314,83	1292,33
6111,15	I,IV	1431,58	I	1385,08	1339,25	1293,91	1249,16	1205,08	1161,50
	III	981,00	II	1217,58	1173,91	1130,75	1088,16	1046,16	1004,75
	V	2236,66	III	948,00	915,33	883,00	851,00	819,16	787,66
	VI	2324,91	IV	1408,25	1385,08	1362,08	1339,25	1316,50	1293,91
6115,65	I,IV	1433,25	I	1386,75	1340,83	1295,50	1250,75	1206,58	1163,00
	III	981,00	II	1219,16	1175,41	1132,25	1089,66	1047,66	1006,25
	V	2239,08	III	948,00	915,33	883,00	851,00	819,16	787,66
	VI	2327,33	IV	1409,91	1386,75	1363,75	1340,83	1318,08	1295,50
6120,15	I,IV	1434,91	I	1388,41	1342,50	1297,16	1252,33	1208,16	1164,58
	III	983,33	II	1220,75	1177,00	1133,83	1091,16	1049,16	1007,66
	V	2241,50	III	950,50	917,66	885,33	853,16	821,33	789,83
	VI	2329,75	IV	1411,58	1388,41	1365,33	1342,50	1319,75	1297,16
6124,65	I,IV	1436,58	I	1390,00	1344,08	1298,75	1254,00	1209,75	1166,16
	III	983,33	II	1222,33	1178,50	1135,33	1092,66	1050,66	1009,16
	V	2243,83	III	950,50	917,66	885,33	853,16	821,33	789,83
	VI	2332,08	IV	1413,25	1390,00	1367,00	1344,08	1321,33	1298,75

6192,15	I,IV	1461,75	I	1414,91	1368,66	1323,00	1277,91	1233,33	1189,41
	III	1002,33	II	1246,00	1201,91	1158,41	1115,50	1073,08	1031,33
	V	2279,66	III	969,16	936,33	903,83	871,50	839,50	807,83
	VI	2367,91	IV	1438,25	1414,91	1391,66	1368,66	1345,75	1323,00
6196,65	I,IV	1463,41	I	1416,58	1370,25	1324,58	1279,50	1234,91	1191,00
	III	1002,33	II	1247,58	1203,50	1159,91	1117,00	1074,58	1032,83
	V	2282,00	III	969,16	936,33	903,83	871,50	839,50	807,83
	VI	2370,25	IV	1439,91	1416,58	1393,33	1370,25	1347,33	1324,58
6201,15	I,IV	1465,08	I	1418,25	1371,91	1326,25	1281,08	1236,50	1192,58
	III	1004,66	II	1249,16	1205,08	1161,50	1118,50	1076,08	1034,25
	V	2284,41	III	971,66	938,66	906,16	873,83	841,83	810,16
	VI	2372,66	IV	1441,58	1418,25	1395,00	1371,91	1349,00	1326,25
6205,65	I,IV	1466,75	I	1419,91	1373,58	1327,83	1282,66	1238,08	1194,08
	III	1004,66	II	1250,75	1206,58	1163,00	1120,00	1077,58	1035,75
	V	2286,75	III	971,66	938,66	906,16	873,83	841,83	810,16
	VI	2375,00	IV	1443,25	1419,91	1396,66	1373,58	1350,66	1327,83
6210,15	I,IV	1468,41	I	1421,58	1375,25	1329,41	1284,25	1239,66	1195,66
	III	1007,16	II	1252,33	1208,16	1164,58	1121,58	1079,08	1037,25
	V	2289,16	III	974,00	941,00	908,50	876,16	844,16	812,33
	VI	2377,41	IV	1444,91	1421,58	1398,33	1375,25	1352,25	1329,41
6214,65	I,IV	1470,16	I	1423,16	1376,83	1331,08	1285,91	1241,25	1197,25
	III	1007,16	II	1254,00	1209,75	1166,16	1123,08	1080,58	1038,75
	V	2291,58	III	974,00	941,00	908,50	876,16	844,16	812,33
	VI	2379,83	IV	1446,58	1423,16	1400,00	1376,83	1353,91	1331,08
6219,15	I,IV	1471,83	I	1424,83	1378,50	1332,66	1287,50	1242,83	1198,83
	III	1009,50	II	1255,58	1211,33	1167,66	1124,58	1082,16	1040,25
	V	2293,91	III	976,33	943,33	910,83	878,50	846,33	814,66
	VI	2382,16	IV	1448,25	1424,83	1401,58	1378,50	1355,50	1332,66
6223,65	I,IV	1473,50	I	1426,50	1380,16	1334,33	1289,08	1244,41	1200,33
	III	1009,50	II	1257,16	1212,91	1169,25	1126,16	1083,66	1041,66
	V	2296,33	III	976,33	943,33	910,83	878,50	846,33	814,66
	VI	2384,58	IV	1449,91	1426,50	1403,25	1380,16	1357,16	1334,33
6228,15	I,IV	1475,16	I	1428,25	1381,83	1335,91	1290,66	1246,00	1201,91
	III	1011,83	II	1258,75	1214,50	1170,75	1127,66	1085,16	1043,16
	V	2298,75	III	978,66	945,66	913,16	880,66	848,66	816,83
	VI	2387,00	IV	1451,66	1428,25	1404,91	1381,83	1358,83	1335,91
6232,65	I,IV	1476,91	I	1429,91	1383,41	1337,58	1292,33	1247,58	1203,50
	III	1011,83	II	1260,33	1216,00	1172,33	1129,16	1086,66	1044,66
	V	2301,08	III	978,66	945,66	913,16	880,66	848,66	816,83
	VI	2389,33	IV	1453,33	1429,91	1406,58	1383,41	1360,41	1337,58
6237,15	I,IV	1478,58	I	1431,58	1385,08	1339,25	1293,91	1249,16	1205,08
	III	1014,33	II	1261,91	1217,58	1173,91	1130,75	1088,16	1046,16
	V	2303,50	III	981,00	948,00	915,33	883,00	851,00	819,16
	VI	2391,75	IV	1455,00	1431,58	1408,25	1385,08	1362,08	1339,25
6241,65	I,IV	1480,25	I	1433,25	1386,75	1340,83	1295,50	1250,75	1206,58
	III	1014,33	II	1263,50	1219,16	1175,41	1132,25	1089,66	1047,66
	V	2305,83	III	981,00	948,00	915,33	883,00	851,00	819,16
	VI	2394,08	IV	1456,66	1433,25	1409,91	1386,75	1363,75	1340,83
6246,15	I,IV	1482,00	I	1434,91	1388,41	1342,50	1297,16	1252,33	1208,16
	III	1016,66	II	1265,08	1220,75	1177,00	1133,83	1091,16	1049,16
	V	2308,25	III	983,33	950,50	917,66	885,33	853,16	821,33
	VI	2396,50	IV	1458,33	1434,91	1411,58	1388,41	1365,33	1342,50
6250,65	I,IV	1483,66	I	1436,58	1390,00	1344,08	1298,75	1254,00	1209,75
	III	1016,66	II	1266,66	1222,33	1178,50	1135,33	1092,66	1050,66
	V	2310,66	III	983,33	950,50	917,66	885,33	853,16	821,33
	VI	2398,91	IV	1460,00	1436,58	1413,25	1390,00	1367,00	1344,08

*) Arbeitnehmer für die die besonderen Lohnsteuer-Tabellen gelten (u. a. Beamte und Rentner), können ihre Steuer unter Anwendung der Zurechnungstabelle auf Seite 163 auch von dieser allgemeinen Monats-Lohnsteuer-Tabelle ablesen.

Lohn bis DM	Arbeitnehmer ohne Kinder St.-Kl.	DM	AN mit Kinderfreibeträgen gemäß LSt-Karte: St.-Kl.	0,5 DM	1,0 DM	1,5 DM	2,0 DM	2,5 DM	3,0 DM
6255,15	I,IV	1485,33	I	1438,25	1391,66	1345,75	1300,33	1255,58	1211,33
	III	1019,00	II	1268,25	1223,91	1180,08	1136,83	1094,25	1052,16
	V	2313,00	III	985,83	952,83	920,00	887,66	855,50	823,66
	VI	2401,25	IV	1461,75	1438,25	1414,91	1391,66	1368,66	1345,75
6259,65	I,IV	1487,00	I	1439,91	1393,33	1347,33	1302,00	1257,16	1212,91
	III	1019,00	II	1269,91	1225,50	1181,66	1138,41	1095,75	1053,66
	V	2315,41	III	985,83	952,83	920,00	887,66	855,50	823,66
	VI	2403,66	IV	1463,41	1439,91	1416,58	1393,33	1370,25	1347,33
6264,15	I,IV	1488,75	I	1441,58	1395,00	1349,00	1303,58	1258,75	1214,50
	III	1021,50	II	1271,50	1227,08	1183,16	1139,91	1097,25	1055,08
	V	2317,83	III	988,16	955,16	922,33	890,00	857,83	826,00
	VI	2406,00	IV	1465,08	1441,58	1418,25	1395,00	1371,91	1349,00
6268,65	I,IV	1490,41	I	1443,25	1396,66	1350,66	1305,16	1260,33	1216,00
	III	1021,50	II	1273,08	1228,66	1184,75	1141,50	1098,75	1056,58
	V	2320,16	III	988,16	955,16	922,33	890,00	857,83	826,00
	VI	2408,41	IV	1466,75	1443,25	1419,91	1396,66	1373,58	1350,66
6273,15	I,IV	1492,16	I	1444,91	1398,33	1352,25	1306,83	1261,91	1217,58
	III	1023,83	II	1274,66	1230,16	1186,33	1143,00	1100,25	1058,08
	V	2322,58	III	990,50	957,50	924,66	892,33	860,16	828,16
	VI	2410,83	IV	1468,41	1444,91	1421,58	1398,33	1375,25	1352,25
6277,65	I,IV	1493,83	I	1446,58	1400,00	1353,91	1308,41	1263,50	1219,16
	III	1023,83	II	1276,25	1231,75	1187,83	1144,50	1101,75	1059,58
	V	2324,91	III	990,50	957,50	924,66	892,33	860,16	828,16
	VI	2413,16	IV	1470,16	1446,58	1423,16	1400,00	1376,83	1353,91
6282,15	I,IV	1495,50	I	1448,25	1401,58	1355,50	1310,00	1265,08	1220,75
	III	1026,16	II	1277,91	1233,33	1189,41	1146,08	1103,33	1061,08
	V	2327,33	III	992,83	959,83	927,00	894,50	862,33	830,50
	VI	2415,58	IV	1471,83	1448,25	1424,83	1401,58	1378,50	1355,50
6286,65	I,IV	1497,25	I	1449,91	1403,25	1357,16	1311,66	1266,66	1222,33
	III	1026,16	II	1279,50	1234,91	1191,00	1147,58	1104,83	1062,58
	V	2329,75	III	992,83	959,83	927,00	894,50	862,33	830,50
	VI	2418,00	IV	1473,50	1449,91	1426,50	1403,25	1380,16	1357,16
6291,15	I,IV	1498,91	I	1451,66	1404,91	1358,83	1313,25	1268,25	1223,91
	III	1028,66	II	1281,08	1236,50	1192,58	1149,16	1106,33	1064,08
	V	2332,08	III	995,16	962,16	929,33	896,83	864,66	832,66
	VI	2420,33	IV	1475,16	1451,66	1428,25	1404,91	1381,83	1358,83
6295,65	I,IV	1500,58	I	1453,33	1406,58	1360,41	1314,83	1269,91	1225,50
	III	1028,66	II	1282,66	1238,08	1194,08	1150,66	1107,83	1065,58
	V	2334,50	III	995,16	962,16	929,33	896,83	864,66	832,66
	VI	2422,75	IV	1476,91	1453,33	1429,91	1406,58	1383,41	1360,41
6300,15	I,IV	1502,33	I	1455,00	1408,25	1362,08	1316,50	1271,50	1227,08
	III	1031,00	II	1284,25	1239,66	1195,66	1152,25	1109,33	1067,08
	V	2336,91	III	997,66	964,50	931,66	899,16	867,00	835,00
	VI	2425,08	IV	1478,58	1455,00	1431,58	1408,25	1385,08	1362,08
6304,65	I,IV	1504,00	I	1456,66	1409,91	1363,75	1318,08	1273,08	1228,66
	III	1031,00	II	1285,91	1241,25	1197,25	1153,75	1110,91	1068,58
	V	2339,25	III	997,66	964,50	931,66	899,16	867,00	835,00
	VI	2427,50	IV	1480,25	1456,66	1433,25	1409,91	1386,75	1363,75
6309,15	I,IV	1505,75	I	1458,33	1411,58	1365,33	1319,75	1274,66	1230,16
	III	1033,33	II	1287,50	1242,83	1198,83	1155,33	1112,41	1070,08
	V	2341,66	III	1000,00	966,83	934,00	901,50	869,16	837,33
	VI	2429,91	IV	1482,00	1458,33	1434,91	1411,58	1388,41	1365,33
6313,65	I,IV	1507,41	I	1460,00	1413,25	1367,00	1321,33	1276,25	1231,75
	III	1033,33	II	1289,08	1244,41	1200,33	1156,83	1113,91	1071,58
	V	2344,00	III	1000,00	966,83	934,00	901,50	869,16	837,33
	VI	2432,25	IV	1483,66	1460,00	1436,58	1413,25	1390,00	1367,00

Lohn bis DM	Arbeitnehmer ohne Kinder St.-Kl.	DM	AN mit Kinderfreibeträgen gemäß LSt-Karte: St.-Kl.	0,5 DM	1,0 DM	1,5 DM	2,0 DM	2,5 DM	3,0 DM
6381,15	I,IV	1533,08	I	1485,33	1438,25	1391,66	1345,75	1300,33	1255,58
	III	1052,66	II	1313,25	1268,25	1223,91	1180,08	1136,83	1094,25
	V	2379,83	III	1019,00	985,83	952,83	920,00	887,66	855,50
	VI	2468,08	IV	1509,08	1485,33	1461,75	1438,25	1414,91	1391,66
6385,65	I,IV	1534,75	I	1487,00	1439,91	1393,33	1347,33	1302,00	1257,16
	III	1052,66	II	1314,83	1269,91	1225,50	1181,66	1138,41	1095,75
	V	2382,16	III	1019,00	985,83	952,83	920,00	887,66	855,50
	VI	2470,41	IV	1510,83	1487,00	1463,41	1439,91	1416,58	1393,33
6390,15	I,IV	1536,50	I	1488,75	1441,58	1395,00	1349,00	1303,58	1258,75
	III	1055,00	II	1316,50	1271,50	1227,08	1183,16	1139,91	1097,25
	V	2384,58	III	1021,50	988,16	955,16	922,33	890,00	857,83
	VI	2472,83	IV	1512,50	1488,75	1465,08	1441,58	1418,25	1395,00
6394,65	I,IV	1538,16	I	1490,41	1443,25	1396,66	1350,66	1305,16	1260,33
	III	1055,00	II	1318,08	1273,08	1228,66	1184,75	1141,50	1098,75
	V	2387,00	III	1021,50	988,16	955,16	922,33	890,00	857,83
	VI	2475,16	IV	1514,25	1490,41	1466,75	1443,25	1419,91	1396,66
6399,15	I,IV	1539,91	I	1492,16	1444,91	1398,33	1352,25	1306,83	1261,91
	III	1057,50	II	1319,75	1274,66	1230,16	1186,33	1143,00	1100,25
	V	2389,33	III	1023,83	990,50	957,50	924,66	892,33	860,16
	VI	2477,58	IV	1515,91	1492,16	1468,41	1444,91	1421,58	1398,33
6403,65	I,IV	1541,58	I	1493,83	1446,58	1400,00	1353,91	1308,41	1263,50
	III	1057,50	II	1321,33	1276,25	1231,75	1187,83	1144,50	1101,75
	V	2391,75	III	1023,83	990,50	957,50	924,66	892,33	860,16
	VI	2480,00	IV	1517,66	1493,83	1470,16	1446,58	1423,16	1400,00
6408,15	I,IV	1543,33	I	1495,50	1448,25	1401,58	1355,50	1310,00	1265,08
	III	1059,83	II	1323,00	1277,91	1233,33	1189,41	1146,08	1103,33
	V	2394,08	III	1026,16	992,83	959,83	927,00	894,50	862,33
	VI	2482,33	IV	1519,33	1495,50	1471,83	1448,25	1424,83	1401,58
6412,65	I,IV	1545,08	I	1497,25	1449,91	1403,25	1357,16	1311,66	1266,66
	III	1059,83	II	1324,58	1279,50	1234,91	1191,00	1147,58	1104,83
	V	2396,50	III	1026,16	992,83	959,83	927,00	894,50	862,33
	VI	2484,75	IV	1521,08	1497,25	1473,50	1449,91	1426,50	1403,25
6417,15	I,IV	1546,75	I	1498,91	1451,66	1404,91	1358,83	1313,25	1268,25
	III	1062,33	II	1326,25	1281,08	1236,50	1192,58	1149,16	1106,33
	V	2398,91	III	1028,66	995,16	962,16	929,33	896,83	864,66
	VI	2487,16	IV	1522,75	1498,91	1475,16	1451,66	1428,25	1404,91
6421,65	I,IV	1548,50	I	1500,58	1453,33	1406,58	1360,41	1314,83	1269,91
	III	1062,33	II	1327,83	1282,66	1238,08	1194,08	1150,66	1107,83
	V	2401,25	III	1028,66	995,16	962,16	929,33	896,83	864,66
	VI	2489,50	IV	1524,50	1500,58	1476,91	1453,33	1429,91	1406,58
6426,15	I,IV	1550,25	I	1502,33	1455,00	1408,25	1362,08	1316,50	1271,50
	III	1064,66	II	1329,41	1284,25	1239,66	1195,66	1152,25	1109,33
	V	2403,66	III	1031,00	997,66	964,50	931,66	899,16	867,00
	VI	2491,91	IV	1526,16	1502,33	1478,58	1455,00	1431,58	1408,25
6430,65	I,IV	1551,91	I	1504,00	1456,66	1409,91	1363,75	1318,08	1273,08
	III	1064,66	II	1331,08	1285,91	1241,25	1197,25	1153,75	1110,91
	V	2406,00	III	1031,00	997,66	964,50	931,66	899,16	867,00
	VI	2494,25	IV	1527,91	1504,00	1480,25	1456,66	1433,25	1409,91
6435,15	I,IV	1553,66	I	1505,75	1458,33	1411,58	1365,33	1319,75	1274,66
	III	1067,16	II	1332,66	1287,50	1242,83	1198,83	1155,33	1112,41
	V	2408,41	III	1033,33	1000,00	966,83	934,00	901,50	869,16
	VI	2496,66	IV	1529,58	1505,75	1482,00	1458,33	1434,91	1411,58
6439,65	I,IV	1555,41	I	1507,41	1460,00	1413,25	1367,00	1321,33	1276,25
	III	1067,16	II	1334,33	1289,08	1244,41	1200,33	1156,83	1113,91
	V	2410,83	III	1033,33	1000,00	966,83	934,00	901,50	869,16
	VI	2499,08	IV	1531,33	1507,41	1483,66	1460,00	1436,58	1413,25

6318,15	I,IV	1509,08	I	1461,75	1414,91	1368,66	1323,00	1277,91	1233,33
	III	1035,83	II	1290,66	1246,00	1201,91	1158,41	1115,50	1073,08
	V	2346,41	III	1002,33	969,16	936,33	903,83	871,50	839,50
	VI	2434,66	IV	1485,33	1461,75	1438,25	1414,91	1391,66	1368,66
6322,65	I,IV	1510,83	I	1463,41	1416,58	1370,25	1324,58	1279,50	1234,91
	III	1035,83	II	1292,33	1247,58	1203,50	1159,91	1117,00	1074,58
	V	2348,83	III	1002,33	969,16	936,33	903,83	871,50	839,50
	VI	2437,08	IV	1487,00	1463,41	1439,91	1416,58	1393,33	1370,25
6327,15	I,IV	1512,50	I	1465,08	1418,25	1371,91	1326,25	1281,08	1236,50
	III	1038,16	II	1293,91	1249,16	1205,08	1161,50	1118,50	1076,08
	V	2351,16	III	1004,66	971,66	938,66	906,16	873,83	841,83
	VI	2439,41	IV	1488,75	1465,08	1441,58	1418,25	1395,00	1371,91
6331,65	I,IV	1514,25	I	1466,75	1419,91	1373,58	1327,83	1282,66	1238,08
	III	1038,16	II	1295,50	1250,75	1206,58	1163,00	1120,00	1077,58
	V	2353,58	III	1004,66	971,66	938,66	906,16	873,83	841,83
	VI	2441,83	IV	1490,41	1466,75	1443,25	1419,91	1396,66	1373,58
6336,15	I,IV	1515,91	I	1468,41	1421,58	1375,25	1329,41	1284,25	1239,66
	III	1040,66	II	1297,16	1252,33	1208,16	1164,58	1121,58	1079,08
	V	2355,91	III	1007,16	974,00	941,00	908,50	876,16	844,16
	VI	2444,16	IV	1492,16	1468,41	1444,91	1421,58	1398,33	1375,25
6340,65	I,IV	1517,66	I	1470,16	1423,16	1376,83	1331,08	1285,91	1241,25
	III	1040,66	II	1298,75	1254,00	1209,75	1166,16	1123,08	1080,58
	V	2358,33	III	1007,16	974,00	941,00	908,50	876,16	844,16
	VI	2446,58	IV	1493,83	1470,16	1446,58	1423,16	1400,00	1376,83
6345,15	I,IV	1519,33	I	1471,83	1424,83	1378,50	1332,66	1287,50	1242,83
	III	1043,00	II	1300,33	1255,58	1211,33	1167,66	1124,58	1082,16
	V	2360,75	III	1009,50	976,33	943,33	910,83	878,50	846,33
	VI	2449,00	IV	1495,50	1471,83	1448,25	1424,83	1401,58	1378,50
6349,65	I,IV	1521,08	I	1473,50	1426,50	1380,16	1334,33	1289,08	1244,41
	III	1043,00	II	1302,00	1257,16	1212,91	1169,25	1126,16	1083,66
	V	2363,08	III	1009,50	976,33	943,33	910,83	878,50	846,33
	VI	2451,33	IV	1497,25	1473,50	1449,91	1426,50	1403,25	1380,16
6354,15	I,IV	1522,75	I	1475,16	1428,25	1381,83	1335,91	1290,66	1246,00
	III	1045,33	II	1303,58	1258,75	1214,50	1170,75	1127,66	1085,16
	V	2365,50	III	1011,83	978,66	945,66	913,16	880,66	848,66
	VI	2453,75	IV	1498,91	1475,16	1451,66	1428,25	1404,91	1381,83
6358,65	I,IV	1524,50	I	1476,91	1429,91	1383,41	1337,58	1292,33	1247,58
	III	1045,33	II	1305,16	1260,33	1216,00	1172,33	1129,16	1086,66
	V	2367,91	III	1011,83	978,66	945,66	913,16	880,66	848,66
	VI	2456,16	IV	1500,58	1476,91	1453,33	1429,91	1406,58	1383,41
6363,15	I,IV	1526,16	I	1478,58	1431,58	1385,08	1339,25	1293,91	1249,16
	III	1047,83	II	1306,83	1261,91	1217,58	1173,91	1130,75	1088,16
	V	2370,25	III	1014,33	981,00	948,00	915,33	883,00	851,00
	VI	2458,50	IV	1502,33	1478,58	1455,00	1431,58	1408,25	1385,08
6367,65	I,IV	1527,91	I	1480,25	1433,25	1386,75	1340,83	1295,50	1250,75
	III	1047,83	II	1308,41	1263,50	1219,16	1175,41	1132,25	1089,66
	V	2372,66	III	1014,33	981,00	948,00	915,33	883,00	851,00
	VI	2460,91	IV	1504,00	1480,25	1456,66	1433,25	1409,91	1386,75
6372,15	I,IV	1529,58	I	1482,00	1434,91	1388,41	1342,50	1297,16	1252,33
	III	1050,16	II	1310,00	1265,08	1220,75	1177,00	1133,83	1091,16
	V	2375,00	III	1016,66	983,33	950,50	917,66	885,33	853,16
	VI	2463,25	IV	1505,75	1482,00	1458,33	1434,91	1411,58	1388,41
6376,65	I,IV	1531,33	I	1483,66	1436,58	1390,00	1344,08	1298,75	1254,00
	III	1050,16	II	1311,66	1266,66	1222,33	1178,50	1135,33	1092,66
	V	2377,41	III	1016,66	983,33	950,50	917,66	885,33	853,16
	VI	2465,66	IV	1507,41	1483,66	1460,00	1436,58	1413,25	1390,00

6444,15	I,IV	1557,08	I	1509,08	1461,75	1414,91	1368,66	1323,00	1277,91
	III	1069,50	II	1335,91	1290,66	1246,00	1201,91	1158,41	1115,50
	V	2413,16	III	1035,83	1002,33	969,16	936,33	903,83	871,50
	VI	2501,41	IV	1533,08	1509,08	1485,33	1461,75	1438,25	1414,91
6448,65	I,IV	1558,83	I	1510,83	1463,41	1416,58	1370,25	1324,58	1279,50
	III	1069,50	II	1337,58	1292,33	1247,58	1203,50	1159,91	1117,00
	V	2415,58	III	1035,83	1002,33	969,16	936,33	903,83	871,50
	VI	2503,83	IV	1534,75	1510,83	1487,00	1463,41	1439,91	1416,58
6453,15	I,IV	1560,58	I	1512,50	1465,08	1418,25	1371,91	1326,25	1281,08
	III	1072,00	II	1339,25	1293,91	1249,16	1205,08	1161,50	1118,50
	V	2418,00	III	1038,16	1004,66	971,66	938,66	906,16	873,83
	VI	2506,25	IV	1536,50	1512,50	1488,75	1465,08	1441,58	1418,25
6457,65	I,IV	1562,25	I	1514,25	1466,75	1419,91	1373,58	1327,83	1282,66
	III	1072,00	II	1340,83	1295,50	1250,75	1206,58	1163,00	1120,00
	V	2420,33	III	1038,16	1004,66	971,66	938,66	906,16	873,83
	VI	2508,58	IV	1538,16	1514,25	1490,41	1466,75	1443,25	1419,91
6462,15	I,IV	1564,00	I	1515,91	1468,41	1421,58	1375,25	1329,41	1284,25
	III	1074,33	II	1342,50	1297,16	1252,33	1208,16	1164,58	1121,58
	V	2422,75	III	1040,66	1007,16	974,00	941,00	908,50	876,16
	VI	2511,00	IV	1539,91	1515,91	1492,16	1468,41	1444,91	1421,58
6466,65	I,IV	1565,75	I	1517,66	1470,16	1423,16	1376,83	1331,08	1285,91
	III	1074,33	II	1344,08	1298,75	1254,00	1209,75	1166,16	1123,08
	V	2425,08	III	1040,66	1007,16	974,00	941,00	908,50	876,16
	VI	2513,33	IV	1541,58	1517,66	1493,83	1470,16	1446,58	1423,16
6471,15	I,IV	1567,50	I	1519,33	1471,83	1424,83	1378,50	1332,66	1287,50
	III	1076,83	II	1345,75	1300,33	1255,58	1211,33	1167,66	1124,58
	V	2427,50	III	1043,00	1009,50	976,33	943,33	910,83	878,50
	VI	2515,75	IV	1543,33	1519,33	1495,50	1471,83	1448,25	1424,83
6475,65	I,IV	1569,16	I	1521,08	1473,50	1426,50	1380,16	1334,33	1289,08
	III	1076,83	II	1347,33	1302,00	1257,16	1212,91	1169,25	1126,16
	V	2429,91	III	1043,00	1009,50	976,33	943,33	910,83	878,50
	VI	2518,16	IV	1545,08	1521,08	1497,25	1473,50	1449,91	1426,50
6480,15	I,IV	1570,91	I	1522,75	1475,16	1428,25	1381,83	1335,91	1290,66
	III	1079,16	II	1349,00	1303,58	1258,75	1214,50	1170,75	1127,66
	V	2432,25	III	1045,33	1011,83	978,66	945,66	913,16	880,66
	VI	2520,50	IV	1546,75	1522,75	1498,91	1475,16	1451,66	1428,25
6484,65	I,IV	1572,66	I	1524,50	1476,91	1429,91	1383,41	1337,58	1292,33
	III	1079,16	II	1350,66	1305,16	1260,33	1216,00	1172,33	1129,16
	V	2434,66	III	1045,33	1011,83	978,66	945,66	913,16	880,66
	VI	2522,91	IV	1548,50	1524,50	1500,58	1476,91	1453,33	1429,91
6489,15	I,IV	1574,41	I	1526,16	1478,58	1431,58	1385,08	1339,25	1293,91
	III	1081,66	II	1352,25	1306,83	1261,91	1217,58	1173,91	1130,75
	V	2437,08	III	1047,83	1014,33	981,00	948,00	915,33	883,00
	VI	2525,25	IV	1550,25	1526,16	1502,33	1478,58	1455,00	1431,58
6493,65	I,IV	1576,08	I	1527,91	1480,25	1433,25	1386,75	1340,83	1295,50
	III	1081,66	II	1353,91	1308,41	1263,50	1219,16	1175,41	1132,25
	V	2439,41	III	1047,83	1014,33	981,00	948,00	915,33	883,00
	VI	2527,66	IV	1551,91	1527,91	1504,00	1480,25	1456,66	1433,25
6498,15	I,IV	1577,83	I	1529,58	1482,00	1434,91	1388,41	1342,50	1297,16
	III	1084,00	II	1355,50	1310,00	1265,08	1220,75	1177,00	1133,83
	V	2441,83	III	1050,16	1016,66	983,33	950,50	917,66	885,33
	VI	2530,08	IV	1553,66	1529,58	1505,75	1482,00	1458,33	1434,91
6502,65	I,IV	1579,58	I	1531,33	1483,66	1436,58	1390,00	1344,08	1298,75
	III	1084,00	II	1357,16	1311,66	1266,66	1222,33	1178,50	1135,33
	V	2444,16	III	1050,16	1016,66	983,33	950,50	917,66	885,33
	VI	2532,41	IV	1555,41	1531,33	1507,41	1483,66	1460,00	1436,58

*) Arbeitnehmer für die die besonderen Lohnsteuer-Tabellen gelten (u. a. Beamte und Rentner), können ihre Steuer unter Anwendung der Zurechnungstabelle auf Seite 163 auch von dieser allgemeinen Monats-Lohnsteuer-Tabelle ablesen.

Name und Vorname/Gemeinschaft

Steuernummer

Anlage FW

1989

☐ zur Einkommensteuererklärung

☐ zur Erklärung zur gesonderten und einheitlichen Feststellung

Förderung des Wohneigentums

Steuerbegünstigungen (z. B. § 7 b EStG) nach Wegfall der Nutzungswertbesteuerung (Anschaffung/Herstellung v o r dem 1. 1. 1987)

Zeile			DM	
	Lage der Wohnung (Ort, Straße, Hausnummer)			
1				99 46
2	**Bis 31. 12. 1986 pauschal nach § 21 a EStG besteuerte Wohnung/Gebäude**		DM	89
3	Den Absetzungen entsprechende Beträge ☐ wie Vorjahr nach ☐ § 7 b EStG ☐ § 15 BerlinFG		76	76
4	☐ § 82 a EStDV ☐ § 82 g EStDV ☐ § 82 i EStDV ☐ Schutzbaugesetz		77	77
5	☐ nach besonderer Berechnung für 1989	Anschaffungs-/Herstellungskosten bis 31. 12. 1988		
6		Nachträgliche Anschaffungs-/Herstellungskosten in 1989	+	
7		Bemessungsgrundlage (Höchstbetrag beachten)	=	
8		Erhöhte Absetzungen für 1989 nach ☐ § 7 b EStG ☐ § 15 BerlinFG … v. H. des Betrags lt. Zeile 7 ▶	78	78
9	zuzüglich Nachholung bei Anschaffung/Herstellung in 1986	Bis Ende 1988 höchstmögliche erhöhte Absetzungen … v. H. des Betrags lt. Zeile 7 ▶		75 Günstigerprüfung Ja = 1
10		In den Vorjahren berücksichtigte Beträge		
11		1989 nachholbar		
12		1989 werden in Anspruch genommen (Nachholung endet 1989)	79	79
13	Aufwendungen für 1989 fertiggestellte Baumaßnahmen im Sinne der §§ 82 a, 82 g, 82 i EStDV, Schutzbaugesetz	DM davon 10 v. H. =	80	80
14	Schuldzinsen	bei Bauantrag oder Baubeginn nach dem 30. 9. 1982 und Anschaffung/Fertigstellung in 1986, wenn erhöhter Schuldzinsenabzug nachgeholt wird	81	81
15				
16	**Im anderen Gebäude selbstgenutzte Wohnung, deren Nutzungswert nicht mehr besteuert wird**			
17	Gesamtbetrag der erhöhten Absetzungen nach § 7 b EStG, §§ 14 a, 15 BerlinFG (z. B. Zeile 49 Spalte 1 Anlage V)	DM davon entfallen auf die selbstgenutzte Wohnung ▶	82	82
18	§§ 82 a, 82 g, 82 i EStDV, § 14 b BerlinFG, Schutzbaugesetz (z. B. Zeilen 50/51 Spalte 1 Anlage V)	DM ▶	83	83
19				
20	**Steuerermäßigung für Kinder**	**bei Inanspruchnahme erhöhter Absetzungen nach § 7 b EStG, § 15 BerlinFG für eine eigengenutzte Wohnung**		
21	**Antrag auf Steuerermäßigung nach § 34 f Abs. 1 EStG:**			
22	Im bisherigen Begünstigungszeitraum gehörten auf Dauer zum Haushalt die **Kinder** lt. Vordruck ESt/LSt 1 A	Zeilen ☐ 30 ☐ 31 ☐ 32 ☐ 33		84 Kinder i.S.d. § 34 f EStG
23				
24	**Anteile an den Steuerbegünstigungen**			
25	Gemeinschaft, Finanzamt, Steuernummer			
26	Gesondert und einheitlich festgestellter Betrag		85	85

Steuerbegünstigungen für die Anschaffung/Herstellung von Wohneigentum ab 1. 1. 1987

Zeile

30 Lage der Wohnung (Ort, Straße, Hausnummer) | Eigentümer (Namen, Anteile)

31 ☐ Einfamilienhaus Eigentumswohng. | ☐ Anderes Haus mit | Wohnungen | davon eigengenutzt: Anzahl | ☐ Ausbau/Erweiterung einer eigengenutzten Wohnung | ☐ Ferien- oder Wochenendhaus | ☐ Freifinanzierter oder steuerbegünst. Wohnungsbau in Berlin (West)

32 Angeschafft/Fertiggestellt am | Eigengenutzt ab | ☐ In 1989 noch nicht fertiggestellt | Nutzfläche des Hauses m² | Fläche d. eigengen. Wohnung/Anbaus/Erweiterung m² | davon eigengewerblich/beruflich genutzt oder vermietet m²

33 Für folgende Objekte wurde(n) bereits der Abzugsbetrag/die erhöhten Absetzungen beansprucht: | ☐ Der Abzugsbetrag wird für ein Folgeobjekt beansprucht | ☐ Anschaffung/Herstellung erfolgte anläßlich Verlegung des Wohnsitzes und der Berufstätigkeit nach Berlin (West)

Abzugsbetrag nach § 10 e EStG/§ 15 b BerlinFG

34 DM

35 ☐ Abzugsbetrag wie 1988 | 20 | 20

Zeile		Grund und Boden insgesamt DM (1)	Grund und Boden davon 50 v.H. DM (2)	Gebäude DM (3)		
36	☐ Bei erstmaliger Geltendmachung oder Nachholung in 1989				Eine Zusammenstellung der erstmals geltend gemachten Aufwendungen	
37	Anschaffungs-/Herstellungskosten				☐ hat vorgelegen.	
38	Nachträgliche Anschaffungs-/Herstellungskosten in 1989		+	+	☐ ist beigefügt.	
39	Summe			+ ▶		
40	Auf die eigengenutzte Wohnung entfallen			v.H. =		
41	Von Zeile 40 entfallen auf eigengewerblich/beruflich genutzte oder vermietete Räume		Art der Nutzung	v.H. =	–	
42	Bemessungsgrundlage (höchstens 300 000 DM)					
43	Abzugsbetrag nach ☐ § 10 e EStG: 5 v.H. ☐ § 15 b Abs. 1 BerlinFG: 1. und 2. Jahr je 10 v.H., danach 3 v.H. ☐ § 15 b Abs. 2 BerlinFG: in den ersten 3 Jahren bis zu insgesamt 50 v.H.					
44	Nachholung von Abzugsbeträgen Beträge lt. Zeile 38 Sp. 2 und 3, ggf. gekürzt entsprechend den Zeilen 40 u. 41	DM	davon v.H. =	+		
45	die vor 1989 nicht in Anspruch genommen wurden			+ ▶	Summe Zeilen 43 bis 45	18 Günstigerprüfung Ja = 1
46	davon werden 1989 in Anspruch genommen				10	10

Absetzungen für begünstigte Baumaßnahmen

47 i. S. der §§ 82 a, 82 g, 82 i EStDV, § 14 b BerlinFG und des Schutzbaugesetzes an der eigengenutzten Wohnung

48 ☐ Absetzungsbetrag wie Vorjahr

49 Bei Fertigstellung in 1989: Aufwendungen DM | davon 10 v.H. = | + ▶ | 11 | 11

Aufwendungen vor Bezug

50

51 Vor Beginn der erstmaligen Nutzung zu eigenen Wohnzwecken entstandene und 1989 geleistete Aufwendungen, die weder Werbungskosten noch Betriebsausgaben sind (§ 10 e Abs. 6 EStG)

52 Schuldzinsen, Damnum, Geldbeschaffungskosten | DM

53 Erhaltungsaufwendungen | +

54 Andere Aufwendungen (keine Anschaffungs-/Herstellungskosten) | + ▶ | 12 | 12

Steuerermäßigung für Kinder

55 bei Inanspruchnahme eines Abzugsbetrags nach § 10 e Abs. 1 bis 5 EStG / § 15 b BerlinFG

Antrag auf Steuerermäßigung nach § 34 f Abs. 2 EStG:

56 Im Begünstigungszeitraum gehörten auf Dauer zum Haushalt die **Kinder** lt. Vordruck ESt/LSt 1 A Zeilen ☐ 30 ☐ 31 ☐ 32 ☐ 33 | 13 Kinder i.S.d. § 34 f EStG

Anteile an den Steuerbegünstigungen

57

58 Gemeinschaft, Finanzamt, Steuernummer

59 Gesondert und einheitlich festgestellter Betrag | 14 | 14

Sachregister